中央民族大学出版社国家“十五”“211工程”建设项目

刘永佶 主编

民族经济学大纲

中央民族大学出版社

图书在版编目（CIP）数据

民族经济学大纲/刘永佶主编. —北京：中央民族大学出版社，2006.7（2016.1重印）
ISBN 7-81108-209-8

Ⅰ.民…　Ⅱ.刘…　Ⅲ.民族经济学—高等学校—教材
Ⅳ.F063.6

中国版本图书馆 CIP 数据核字（2006）第 042250 号

民族经济学大纲

主　　编　刘永佶
责任编辑　李苏幸
封面设计　马钢工作室
出 版 者　中央民族大学出版社
　　　　　北京市海淀区中关村南大街 27 号　邮编:100081
　　　　　电话:68472815(发行部) 传真:68932751(发行部)
　　　　　　　68932218(总编室)　　　68932447(办公室)
发 行 者　全国各地新华书店
印 刷 者　北京华正印刷有限公司
开　　本　880×1230(毫米)　　印张:17.25
字　　数　430 千字
印　　数　2001—3000 册
版　　次　2006 年 7 月第 1 版　2016 年 1 月第 2 次印刷
书　　号　ISBN 7-81108-209-8/ F·103
定　　价　36.00 元

本书写作分工

主　编　刘永佶

副主编　张丽君　杨思远

各章作者

第一、二章　刘永佶

第三、十章　杨思远

第四章　侯超惠

第五章　罗莉

第六章　王玉玲

第七、九章　李澜

第八章　张丽君

第十一章　黄健英

第十二章　马淮

总　序

鲁有执长竿入城门者，初竖执之不可入，横执之亦不可入，计无出。俄有老父至，曰："吾非圣人，但见事多矣，何不以锯中截而入?"遂依而截之。①

昔人有痒，令其子索之，三索而三弗中，令其妻索之，五索而五弗中。其人怒曰："妻子内我者，而胡难我?"乃自引手，一搔而痒绝。何则? 痒者，人之所自知也。自知而搔，宁弗中乎?②

这是古时两则笑话，抄在这里，似乎与本序文无关。但细思量，经济学的基本道理，又都可从中悟得。

人类的生产经营，不论像执竿入城这种简单的劳动，还是造飞机、汽车、轮船、计算机、航天器的复杂劳动；不论个体的体力劳作，还是跨国公司的系统经营，都会遇到类似"城门"的阻挡，都要想方设法通过阻挡，才能前进。那位执长竿者只知竖执横执，故不可入城门，而那位老父以其丰富阅历或是戏弄出的主意，虽可入城，却使长竿截成短竿，毁了材料。实际上还有一种方法，就是"顺执"，将竿扛在肩头，顺城门即可入。那位执竿者和老父不知此理，才犯难或毁物。我们不要笑执竿者和老父蠢笨，连这么简单的道理都不知道。今天的我们也常常会像他俩那

---

① 《笑林》。

② 《应谐录》。

样思考问题。现实经济生活中，遇到的问题多种多样，小至工人农民的劳作，大至公司经理的经营算计，甚至政府的经济政策，几乎都有因方法错误不能做成事或毁事坏物者。经济学无非是对一或多个执长竿入城门问题的方式方法的探讨。而经济学家及其著作中，又有多少像那位老父式的说教！

痒，是人皮肤的一种感觉，搔痒是解除这种感觉的方法。感觉的主体自知痒在何处，搔起来手到痒除，他人则不知何处痒，即令妻与子这样的亲近者，也三索五索而弗中。经济矛盾，也可以说是社会的“痒”，解决矛盾，可看成是搔痒的过程。这种对比看似悬殊，其道理是一样的。不论个人处理经济生活中的矛盾，还是解决国家或民族的经济矛盾，都要明确主体。个人的主体是“我”，国家或民族的主体是“我们”。经济主体最清楚矛盾之所在，只有发挥自己的主动性和积极性，经济矛盾才能得到解决。如果像引文中那个人一样，放弃主体性，不发挥主动性和积极性，经济矛盾就不能解决，并会严重困扰个人或国家民族的发展。我们中国人在工业化进程中落后了，现实经济矛盾错综复杂，不仅有痒，还有病。怎么认识和解决中国经济矛盾？有人认为只能用外国的模式、经验、学说来解决，在经济学界这类高论比比皆是，结果，反而引发更多更大的矛盾。这与那位放弃主体性，不发挥主动性和积极性的痒者何其相似！

经济学是研究人生和社会发展基本活动和关系的科学。主要探讨生产经营和社会关系中的各种矛盾，寻找解决矛盾的方式。而解决矛盾又必须明确主体，发挥主动性和积极性。他人的经验和学说当然要借鉴，但既不能像执长竿入城门者那样照那位老人的话去做，也不能借他人之手来解决。这一点，正是今天已有庞大从业人口的中国经济学界要明确的。

经济学作为一门科学，已有二三百年的历史，这期间资本主义与社会主义两大主义所主导的经济学各派系反复辩争，形成了诸多观点，也生出了众多的学科。正如老聃所说“道生一，一生二，二生三，三生万物。”迄今，以学科自称，并有体系论证者，不下几百种，几乎人类经济活动所涉及的各个层次、环节，都有专门经济学科来研究和论说。这是人类思想发展的表现。但“分”不是无限的，能否成为一门经济学科，也有基本的要求，即明确主体、主义、对象、内容、主题、范畴、体系，并以相应的方法系统研究。分析与综合是对立统一的逻辑环节，在经济学科分化的同时，必须从总体上对之综合，万物归三，三归二，二归一，一归道。进而再以综合为起点，进行分析、分化，就可达孔丘所说“吾道一以贯之”。在这众多的经济学科中，“道”就是主义，明确主义，由主义而生一，生二，生三，进而贯彻于各学科的体系中。

中国经济学各学科的生成与发展是一个相当困难的过程。但不是要等完美无缺才论说，而是在探讨中论说，在论说中探讨，逐步成熟完善。这个过程，难免会遇到各式各样的“城门”，也会出现“竖执”、“横执”或“以锯中截而入”的想法。关键是要明确主体性，再以理性的辨析，探求矛盾的解决。中央民族大学经济学院的各位同志在教学研究中，概括前人成果，将各自心得编成教材，以求在教学中验证和征得批评，再加改进，虽不能涉及全部经济学科，也可为中国的经济科学发展尽一份心力。

劉永佶

二〇〇六年三月五日

目　录

第一章 民族经济学的主体、对象、主义、方法、主题、内容、范畴、体系

民族经济学是一门新兴的科学，它的提出和形成，是由社会经济的发展决定和要求的。民族经济是经济生活和经济关系中的重要内容，对它的研究，具有明确的主体性。虽然对象是相同的，但不同研究主体的利益和意识的差异，使之在研究中会得出不同的认识，其集中的观念就是主义。在主义的指导下，研究者依主体的要求，形成其方法，确定研究主题和内容，其中的集合点和主干概念，是范畴，各范畴的内在联系，就是体系。

一、主体：各民族有意识的劳动者

民族经济学的主体，从总体上说，是世界上存在的各个民族的人。民族是人类历史演化的结果，也是人类存在和发展的必要形式。但民族内部又是分为阶级的，民族经济的研究，又要受各民族中阶级、阶层利益的制约。因此，在阶级存在的条件下，不可能有代表全人类各民族所有人的民族经济学研究，研究的主体只能是按阶级、阶层划分的不同民族的群体，由代表其利益的研究者对民族内部及民族间的经济关系与矛盾进行探讨。

民族内的阶级关系虽经历史演变而有所变化，但归总起来说，每个时代都是由对立的两大阶级构成的，其一是统治阶级，其二是劳动者阶级。统治阶级掌握主要的经济、政治权利，并由

此占有劳动者阶级的剩余劳动及其产品。劳动者阶级是生产的主体，但不是社会的主体，他们的社会地位和权利随其素质技能的提高而逐渐提高着。但在成为社会主体之前，劳动者依然是被统治阶级，他们的剩余劳动产品因阶级统治的制度而归统治阶级所有。阶级关系是利益的对立统一，也是民族经济关系中的主要关系。同一民族不同阶级的思想代表，因其代表的阶级利益，而形成相应的经济意识，他们对民族经济的认识也就形成明显的差异。因此，民族经济学也因民族的阶级关系而有了不同的主体。

经济学是随着工业生产方式的出现而出现的，其主体，最初是主导工业革命的资产阶级。虽然也有旧封建领主阶级的代表（如马尔萨斯）利用经济学为其没落阶级的利益辩护，并试图在新的生产方式中保持其利益和统治，但很快就随资本主义所主导的工业化而逐步退出历史舞台，封建领主阶级并未成为经济学的主体。与之相应，小生产者阶级的思想代表（如西斯蒙第）也从经济学上论证其利益，并试图按其意志制约工业生产方式。他们也不可能成功，小生产者阶级并未成为经济学的主体。但小生产者阶级毕竟是劳动者阶级，他们的经济利益和意识经西斯蒙第等人的概括，形成了一定的学说体系，这个体系为主要由小生产阶级转化的产业工人阶级的思想代表所继承，并在社会主义政治经济学中得以改造和发扬。产业工人阶级是与资产阶级对立统一的阶级，是构成资本主义经济制度主要矛盾的一个方面，虽然是次要方面，但他们是工业生产的主体，是工业文明的主体。与历史上的劳动者奴隶、农奴、农民不同，工业生产方式需要工人有更高的素质技能，这不仅是技术的，更是文化的。资本主义经济关系迫使被雇佣的工人认知自己的权利，进而通过权利维护自己的利益。更重要的是，工业生产方式不仅使劳动者在协作中集合，而且清楚地意识到自己是生产的主体，是价值和财富的创造者，资本家不过是以其资本来掌控生产资料并购买工人劳动力的使用权，由此主导生产和经营，将工人劳动创造的剩余价值收归其所有。产业工人及其他雇佣劳动者的利益，在资本主义生产关系下，是根据劳动力所有权来主张并保证劳动力使用权的价格及其相关利益，而劳动者长远和根本利益，则在于建立“自由人的联合体”，废除资本私有制。

产业工人阶级的利益和意识由马克思等思想代表从政治经济学上加以概括，并对现实经济矛盾进行系统抽象，形成了社会主义政治经济学。社会主义政治经济学的主体是产业工人和全体劳动者。

社会主义政治经济学是无产阶级阶级意识的基本内容，它的形成，是从对工人和全体雇佣劳动者个体经济意识的概括形成的观念和对现实经济矛盾的抽象所得出的概念体系。它与资本主义政治经济学的对立与斗争，使它们成为经济学的两大派系。它们各自有其主体，相互的斗争是各自主体利益关系和矛盾的体现。

在经济学形成初期的两大派系中，主体性表现为阶级性。当时经济学只在少数几个资本主义发达国家存在，所体现的矛盾，也主要是这些国家内的经济矛盾。随着资本主义关系的推广，不仅阶级性依然，国度性也随国际间矛盾的激化而显现出来。20世纪初，俄国革命的胜利及中国革命和东欧诸国建立社会主义制度，经济学的两大派系曾一度表现为国际性两大阵营的对立。在这种情况下，经济学的民族性一直被忽略，或者被包含于阶级性和国度性之中，民族经济的研究也就未能形成专门的系统学科。

民族作为一个社会范畴，是历史形成并在现实中仍然保存的人们的社会存在方式。民族对经济的制约与经济的民族性，民族间经济的关系，是不可回避、也不容忽视的。民族经济学作为经济学的重要分支，也势必随经济学的演进和分化而形成。在20世纪80年代中国经济学界的学科创新中，施正一等学者提出了“民族经济学”，并逐步写出了一批教材、论著和论文。迄今，二十余年内，“民族经济学”和“中国少数民族经济”已成为中国经济学系统中一个必要组成部分。

民族经济学从无到有，进而还有一个不断发展、充实、完善的过程。这里，必须明确的就是其主体性。我们是作为社会主义经济学这一大派系的成员来研究民族经济学的。为此，我们是以各民族具有自主意识的劳动者为主体，是作为他们的利益和意识的体现者来研究经济的民族性和民族经济发展与民族经济关系的。

现在，并不是所有民族的所有劳动者都能成为民族经济学的主体。作为劳动者，只是一个基本条件，要成为民族经济学的主体，还需要一个必要条件，就是劳动者要具有自主意识。这包括三个环节：一是阶级意识，即认识到自己是劳动者阶级以及所处的社会地位；二是民族意识，明确自己的民族属性及本民族的发展程度和总体利益；三是发展意识，作为劳动者要成为本民族的社会主体，就要将自己的利益与民族的发展统一起来，为了发展而进行自主联合的斗争。中华民族的劳动者在一个多世纪的解放斗争和社会主义运动中已经具有了自主意识，虽然还不充分，但都是中华民族振兴的内在精神，也正因此，民族经济学才首先在中国形成。

各民族的劳动者，是有一般意义上的共性的，也正是这共性，使民族经济学具有世界一般性。但各民族又具有特殊性，不同民族劳动者的利益也因经济发展水平、经济制度及文化传统等而有所差异。在从一般意义上对民族经济学的研究中，我们要根据现代劳动者共同的利益，对经济的民族性与民族经济关系做出总体性规定，由此形成一般的民族经济学。在此基础上，作为中华民族的劳动者，我们还要对中华民族的经济发展，以及中国少数民族经济发展进行探讨，由此体现特殊性。

明确各民族的劳动者为民族经济学的主体，是这门科学得以形成和发展的根本，它的主义、方法、主题、内容、范畴、体系等，都是由主体决定的。从这个意义上说，我们所主张并研究的民族经济学，就是社会主义的民族经济学，是社会主义经济学大系统中的必要环节和组成部分。

至于资本主义经济学这个大派系，由于其主体是发达资本主义国家居统治地位的垄断资产阶级，这个阶级的利益不仅要打破本国的民族界限，更要打破全世界多民族的界限。在他们的意识中，本国及全世界所有的人都是资源和市场，他们不愿意承认民族的自主性，也不可能主张从民族自主的角度研究民族经济学。对他们来说，其阶级利益就是其民族利益和国家利益，而全世界各民族都是实现其利益的工具，他们的经济学直接就是世界的经济学。虽然也会有少数人从如何要求其他民族适应发达国家资本统治的角度，论说“经济人类学”和“发展经济学”之类的话题，但不可能形成民族经济学。而依附于发达“中心”国家之“外围”国家的资产阶级，正在“资本全球化”中唯“中心”国家的垄断资产阶级马首是瞻，虽然有时也因与“中心”国的垄断资产阶级发生矛盾而说几句“民族利益”，但他们无力、无能也无心提出与西方资本主义经济学相对立的学说，更不可能从主体的角度研究民族经济学了。

民族经济学的提出、形成和发展，是一个过程，这个过程是以各民族有自主意识的劳动者在社会主义指导下进行的变革社会运动及其素质技能和社会地位的提高为根据的。中华民族及其各支民族，以至全世界各民族的劳动者，将在社会主义的总体指导下，不断地在变革社会的实践中充实和完善民族经济学。

二、对象：在明确经济的民族性前提下研究民族的经济发展与关系的矛盾

一门科学能否成立，不仅要有主体，还要有特定的对象。从主体对对象的研究，形成主义、方法、主题、内容、范畴和体系。民族经济学的对象，是在明确经济的民族性前提下，研究民族的经济发展与经济关系的矛盾。

民族经济学对象的确定，是一个不断选择的过程。如果从字面上理解，“民族经济”就是现实存在的各民族的经济，从一般意义上说，政治经济学及其他经济科学，也都是对各民族经济的研究，但这些学科都有意无意地忽略或回避了经济的民族性和民族经济发展与关系的规定，力图形成一种超民族、超国家的一般经济学。民族经济学的特殊性就是在对现实经济的研究中，通过注重经济的民族性和民族经济的发展与关系得以体现的。民族经济学，简单地说，就是以民族经济发展和民族经济关系为对象的，但并非对各民族的经济活动进行平面式描述，那样的话，有多少民族就会有多少民族经济学，研究工作几乎不可能进行。必须找到民族经济中特定的性质和关系、矛盾，而这些性质和关系、矛盾又是政治经济学及其经济科学所未曾涉及或不能系统研究的。

政治经济学是最早形成的经济学科，在相当一段时间内，政治经济学是唯一的经济科学，它的研究对象，就是由生产力和生产关系对立统一构成的生产方式，着重点在于揭示经济生活中人与人的关系及其矛盾。由政治经济学分化出来的财政学、国际经济学、产业经济学、金融学、区域经济学、劳动经济学，以及各行业经济学，都有其比较明确的研究对象，这些学科的研究，都

是针对各民族经济的，但又都不涉及经济的民族性和民族的经济发展与经济关系的矛盾。其中，国际经济学和区域经济学与民族经济学比较接近，但国际关系、区域关系毕竟不是民族关系，从其对象和内容上看，也不专门研究经济的民族性和民族的经济发展与关系的矛盾。

民族的形成是一个历史进程，由家族、氏族、氏族联合体、部落、部落联盟演化而来，今天的世界上依然有几千个民族，经济的民族性和民族的经济发展与关系的矛盾，是每个人的生活中都体现并面临的问题。在经济的全球化密切交往中，这些问题的重要性日益显现，仅靠传统意识和习惯，已不能明确地认知和处理相关问题。特别是对在工业化大潮中落后的民族来说，经济的民族性和民族的经济发展与关系的矛盾尤其重要，这些民族的劳动者，不仅意识到民族性在他们的经济生活中普遍存在，也深切地感受了民族经济发展与经济关系的矛盾对他们的影响。具有自主意识的劳动者，在争取自由发展的过程中，需要对这些问题进行理性的认知。

与其他经济学和社会科学一样，民族经济学的对象中也包括其主体。民族经济学不是外星人考察地球人的调研报告，而是作为现实民族成员的劳动者对自己经济活动和关系的研究。其目的也不是“客观地”描述地球上各民族的经济状况，而是为了更有效地发展本民族经济，处理好民族间的经济关系，在这个过程中，不断地提高劳动者的社会地位和素质技能，实现自己的利益和争取自由发展。这不仅是经济的民族性的体现，又是民族的经济发展与关系矛盾变化的内在条件。

民族经济学的研究，不是孤立进行的，作为它的研究对象的民族经济发展与关系的矛盾，也不是单独存在的，不可能像物理学、化学那样，只取某一具体物质，在实验室的显微镜下进行独立观察，或以化学试剂进行分解。民族经济学所研究的经济民族性和民族的经济发展与关系的矛盾，是存在于实际民族经济活动中的，是与政治经济学及其他经济科学的研究对象有机统一的，是生动的民族发展的组成部分。因此，当我们规定民族经济学的研究对象时，不能陷入幻觉，以为这个对象是单独存在的。民族经济学的研究，既要有相对的独立性，又必须与政治经济学及其他经济科学的研究密切联系，同时还要关注民族学、法学、社会学、政治学等社会科学的研究，注重吸收其成果，并以之为参照，丰富和充实、提升民族经济学的研究。

毛泽东指出："当作一门科学，应当从分析矛盾出发，否则就不能成其为科学。"① 民族经济学以经济的民族性为前提，以民族的经济发展与关系的矛盾为对象，就是对这一特定的矛盾的专门系统研究，在明确对象的前提下，形成由主体的阶级意识集中体现的主义所指导的研究，也就是统一的对矛盾的实证与抽象，规定范畴和概念，构建体系，从而使民族经济学成为系统科学。

三、主义：在社会主义本质和原则指导下的各民族劳动者经济意识的概括

主义是一个学说体系的基本观念，是该学说的集中概括。社会科学的各学科所涉及的范围有大有小，层次有所不同，而且因国度、民族、阶级的差异，导致学说众多。但不论哪个学说，只要它已构成一个体系，就要有基本观念，就有其主义。由于科学层次的一般与特殊，学说也有抽象和具体之分。抽象学说的主义

---

① 《毛泽东读社会主义政治经济学批注和谈话》，第712页，中华人民共和国国史学会，1998年。

与具体学说的主义，并不是各自分立的，而是内在统一的，抽象学说的主义，是总体的、一般性的，是对具体学说的指导，具体学说的主义既是抽象学说主义的展开和具体化，又是对抽象学说主义的充实和发展，并在一定程度上反馈、作用于抽象学说主义的改造和完善。

现代人类关于社会总体矛盾的学说，有两大抽象学说，其主义，一是资本主义，二是社会主义。这是最一般意义上的抽象学说的主义。社会科学中其他各层次的学说，除少数代表旧封建势力和集权官僚势力的学说外，大部分都是分别以资本主义和社会主义为总体性、一般性指导的，因此也都可以归入这两大主义的总体系中。资本主义经济学和社会主义经济学，就是经济学中两个大的主义，经济学中的各门学科中的不同学说，也都可以用资本主义或社会主义来命名，以明确自己的一般主义。各具体学说都要在资本主义或社会主义的指导下，形成自己的具体的主义，这些具体学说的主义，可以用具体的观念来表示，如资本主义政治经济学中的重商主义、货币主义、新自由主义之类；也可以用具体学说的创始人或主要代表者的姓名来表示，如资本主义政治经济学中的斯密主义、凯恩斯主义；社会主义政治经济学中的马克思主义、列宁主义、斯大林主义；还有不标“主义”，而以学派或学说来加以区别的，如资本主义政治经济学中的重农学派、新古典综合派、制度学派等。还有的不规定具体的主义，而以资本主义或社会主义这两个抽象的主义表示。

民族经济学是经济学的一个重要组成部分，是具体的经济学科。从总体上论，也应以资本主义和社会主义两大主义为其一般指导，但如我们在论主体时所说，资本主义经济学家迄今仍未专门、系统地研究民族经济学，因此，今天的世界上尚无资本主义指导的民族经济学。我们是以社会主义为一般指导来研究民族经济学的，在没有形成明确、精练的具体观念时，仍以社会主义来表示其主义，即“社会主义民族经济学”。

社会主义，是19世纪随工业生产方式出现以后，主要由代表劳动者的思想家提出并不断充实、演变的关于人类社会总体矛盾及其趋势学说的基本观念，是与个人主义和资本主义相对立的思想体系的概括。“社会”一词，不论从西语还是汉字，都是表示集体、群体、联系、联合等义。当我们说“社会”时，可以指社会形态，也可以指超出个人的总体联系或关系。社会是人类存在的总体形式，只要有人类，就有社会。以“社会”规定某一学说的基本观念，“社会主义”的词义为关于社会总体联系或关系的观念，也可衍指从社会总体对人的社会联系或关系的观念。这种意义上的“社会主义”，并不是近代以来才出现的。早在奴隶制社会和封建领主制社会就已出现，而中国的儒家学说更为集中、系统地体现了这一点，以儒家学说为理论依据建立的集权官僚制，明确地表现出从社会总体对个体人关系的制约。也正因此，在欧洲的19世纪，会出现马克思和恩格斯在《共产党宣言》中所提到的“封建的社会主义”。而中国的一些人，之所以会从儒家学说及官文化来理解社会主义，甚至主张限制个性和个人自由发展，一个原因也在于“社会主义”词义的不准确。

由于发现了“社会主义”一词的不准确，马克思明确地提出“共产主义”作为自己关于社会矛盾及其演化趋势学说的基本观念。但马克思本人并未就“共产主义”与“社会主义”词义上的区别加以论说，因此这种区别也就没有得到重视。后来逐步形成了这样的说法：社会主义是共产主义的一个阶段，或者说初级阶段。现在及以后相当长的历史时期，都处于这个阶段。但这不是从主义的本义来说的，而是将主义实现过程中的社会制度直接等同于主义本身。这个说法似乎解决了“共产主义”与“社会主义”的关系问题，但并没有克服“社会主义”一词的不准确，这种不准确引发的误解和猜疑、争论，在20世纪有突出表现。苏联解体、东欧剧变以及中国近年来的“信仰危机”，特别是一些人利用“社会主义”一词的不准确，而在以“社会主义市场经济”名义的改革中鼓吹“私有化”，将资本主义经济学作为其理论依据，由此引起理论和实践的混乱。

“社会主义”一词的不准确，主要表现在它的主体不确定，“社会”并没有指明特定阶级主体，不足以与“资本主义”相对立。马克思的“共产主义”则以“共产”表明其主体是劳动者，共同的劳动是其主张，这与规定“资本主义”是对立的。我们是以劳动者为主体，探讨劳动者解放和自由发展的总体学说的，因而确立基本观念必须明确主体。为此，在“社会主义”一词前应加“劳动”一词，即“劳动社会主义”，并以此来与“资本主义”相对立。“劳动社会主义”的主体是劳动者，是劳动者为主体的主义，由它指导的运动和建立的制度，也都是以劳动者为主体的。劳动社会主义也就是确立并启发劳动者成为社会主体的学说的基本观念，并以此观念指导劳动者为主体的社会变革运动，建立劳动者为主体的社会制度。①

劳动社会主义不是“上帝”的教义，不是天命的体现，不是自然的“客观规律”，不是绝对精神的召唤，也不是圣贤们的设计。它是近现代以来地球上大多数劳动者生存和发展的内在要求，是人本质发展和人性升华内生的精神，是人类社会矛盾演化的必然。

劳动社会主义的形成，是以工业文明为基础的，是工业生产方式中劳动者素质技能提高和要求成为社会主体的斗争的集中体现。劳动者争取其人身权、劳动力所有权和相应的利益，进而争取民主权和对其劳动创造的生产资料所有权的斗争，是劳动社会

① 关于劳动社会主义的论证，请参见刘永佶著《劳动社会主义》，该书于2003年由中国经济出版社出版。

主义的基本内容，它的理论和运动，都是由此而发并作用于此的。劳动社会主义制度，是劳动社会主义运动的结果和进一步变革运动的社会形式，是争取劳动者更加自由发展的必要条件，其根本点，是在保证劳动者的劳动力所有权的同时，将生产资料所有权归劳动者个人。进而在这两个所有权的基础上，建立由民主法制为内在机制的公有制。

劳动社会主义体现于理论、运动、制度三个环节，而前两个环节又在建立制度后，成为制度的主要内容。据此，劳动社会主义的本质是：劳动者在争取建立、完善公有制和民主制进程中的自由发展。这个本质规定展开为原则，即以民主促进劳动者的自由联合。

劳动社会主义是现代世界各民族的劳动者共同利益和意志的体现，是有自主意识的各民族劳动者为争取自由发展而进行社会变革的大前提和总指南。

不过，由于“社会主义”一词已通行一个多世纪，我们在从“劳动社会主义”对之进行规定后，也会依习惯而使用这个词，但其含义与本质、原则则是上述劳动社会主义的内容。本书除这里对“劳动社会主义”的理论性规定外，也都依习惯用“社会主义”。

社会主义作为总体性的基本观念，要展开于具体的社会科学中。社会主义民族经济学就是社会主义在民族经济的研究中的具体化。

对于社会主义民族经济学的研究来说，其大前提就是社会主义，社会主义是它的基本观念。社会主义民族经济学就是要在这个基本观念的指导下，概括各民族劳动者的经济意识，进而揭示论证经济的民族性和民族的经济发展与关系的矛盾。这里，既要充分考虑各民族劳动者的共同利益和意志，坚持社会主义的本质与原则，还要注意各民族劳动者在文明发展程度上的差异，注重探讨各民族社会制度、经济体制及经济结构的区别。由此而形成对民族经济学基本观念的规定，也就是社会主义在民族经济学中的具体表现。民族经济学的研究，就要在这具体的基本观念指导下，形成自己的研究方法，以实现其主义。

民族经济学的主义，以明确和实现各民族劳动者主体地位为基点，在这个基点上，要注重各民族的平等和自主发展，使社会主义与各民族劳动者的经济利益和意识统一起来。以社会主义启发各民族劳动者的自主意识，以各民族劳动者的自主意识和发展来充实社会主义。各民族劳动者的素质技能是在不断提高的，提高了素质技能的劳动者又要求社会地位的提高。这是各民族经济发展的内在动力，也是社会主义理论、运动、制度的根据。社会主义指导下的民族经济关系，是平等的，是“自由人的联合体”的组成部分，在平等基础上的交往与合作，进而达到各民族经济的融合。在各民族劳动者真正成为其经济和社会主体的进程中，实现全人类的社会主义。

四、方法：实证与抽象的辩证统一

方法是主体依其主义对对象进行研究的程序和技能，方法不是先验的，而是在主动的研究过程中经验的积累和思维的创造。马克思指出：

> 分析经济形式，既不能用显微镜，也不能用化学试剂。二者都必须用抽象力来代替。[①]

---

① 马克思：《资本论》第一卷，第8页，人民出版社，1975年。

抽象力就是抽象的思维能力，这是人类所特有的，它以概念运动为核心和主干，围绕概念运动，形成比较、分类、归纳、分析、综合、定义、论证等思维形式，这些思维形式既有其相对独立性，又都是概念运动的要素。系统的抽象思维是概念的运动过程，并以概念体系表现出来。但并不是所有人的思维都是系统的概念运动，对思维形式的理解和运用也是有差异的，人与人之间的思维交流也有一定障碍和偏差，因此，抽象力的使用不可能是整齐划一的，在思维的每一个环节，都有可能出现问题。列宁指出：

> 人的认识不是直线（也就是说，不是沿着直线进行的），而是无限地近似于一串圆圈、近似于螺旋的曲线。这一曲线的任何一个片断、碎片、小段都能被变成（被片面地变成）独立的完整的直线，而这条直线能把人们（如果只见树木不见森林的话）引到泥坑里去，引到僧侣主义那里去（在那里统治阶级的阶级利益就会把它巩固起来）。直线性和片面性，死板和僵化，主观主义和主观盲目性就是唯心主义的认识论根源。而僧侣主义（=哲学唯心主义）当然有认识论的根源，它不是没有根基的，它无疑的是一朵不结果实的花，然而却是生长在活生生的、结果实的、真实的、强大的、全能的、客观的、绝对的人类认识这棵活生生的树上的一朵不结果实的花。①

抽象力是每一个正常人都具有的，但其运用却要受各种条件的制约，因而表现出不同的方法。在经济问题的研究中，除知识

① 列宁：《哲学笔记》，第411—412页，人民出版社，1958年。

量、占有材料量等影响个人思维的因素，对所有研究者都普遍存在的制约，就是个体人与阶级的利益和意识，即主体和主义的作用。

方法是主义的展开与实现，是主体意识的概括和对研究对象矛盾的揭示。这一点在经济学的研究中相当明确。虽然一些人努力表白自己是“客观”、“公正”的，做出一副超然世外的模样，似乎他所论说的经济问题与他本人丝毫无关，他是代表“真理”或“全人类”来进行研究的。但实际上，这些人的主体性都是很强的，他们越是否认其主体性，就越证明其是在代表少数人的阶级利益而对经济矛盾进行论证或掩饰。这种主体性表现为目的，目的要求其在研究和论说中采取可以实现目的的方法。

对于社会主义经济学研究者，一个习以为常的说法是，研究的方法就是辩证法。这是不错的，但也是不够的。辩证法是哲学意义上的方法论，它对所有的科学研究和行为都有指导意义，是方法的一般，一般的方法。具体到经济学，特别是民族经济学的研究，辩证法必须具体化，要在对特殊经济矛盾的研究中，形成特殊的方法。不是只在教科书的导言中，概要地引用一下哲学教科书中对辩证法的论断，就等于确定了本门学科的方法，而要在民族经济的研究中，体现辩证法的指导，并不断进行创造性思维，形成与本学科相应的方法。

基于民族经济学的特殊性，我们认为其方法应是实证与抽象的辩证统一。要点有：

1. 在明确民族经济学的主体和主义的前提下，以社会主义为指导，概括作为主体的各民族劳动者的经济利益和意识，确定民族经济学具体的主义，即其理念和主张。这不是单纯的演绎，更不是把社会主义的本质和原则做一些描述就算完成的，而是实证与抽象辩证统一的首要环节。各民族劳动者的经济利益，是现实的、具体的，必须经过广泛深入的调查研究，收集和占有充分的材料，才能得出实在的认知。不能凭想当然，或按社会主义一般的理论规定，加以演绎。实证不仅是要调查，更要研究，即把调查得来的材料，即劳动者个人对其经济利益的表述进行比较、分类、归纳，形成具有共性的总体意识。这实际上已是在进行抽象。在此基础上，将抽象思维推进，对劳动者总体意识进行分析、综合，得出概念性规定，并对之进行论证。这样得出的结论，是具有其具体的时代性和民族性的，也是可以归结为研究的主题、展开于研究内容中的。

2. 民族经济学的方法，是辩证法的具体化。辩证法不是在世界某个地方存放的物，也不是某个神圣的说教，而是根源于人本质、体现人性升华的精神，是社会变革的方法。从哲学层次上对辩证法的规定和论证，是已有人类思维对其社会变革的总结，是继续变革思维的前提和原则。对于民族经济学的研究来说，辩证法无疑也是前提和原则，但这个前提和原则要具体化于对各民族劳动者经济利益和意识的概括上，体现于对经济的民族性与民族经济关系和矛盾的研究中，即在研究的各层次、环节中都要贯彻辩证法，并以所发现的问题及对问题的解决方法，来丰富、充实、改造、完善民族经济学的方法。

3. 民族经济学的特殊性决定了它在方法上更要注意实证性。与政治经济学的注重从阶级关系探讨经济矛盾相比，民族经济学侧重经济的民族关系。阶级性与民族性在一定程度上是抽象与具体的关系，阶级性具有全人类的世界一般性，只要处在同一历史发展阶段或社会形态下，如封建领主制社会和资本雇佣劳动社会，其阶级关系就是领主与农奴、资本家与雇佣劳动者的矛盾，任何民族，只要处于其中某一社会形态，其阶级关系是有一般性的。经济的民族性与民族关系，从一般意义上说，就是阶级关系，是阶级关系的特殊存在形式。对这种特殊，既要从阶级规定的一般进行演绎，更要从实际进行归纳。这个归纳过程在方法上更要求实证性。民族是历史形成的，人种、地域、政治、文化、宗教、风俗等各种具体因素，都是经济的民族性和民族经济发展与关系的必要内容。对此，是不可能从一般规定进行演绎的，相关的一般概念只是研究的指导，研究的主要功夫，要放在调查和实证上。在这一点上，社会学、民族学、民俗学等的一些“田野调查法”，有重要的借鉴意义，同时也要注重对这些学科成果的吸收。

4. 实证基础上的抽象。实证是民族经济学研究方法的基础，也是重要环节，但研究不能满足于实证的结论，更不能止步于田野调查。民族经济学不止是描述经济的民族性和民族经济发展与关系，更要从中揭示其规律和发展趋势，为此，必须进行抽象。当然，实证过程中也在进行抽象，不过是初级形式的抽象，还要在实证已有的初级抽象基础上，进一步抽象，其思维形式主要是分析和综合，并规定概念，改造和完善概念，进而构筑概念运动的体系。

5. 以初级概念体系为前提的进一步实证。民族经济学的形成，以概念体系的建立为其标志。概念是不断运动的，概念体系也在不断演化。作为一门科学，民族经济学这个学科中，不应该、也不可能只是一个学说的概念体系，而应有若干个学说体系相互支撑和补充，乃至辩争。从发展的过程看，民族经济学的学说体系是逐步建立和演化的。先是初级的研究，还有实证的探讨，也有从政治经济学和其他经济学体系的推演。民族经济学最初所使用的概念，也往往是从其他经济学科中“借用”的。这是不可避免的一个环节。这种靠“借用”而建立的初级体系，严格说还不是民族经济学的体系，而是从政治经济学和其他经济学体系出发对民族经济问题的推论和探讨。在这种推论和探讨过程中，逐步明确民族经济学的特殊对象，即其面对的特殊矛盾。针对这个特殊对象的探讨，逐步规定民族经济学特有的概念，由少而多，建立起体系。之后，就要以这个体系为前提，展开有明确对象的专注的实证研究，更为深入地调查，发现和占有更多的材料，为进一步的概念运动，创造必要条件。

6. 在反复的不断深化的概念运动中，辩证处理实证与抽象的关系。在民族经济学的演进中，特别是多个概念体系形成后，处理实证与抽象的关系就更为重要。因为已经形成了概念体系，一些研究者或政策论证者就会把既定的概念作为前提，作为根据，将概念规定和论证视为“公理”、“原理”，由概念来演绎民族经济发展与经济关系中的具体现象，说明新问题。这是一种惰性和教条主义的方法。已经规定了的概念，是以前研究成果的集中体现，也是以后研究的承接点。在此后的研究者，要接受以前的概念，由此继承前人的研究。但不能把概念作为“公理”、“原理”，而是在继续研究中充分地利用以前的成果，借鉴前人的经验。研究就是要创新，就要在对既有的和新的现象材料进行实证研究的基础上，不断抽象，规定新概念，改造和完善旧概念，充实已有的概念体系，甚至创建新的体系。

7. 在理论与实践的统一中丰富研究方法。民族经济学有若干层次，经过从抽象到具体的展开，具体层次要体现于政策和经营管理之中。这是民族经济学与实践的连接，也是其社会作用的方式。在实践过程中，将不断检验民族经济学的理论和主张，为民族经济学的发展提出要求和改进的目标。理论与实践的统一，是对民族经济学方法的总结和验证，也是其发展的依据。为此，要注意从理论与实践的统一中，不断丰富研究方法，以求理论在民族经济的发展、在处理民族关系的过程中不断创新。

五、主题：探讨各民族劳动者自主发展经济的目的、方向、根据、条件和方式

主题是主义经方法的展开，是主体对对象研究的集中体现。主题，即所要论证、解决的主要问题，它具有明确的目的性，是主体的利益和意志的集合，但它又必须与对象的实际相统一。民族经济学的主题，是逐步确立，并在研究的进程中不断明确和提升的。

我们研究的民族经济学，是社会主义民族经济学，其主体是有自主意识的各民族劳动者。这是民族经济学主题的根据，以实证与抽象辩证统一的方法对经济的民族性和民族的经济发展与关系矛盾的研究，其目的是由主体的利益和意志决定的。因此，我们将民族经济学的主题规定为：探讨各民族劳动者自主发展经济的目的、方向、根据、条件和方式。

发展民族经济，这已是现代人的共识。然而，民族经济如何发展，发展的标志是什么？这就涉及谁是民族经济的主体、民族经济发展的目的和方向，进而探讨各民族发展经济的根据、条件和方式。

在阶级统治社会，民族经济的主体是非劳动者的统治阶级，他们也要求并主张发展经济，但目的是维护其阶级利益和统治地位。统治阶级所提出的经济发展的标准，是以其利益为根据的，如封建领主阶级以所征贡赋为标准，官僚地主阶级以征收税租为标准，资产阶级以获取利润为标准。统治阶级也会考虑本民族乃至本国的总体经济发展，特别是现代以来对国民生产总值或人均指标的重视，但这是围绕其利润和税收的；对于本民族劳动者的收入状况，统治阶级也会考虑，但这是从巩固其统治地位的角度

来考虑的，劳动者的收入状况好坏，不仅关系社会秩序的稳定，也关系对外的竞争力，或是对外扩张，或是保护本民族在族际关系中的地位，都要依靠劳动者的生产力和对本民族统治者的向心力。

而当劳动者作为民族经济的自主发展主体，他们就会根据自己的利益和意志，提出新的经济发展标准，其主要内容，就是劳动者素质技能和社会地位的提高，这也会涉及本民族的总体经济发展，如国民收入与税收等指标，但这既是劳动者素质技能和社会地位提高的社会表现，又是进一步提高的必要条件。任何民族经济的发展，根据和主要内容都是劳动者素质技能的提高，自斯密以来，经济学家越来越将生产力与其主体劳动者相脱离，提出“物质生产力”这一概念，还有的把生产力分成生产资料和劳动、土地、管理、技术等几部分。这些观点表面看起来是有分歧的，但实质上有一个共同点，就是都由非劳动者的统治阶级思想代表所提出。社会主义民族经济学必须在坚持劳动者为经济主体的基础上，明确生产力不过是劳动者素质技能发挥的社会表现，提高劳动者社会地位，使之成为社会主体，提高素质技能，是民族经济发展的基本指标。

民族经济的发展是民族经济学主题中的主要内容，为此，就要明确民族经济发展的目的。阶级统治下的民族经济发展，目的是维护统治阶级利益，巩固其统治地位。社会主义民族经济的发展，目的则在为劳动者的自由发展，也就是劳动者素质技能和社会地位的不断提高创造必要条件，同时使劳动者可以更为充分地发挥其素质技能，而这又是民族经济进一步发展的根本。由此才能实现民族经济的持续发展。

目的决定方向。民族经济的发展方向，即劳动者素质技能提高和发挥的方向，是如何利用资源，并采取什么体制，形成什么结构和机制，进而如何管理和经营的方向，也是如何处理民族间经济关系和矛盾的方向。民族经济发展的方向，取决于民族经济的主体及其奉行的主义。以劳动者为主体，由社会主义指导的民族经济的发展方向，必然是提高和发挥劳动者素质技能，巩固并提高其社会主体地位。方向决定经济发展中资源的利用，制约经济制度和体制，形成经济结构和机制，支配经营管理的方式。在以提高和发挥劳动者素质技能即基本方向的前提下，围绕劳动者素质技能的提高和发挥而利用资源，以劳动者为主体建立能促进其素质技能提高和发挥的机制，形成相应的经济结构。在经济结构这个环节，具体表现出民族经济发展方向因主体和主义的差异而产生的区别。阶级统治制度下的经济结构，是以维护统治阶级利益为方向建立的，封建领主制和集权官僚制的经济结构，以土地所有权和占有权、使用权为其基本框架，以农业为经济结构的主干，其方向是为统治阶级提供农业劳动的剩余产品；资本主义制度以资本所有权及其占有权、使用权（经营权）为基本框架，以工业为经济结构的主干，其方向是为资产阶级提供“最大化”的利润。社会主义民族经济的结构，则应把劳动者素质技能的提高和发挥作为核心，虽然也要以工业为主干，但其产业和行业、企业的设置，就不是以获取“最大化”利润为方向。不是什么行业可以赚钱，就发展什么行业，对那些危害人类的军工、毒品等行业要清除，对那些污染环境、破坏生态的行业要限制、要改造。至于经营管理，则要服从提高和发挥劳动者素质技能这个基本方向，由此而达到社会主义民族经济发展的目的。

民族经济发展的根据，就是各民族劳动者的素质技能及其提高素质技能的自主意识。资本主义经济学家将劳动力与资本、土地、技术、管理等统称“资源”或“生产要素”，这是由资本雇佣劳动制以资产阶级为主体的性质决定的。在资本主义经济学中，经济发展的根据就是资本所有者对这些资源的控制和配置，劳动力与其他资源都是条件。社会主义民族经济学以各民族劳动者为主体，劳动者及其劳动力不是被人配置的资源，而是自主发展的根据。这里，需要说明的是，被现代资本主义经济学规定为资源的技术本身也属于劳动的范畴，是劳动的技术；而管理，有三个层面，一是生产经营中的管理，二是所有者对其资金的管理，三是行政性管理，其中第一层就是生产劳动过程的内容，与技术一样，应纳入民族经济发展的根据，而非资源。至于第二、三层面的管理，也不应归入资源的范畴。

明确了民族经济发展的根据，也就清楚了其条件。条件是围绕根据而发生作用的，也是根据转化为发展所不可缺少的。民族经济发展以劳动者的素质技能提高和发挥为根据，这个根据的提高和发挥，必需的条件就是自然资源和资金。这里，我们不再使用从斯密以来就沿用的“土地”，而用自然资源，理由很简单，土地作为一个经济范畴，主要是针对农业的，而现代经济不仅有农业，更有工业和服务业，自然资源作为经济范畴，则不仅包括农业用的土地，还包括矿产资源、能源、植被，以及地理位置、气候、海洋、空气等。资金，是对应资本而言的，但资本是在货币形式上所体现的特殊的人与人经济关系。资金则是以货币形式所包括、掌控的人为生产资料。自然资源和资金两个范畴，构成以劳动者素质技能提高和发挥为根据的民族经济发展的必要条件。这个条件是物的，它们的差异，明显制约着劳动者素质技能的提高与发挥，影响着民族经济发展的程度。但与根据相比，条件是第二位的，也是被动的，民族经济发展的主动因素，是其根据，根据对条件的有效利用，是民族经济发展的主要内容。

民族经济发展的方式，是其社会的方式，分几个层面，一是生产方式，在历史上各民族经济的发展是不平衡的，大体上经历了采集狩猎、畜牧、农业、工业几种生产方式。现代人类总体已进入工业生产方式，但有的民族还停留在农业生产方式或畜牧业生产方式。民族经济的发展，从人类总体而言，就是要求进入工业生产方式的民族进一步发展工业生产方式，促使那些尚未进入工业生产方式或在工业发展中落后的民族，尽快向工业生产方式转化，并加快工业生产方式的发展速度。由生产方式的转化带动生活方式的转化。生产方式不同于产业和行业，工业生产方式中也包括农业和畜牧业，但是以工业的技术、经营方式来从事这些产业或行业。

二是经济制度，这是特定生产方式下人与人经济关系的集中体现和相对稳定的形式。现代人类各民族因生产方式的差异，仍存在几种不同的经济制度，一为资本雇佣劳动制，二为社会主义的民主劳动制，三为集权官僚制，四为封建领主制。从民族经济的发展论，与工业生产方式相对应的经济制度，初期是资本雇佣劳动制，进而是社会主义的民主劳动制。对工业生产方式发达的民族而言，其经济发展的制度形式，应是从资本雇佣劳动制向社会主义的民主劳动制过渡。对工业生产方式落后的民族，则应根据具体情况，或是采取资本雇佣劳动制，或是采取社会主义民主劳动制。至于中国这样的工业生产方式不发达，但已在革命中实行社会主义制度的国家，其民族经济的发展，应在社会主义原则指导下，改革初级公有制，向更高阶段的社会主义经济制度和体制转化。

三是经济体制，这是经济制度的阶段性体现，也是民族经济发展的具体形式。不论哪种经济制度，其演化都要经过若干阶段，表现为不同的经济体制，即对人与人经济关系的具体规定，它表现为权利体系的演变。如资本雇佣劳动制已历经统制、竞争、市场三种经济体制，实行资本雇佣劳动制的民族经济，因经济体制的差异而制约其发展水平。实行社会主义的民主劳动制度的民族经济，也会经历几个阶段，以调整经济关系，促进经济发展。

四是经济结构和运行机制，这是生产方式与经济制度、体制在各民族经济中的具体表现，也是劳动者与自然资源和资金所体现的人为生产资料的结合方式，它包括劳动者素质技能结构和资金（本）结构、产业结构、行业结构、区域结构，以及流通、分配、消费等结构。经济结构的关系及其运作，形成运行机制，具体制约着各民族经济的发展进程。

五是民族经济的经营管理，这是更具体层面的民族经济发展形式，是经济结构及其运行机制的展开，它直接制约民族经济的发展。

六是各民族间的经济交往方式，包括一国内各民族的经济交往和国际间民族经济的交往。民族间的经济交往方式由民族经济发展所制约，但同时又是民族经济发展的必要方式。

明确主题是探讨各民族劳动者自主发展经济的目的、方向、根据、条件和方式，这对民族经济学的研究是至关重要的，围绕这一主题的研究，将确定并形成民族经济学的内容、范畴和体系。

六、内容：揭示和论证民族经济发展及民族经济关系中的矛盾

民族经济学的内容，是其主题的展开，是研究主体按其主义的方法对对象进行研究的过程和成果，这就是揭示和论证民族经济发展及民族经济关系中的矛盾。

民族经济是个矛盾系统，它的发展，是矛盾的演化过程，在这个过程中，既有民族内部的各种经济矛盾，又有民族间的经济矛盾。

民族经济的矛盾，是历史形成的，它分为若干层次，其中基本的矛盾，就是劳动者素质技能与地位的关系，这个矛盾扩展为

生产力与生产关系的矛盾。在基本矛盾的基础上，形成制度性矛盾、体制性矛盾、经济结构与运行机制的矛盾、经营管理的矛盾、民族间经济关系的矛盾。这些层次构成一个系统，民族经济学的内容，就是对这个矛盾系统的揭示和论证。

在民族经济发展的历史上，劳动者从一开始就是生产的主体。劳动改造自然，创造物质财富，提供服务，是民族生存和发展的经济基础。然而，自从进入阶级社会，作为生产主体的劳动者就不是社会的、经济的主体，他们的劳动生产，就是由掌控生产资料所有权以及劳动者人身权的统治阶级所支配。资本雇佣劳动制下，虽然劳动者拥有了人身权和劳动力所有权，但生产资料仍由资本所有者掌控，因而劳动者仍不是社会和经济的主体。生产的发展决定经济发展，而生产发展的水平，取决于作为生产主体的劳动者素质技能的提高与发挥。劳动者的素质技能，包括身体素质、技术素质、文化素质三个层次或环节，是人本质的体现，是在实践中逐步提高的，这有一个不断探索、积累的过程。在这个过程中，劳动者提高自身素质技能的主动精神是相当重要的，而主动精神的形成和发挥，取决于劳动者的社会地位及其面对的社会环境。古代中国汉族农业经济的发达，主要是集权官僚制下的小农经济给农民提供了在归其占有或使用的小块土地上勤劳耕作的条件，农民对土地的占有权和使用权，及交税租之后的收益权，是其提高农业生产技术素质的主动性的社会条件。英国之所以能率先进入工业生产方式，根本原因在其民族劳动者素质技能的提高，特别是从农业技术素质向工业技术素质的转变，为什么会有这种转变？英吉利民族本来是法国北部的落后民族，因战败求生才跨海逃到不列颠岛。如果从技术素质的逐步积累而言，是不可能首先在英国劳动者身上发生这种转变的，但这种转变就是发生了，而且英格兰民族成为因工业化而最强大的民族。之所以如此，取决于在英国发生的针对封建专制的革命，劳动者争得了基本的人身权和劳动力所有权，从而使资本雇佣劳动制得以建立，正是这个制度，支撑了工业革命和工业生产方式的发展。

劳动者素质技能与其社会地位，是内在统一的，素质技能提高的劳动者必然要求提高其社会地位，也只有提高劳动者的社会地位，才能保证其素质技能的提高和发挥。亚当·斯密在英国工业革命前夕所写的《国民财富的性质和原因的研究》，是对资本雇佣劳动制的理论论证，正是在这本书里，他将“劳动生产力”作为基本经济范畴，并规定了雇佣劳动者的权利。虽然在他的学说体系中，把提高和发挥劳动者技术素质看成财富增长的主要来源，而且认为发展生产力是资本主义民族经济发展的基本依据，但其局限是很明显的，即从资本所有者的角度，将劳动者和资本、土地都视为生产要素，虽然他看到了劳动者技术素质在发展生产中的主要作用，但仍把资本、土地列为与劳动平列的生产要素，从而否认了劳动者的主体地位。在斯密那里，居经济和社会主体地位的是资本所有者阶级。对斯密的这种观点，前苏联和中国的经济学家不仅没有批判，反而提出劳动、生产资料、土地（劳动对象）为生产力“三要素”的观点，进而形成“唯生产力论”，不仅忽略劳动者的社会、经济主体地位，甚至否认劳动者在生产中的主体地位。以“唯生产力论”为依据的“苏联模式”，虽然是社会主义公有制的初级形式，但由于忽视劳动者的个人权利，从而不能保证劳动者的社会主体地位。这样，劳动者素质技能就不能持续提高，而且没有充分发挥其素质技能的条件。俄罗斯等苏联各民族与中华民族经济的发展，必然受此制约。

通观历史和现实，人类各民族经济的兴衰，都取决于劳动者素质技能与社会地位这个基本矛盾。这个基本矛盾具体的表现，就是生产力和生产关系的矛盾，进而是经济制度、体制、结构与机制、经营管理、民族间关系等矛盾。在民族经济学的主题中已把探讨这些矛盾作为民族经济发展的要点，在内容上则要进一步落实主题，展开探讨这些矛盾。

生产力与生产关系的矛盾，在传统社会主义政治经济学中是作为基本经济矛盾的。这种观点的主要问题是忽略了生产和经济的主体性，不能明确劳动者是生产的主体及其争取成为社会和经济主体的趋向。因此，我们将经济基本矛盾规定为劳动者素质技能与社会地位的矛盾，在此规定的基础上，再来看生产力和生产关系的矛盾，就是以劳动者为生产和生产力的主体，生产关系不过是劳动者社会地位的社会形式，它集中表现为经济制度。生产关系对生产力的制约，首要在于劳动者的经济权利，资本雇佣劳动制以前的统治阶级是控制劳动者的人身权及其劳动力所有权，进而掌握生产资料所有权，在生产关系中居主导地位，并由此掌控生产力。资本雇佣劳动制中，劳动者争得了人身权和劳动力所有权，资本所有者只能牢牢掌控对资本化了的资源和生产资料所有权，以此保持在生产关系中的主导地位，并控制生产力。社会主义的民主劳动制中，劳动者不仅拥有自己的人身权和劳动力所有权，而且拥有由劳动创造的生产资料及资源的所有权，并由两个所有权派生集合为公共占有权，劳动者以民主法制控制占用权，这样，劳动者才真正成为社会主体和经济主体，从而使其素质技能与社会地位统一，生产力和生产关系的矛盾也就上升到一个新阶段。

任何民族的经济发展，都有其阶段性，阶段性的标志，一是制度，二是体制。经济制度是在由劳动者素质技能决定的生产力要求并制约的生产关系的集中体现，它表现在劳动者的社会地位、经济权利及与之相对立的统治阶级的地位、经济权利上，制度主要体现于劳动者的人身权、劳动力所有权和对生产资料及资源的所有权层次。这些基本权利及其派生的占有权、使用权能否属于劳动者，有多少属于劳动者，是衡量经济制度性质的标志。

这些基本权利是任何经济制度中都存在的，不属于劳动者，就要属于非劳动的统治者。这样，就构成阶级的对立。一个民族的经济自从形成，就有其制度，并由权利关系构成其制度矛盾。由于制度层次在经济矛盾体系中的重要性，因此制度矛盾是民族经济在特定社会形态的主要矛盾，它决定了民族经济的性质。从全人类论，总体上经历了奴隶制、封建领主制、集权官僚制、资本雇佣劳动制、社会主义民主劳动制等经济制度，但不同民族，由于发展程度的差异，并不见得都经历这些制度。到现代，大多数民族都进入资本雇佣劳动制，但仍有少部分民族停留在封建领主制，也有一部分民族因社会主义革命而率先进入社会主义民主劳动制。各民族内部制度中的矛盾，以及民族间因制度的差异而造成的矛盾，是制约民族经济发展的主要矛盾。民族经济的发展，首要和核心的问题，就是解决制度层面的矛盾。

经济体制是经济制度的阶段性形式，一种经济制度贯穿于一个社会形态的始终，其间会分成若干阶段，在这些阶段，经济制度要具体化为经济体制。经济体制是经济制度基本权利体系的展开，制度的基本的所有权关系不会改变，不同体制的差异，主要在占有权、使用权、经营权等层面。这里比较突出的，是实行资本雇佣劳动制的民族，有的表现为自由竞争体制，即主要由资本所有者个人行使其对生产资料的占有权、使用权、经营权，并购买劳动力使用权，组织并主导经营，排斥或削弱国家干预。有的则进入市场体制，不仅要强化国家干预，还由资本所有者将其生产资料所有权派生的占有权集合成股份公司，由行使占有权的机构掌控对经营权行使者的聘任，并指导公司的经营。与此同时，雇佣劳动者也将劳动力所有权派生的占有权集合于工会，由工会与公司交涉劳动力使用权的出卖及其价格、条件。这种体制上的差异，不仅会在各民族间同时存在，也会随本民族经济的发展而演化。再如实行社会主义民主劳动制的民族，其经济体制有统制体制与计划市场体制、计划体制等的差异，以及体制的转化。经济体制上的矛盾，是民族经济发展在特定社会形态各阶段的主要矛盾，是制度矛盾的具体化，改革与解决体制层面的矛盾，是民族经济在制度未发生质变时期的主要任务。

经济结构及其运行机制，是经济体制矛盾的具体形态，劳动者的素质技能和社会地位的矛盾在这个层次上得到充分展现。对于民族经济的发展来说，经济结构及其运行机制，是特殊性最为明显的，各民族经济的差异，在这个层面的矛盾中表现得相当突出。因此，对这个层次的研究，也是最能体现民族经济学特殊性的内容。经济结构，是劳动者素质技能与自然资源和人为生产资料由经济制度、体制的制约而形成的组合方式，运行机制则是经济结构的运作所体现的功能。以现代两种主要经济制度，即资本雇佣劳动制和社会主义民主劳动制为例，前者经济结构中的主要结构，是资本结构，劳动者素质技能结构是从属于掌控生产资料和资源的资本结构的；后者则反过来，以劳动者素质技能结构为主，集合了生产资料和资源的资金结构为辅。这两种结构组合形成的矛盾，具体化于产业结构、区域结构、流通结构、分配结构、消费结构等具体结构中。各民族经济发展的差异，就体现于这个结构系统及其各环节上。不同的结构形成不同的功能，其机制的运作，具体地制约各民族经济的发展。

经营管理，是更为具体的民族经济矛盾层次，它包括企业和个人的经营活动，也包括由政府从总体上对经济的调控管理。因体制的差异和结构的区别，各民族在不同历史时期，经营管理的差距相当大，而这又是民族经济发展的直接体现，经营管理层次的矛盾是民族经济学研究的具体层次。从方法和研究进程来说，这个具体矛盾层次是实证的着眼点，也是抽象的起始，进而是从抽象到具体概念运动的归结点。对这个层次的研究，切忌就事论事，而应通过从具体到抽象探讨其中的结构和机制、体制、制度层次的矛盾，再从制度、体制、结构和机制，以从抽象到具体的概念运动，说明经营管理层次的矛盾。

经营，从广义上说，就是有目的地从事生产和服务业以生产产品创造价值的活动，由于劳动者素质技能的差异和生产方式的不同，各民族在不同历史时期的经营活动及其方式差别明显，如游牧与农耕，手工作坊与机器化生产的工厂，个体摊贩与超级市场等；从权利关系来说，则有个体经营与资本经营、合作经营、政府经营等；从经营机制看，又有自给自足、政府管制、自由竞争、市场法制等。民族经济的发展程度及其相互间的关系，直接取决于经营，对经营的研究并探讨解决其矛盾的途径，是民族经济学具体的内容。

管理，包括经营中的管理，也包括以政府名义进行的总体管理。在民族经济的发展中，管理的意义是不言自明的，但如何管理，却有相当大的差别，从而影响民族经济的发展。经营中的管理，随经营范围和方式的变化而变化，但即令在同一种经营方式中的管理，也有优劣之分。这里的要点，在于如何发挥并提高劳动者的素质技能，由此而有效地利用生产资料和资源。以政府名义的总体管理，目的在于维护阶级统治的秩序和社会协调，它随制度和体制的变化而改变，同一种体制下的总体管理，也有方式方法的差别，从而形成不同结果。对于一个民族来说，如何通过其行政机构从总体上管理经济，为个人与企业的经营创造适宜的环境，是其经济发展的重要环节。民族经济学的研究应对此予以高度注意。

民族经济学在揭示和论证民族经济发展中矛盾的同时，还要对民族间经济关系的矛盾进行探讨。民族间经济关系的矛盾，是民族经济矛盾在民族间的扩展，它与国际经济关系矛盾类似，但也有很大区别。这主要是因为当今世界上并不都是单一民族的国家，有相当多的国家是多民族共存的，也有一部分民族是跨国度存在的，从而使民族间的经济关系和矛盾呈现多样性和复杂性。这里，既有民族的语言、文化、风俗习惯因素，又有制度、体制及其包含的阶级、阶层等因素。这诸多因素的交互作用，构成错综的民族间经济关系矛盾。

民族间的经济关系矛盾不仅是复杂的，有时也是相当尖锐的，甚至表现为激烈的冲突。民族经济关系矛盾会以各种方式展示，大致可分为一国之内的民族经济关系与国际民族经济关系两种。国内民族经济关系是在一个总体性政权制约下的各民族经济关系，一般说，各民族实行的是同一经济和政治制度，但也有“一国两制”，甚至“一国三制”的情况，比如清朝时中国的汉族地区实行集权官僚制，而蒙古族（西北部）、藏族及西南少数民族部落地区仍实行封建领主制，个别地方还保有奴隶制，或停留在原始氏族社会。中央政府认可并授权这些地区部落首领的统治权，但对其具体经济活动不加干涉。这种情况在西藏一直维持到1959年才结束。由于实行不同制度，加之语言、文化等的差别，民族间的交往程度和形式会有诸多差异。个体生产经济的汉族民众有相对自由的与他人经济交往的权利，但蒙藏等少数民族由于实行封建领主制，农牧奴基本上没有经济交往的资格，因此，汉族民众（商人或手工业者、农民）只能与其领主交往，民族间的经济关系受到限制。新中国成立后，特别是1959年西藏“平叛”以后，全国实行同一个制度，即初级的社会主义制，民族间经济交往的制度障碍已经消除，为密切和扩大各民族间民众的交往创造了条件。

国际间的民族经济关系，有两种情况，一是不同国家不同民族间的关系，二是不同国家同一民族间的关系。国家与民族都是历史形成的，由于战争等原因造成的地缘政治，使民族与国家有所区别，这在现代尤为明显。不同国家的不同民族，在经济交往中的差异是明显的，但也相对简单，民族关系与国家关系是统一的。而不同国家同一民族的经济关系，就显出其复杂性，血统、文化、语言、风俗习惯等相同的民族，其交往却要受国家制度、法律、政策等的分隔，又有密切联系的内在要求。如中国东北的朝鲜族与朝鲜人民共和国和韩国的朝鲜族是同一个民族，其交往，要受国度的限制，这种关系可以归结为民族内部的关系，但又是国际间同一民族的关系。

对民族关系的研究，要立足于对民族经济发展矛盾的探讨，同时又会对民族经济发展的揭示和论证提供必要的参照和启示。这两个方面的统一，就构成民族经济学的内容。

七、范畴：民族经济矛盾的层次与主干概念规定

从严格的对理论体系的要求来说，民族经济学的体系应是由一系列概念构成的，但刚起步的民族经济学研究，还远远达不到这样的程度，为了构筑学说体系，目前还只能以范畴为主干。

范畴是主题的展开，是内容的各个要点和关节点。范畴，从汉字来理解，其意义是比较明白的。“范”义“模型、榜样”，“畴”义指“已耕作了的田地、田地的分界”，衍指“同类、同处”。范畴作为一个术语，可理解为对同一类事物的界定，或同一类型事物的总体规定。归总起来，范畴有这样几层含义：一是对客体、对象的层次及其内容的界定；二是学说体系中的主干性概念；三是规定特定对象范围或矛盾层次的各概念；四是概念运动的关节点。而概念，则是概括起来的思想、观念。与范畴相比，概念的逻辑性更强，必须经过系统的抽象，达到分析和综合之后，方能规定概念，而且要有明确的定义和论证。而范畴就不一定要达到这样的程度，以其第一层含义说，只要对所研究对象

的矛盾层次作出总体性界定，并以一个或几个术语表明这种界定，进而对其进行探讨，就形成范畴，这在逻辑进程中只要达到归纳，或是从更一般的概念加以演绎，都可以做到这种界定。当然，范畴的其他几种含义，则要达到概念的程度，而且是较抽象的、作为学说主干概念的程度。

这样说来，范畴的含义不仅比概念要宽，而且灵活。达到概念水平的主干概念是范畴，作为概念所由此规定的范围、层次界定，也是范畴。前者是概念运动的成熟形态，后者则是概念运动的形成和过程的界定。

也正因此，我们在探讨民族经济学体系的时候，暂时还用范畴作为其要件。这里所涉及的范畴，是作为民族经济学内容的民族经济发展与民族经济关系矛盾的层次规定，其中有些层次已达到概念程度。

大体说来，民族经济学的范畴，包括：

1. 构成民族经济和民族间经济关系一般性的范畴，有民族、民族经济、经济的民族性、民族经济的政治机制与文化内涵、民族经济关系、民族经济主体、民族生产力与生产关系、民族经济发展。

2. 构成民族经济制度矛盾的范畴，有民族经济制度、民族经济制度与国家经济制度的关系、民族经济制度的变革与演进。

3. 构成民族经济体制的矛盾，有民族经济体制、民族经济体制与国家经济体制的关系、民族经济体制改革。

4. 构成民族经济结构与运行机制矛盾的范畴，有民族经济结构、民族经济运行机制、民族经济结构与国家经济结构的关系、各民族劳动者素质技能结构、民族产业结构、民族流通结构、民族分配结构、民族消费结构、民族区域经济结构、调整民族经济结构优化运行机制。

5. 构成民族经济的经营管理矛盾的范畴，有民族经济经营、民族经济管理、民族经济中多种经济管理方式并存及其改进。

6. 构成民族经济关系矛盾的范畴，有民族间经济关系、国内民族经济关系、国际民族经济关系、民族经济的融合。

7. 规定现代民族经济发展大趋势的范畴，有民族经济现代化、现代民族经济关系中的“中心——外围”结构、民族经济依附、民族经济发展的共同趋势。

8. 规定中华民族经济现代化的范畴，这是中国人进行民族经济学研究必须涉及的，包括中华民族经济、中华民族经济史、中华民族经济振兴、中华民族的工业化与现代化、中华民族经济现代化中各民族的和谐互助。

9. 规定中国少数民族经济发展的范畴，有中国少数民族经济、少数民族的分布与经济状况、少数民族经济与汉族民族经济的关系、各少数民族经济史、各少数民族之间的经济关系、少数民族区域自治与经济发展、少数民族经济跨越式发展。

民族经济学的研究中，必须涉及政治经济学和其他经济学科的概念，对此，要注意几方面的问题：其一，要坚持民族经济学的主体性和相对独立性，明确对象、主题和内容，以民族经济学范畴为主干；其二，注重吸收政治经济学与其他经济学科的成果，借鉴其方法和成果，这在民族经济学的起始阶段尤为重要；其三，民族经济学与政治经济学和其他经济学科的概念在对象上有重合者，应突出民族经济学的主体性和特点，经改造将这些概念纳入民族经济学体系；其四，对非重合又必须涉及的政治经济学及其他经济学科的概念，从其内涵和外延上分清与民族经济学的关系，在涉及其所规定的与民族经济学对象、内容相关问题时，利用其中所体现的成果，以扩展和充实民族经济学的研究。

民族经济学的研究，还要涉及民族学、人类学、社会学、政治学、文化学等的概念和范畴，也都应与对政治经济学和其他经济学科的态度和方法来对待。

八、民族经济学的体系

体系是方法的具体形式，是范畴的连接与内容的论证方式。民族经济学的体系，包括一般民族经济学的体系和作为一个学科系统的民族经济学科的体系。

一般民族经济学是民族经济学科系统的抽象和核心学科，它是对经济民族性和世界多民族经济发展与民族经济关系矛盾一般性的规定，它具有民族性和国度性，是特定民族、国家的研究者对民族经济一般的研究。本书就属这个层次，是中华民族的劳动者对一般性民族经济发展和民族经济关系的研究。由于其一般性，所以这个学科也简称为民族经济学。

民族经济学体现的要件，是其范畴。作为体系，要按从抽象到具体的顺序展示范畴的逻辑运动及其内在联系。

经济学自形成以来，有几种构建体系的模式，其中有代表性的是三种，一是将对象平面切割，分成若干方面或领域，分别论述；二是将对象中的问题按时间顺序记述和分析；三是按从抽象到具体的概念运动论述。

不同的体系，取决于不同的方法。上述第一种体系，主要是资本主义经济学的“主流派”现象描述法的体现。此法在斯密那里初始，由萨伊将之系统化，他把政治经济学分为三部分：财富的生产、分配、消费，后人有加上交换成四部分的。一直到今天的所谓“微观经济学”与“宏观经济学”的二板块体系，依然是延续萨伊的路数。需要说明的是，在社会主义经济学派体系中，也有人曾主张按此法安排体系，并以此体系来界说马克思的《资本论》，将《资本论》的体系说成是由生产、流通、分配三部分构成的。这种认识也在一定程度上影响到其他经济学体系的构思。

第二种体系，主要表现在德国历史学派的著述中，李斯特和罗雪尔对此情有独钟。由于此法类似写经济史，因此接受者不多。但在民族经济学的研究中，特别是在起始阶段，因能够明确规定的概念不多，为了建立论述体系，很容易按时间顺序来安排。

第三种体系，是马克思在《资本论》中创立的，是他的系统抽象法的体现。按从抽象到具体的概念运动建立体系，是以从具体到抽象的逻辑进程为主干的。系统抽象法的实质，就是对研究对象的矛盾进行总体的统一研究，按矛盾的一般与特殊关系辩证地抽象，而非将对象切割为部分或领域。在概念从抽象到具体的运动中，一步一步地展示本质规定，说明现象。抽象概念与具体概念并不是各有不同的对象，而是对同一对象的不同逻辑层次的规定。抽象概念概括具体概念，具体概念展开抽象概念。因此，从抽象到具体的概念运动体系，是一个逻辑与历史统一的体系，是一个思想生成和发展的体系，也是一个以本质说明现象的体系。

我们的民族经济学研究，是以社会主义为主义的，马克思的方法和体系是必要的历史与逻辑前提。民族经济学的实证与抽象辩证统一的方法，就是在马克思政治经济学方法论的原则指导下确定的。因此，我们在设计民族经济学体系时，要以从抽象到具体的概念运动为内在依据。然而，由于民族经济学的研究刚刚起步，还达不到对所探讨的矛盾都做出概念规定，为此，就要以从抽象到具体为顺序，对其范畴进行体系安排。

前面论到的民族经济学范畴，作为对民族经济发展与民族经济关系矛盾的规定，是按矛盾的一般到特殊的顺序来论述的，这是从抽象到具体的基本依据。在建立论述体系时，还要进一步从逻辑上从抽象到具体加以推敲，以使之更能符合从抽象到具体的范畴运动的要求，由此在内容上再现对象的矛盾。本书的体系，就是依上述前提和原则形成的。本书共十二章，其第一章具有导论性质，是对民族经济学这门学科的主体、对象、主义、方法、主题、内容、范畴、体系的规定。第二章论述经济的民族性和民族经济发展与民族经济关系，这是对民族经济基本矛盾的规定，也是本书的基本点与起点。第三章论述民族经济的政治机制与文化内涵，说明民族经济与政治、文化的内在统一。第四至第七章，对民族经济矛盾的四个层次：制度、体制、结构及其运行机制、经营管理进行探讨，这也是民族经济学的主要内容。第八章论述民族经济关系与交往，说明国内与国际民族经济关系的六种类型，以及民族经济关系中的矛盾。第九章探讨民族经济发展，是对前几章的总结，并分析了民族经济发展的规律。第十章是第九章的延伸，从现代经济大趋势来探讨民族经济发展的共性和个性，论证民族经济现代化与工业化的必然，说明社会主义的大趋势。第十和第十一章，是对中华民族经济现代化和中国少数民族经济发展的探讨，这是中国人研究民族经济学所必须做的，也是我们的立脚点和出发点、归结点。

这个体系，当然是不成熟的，我们愿在不断的研究中，逐步规定、改造民族经济学的概念，在此基础上建立更为充实、完善的体系。

民族经济学还是一个学科系统的统称，这里也有体系的问题。从对民族经济的研究来说，虽然刚起步，但其所面对的矛盾，却是历史形成并现实存在的，而且，许多层面的研究也已展开。为此，有必要从总体上对之进行体系的界定。

作为一个学科系统，其体系虽说不像一个学科那样严谨，但也应按从抽象到具体的顺序来划分。其第一个层次，也是抽象核心层次的学科，就是本书所探讨的一般民族经济学，这个学科可以形成若干学说，但其主题和内容、范畴等应该是明确的。

第二个层次，是对各个国家民族经济的研究。这里有三种情况，一是民族与国家合而为一，或者说一个国家只有一个民族，如朝鲜和韩国的朝鲜族，日本的倭族（或称和族），其民族经济的研究与国家经济的研究是同一的。二是一国多民族，其民族经济与国家经济有统一，也有差异，对民族经济的研究与国家经济的研究有统一，也有区别，又有交叉。三是一国的统一民族，其中又分若干支民族，这在中国表现比较突出，中华民族是一个统一的民族，其内又有 56 个支民族。这个层次的民族经济研究，可视为国家或国度民族经济学。

第三个层次，是对各个国家内具体民族经济的专门研究，以中国为例，对汉族经济、壮族经济、蒙古族经济、回族经济、藏族经济等等，也应该进行专门研究。

第四个层次，是从一般民族经济学的范畴，对一国民族经济发展的专题研究，如民族经济制度、体制、结构及其运行机制、经营管理等的研究。当前中国民族经济研究者着力最多的，也是这个层次，特别是其体制和结构及运行机制的研究，成果显著。

第五个层次，是对国际民族经济关系的研究，包括两个或多个国家同一民族的经济关系和不同民族的国际经济关系。这种研究迄今还被包含于国际经济学的研究中，或者从边境贸易等角度加以探讨，民族经济学在这个层次的研究，既是对前四个层次成果的集合，又有其相对独立的意义。

明确民族经济学的体系和民族经济学科系统的体系，对于民族经济学这门新兴学科的发展，对于各学科间在统一主题下的分工与配合，是必要的。当然，随着研究的深化，民族经济学与民族经济学科系统的体系，也要相应调整。

第二章　经济的民族性和民族的经济发展与经济关系

经济是人类社会生活与发展的基础，民族是人类历史形成的社会存在形式，也是经济活动的社会形式。经济的民族性和民族的经济发展与经济关系，是历史和现实存在的，也是制约社会发展的重要因素。民族经济学的研究，在明确经济的民族性前提下，以民族的经济发展与经济关系为对象，以探讨各民族劳动者自主经济发展的目的、方向、根据、条件和方式为主题，为此，必须首先对经济的民族性和民族的经济发展与经济关系做出总体一般性的规定。

一、民族是历史形成的人类社会存在方式

民族，是近代从西方传来的概念，中国古代虽无“民族”概念，但“民”和“族”却是通用的。“民”，《说文解字》释为“众氓也。从古文之象。凡民之属皆从民。”民为帝王、贵族、官吏之外的庶人之统称。“族”，《说文解字》释为“矢鏠也。束之族族也。”衍义同类之聚结、集中，有血缘关系的家族、宗族、氏族。泛指群和众。从汉字本义论，民族就是同类人或民的集合体。

将民族作为一个概念，是近代西方学者提出的，但又都是不很确定的，大致有这样几种定义：一、民族与国家是同一的；二、“自然国界”是民族的基础；三、种族或血统是构成民族的

要素；四、文化是民族的要素；五、精神、心灵是民族的要素；六、“民族无非是命运的共同体”；七、语言相同；八、肢体形状相同；九、信仰同一宗教；十、具有相同的风俗习惯。对于民族，马克思和恩格斯大都采纳了前述观点中的某几个要点。后来，1913年斯大林在《马克思主义和民族问题》一文中，提出了他对民族概念的定义。

斯大林写这篇文章的目的，是要批判俄国当时正在兴起的民族主义思潮，以维护社会主义运动的目的和统一性。为此，他提出了对民族概念的规定。

> 民族首先是一个共同体，是由人们组成的确定的共同体。这个共同体不是种族的，也不是部落的。现今的意大利民族是由罗马人、日耳曼人、伊特拉斯坎人、希腊人、阿拉伯人等等组成的。法兰西民族是由高卢人、罗马人、不列颠人、日耳曼人等等组成的。英吉利民族、德意志民族等也是如此，都是由不同的种族和部落的人们组成的。总之，民族不是种族的共同体，也不是部落的共同体，而是历史上形成的人们的共同体。另一方面，居鲁士帝国或亚历山大帝国虽然是历史上形成的，是由不同的部落和种族组成的，但无疑地不能称为民族。这不是民族，而是偶然凑合起来的、内部缺少联系的集团的混合物，其分合是以某一征服者的胜败为转移的。总之，民族不是偶然的、昙花一现的混合物，而是由人们组成的共同体。①

① 斯大林：《马克思主义和民族问题》，《斯大林选集》上卷，第61页，人民出版社，1979年。

依斯大林的思维和语言特点，他的定义还未结束，他对民族概念的定义还要加上四个特征：共同的语言、共同的地域、共同的经济生活和经济上的联系、表现在共同文化上的共同心理素质。进而他加以综合：

> 民族是人们在历史上形成的一个有共同语言、共同地域、共同经济生活以及表现在共同文化上的共同心理素质的稳定的共同体。①

> 必须着重指出，把上述任何一个特征单独拿来作为民族的定义都是不够的。不仅如此，这些特征只要缺少一个，民族就不成其为民族。②

据此，他不同意分散于世界各地而生活在不同地域、操着不同语言的犹太人是一个民族，也不同意虽操同一语言，但没有其他特征的挪威人和丹麦人是一个民族。

斯大林进一步指出：

> 民族不是普通的历史范畴，而是一定时代即资本主义上升时代的历史范畴。封建制度消灭和资本主义发展的过程同时就是人们形成为民族的过程。例如西欧的情形就是如此。英吉利人、法兰西人、德意志人、意大利人等都是在资本主义打破封建割据局面而胜利前进时形成为民族的……东欧的情形却有些不同。当西欧各民族发展成国家的时候，东欧却形成了多民族的国家，即由几个民族组成的国家……只有在封建制度还没有消灭、

①② 斯大林：《马克思主义和民族问题》，《斯大林选集》上卷，第64页。

> 资本主义还不发达、被排挤到次要地位的各民族在经济上还没有结合成完整的民族的条件下，才能有这种特殊的国家形成方式。①

斯大林对民族的形成及其定义的论述，目的在于反对俄国当时出现的各少数民族争取民族独立的“反俄罗斯的民族主义”，这对于俄国社会主义革命来说，是必要的。他的上述论说，表面上看是自相矛盾的，即把民族的形成视为“独立的民族国家”的形成过程，民族与国家合而为一，但又认为俄国是“多民族的国家，即由几个民族组成的国家”。这里，他从社会主义运动与民族主义运动的关系提出了调和上述矛盾的思路：将民族主义运动纳入社会主义运动，并在社会主义革命胜利后实行统一国家的区域自治。

应当说，斯大林是第一个系统论述民族问题的马克思主义者，他关于民族的定义及统一国家内各民族的区域自治的思想，有重大的理论和实践意义。中国的民族理论是以斯大林关于民族的定义为立论的基本点的，而且关于民族的划分也以此为标准。也正因此，我们不能不对他的定义进行分析。我们认为，斯大林的民族概念定义与他关于民族形成和区域自治的思想，有明显的差距，而且是不能自圆其说的。这集中表现在民族概念的定义中排斥了政治这个要素。

其一，斯大林习惯于用“特征”来定义概念，不仅在民族概念，在他的哲学和经济学著作中也相当多。从辩证逻辑所探讨的思维进程说，对“特征”的认知，尚处从分类到归纳的转化，尚未达到规定概念的分析与综合的程度。为了规定概念，必须对已认知的“特征”再进行分析和综合。显然，斯大林对民族概念的

---

① 斯大林：《马克思主义和民族问题》，《斯大林选集》上卷，第69页。

定义没有达到这样的程度。其二，在他对民族形成和民族自治的论述中，政治运动和政治组织无疑是相当重要的内容，但这些内容却未概括进他对民族概念的定义中。

我们在研究民族和民族经济的时候，要借鉴斯大林及其前学者们的有关论述，但这不等于说斯大林的定义就是最终定论。

民族是一个历史形成的社会范畴，斯大林将民族的形成期界定在“资本主义上升时代”，“封建制度消灭和资本主义发展的过程同时就是人们形成为民族的过程”。这显然有其局限性。

从家族、氏族、氏族联合体、部落、部落联盟到民族，是不断发展的。欧洲的民族形成，是斯大林观点的典型依据，但如何看待那些非资本主义国家的民族呢？显然不能套用斯大林的定义。

在斯大林关于民族形成的论述中，实际上是把政治组织、阶级斗争作为一个重要因素的。但他对民族概念的定义中，又不包括这个因素。或许，他是将政治组织——国家或区域自治机构等——作为民族的前提了，但他并没有指明这一点。这样，就导致后人在使用他的定义时将政治因素排斥在民族概念之外。在实践上，受其影响最大的，就是前苏联的民族政策和中国共产党的民族政策。20 世纪 50 年代中国进行民族划分时及随后而来的有关问题，都与机械地理解斯大林的定义有关。

民族是历史形成的人类社会存在方式。地域、经济、政治、文化、语言是民族的必要因素。从这个意义上说，斯大林的定义有明显的合理成分。但不包括政治因素，不把政治组织作为民族的存在形式，也是不能全面、准确规定民族概念的。

民族是由氏族、氏族联合体、部落和部落联盟演化、扩张而形成的。这个过程，是一个充满矛盾斗争的过程。在一个特定区域内的众多部落，由于相互的矛盾而斗争，最后由一个势力强大的部落或部落联盟吞并了其他部落，从而也就使本部落随之消失，形成了以此部落和部落联盟为主的民族。中国在春秋、战国时期，就已经开始了这个过程。汉民族，就是继承统一中国的秦朝而在汉朝形成的囊括了众多部落的民族。它是人类最早形成也是人数最多的民族，在两千余年的演进中，又不断吸纳其他部落加入。汉族的形成，政治起着前导和框架的作用。在欧洲各民族的形成过程中也是如此。

我们认为，民族是随着人类经济的发展，在一定的政治组织，特别是国家政权的制约和支撑下形成的，大体在阶级社会出现以后，民族就在集权国家逐渐出现，直到近代以来，才普遍形成了现代意义上的民族。也就是说，作为人类历史形成的社会存在方式，民族并不是在某一历史时点，在全世界齐刷刷地形成的，而是像国家一样，因具体条件而动态地形成和发展的，有些民族形成早些，有些则晚些，有的地方直到今天，其民族形式也不完备。而且，民族形成以后也不是固定不变的，有分有合，甚至有的民族会消失。

据此，我们对民族概念做这样的规定：民族是人们在同一政治组织和相应制度框架内，在共同地域内由同一文化形态主导从事经济活动的具有共同语言的长期稳定的社会存在方式。

我们的规定与斯大林的定义相比，有这样几点区别：(1) 民族不仅是人们的“共同体”，而是“社会存在方式”；(2) 规定民族概念是对从分析得出的要素即本质因素的综合，而非对归纳所得的“特征”的排列；(3) 这些要素中包括地域、经济、政治、文化、语言，比斯大林的“特征”多出政治这一要素，但去掉了“共同心理素质”这一本来包含在文化中的内容；(4) 将各要素综合为内在统一的规定。

民族的政治因素，即同一的政治组织及制度，对于民族的形成和发展是至关重要的。它既是对民族的外延界定，又是其内涵的基本框架。政治组织以政权形式表现出来，其最典型的是国家，但也有非国家的地方自治性政权。通常，一个国家是一种政治制度，但也有因中央与地方政权的妥协，而采取“一国两制”或“一国三制”的情况，如 1959 年以前的中国西藏仍实行封建领主制，现在我国台湾、香港、澳门与祖国内地的政权与制度的差异等。当然，历史和现实中也会有一部分人由于各种原因生存于本民族聚居的国家或区域之外，这在短期内似乎不改变其民族归属，但长期下去，其民族归属就会有所改变。

民族是不断发展的，在发展中，民族的形式也会变化。从总体看，一个国家构成一个民族，但在一些大国，又有不同形式。比如中国，总体民族是中华民族，但由于历史原因，还分为 56 个民族，相比中华民族来说，这 56 个民族都是支民族，而且随着发展，势必会有民族间的融合，从而使中华民族的总体性更为突出，各支民族的特殊性逐步缩小。国家作为一个政治实体，它对民族的制约是相当重要的，美国的人口来自几乎全世界的各个民族，但在其政治制度的制约下，共同的文化和经济，乃至语言，使之逐步在这同一块土地上聚合为一个美利坚民族，其人口的原有民族性也就逐渐淡化，如果延续几代、几十代人的话，甚至会消失。

因此，我们研究民族经济，必须明确民族的概念，在动态中、发展中揭示民族经济的矛盾，促进民族发展。

二、民族是经济的必要社会形式和属性

作为人类社会存在的方式，民族制约着每个人的经济生活和人们的经济关系，是经济的必要社会形式和属性。然而，从经济学形成以来的几百年间，不论政治经济学还是其他经济学科，都未能对民族从经济的形式和属性加以研究，甚至都很少涉及民族

问题。特别是现代西方主流经济学的“纯经济”、“数学化”倾向，更不能对民族在经济中的作用及经济的民族属性进行探讨。

经济学理论上对民族的不研究，并不等于实际经济中民族的不存在。理论应服从实际，而非实际服从理论。对经济的民族形式和属性的研究，既是实际经济发展的需要，也是经济学理论拓展和充实的内容。

民族是经济的必要形式，指因民族的存在和作用而对经济活动的界定与制约。从总体上说，经济是全体人类的基本活动和生存发展条件，也是每个个体人的基本行为和生活条件。所有的个体经济行为，都要受社会环境的制约，包括他们活动的区域、活动的方式和规则、人与人之间的经济关系、每个人的权利和地位、社会文化观念、风俗习惯、语言和文字等等，都是社会环境。其中，一个重要因素，就是民族。或许，当同一民族的人生活在一起时对民族的制约感觉并不明显，但只要步出同一民族的区域，或与其他民族的人打交道，这种制约就会表现出来。例如，到异族国家或区域去工作、学习、旅游，与回族或维吾尔族人同桌吃饭，民族的区别是相当明显的。

区别就是制约。民族作为人类的社会存在方式，将人们分成按区域、语言等相互独立的“共同体”，并由此相区别。民族并不是一群人临时凑合的结果，而是由家族、氏族、氏族联合体、部落、部落联盟的历史集合。这种集合，正是民族成员素质技能不断提高，并在生产关系和生产方式的改革中发展经济，进行政治斗争和变革的过程中进行的。因此，是一种内在的由某种社会势力（阶级及其控制的社会群体）主导的社会进程。迄今，民族的形成并未结束，部落间的兼并和民族的融合，使民族成为一种密切联系的社会方式。对于民族的成员来说，他一来到这个世界，就已具有民族的身份，就受本民族的政治、经济、文化、语言等各种因素的制约。民族成员的经济活动，是在民族总体的范围内，并由其政治、文化、语言乃至风俗习惯等制约下进行的。

民族作为经济的必要社会形式，与国家的作用是密切相关的。这里有三种情况，一是民族与国家是合而为一的，二是若干民族共同存在于一个国家，三是跨国境而存在的同一民族。

民族与国家合而为一的情况，是近现代的民族形成过程中出现的，如斯大林所提到的西欧诸国，以及日本、朝鲜、韩国，非洲和西亚、南美的一些国家。在民族与国家合而为一的情况下，民族因素对经济的作用，往往直接通过国家的法律、政策而表现出来，而且文化层面的制约，如价值观、思想、道德以及风俗习惯等，也是在国家的范围内发生作用的。国家的阶级、阶层、集团等矛盾，同时也是民族的内部矛盾。国家的经济制度、体制以及结构和机制、经营管理等，都包含着民族的因素，是民族作为经济形式的社会表现。

若干民族共同存在于一个国家，即一国由多民族构成的情况，大多是由于近现代的政治原因造成的。只有中国因从古代就开始大一统，实现“一国两制”或“一国三制”，历史地形成了多民族共存的状况。在这种情况下，民族对经济的制约，就会以多种形式表现出来。其一是主干民族中的统治阶级控制国家政权，其对经济的制约，可以通过国家制度和政权等达到主干民族和非主干民族；其二是各民族平等协商，将民族对经济的制约集合于国家制度和政权，并以法律、政策等体现于经济生活；其三是非主干民族（少数民族）的地方自治，在统一的国家政权下，由中央政府与非主干民族代表达成协议，在遵从国家基本法律和中央政府领导的前提下，实行有条件的民族区域自治，这在中国自明清就开始，到现在依然实行，但自治的权限和方式等有所变化。在俄罗斯及其国家也有类似状况，民族对经济的制约与民族作为经济的社会形式，不仅在地方自治中表现，在国家的法律和政策中也有所作用。

同一个民族分别存在于两国，甚至多国的情况，在当今世界也不少见。比如朝鲜族，就分别生存于朝鲜、韩国和中国，蒙古族分别生存于蒙古和中国等等。这些民族因所处国度不同，其作为经济形式的表现，对经济生活的制约也有差异。但因为国度差异，其民族的作用也就逐步减弱，随着时代的演变，这种作用将不断弱化。

民族作为人类经济活动的社会形式，在长期的对人们经济活动的制约中，逐渐地演变为经济的一种属性，是经济发展的内在因素。

经济的民族性，在经济矛盾的系统上，是与经济的国度性共处一个层次上，是从属于国度性的，或者说是国度性矛盾的一个环节。民族对人们经济活动的制约，是内在和全面的，不论个体还是总体，都体现着这种制约。久而久之，民族就作为一种属性，内生于每个个体人的价值观、行为方式、生活方式，集合于社会总体的思想、道德、宗教、法律、政策、风俗习惯。每个人的吃穿住行，乃至社会的生产、交换、分配，都内含着民族性。

正是经济的民族性，使人类的经济活动丰富多彩，在众多的特殊中体现着一般。各民族的特殊性表现为经济矛盾的特殊性，制约着经济的发展。古往今来，人类的经济之所以呈现阶段性演进，而且不同民族的发展具有明显差异，民族性是不容忽视的原因。在古代，地球上的人类因交通不便而很少大范围的交往，民族的经济活动主要局限于本民族生存的区域。中国的中原地区早在夏、商、周时代，就由原始部落中的强势部落兼并、控制了其他部落，形成部落联盟，进而到秦汉，建立了大一统的集权国家，形成了汉民族。汉族的经济以农业为主，这也是其民族性形成的主要特点，正是由于这个特点，汉族才在人类经济的发展中居领先地位。而在农业文明中形成的汉族经济的民族性，又严重制约着其拓展疆土和向工业文明的转化。自秦汉以来，汉族就受北方的匈奴、契丹、蒙古等部落及部落联盟的侵扰，征战不断，从实力而言，汉族完全可以向这些地区扩张，但只融合了可以适宜农耕的契丹等部落，而不适宜农耕的蒙古地区，即使征占了，也要退回中原。同理，元朝的蒙古统治者，出于其传统，试图在中原推行其畜牧经济，也行不通。中原的汉族人，从民族性上已习惯了农业经济，因此，即使被外来部落统治，也要从事农耕。满洲人入关后也曾一度想按其封建领主制统治汉族人（清初的"圈地"即其表现），但长期实行集权官僚制的汉族已不能适应这种落后的制度，清朝皇帝福临、玄烨识此大势，改行集权官僚制，维护小农经济，才有清王朝二百余年的历史。

民族作为人类历史形成的社会存在方式，在对人们经济生活的长期制约中，就成为一种相对稳定的属性，影响人们的文化和心理或"民族性格"等，而人类的经济矛盾，也就在国度性这一矛盾层次，包含着民族性的内容。民族性也就成为我们研究经济矛盾必须探讨的一个层次或环节。

三、经济是民族存在和发展的基础

民族制约着经济，经济又是民族存在和发展的基础。经济的发展程度，直接关系民族的兴衰。

民族和国家一样，是随经济的发展而逐步形成的。斯大林将民族的形成归因于资本主义的发展，这对个别民族或许是对的，但对世界而言，不免偏颇。最初的民族，与国家是统一的。原始人类以血缘为纽带组成家族、氏族，进而扩展为部落。这个过程，是相当漫长的，之所以漫长，原因在于经济的落后，而经济的落后根源于原始人素质技能的低下，最初的生产方式以采集、狩猎为主，没有或很少有剩余产品。为了生存，人们只能依血缘而群居，从家族到氏族到部落的演化，表明生产能力逐步提高，畜牧业和初级的农业已经出现。各部落因其成员素质技能所导致的经济发展水平而显现出强弱，在部落社会组织中，领袖人物的管理能力起着重要作用。中国古代的黄帝、炎帝，以及尧、舜、禹等人，对于汉民族的形成，起着开创性的作用。大体到商周时期，就已随国家的出现而形成部落联盟。这个过程，表现出不断的部落之间的斗争和联合，其实质，则是经济实力的较量。在较量中，那些内部组织和社会关系有利于劳动者素质技能提高的部落，就会明显占上风，以至吞并、兼并其他较弱小部落，形成占地广、人口多的部落联盟。当这个部落联盟建立系统的社会制度和统一的政权后，就可能进一步形成民族。

汉民族的形成过程，充分体现着这一趋势。白寿彝指出：

> 秦汉时代，是汉族形成的时期。没有汉朝，不能说有汉族。春秋战国时不能形成一个共同体，各地很不一样。通过秦汉，黄河流域、长江流域、珠江流域这些地区原来属于不同民族、不同部落的人，逐渐统一起来，形成汉族。汉族的形成，说明好多民族、部落，形成一个新的、大的民族。汉族形成不是单纯的，不是只有一个老祖，是好多个老祖形成的。后来汉族不断发展，也是不断吸收各个民族发展的。中国封建社会能创造两汉这么一个文化高度，和汉族形成有关系。汉族形成，把各个民族融合起来，这点很要紧。[①]

汉族是存在时间最为久远的一个民族，若从其形成的准备期

① 白寿彝：《在历史剧与民族关系座谈会上的发言》（1978年9月6日），《民族宗教论集》，第45页，河北教育出版社，2001年。

算起，已有四五千年的历史，汉朝立国距今也有两千余年，其时汉族作为民族的五要素都已具备。汉族的形成，起主要作用的是秦始皇及其先的商鞅。商鞅以其废除封建领主制和解放农奴的改革，以及鼓励耕战的政策，使秦这个本来不发达的封建国或部落联盟迅速在经济上崛起，并以强大的经济实力为后盾，向各国（部落联盟）发起征战，为激励士兵战斗，把杀敌与解除其农奴身份统一起来，由此而士气大盛，所向无敌。秦始皇在吞并六国后的废封建、立郡县，以及统一文字、度量衡、道路、文化等方面，都是民族形成的必要措施。汉承秦制，完善了集权官僚制和小农经济，由此农业生产方式得以建立在合适的生产关系上，对农民的均配土田，虽然不很彻底，但毕竟使农民具有了比较自由的生存环境和相对自主的对土地的占有权和人身权。这对于调动农民的生产劳动积极性，提高并发挥其素质技能起着关键作用。由汉至清，两千余年，中间也有分裂割据，以及落后部落的入侵，甚至被其掌控政权，但汉民族一直保持其民族性，并不断融合其他部落。其中原因，根本就在集权官僚制的小农经济，以及与之相适应的儒家道统。

从汉族形成和发展的历史，我们可以看到，一个民族的形成，五个要素是统一的，其中经济是基础，政治是内在机制，起组织和保证作用，文化是导引和凝聚力，地域是条件，语言则是民族形成的结果，同时是民族延续和发展的必要因素。

斯大林认为，民族是在废除封建领主制过程中形成的，这在欧洲是有其道理的。不过，在中国废除并取代封建领主制的，并不是资本雇佣劳动制，而是集权官僚制。西欧各国，也曾有过短暂的集权官僚制和小农经济时期，但由于时间不过一百至三四百年，而且特征不很明显，常被教条主义地对马克思关于历史分期论述的解读者所忽略。大体说是从 14 ~ 15 世纪开始，西欧各国逐渐由国王和商人联手，实行重商主义经济政策，发展本国经济，脱离罗马教廷控制，对内打破封建领主割据，对外扩张，荷、英、法、德等国相继建立了集权专制王朝，并有条件地解放农奴，实行小农经济和个体手工业、商业，为资本主义经济创造了前提。这个过程，也是其由部落到部落联盟，进而形成民族的过程。而这些民族的发展，则取决于其资本雇佣劳动制对劳动者素质技能提高和发挥的促进，使其在工业经济中领先于世，并由此确立了其民族在世界民族之林的强势地位。

民族作为由政治、经济、文化、区域、语言等要素构成的人类社会存在的方式，是一个相对稳定、长期的生存共同体，它不仅要以相应的制度和组织将个体人集合于同一区域，更要使其成员有生存和发展的条件，并据此形成一定的文化，即价值观、思想和道德，使个人明确其在民族中的地位及利益，接受总体性思想和道德的约束。

民族不是个体人自愿加入的组织，但却是个体人生存和发展的总体环境。一个民族的形成，会有不依某些部落个体人意愿，甚至违背个体人利益的强制，但它必须以比被并入本民族的部落更适合经济发展的制度和组织，以更为适宜的生存发展方式，才能保证民族成员在此共同体中的存在，否则，势必发生分裂。元帝国以其剽悍的骑兵征占了横跨欧亚大陆的大片土地，但并没有建立一个统一的民族，原因就在于它的部落联盟自身的游牧生产方式比所征占地原有的生产方式落后，而且不能向先进的生产方式学习以改造自身的经济，被征占地的民族和部落既不能屈服于强制压迫，也不能忍受比过去更不适宜的生存方式，因此纷纷起来反抗，导致元帝国的灭亡。清帝国则记取了元帝国的教训，福临、玄烨及其后继者充分认知本部落联盟（“八旗”是其主干）在经济、政治、文化、语言上的落后，虚心向汉民族学习，自觉汉族化，政治上坚持大一统的集权官僚制，经济上实行小农经济，文化上奉行儒家道统，并学习运用汉族语言，这样，才使其统治具有了依托。清王朝对汉族及其他部落的怀柔政策，是统一的中华民族得以形成的必要前提。

作为民族形成和发展的基础，经济是聚合其成员，进而吸收新成员的必要条件。一个部落或部落联盟，如果不能为其成员提供必要的生产和生活的条件，就不可能转变为民族；而形成了的民族，如果不能继续提供这些条件，那就有可能解体。一个民族的形成，首要的和基本的原因，还在经济上。汉民族之所以形成并不断融合其他部落而扩充，根本原因是由秦汉两大王朝实行的集权官僚制和小农经济是最适合个体手工劳动的农业生产方式，并能提供相对宽松、富裕的生活方式和生活水平。在经济的发展上，人是向上的，所谓“人往高处走”，就是追求更好的生活条件，以满足不断增长的物质和精神需要，争取提高个人的素质技能。但人的需要不能单凭自然赋予，而应由劳动改造物质才能满足。经济的发展就取决于人不断增长的需要与为了满足这种需要而努力提高和发挥自己的素质技能。这两方面是统一的，如果只有需要而无劳动，这样的需要就是幻觉，或许有少数特权人物可以不劳动而享受丰富的物质资料，但他们已经放弃了作为人的最根本的特征和权利，其生活，或者是退化为动物的一般，或者是为了保持特权而片面地强化人性中动物性的野蛮成分，将其生命力主要用于对他人劳动成果的榨取和算计、统治上。

阶级统治是民族经济中的重要内容，也是生产关系及劳动者社会地位的表现。在一定历史时期，阶级统治的社会制度，是民族得以形成的必要条件，人类从部落、部落联盟到民族的演进，也是阶级形成和强化的过程。奴隶主和封建领主的统治，都不承认统治对象的奴隶和农奴的人身权，而且不可能在大的区域内施行其统治，其统治虽然严酷，但不系统不严密。因此其所体现的奴隶制和封建领主制时期，还只是民族形成的预备阶段，即部落和部落联盟时期。这个时期的经济，不论从生产方式还是规模，都还不足以成为民族的存在和发展的基础。只有到了集权官僚制社会，官僚地主阶级的统治一方面承认了农民相对自由的人身权和对小块土地的占有权，另一方面又可以扩大其统治的区域，系统并强化其统治的力度，为稳定、长期的农业生产方式提供了制度保证，从而也为民族的形成和发展奠定了基础。资本雇佣劳动者，比集权官僚制更适宜经济的发展，是工业生产方式取代农业生产方式的必要制度条件。资本雇佣劳动制承认劳动者的人身权和劳动力所有权，为劳动者提供了必要的经济生存权利，而且资本主义的工业生产规模、经济结构和运行机制，都可以大量地、密切地吸收劳动者，从而为民族的存在和发展提供了坚实的基础。英吉利、法兰西、德意志、意大利等民族就是由此而形成并发展起来的。美利坚民族的形成和发展更能说明经济的基础作用，由于其资本雇佣劳动者更为适宜自由竞争，并能给个体人提供相对好的生存条件，这个主要由移民构成的民族在二百余年的时间迅速形成，并吸收了全世界各民族和部落的优秀个体人，使之成为新的强大的民族。而倭民族（亦称和族）的形成，也是自明治维新以后，在政治集权和资本主义统制经济基础上，融合了倭部落之外的其他部落而形成的，并在不到半个世纪的时间内，使日本成了单一倭民族的国家。

社会主义经济是更有利于民族形成和发展的。从理论上说，社会主义经济保证了个体人的劳动力所有权和对共同占有的生产资料所有权，劳动者真正成为经济和社会主体，这为其提高和发挥素质技能，进而改善生活方式和提高生活水平创造了必要前提。而社会主义制度中的民主原则，也使不同民族乃至部落的个人，有了平等的发展机会。从20世纪建立初级社会主义制度的国家来看，在其前期，不论是苏联、东欧各国，还是中国，都为其统一的民族形成奠定了经济基础，同时还以区域自治制度，促使少数民族得以形成，并有了发展的经济基础。只是当社会主义制度被旧势力弱化后，才在苏联及个别东欧国家（如捷克斯洛伐克）造成民族分裂，其主要原因，还是民族统一的经济基础不牢固。

经济作为民族存在和发展的基础，在现代世界表现得相对明显，任何民族，要想保持其民族性，就得发展经济，否则，其民族就有衰落、解体的危险。而在经济发展中的民族融合，也是必然的趋势。

四、民族经济发展的动因与动力

只有发展的经济才能成为民族形成和发展的基础，而经济的发展又取决于民族内生的动因和动力。认知动因，发挥动力，是民族经济发展的根本，也是民族经济学研究的目的之所在。

民族经济发展的动因和动力，来自民族内部劳动者的社会地位和素质技能之间的矛盾，而外部的影响和制约，则是民族经济发展的条件，它要通过民族内部劳动者社会地位和素质技能的矛盾的变化，或者说外部条件只有对内在的动因和动力有所触动，才能发生作用。不论是与国家统一的民族，还是国家内以民族区域自治形式存在的民族，都是如此。

所谓民族经济的发展，其根据和标志，都要归结于劳动者素质技能的提高和发挥程度。资金、生活资料、生产资料等都是劳动者以其劳动创造的，它们还可以表现为国民生产总值或国内生产总值，以及这些总值的人均数，还有税收、工资、利润等各项指标。不论以哪种指标来衡量民族经济的发展水平，其根本在于劳动者的创造性活动。劳动的质与量，是一个民族经济发展的唯一源泉与标志。

劳动改造自然物质，使之成为生活资料或生产资料；劳动为人提供服务，以满足人们的需要。劳动在改造自然物质和提供服务的过程中，如果发生交换，其产品和服务就要形成价值，并以货币来表现。劳动所改造自然物质和提供服务的质与量，是经济发展的根本和主要标志。劳动的质，也就是劳动的技术含量，它取决于劳动者的技能素质及其发挥的程度；而劳动的量，则是在劳动者技能素质水平既定的情况下，以时间计算的劳动数量。经济的发展，或者说社会生产力的水平，取决于劳动质的水平与所付出的劳动量两个指标。从人类已有的经济发展进程看，其总体性进展的根据，在于劳动质的提高，但同时又取决于劳动量的增加。

劳动的质，既有总体的生产方式的界定，又有个体劳动者之间的差异，后者是从属于前者的，并构成前者的内容。总体的生产方式是指人类在特定时期所采取的生产方式，它通常是以国家或民族为单位的。迄今，人类所经历的生产方式，主要有采集狩猎、畜牧、农业和工业。采集狩猎生产方式，通行于原始社会，或者说原始社会通行这种生产方式。其特点，是对象物由自然界产生，人的劳动主要是如何采集自然生成的植物和猎取动物，以此满足生活的需要。这种生产方式下劳动的质，即劳动者的技能素质，在于如何适应对象物的特点，运用人的体力和智力，将对象物采集或捕获。处于采集狩猎生产方式中的劳动者个体，其劳动的质也有差异，主要表现在体力和技巧上。但由于总体生产劳动要受对象物的限制，采集狩猎生产方式的生产力水平是比较低下的，劳动者个人的身体素质、技能素质差别也不可能太大。因此，其收获物也是有限的，而且很少有剩余，即使有了剩余，也不易保存。在这种生产方式下，只能维持较小的家族、氏族等群体生存，不可能形成民族。

畜牧生产方式是在狩猎生产方式基础上形成的，它明显地要比狩猎会有更多和稳定的收获，因此也就要求劳动者技能素质的提高。从猎取的对象中，发现比较温顺，可以驯养的牛、马、羊、猪、鸡、鸭、鹅等动物，人为地消减其野性，使之适宜人的饲养，这需要劳动者长期的观察，摸清其品性，进而掌握畜牧的技能。从游牧到定点饲养，不断提高劳动者技能素质，即提升劳动的质，畜牧业生产方式的生产力有了明显提高，产品也有了一定剩余，阶级有可能出现，并扩大了人们生存方式的范围，民族联合体和部落出现，为向民族的形成迈进了一大步。

农业生产方式源于采集生产方式，在有些地区它几乎与畜牧业生产方式同时出现，但相当大的地区则是晚于畜牧业生产方式。作为生产方式发展的一个阶段，它还包含着一定的采集和畜牧业生产，如中国古代个体农民的采集野果、野菜、蘑菇和饲养家畜、家禽等。农业生产方式是劳动者技能素质提高的表现，农业技术也有一个从低级到高级的演化进程，但其有一个基本限制，就是以人的体力劳动为主，辅之以畜力和自然力，而对畜力和自然力的应用技术，也是农业劳动质的一部分。在农业生产方式中，还包括手工业生产方式，它是农业生产的必要补充和辅助，以人力为主，以人力操纵畜力、自然力，其劳动的质明显要高于农业生产。农业生产方式的中级阶段，生产有了较大剩余，从而使阶级关系明确，统治阶级得以系统并有组织地控制国家政权，这就是奴隶制、封建领主制时期。在这个时期部落不断扩大，并形成部落联盟，为民族的形成创造了必要前提。到农业生产方式的高级阶段，形成了集权官僚制，也形成了民族。

工业生产方式是在农业生产方式中的手工业生产的扩展和质变，它以协作和使用机器、蒸汽力、电力为特征，以精细的设计和系统的操作为其劳动质的规定。工业生产方式突破了人力和自然力的限制，它可以大规模地组织劳动者协作劳动，并按一定的设计，使用必要的机器和工具，生产产品或提供服务。工业生产方式劳动的质在总体上要远高于农业生产方式，其生产力也较农业生产方式数倍、数十倍、数百倍地提高，从而创造了大量的产品和价值。工业生产方式也是一个由低向高的发展进程，从18世纪工业革命开始的两百多年时间内，工业技术历经了几个阶段，劳动者的素质技能在不断提升，技术的总结、淘汰和积累，使劳动的质不断提高，生产力也在扩充和增长。实行工业生产方式，是民族形成和发展的基础，也是民族经济发展的必要条件。正是在工业生产方式的作用下，现代民族才得以形成并界定，不仅在工业生产方式上先行的民族是如此，那些落后地区和国家，也因工业生产方式，而形成其民族，并展开争取民族独立自主发展的历史进程。从这个意义上说，工业生产方式是民族普遍化和民族经济发展的一般前提。工业生产方式不仅包括制造业，还包括以工业生产技术和经营管理对农业、畜牧业的改造。工业生产方式是不断发展的，至今，信息技术和自动化技术等的发明与使用，使之达到一个新高度，但这并不等于说人类已进入“信息经济”或“知识经济”时代，这些新技术依然是工业生产方式的内在因素，工业生产方式还有相当长的路可走，还有相当大的空间可以发展。民族经济的发展，就是在这个大前提下，人类生存和发展的生活方式的演进过程。

民族经济的发展，是在民族形成以后，也就是进入农业生产方式的高级阶段和工业生产方式，才有其真正意义上民族经济的发展。此前的氏族、氏族联合体、部落、部落联盟，虽然还不构成民族，但其经济的发展，对于提早进入农业生产方式的高级阶段和工业生产方式，是必要的历史前提。

民族经济的发展，取决于劳动者素质技能的提高和发挥，但劳动者的素质技能如何提高和发挥？这不止是一种愿望，更要有一系列的制度和机制保证劳动者有主动的要求与外部条件，概括说，就是提高劳动者社会地位，乃至确立其社会主体的地位。

劳动是人本质的核心要素，是人性升华的根据。作为体力和智力的有机结合，劳动是自由的，劳动量受时间限制，但劳动质却有无限的自由发展空间。低级野蛮的统治者只看到劳动量的增加可以增加产品，看不到劳动质的提高可以创造更多价值。他们将劳动者的人身权和生产资料所有权都控制在自己手里，使劳动者没有任何社会地位，以暴力和欺骗来驱使劳动者增加劳动量，这样虽然可以占有一部分剩余产品，但严重抑制了劳动者的主动性和创造力，劳动的质不能提高，或者偶有提高也得不到发挥。奴隶制和封建领主制时期之所以不能形成民族，主要原因就在于此。集权官僚制使劳动者有了相对自由的人身权，而且有了小块土地的占有权、使用权，以及生产工具和生活资料的所有权，这就使劳动者有了增加劳动量，提升劳动质的一定主动性，统治阶级由此也可以占有更多的剩余产品，在巩固其统治的同时，不断扩张其统治的区域和人口，由此形成相对稳定的民族。汉民族的历史充分说明了这一点。在汉民族两千余年的历史上，其民族经济虽然大部分时期是农业生产方式，但其中也有阶段性的提升，其动因就在劳动者素质技能的提高和为提高社会地位而展开的斗争，其主要形式是农民起义。虽然农民起义不能改变集权官僚制，但却迫使统治者做出一些让步，使劳动者获得了部分权利和自由。汉民族经济也就由此缓慢地发展。

工业生产方式是现代民族经济得以形成和发展的基础。现代民族经济的发展，实质上就是在工业生产方式中如何提高劳动质，增加劳动量，由此创造与提供更多高技术含量的产品和服务。这个道理，在今天已为大多数人所认知，不仅资产阶级明白，那些依然靠专制而维持其统治的旧统治势力的代表者们也知道。但如何才能达到这一点呢？

劳动者素质技能中，不仅有身体素质和技能素质，还有文化精神素质。正是文化精神素质，使劳动者意识到自己的社会权利和地位，并导引技能素质和身体素质的提高和争取社会权利的斗争。资产阶级和旧统治阶级在现代的残存势力，能够认识到提高劳动者身体素质和技能素质对他们的统治是有利的，在他们的观念和政策中，也仅是在这些层面做些让步，但他们决不会同意劳动者社会地位的提高，更不容许劳动者成为社会主体。为此，他们用压制和欺骗的办法，降低劳动者的文化精神素质，现代资本主义经济学主要的目的之一，就在于此。

资产阶级和接受了工业生产方式的官僚地主阶级、封建领主阶级，他们的统治，是与民族和民族经济的形成相一致的。也正因为这一点，现代世界上的各民族，大多数都是在他们的领导和统治下形成的。但他们的阶级局限，又使他们的统治成为民族经济发展的障碍。民族经济发展的动因，来自劳动者提高了的素质技能与不适宜进一步提高和发挥其素质技能的社会地位间的矛盾，动力则在于争取提高社会地位的斗争中素质技能的提高与发挥。18至20世纪中期，可以说是现代世界民族的形成期，不仅欧美各国在资本主义导引下的工业生产方式促成了其民族的形成，而且其对全世界的殖民统治和资本扩张，在将工业生产方式全球化的同时，也引发了殖民地和附属国争取民族独立的斗争，从而促使这些国家的民族得以形成。更为重要的是，资本统治及其工业生产方式，产生了以劳动者为主体的社会主义运动，它在俄国和中国及东欧、朝鲜、越南、古巴等国的制度化，不仅促成了其民族的形成或独立，而且使这些国家建立了新型的民族关系，主要是在苏联和中国实行民族区域自治，使少数民族得以形成并具有相应的自治权。

如果说现代民族的形成主要是在资本主义工业化的过程中完成的，那么现代民族经济的发展，则主要是在社会主义运动导引的劳动者争取提高社会地位，不断提高其素质技能的进程中实现的。这在社会主义国家是以社会主义运动的制度化为保证，初步确立了劳动者的社会主体地位，从而激发了其提高和发挥素质技能的主动性，由此促进了工业化。而在资本主义国家，由于经济统治权和主导权还握在资产阶级手里，似乎其民族经济的发展是由资产阶级主导的，但实际上，资产阶级的进步作用，早在民族形成时就已终结，是社会主义运动导引的劳动者争取提高社会地位的斗争，为劳动者素质技能的提高创造了社会环境，由此促进了技术的进步和劳动质的提高。至于资产阶级，由于其目的在于获取最大化的利润，面对日益强大的社会主义运动，不得不做出一些妥协，并及时地利用自己的经济政治权利，将技术进步的成果，劳动质的提高所创造的剩余价值攫为己有。这样促成的西方国家民族经济的发展，动因和动力都是来自素质技能提高了的劳动者为提高自己社会地位的斗争。至于那些仍维持封建或官僚专制的国家，其民族经济发展缓慢，甚至停滞倒退，主要原因还在于社会主义运动势力不够强大，反动的专制统治及发达国家垄断资本财团的操纵，严重阻碍了劳动者社会地位和素质技能的提高。只有突破、推翻专制统治，这些民族的经济才能发展。

中华民族及其中各民族经济的发展，已经有了社会主义制度这个基本条件，要充分利用这个条件，以改革克服旧体制对劳动者社会主体地位规定上的缺陷，以民主法制确保劳动者社会主体地位，由此提高劳动者素质技能，促进劳动质和技术水平的提高。这是动因，也是动力，除此而外，中华民族及其各民族经济，是不可能健康持续发展的。

五、民族内部的经济关系与矛盾

民族作为人类存在和发展的社会方式，是由相当数量的个体人构成的，其经济关系，是一个系统，其中有若干层次和环节，并由此形成矛盾。研究民族内部的经济关系与矛盾，探究民族经济发展的途径，是民族经济学主题的要求。

民族内部的经济关系与矛盾，主要有：旧的部落、部落联盟的差异与矛盾；区域间的关系与矛盾；不同人种与文化传统、语言、生活方式、风俗习惯造成的矛盾；阶级关系与矛盾；阶层与集团关系与矛盾；新旧生产方式和生活方式的关系与矛盾；经济结构及其运行机制的矛盾，经营管理的关系与矛盾。

民族是从氏族、氏族联合体、部落、部落联盟演化而来，民族往往是由不同部落组成的，旧有的各部落之间的差异，还会保留一定时间。因此，这种旧的部落以及部落联盟之间的差异，就成为民族经济关系中历史传统的旧关系和矛盾的残存。随着民族经济的发展，这种旧的差异和矛盾也会逐步淡化，并转变为区域之间的关系和矛盾。

区域间的经济关系与矛盾，这一部分是由旧的部落、氏族、家族差异与矛盾转变而来，在一定时期，还包含着这种历史传统的关系与矛盾。但区域间经济关系与矛盾的出现，主要是由地理环境造成的，因此，它会比历史传统的部落、氏族、家族矛盾存在得更久远。区域间的经济关系，以自然条件造成的物产差异，以及历史形成的生产方式和技术差异等为内容，这种差异并不是容易消除的。比如山地、草原、沙漠与平原等，都会对物产及生产方式造成影响，民族经济必须考虑这些差异，根据其特点来发展区域经济。区域间的经济差异是密切民族经济内部关系的一个因素，同时也会造成一定的矛盾。

不同人种及其文化传统、语言、生活方式、风俗习惯造成的矛盾，主要存在于由移民构成的民族和接受移民的民族中。人种的差异，如形体、肤色、容貌等，是历史形成的，是人类从动物演化而来的过程中，受地理条件和人为条件等的影响缓慢形成并总结在遗传基因中的。人种的差异是不会因社会制度和民族而轻易改变的，在一个移民所构成的民族，或移民而参加一个民族的情况下，人种的差异还会存在。比如美国，它是一个典型的移民国家，美利坚民族也是一个由移民构成的民族，几乎囊括了世界上所有人种，其间的差异并不是短期内能够消除的，也势必会影响民族内部的经济关系。再如西欧一些国家，也接收了世界上众多不同人种以充实其民族，从而也就有了人种差异。人种差异对民族内部经济关系的影响，表现于文化传统、语言、生活方式、风俗习惯等方面，这些无疑都是民族内部经济交往中的制约因素。研究民族经济学，必须注意这些因素，但也要看到，不论是哪种原因造成的民族内部人种的差异，其对民族经济的影响毕竟是次要的。一个民族，制约其经济发展的，还是共同的制度、体制、政策等一般因素，人种的差异及其文化传统、语言、生活方式、风俗习惯等，毕竟是从属于一般因素的，随着民族经济的发展，不同人种之间交往密切，尤其是不同人种间的通婚，其共同性会增多，差异性会逐步减少，但也会长期存在。这种差异，不仅不会阻碍民族内部的交往，还会促进交往，有助于民族经济的发展，而这又取决于制度、体制和政策。

阶级关系与矛盾，这是迄今为止民族内部经济关系的主要矛盾。从世界范围看，民族形成于近现代，即与工业生产方式的形成和发展是同步的，在工业生产方式的初期，主要的社会制度是资本雇佣劳动制，其阶级关系，也以资产阶级与雇佣劳动者阶级的矛盾为主。这在西欧、北美诸民族表现得最为突出。此外，汉民族这个因农业生产方式的发达而早于欧洲各民族形成的民族，其内部阶级经济关系则长期是官僚地主阶级与农民（和个体手工业者）阶级的矛盾。再就是殖民地和附属国独立前后的民族内部的阶级关系，这相对宗主国而言是复杂的，既有其原来的统治阶级（封建领主、官僚地主、甚至由宗主国资产阶级扶植的奴隶主、部落酋长）与劳动者阶级（农奴、农民、手工业者、小商人以及奴隶）的矛盾，又有宗主国或外国资产阶级的代理人（封建领主买办、官僚买办）代表外来资本对本民族劳动者的统治。

阶级关系是民族经济关系的核心内容，它集中体现了经济利益的矛盾，其他经济关系都要归结于阶级关系，阶级关系并制约着其他经济关系。民族经济的发展，取决于阶级关系及其矛盾的斗争，不同民族又因其不同的情况，而有不同的矛盾和斗争特点。其总体的一般趋势是：以劳动者素质技能的提高为依据的要求提高其社会地位的斗争进程，是民族经济发展的主线，劳动者争取提高社会地位的斗争与成果，不仅体现于阶级关系的改变，更为提高并发挥其素质技能创造了条件，而这正是民族经济发展的根据和标志。实行资本雇佣劳动制的民族，以雇佣劳动者阶级争取并确保其人身权、劳动力所有权和民主权为要点，以废除资本统治为目标；殖民地和附属国则根据不同情况，首先是摆脱外国资本在政治上的控制，争取民族独立，进而是劳动者与本民族统治阶级的斗争，这个过程，有的是要争得人身权和劳动力所有权以及民主权，达到自由的雇佣劳动者地位。有的则直接以社会主义为旗帜，在推翻本民族的旧统治阶级之后，争取社会主体地位。中国就属于这种情况。中国革命胜利后，不仅在法律上确定了中华民族全体成员的社会主体地位，而且促使各少数民族从原始社会末期，以及奴隶制、封建领主制的阶级关系，跨越式进入初级社会主义制度，由此为少数民族经济关系的发展创造了制度前提。

阶层与集团的关系与矛盾是阶级关系的具体形式，在民族经济中，阶层与集团的关系与矛盾表现得相当明显。阶层是因经济、政治权利的不同而在同一阶级中所分出的社会层次，比如官僚地主阶级的大官僚地主与中小地主，以及资产阶级中的大资本家与中小资本家，雇佣劳动者中的管理技术人员（所谓“白领”）和体力劳动者（所谓“蓝领”）。阶层的划分，使阶级关系更为具体，也更为复杂。任何一个民族，都有这种阶层的区别与关系，即使不承认阶级的资本主义经济学，也承认阶层，并对之进行过一定分析。而集团则比阶层更明显，但也更复杂。集团是带有自觉组合性质的团体，在经济上，是因某种利益而组成的，并有一定的组织形式，如资本财团或股份公司，以及工会和合作组织等。集团成员通常是由同一阶级和阶层的人构成，但也有少数人跨阶层，甚至跨阶级而参与某集团，如一些经济学家，受利益的驱使，投靠于某资本财团，受其支使，虽然他本人可能是被雇佣的脑力劳动者，但却在组织上成为该集团的成员了。再就是依同乡或家族、宗教信仰等组成的经济集团，其中也有跨阶层和阶级的成员。

研究和论证阶层和集团的经济关系，对于民族经济学来说，相当重要。在这一层的研究中，不仅要将对阶级关系的规定具体化，更要注重对现实和历史材料进行实证研究，以为阶级关系的规定提供依据。而解决民族经济矛盾，促进民族经济发展，在阶层和集团的关系上，也有许多切实可行的对策要进行研究。对于中国现实经济关系的调整，不论从中华民族经济的总体，还是从各民族的内部，都可在阶层、集团的关系上大做文章。

新旧生产方式和生活方式的关系与矛盾，在民族经济中是普遍存在的，也是通过观察可以明显发现的。一个民族，由于历史原因和地理环境、资源等，生产方式的发展处于不平衡状态。大体说来，在现代工业生产方式出现以后，仍有农业生产方式以及畜牧业生产方式存在。这在中华民族及其各支民族中表现得相当突出。迄今，中国的沿海和内陆大中城市，已实行工业生产方式一个世纪左右，但西部与广大农村，依然还以农业生产方式为主，一些地区以畜牧业生产方式为主。比如蒙古族，可以说这三种生产方式都同时存在。其他各民族也有类似情况。生产方式决定生活方式，生活方式制约市场和人们的经济关系，进而又制约生产方式。因生产方式和生活方式的差异，必然导致民族经济内部的矛盾，这种矛盾不仅有对立性，以致会在一定时期出现冲突，还有交错与协同，进而会促进旧的、落后的生产方式和生活方式向新的、先进的生产方式和生活方式转变。现代的趋势是农业生产方式和畜牧业生产方式向工业生产方式的转变，但这种转变不仅是有一部分从事农业和畜牧业的人口转向从事工业和服务业，还在于以工业生产技术改造农业和畜牧业，同时，使工业产品与现代服务业进入从事农业和畜牧业人口的生活，改变其生活方式。生活方式的转变，归结起来就是城镇化，以市场和城市的社会功能，改变农、牧业时期的个体家庭自给自足的生活方式。

新旧生产方式和生活方式在民族经济中的关系与矛盾，不仅是普遍的，也是长期的。任何一个民族的经济发展，都不可能像士兵列队那样齐步走，总有新与旧、先进与落后的差别，即使已进入工业生产方式的民族，其生产方式和生活方式也因地区等因素有所差异。认识这种差异，在总体协调不同生产方式中人们的交往的同时，形成市场，以先进生产方式带动落后生产方式的转化，促进民族经济的发展。

经济结构的矛盾，是新旧生产方式和生活方式的差异与矛盾的具体表现。民族经济是个总体，它的经济结构，包括劳动者素质技能结构和资金结构，以及就业结构、产业结构、产品结构、分配结构、流通结构、消费结构、区域结构。民族经济结构是一个系统，其各子结构都是民族经济系统的组成部分，它们又有自己的系统性。经济结构的矛盾，集合了阶级关系、阶层与集团关系及生产方式、生活方式的各种矛盾，经济结构的调整，是民族经济发展的具体内容。经济结构形成其运行机制，运行机制是结构的功能体现，它同时又有运作的特殊性和相对独立性。民族经济的发展，从总体上说，就是以经济结构的运行机制作用为导引的，运行机制涉及全部经济关系，也是调整这些关系的必要手段。民族经济学的研究，特别是其对现实问题的研究，要注意对经济结构的矛盾及其运行机制的动态探讨。

经营管理关系的矛盾，是民族经济最为具体，也是个体性关系的矛盾。它在总体上受经济结构及其运行机制的制约，是阶级关系与阶层、集团关系的具体存在。因生产方式的不同，民族经济中的经营管理也有差别。经营方式是具体的生产方式，它包括个体劳动和经营，以及企业的生产和经营；管理则包括两个层面，一是个体或企业经营中的管理，二是由政府从总体上的管理。经营管理涉及每个人的经济关系，其矛盾也是最具体的，并直接制约民族经济发展。对经营管理关系的矛盾进行研究，是民族经济学的具体层次，也是可以充分实证的。经营管理方式的提升与改进，是解决民族经济矛盾，发展民族经济的具体环节，而前述民族经济关系的各层次矛盾，也都集合于这个环节。理论由抽象到具体的演进，也在这个环节得到归纳。

六、民族间的经济关系与矛盾

民族间的经济关系与矛盾，是民族经济关系与矛盾的扩展，它与国际间的经济关系与矛盾交织在一起，但又与国际经济关系与矛盾有所区别。总体说来，民族间的经济关系可分为两大类，一是国内各民族之间的经济关系，二是国际的民族间经济关系。

国内各民族之间的经济关系，存在于多民族的国家。现在，以法律的形式明确规定有多民族共存的国家并不多，一些国家虽承认不同的人种（种群）或部落（部族），但不承认其为独立的民族，因此，不能将之归入多民族的国家。我们研究的范围，只限于具有法律地位的两个以上民族在一国之内共存的经济关系。前苏联及其解体后的俄罗斯，是在法律上明确承认多民族共存并实行区域自治的典型国家，新中国也效法前苏联，在法律上承认多民族共存，并形成了民族区域自治制度。

前苏联之所以实行承认多民族共存并自治的制度，是与封建的沙皇俄国的幅员广阔，并且极度扩张，致使相当的部落纳入其版图，而它的工业化和集权专制时间不长就因革命而直接进入社会主义制度有关。十月革命后的俄国，依然以中央集权维护其对两千多万平方公里国家的大一统，在这广阔的土地上，封建领主制时期留下的多部落分散于不同区域，它们还未能形成统一的民族。早在十月革命前，斯大林在《马克思主义和民族问题》一文中，就主张“民族自治权”，但他反对“民族文化自治”。

> 第一，它是人为的，没有生命力的，因为它要把一切被实际生活拆散和转移到全国各地去的人勉强凑成一个民族。第二，它驱使大家走向民族主义，因为它主张人们按民族标准‘划分’，主张‘组织’民族，主张‘保全’和培植‘民族特点’——这些都绝非社会民主党所应做的事情。①

那么，民族自治权又如何体现呢？斯大林提出了“区域自治”。正确解决问题的唯一办法就是区域自治，就是像波兰、立陶宛、乌克兰、高加索等固定了的地域单位的自治。区域自治的优点首先在于实行的时候所遇到的不是没有地域的空中楼阁，而是居住于一定地域上的一定居民。其次，区域自治不是把人们按民族划分的，不是巩固民族壁垒的，相反的，是打破这种壁垒，把居民统一起来，以便为实现另一种划分即阶级划分开

① 斯大林：《马克思主义和民族问题》，《斯大林选集》上卷，第113页。

辟道路的。最后，它使大家不必等待整个中央机关的决议而能最适应地利用本地区的天然富源并发展生产力——这样的职能是民族文化自治所没有的。①

十月革命后所建立的“苏维埃社会主义联盟共和国”，基本上就是在中央大一统之下的区域自治，其中包括俄罗斯、乌克兰、立陶宛、格鲁吉亚、哈萨克等二十多个加盟共和国，而俄罗斯内部，还有若干小的共和国。不论加盟共和国还是俄罗斯内部小的共和国，都是以某一民族为主干，各民族居民在权利上平等的区域自治。

中国的情况与苏联有很大区别，但也有一些共同点。中国的汉民族虽然是世界上最早形成的民族，但民族观念并不明确。汉族人以其农业文明的先进，而蔑视非汉族人的部落，称之为“夷”，以示区别。满洲部落在努尔哈赤等首领的率领下，逐步扩充强大，形成部落联盟，并利用汉族的明王朝政治腐败、农民起义的时机，入主中原。这样，满洲部落的贵族就不能不面对庞大的汉民族的存在，他们一方面承认汉族人既有的文化，并利用集权官僚制，维护小农经济，同时努力将自己的部落向民族集合。为了壮大势力，还对其盟友蒙古人的各部落加强组织，一方面形成满蒙一体，另一方面强调满汉和睦。这样，就在汉民族之外，形成了少数民族的雏形。对其他部落，如藏、回及西南地区的苗、彝等部落，也以集权官僚制给以一定制约，使之转向民族化。中国人明确民族观念和在法律上承认民族，始有中华民国。在列强的侵略欺凌下，中国人意识到自己的民族性，并以外来的民族概念界定了“中华民族”，以此凝聚民众。进而，意识到汉

① 斯大林：《马克思主义和民族问题主义思》，《斯大林选集》上卷，第113—114页。

民族与满洲部落的区别，孙文的革命就把“驱除鞑虏”作为目标之一。随着革命的进程，又将“五族共和”作为强大中华民族的宗旨。中华民国成立后，中国有了法律上规定的五个民族：汉、满、蒙、回、藏。中华人民共和国成立后，在国名中包括“共和”，其义一为民主，二为各民族共同和平相处。但仍沿用“五族”，显然不适当，在学习苏联模式的过程中，按斯大林对民族的定义，经过调查分析，规定了56个民族。除原有五族外，51个民族都由部落或部落联盟而转变为法律承认的民族。

56个民族中，汉族人口最多，占总人口百分之九十以上，其他民族相对说来人口都较少，于是又形成了一个对55个民族统一的称谓——少数民族，其义是人口数较少的民族。少数民族并不是一个概念，而是一个习惯用语。中国的少数民族人口虽少，但分布地区却占全国总面积一半以上。内蒙古、新疆、宁夏、广西、西藏、云南、贵州、青海等自治区和省，是少数民族比较集中的地区。由于历史上汉民族的集权官僚制，戍边、屯田、移民，以及民族融合，形成了汉族以内地为中心，遍布全国的或大或小的聚居区，边疆地区则由各少数民族形成各自大小不等的聚居区，而汉族又与少数民族交错居住的分布格局。

新中国实行民族区域自治制度，并颁行了专门法。这是在学习苏联的区域自治制度基础上的创新，按少数民族的人口及其分布，建立自治区、自治州（盟）、自治县（旗）和自治乡。县以上行政区划，基本上都是一或两个少数民族为主，与汉族及其他少数民族杂居，而汉族地区也有各少数民族居住和工作。因此，中国的民族之间的经济关系，并不能单独地按地域划分，而是你中有我、他，我中有你、他，他中有你、我的关系。

中国的各民族经济关系，大体有三种类型：一是汉族为主的地域，容纳了各少数民族人口；二是某一少数民族在人口中比例较高（百分之三十或以上）的地域，由其为该地域民族区域自治的主要民族，包容汉族和其他少数民族；三是某一或两个少数民族占人口大多数的地域，汉族与其他少数民族占少数而共处。

第一种类型的地域，历史上就已进入农业生产方式，其经济以农业为主，近现代以来，又先行开始工业化，经济相对发达。汉民族为主干民族，少数民族以回、满两族为多，其他少数民族人口则因工作、婚姻等原因个别居于此地。这一类地域的民族间经济关系也相对简单，少数民族基本上已与汉族的经济融为一体，除生活习惯和宗教上有些差别，其他方面并无明显差异和矛盾。第二种类型的地域，民族间的经济关系以该地比例较高的少数民族与汉族之间的关系为主，辅之以其他少数民族的参与。一般说来，汉族人口的素质技能相对高些，其生产方式也比较先进。实行民族区域自治，有助于比例较高的少数民族经济的发展，但同时也要充分照顾汉族和其他少数民族的经济发展，注重汉族人口在经济发展中的带动作用。在这类地域，民族的差异比较明显，因此要在统一协调的同时，消除因差异带来的负面影响，促进其相互激励，共同发展。第三种类型的地域，相对说都是较小的范围，大体是县（旗）以下行政区划，自然和地理条件较差。在这样的区域，一方面要注重调动其中主干少数民族发展经济的主动性，同时要考虑与本区域外的汉族和其他少数民族的经济交往，内生外联，促进其经济跨越式发展。

中国的民族间经济关系，还有一个层面，就是从全国总体上各民族的关系。这里包括两个环节，一是汉族与各少数民族的关系；二是各少数民族之间的关系。汉族与各少数民族的经济关系，在历史上，因汉族经济比较发达，而且其统治阶级又掌握国家政权，常有对各现在的少数民族的前身部落在经济上的剥削和欺凌，同时也有一定的扶助。有的时期，汉民族也会受某些部落的劫掠。但总起来说，汉族与这些部落的经济关系，还是起到了互助促进的作用。新中国成立以来，民族区域自治法的颁行与从政策上注重民族平等，汉族与各少数民族在经济发展上达到了互促共进，不论从生产方式改造、人才流动、资源利用、环境保护等方面，都取得了可喜成就，但也存在不少矛盾。各少数民族间的经济关系，总体上，基本上是在平等的基础上，相互尊重和促进，但在交往中也会有某些摩擦。

中国的民族间经济关系，半个多世纪以来，应该说处理得比较好，不仅促进了经济发展，也密切了交往，加速了融合，很少因民族矛盾妨碍经济发展。但这不等于没有矛盾，还需要深入探讨，以求各民族团结一致，共同建构工业文明的中华民族现代经济。

至于率先实行区域自治的前苏联，其民族经济关系也曾一度比较融洽，并创造了经济发展的大进步，但其俄罗斯民族的大民族主义一直存在，斯大林和赫鲁晓夫之后，民族关系逐步失衡。而其统制体制所造成的各民族经济区域结构的不合理，造成经济的停滞。加之美国等西方国家大资本财团的干涉挑拨，各加盟共和国形成民族分裂势力，最终导致苏联的解体。而俄罗斯自身的车臣等共和国，也出现民族独立运动，由此严重制约了经济的发展。至于拼合起来的捷克斯洛伐克，也因民族间经济关系不能很好处理，而分裂为两个国家。

世界上其他国家，有些是在法律上承认多民族共存的，有些则不承认人口居少数的部落和人种的民族地位，但因血统、宗教等的差异，相互之间总会出现矛盾和冲突。总之，民族（含部落和不同人种）间的经济关系，是现代各国内部的一个重要经济关系，对经济发展起着相当重要的制约作用。

国际间的民族经济关系，大体分为两种情况，一是不同国家不同民族的关系；二是不同国家同一民族的关系。

近现代世界的国际关系，是以国家为单位的。不论是单一民族的国家，还是多民族的国家，在对外发生经济关系时，都是以各自国家的制度、体制、结构和运行机制、经营管理为依据，以各自的生产和需要为内容，形成一定的交往机制。在这种情况下，民族就和国家统一起来，跨国的民族经济关系，也就是国家经济关系。但民族在国际经济关系中并不是不起作用，只不过这种作用体现于国家层面了。这种情况的国际民族经济关系，大体有三种类型，一是发达国家的民族与落后国家的民族间的经济关系；二是发达国家的民族与发达国家的民族间的经济关系；三是落后国家的民族与落后国家的民族间的经济关系。

所谓发达，现代主要是指在工业生产方式，特别是工业技术上的先进。发达国家的民族，也就是先行实现工业化，并在技术上领先或居先进水平的民族，在今天的世界上主要是指北美、西欧诸国与日本等国家。它们的社会制度是资本雇佣劳动制，并以这种制度为依据，在工业文明的初、中级阶段居世界的先列。落后国家，是相对发达国家而言的，其中也有发展程度的差异。发达国家民族的技术先进，拥有较高的生产力，不仅掌控资本，而且掌控高新技术。这使其在与落后国家的民族发生经济关系时，就处于优势地位，其输出产品、资本和技术，换取资源、初级产品和廉价劳动力。落后国家的民族在与发达国家的民族发生经济关系时，往往处于依附地位，以至形成以发达国家为“中心”，落后国家为“外围”的世界民族经济基本格局。

发达国家的民族之间的经济关系，相对说来是“平等”的，不仅是根据各自经济机构的特点来互通有无，还有相当激烈的竞争和互相渗透。这种关系也会有矛盾，甚至会出现激烈的冲突，两次世界大战是其集中爆发。而其相互间的贸易战、金融战和经济纠纷，则习以为常，是发达国家的民族间经济关系的常态。

落后国家的民族之间的经济关系，是比较“平等”的，但也有因发展程度的不同所造成的优势与劣势，不过没有形成“中心——外围”的关系。与对发达国家的民族经济关系不同，落后国家民族之间的经济交往，很少是以资源、劳动力换技术，而是资源和初级产品的互换，并有一定的资源和劳动力的交往。落后国家的民族间的经济关系也有矛盾，也会引起冲突，处理好这种关系，对于落后国家的民族发展经济，是相当重要的。

不同国家间同一民族的经济关系，主要体现在阿拉伯各国，以及中国与相邻的朝鲜、韩国、蒙古、缅甸、哈萨克斯坦等国之间。这是由于特殊的历史原因造成的。

这种类型的国家民族关系，国家的制约是主要的，但同一民族的血缘、文化、语言、风俗习惯等，又是促进相互交往的积极因素。在遵循国家法律、政策的基础上，同一民族的经济交往要密切得多，也更顺利和融洽。

与之类似，那些已加入其他国家民族的移民，在与其祖籍民族的国家发生经济关系时，也有相同的情况，外籍华人与中华民族的经济交往，美利坚民族与欧洲各民族的经济交往，都是如此。这虽是个体行为，但同时也影响到国际民族间的经济关系，是民族经济发展的一个因素。

第三章　民族经济的政治机制与文化内涵

民族经济与政治、文化是统一体，尤其现代民族国家，民族经济既受政治制度、政治体制、法律政策的制约，又受国家文化的制约，文化变革引导着民族经济的发展。在经济、政治、文化的统一中，把握民族经济的政治机制与文化内涵是研究民族经济发展的重要内容。

一、民族与国家的关系：统一与差异

一族一国，一族多国，一国多族，在当今世界上都能找到。所谓民族国家是指一个国家在法律上承认一个民族，国家与民族合而为一。一族多国是指一个民族分布于多个国家；一国多族是指一个国家由多个民族构成。

民族与国家是统一的。民族之“民”，是国家制度范畴下的一个概念，与“国”相对立。国家未生之时，人即以群分，但那是氏族、部族，而不是民族。所以，民族是在国家形成以后才出现的。

国家最初从氏族、部族、部族联盟中产生。在氏族部族内部生产发展的基础上出现的剩余产品，为氏族部族首领以及部落联盟酋长所占有，形成贫富分化，出现私有制；进而产生阶级和作为阶级统治工具的国家。国家出现后，氏族、部族、部族联盟就发展到民族。

国家不是神或上帝创造的，而是人创造的。第一个国家形态是奴隶制国家。奴隶最初来源于氏族部族之间的战争中的战俘。在生产力落后还未能提供剩余产品时，战俘被杀掉吃掉，当战俘的素质技能提高能够提供剩余产品时，保留战俘实行奴隶制，就能剥削剩余产品。奴隶制国家一出现，民族也就出现了。最初的“民”不包括奴隶，战胜的氏族部族的人都是“民”，是主人。后来，氏族部族内部也出现贫富分化，有了债务奴隶，这是奴隶第二个来源。这时的“民”就有了一定财产限制，享有一定政治权利。民族之“民”的含义开始与国家公民之“民”的含义不一样了。所以，当奴隶来源于一个氏族部族之外，民族与氏族部族在内涵外延上基本一致。在后来历史中，之所以当整个国家受到外来威胁时民族主义甚嚣尘上，一个重要原因是民族之“民”不分阶级，有利于弥合抵御外侮时内部阶级裂痕。而当民族内部阶级对立如此深重以至于民族间冲突需要攘外而不得安内时，民族内部统治者会高举民族主义旗帜指责被统治者为卖国。在民族主义与爱国主义出现对立时，民族与国家的差异显示出来。

差异建立在这样一个基础上：民族以共同体存在，国家以差异体存在。对民族概念理解众说纷纭，但强调共同性是民族的本质，至于共同性表现在哪些方面，实属第二位的问题。国家的本质是阶级差别、阶级对立、阶级矛盾和阶级斗争。民族与国家的差异既然在本质上就种下了，必然表现在各个方面。

民族作为一个共同体，居住一个共同地域，但这个地域边界与国家领土边界不是重合的。这一方面取决该国产生发展对领土的作用，另一方面取决于该民族变迁对居住地区的影响，由于民族不同于国家，这两个因素及其作用后果也是不同的，从而造成民族世居地与国家领土的不一致。有的民族居住地小，国家领土大；有的民族有居住地，却未建国；有的民族，连居住地也丧失了，散居其他民族之中。

民族经济与国民经济也是不同的。民族经济是民族劳动者在经济活动中结成的民族内部经济矛盾与民族间经济矛盾，是民族经济学的研究对象；国民经济是一国不同阶级在经济活动中所结成的经济矛盾，归根到底是阶级关系，它是政治经济学研究的对象。

民族语言也不等于“国语”。现代国家意味着拥有均质性和标准性的居民，而国家通常会利用共同的书写式“国语”，来达成这项目标。为此，提高人民的识字率，中学教育被纳入义务教育范畴。但大众教育势必以方言进行，只有人数有限的精英教育，才可采用大众无法解读的语言，如拉丁文、古波斯文、中国文言文等。行政或政治最高层级之间，可使用一般民众完全不理解的语言进行运作，如匈牙利贵族在1840年前，以拉丁文商讨国会事务，印度国会至今采用英语，然而选举造势当然用方言，因为一般人民有投票权，语言亲近才不显得见外。统一的国家，随社会交往特别是影视业和大众传媒兴起后，最初为让不同语族沟通的“混合语”或作为教育之用的文化语，成为国语。如汉语普通话、印尼语及菲律宾语。考察多民族国家语言，可以看到民族力量与国家力量塑造语言而达成的某种平衡。

民族文化与国家文化的不一致集中表现为民族主义与爱国主义的对立。民族认同更多的不分阶级，国家认同是分阶级的。当需要团结全民族力量时，国家认同服从民族认同，民族主义上升。当创建新的政权时或旧政权崩毁时，民族认同让位于国家认同，爱国主义上升。

民族与国家在近代以前没有建立必然关系。例如，直到1945年，操德语的人并不只居住在他们的大本营中欧，他们同时也散居在东欧及南欧各地，且多半是该区的地主阶级、城市居民或乡间富农，甚至在遥远的美洲殖民地也有他们的踪迹，他们在新大陆上自成一宗教派系。从11世纪到18世纪，在多次征战离乱、举家迁徙以及拓荒殖民过程中，这些操德语的人散居在欧洲各地，最远到达伏尔加河下游。这些散居各地的自认为是日耳曼人，不同于他们生活在一起的其他民族。虽然这些日耳曼人跟当地的异族也时有冲突，如他们独占了社会上的重要行业，但在19世纪之前，他们并未曾跟异族统治者发生过重大的政治对立事件。至于散居世界各地达千余年之久的犹太人，至今仍然不放弃他们的民族认同，无论他们落脚何处，他们仍然一直维持着独特的犹太信仰，跟非犹太教徒显得大相径庭，而这样的民族认同，早自沦为巴比伦之囚时便已建立。这期间早已有人起而宣扬政权独立之重要，或主张建立一个疆界明确的国家，可是，一直到19世纪行将结束之际，犹太民族主义才随着西欧民族主义浪潮跃上历史舞台。然而若这样就把犹太人等同于他们的耶路撒冷祖先，是完全站不住脚的。犹太人不可能为了朝圣的方便，或想在弥塞亚降临时重回故土，就把全世界的犹太人都号召起来，以便在他们的古老圣地上建立一个现代领土国家。

中世纪欧洲不同于中国周代，在诸侯国之上有周天子，但中世纪欧洲是以罗马教皇为首的政教合一体制。世俗政权在上帝面前获得了等一性，民族作为共同体失去了认同的基础；另一方面，各国内部的封建战争及对外争夺霸权也在事实上将共同体裂变为差异体。

只是到了近代，随着资产阶级的兴起，对废除封建国家内部樊篱，建立国内统一市场的需要，对建立统一关税，缔结国内各邦关税同盟以抵抗外来工业品竞争的需要，呼唤着民族主义。李斯特第一个把自己的政治经济学体系称为“国民经济学”；其实，“政治经济学”产生的第一天就是献给“国王和王太后”的。斯密的名著叫《国富论》，都是追求民族国家的富强。对民族共同体的呼唤同样得到了政治和文化上的强力支持。政治上，资产阶级反对封建贵族，要求建立“天赋人权”，人人有平等权利的政治制度。社会是平等公民契约的产物。文化上，文艺复兴、宗教改革、罗马法的复兴和启蒙运动张扬自由个性。可是天赋的人权、自由个性真的是不分种族、民族的人类一体认同吗？显然不是，而是以民族为基础的认同，是民族认同。

之所以是民族认同，有这样一些理由：(1) 人类一体认同遇到了大洲之间的隔绝，种族差别、民族差别和宗教差别等事实上的差异难以短期内弥合。(2) 资产阶级建立起来的国际分工是以历史上地理上已经形成的民族分工为基础的。比较优势的现实单元是民族。(3) 交通、语言、法律、政治、文化等方面的限制，使得所认同的共同体以民族为单元最经济、最便捷，也最自然。

民族与国家的关系到了这一阶段最为紧密，以至于一些学者把民族看作是与资本主义一同兴起的，这见解是深刻的，不过这需要把民族一般改换成资本主义民族特殊。在这一阶段，民族共同体的方方面面不是自在地充当了资产阶级国家的前提条件，就是被资产阶级国家进行了改造。更常见的是自在充任这样的条件与适度改造相结合。资产阶级按照自己的面貌到处改造历史遗产。宗教被改革、高利贷被改造、民族亦获重塑。像美利坚民族、中华民族都是近代国家塑造的，美利坚没有历史，如果将中华民族等同于远古的华夏族，真的是历史唯心主义了。

民族国家的建构是世界现代化进程的一项根本要求和本质内容，其内涵是从各个方面打破国内各个地区、各个民族之间的壁垒，建立全国集中、统一的国家权力系统，建立和发展统一的国民经济体系和商品流通市场，在全国范围内推行和传播统一的语言以及能够促进社会、经济现代化的统一的文化模式。如果一个国家基本上是由单一民族构成，民族国家建构所遇到的困难就要小得多。但世界上只有大约 10% 的国家属于这种情况，绝大多数民族国家是一种多民族的混合物。[①] 民族国家构建作为现代化的政治层面的一项基本任务，就是尽可能地将国民对各自所属的民族的忠诚转变为对民族国家的忠诚，这是国民“成为现代公民的先决条件，也是所有民族国家的政治体制得以生存的前提”。[②] 18世纪后期，“民族国家构建作为一项国家政策，以美国革命和法国大革命为背景提了出来。在当时，民族国家构建的意蕴就是公共权威和公民的忠诚感实现同步发展。”[③]时至今日，促进国家民族整合，推动国民忠于民族国家，仍是民族国家构建的主要内容。

民族国家构建既然是一个不断地增进权力集中、国家统一和文化同质化的过程，不可避免地与其他社会、政治力量所做的选择相对立。处于非主导地位的民族，面对现行政治体系实施的民族国家构建，可能做出的选择主要有两种：一种是与前资本主义生产关系有密切联系的传统势力所做的选择，这种选择以民族特性、宗教信仰、文化传统、乡梓利益为号召，谋求维持或恢复割据式的自主和自立。另一种是与国内非主导地位的民族的普通群众有密切联系的现代精英人物所做的选择，这种选择谋求在发展统一的现代国民经济体系的同时实现本族地区的发展目标，谋求在增进对统一的民族国家的认同和忠诚的同时保持对本民族的认同和忠诚，谋求在发展国民文化的同质性的同时弘扬本民族的传统文化。有时，由于民族国家的统治阶级急于实现民族国家构建目标，由于大多数国家现行社会、经济和政治体制在具体决策过程中总是被国内处于主导和支配地位的民族的自我中心主义所左

① A.D. 史密斯：《民族国家》，戴维·米勒和韦农·波格丹诺编：《布莱克维尔政治学百科全书》，第490页，中国政法大学出版社，1992年。

②③ 戴维·戈登：《民族统一构设》，第489页，戴维·米勒和韦农·波格丹诺编：《布莱克维尔政治学百科全书》，第490页，中国政法大学出版社，1992年。

右，也由于处于非主导地位的民族的传统势力的要求和现代精英人物的要求相龃龉，民族国家的构建过程极有可能激发不可预知的突然事件。

被国家塑造的民族，在经济、政治、文化各方面，民族都会受到国家制度的制约，这在民族初被塑造的那一天是如此，在此后民族的发展中亦然。

20世纪的历史颇为令人玩味，民族主义运动与社会主义结下不解之缘。20世纪上半叶，民族主义始终与社会主义相呼应，民族解放是社会主义运动的一个组成部分，又以社会主义运动为旗帜。20世纪末期，南斯拉夫、捷克斯洛伐克和苏联解体，又是以新的民族国家出现为标志的。民族主义扮演的角色变换如此之大，如不懂得民族与国家的关系，势必误读历史。

如果说，一个民族国家建构过程中，内部多民族之间的整合会出现冲突极为可能。那么随着资本主义的全球扩张，民族间的冲突就是必然的了。资本主义扩张不是把落后民族变成资本主义社会，而是纳入殖民体系。殖民体系使宗主国民族与殖民地民族利益以对立对抗的形式发展起来，到二次大战结束，殖民体系在全球崩溃。民族解放运动以反对资本主义为目标，同社会主义运动相互激荡。

社会主义制度化的南斯拉夫与苏联，以消灭阶级剥削、阶级压迫，因而也以消除民族歧视和民族对立为已任，一度得到民族解放运动势力的支持与响应。然而，苏联模式，因为自身的初级公有制与初级民主制的内在缺陷，在铲除了旧的阶级对立后，又孕育出一个新的官僚阶级。在改革中，这个由"党—国精英"构成的官僚阶级从自身利益出发选择了走资本主义道路。这一转向为民族分裂主义提供了机遇。如果说波罗的海三个共和国独立仅仅是开始，俄罗斯的独立是促使苏联解体的致命一击。尽管不能说民族分裂势力是苏联解体的根源，但在苏联、南斯拉夫解体中民族主义扮演了催化剂的作用却是不争的事实。

尽管民族主义在20世纪与社会主义两度同登历史舞台所扮演角色不同，但是有一点是共同的，即民族国家中民族受国家制度约制。所不同的是，在崩解殖民体系时，落后民族要构建独立国家；而在解体苏联模式时，苏联国家的垮台导致民族独立。前者是民族希望得到国家约制，后者是国家不能约制民族。对社会主义者来讲，前者是经验，后者是教训。

二、民族经济受国家政治制度的制约

近代民族经济的产生和民族国家的形成，是同一过程的两个方面。一个自主的、具有自身运动规律的民族经济的出现，是被英国近代思想家霍布斯称为“巨灵”的新兴民族国家一手塑造的结果。近代民族国家，一方面是国内封建势力式微、城市及市民阶层兴起的产物，另一方面是各国追逐海洋商业霸权的产物。16、17世纪，卷入海外商业利益的各国无不奉行旨在促进对外贸易、攫取黄金的重商主义政策。在重商主义看来，贵金属的多寡不仅是一国财富的衡量尺度，而且是一国权力的尺度。在国与国之间的商业战争中，黄金是实力的基础。马克思指出：

“重商主义的民族主义性质，不只是这个主义的发言人的一句口头禅。他们借口只致力于国民财富和国家资源，实际上把资本家阶级的利益和发财致富宣布为国家的最终目的，并且宣告资产阶级社会替代了旧时的天国。同时他们已经意识到，资本和资本家阶级的利益的发展，资本主义生产的发展，已成了现代社会中国家实力和国家优势的基础。”①

① 马克思：《资本论》第三卷，第884—885页，人民出版社，1975年。

在重商主义政策培植下产生的市民社会与民族经济，在依靠自身的利益改造政治上层建筑以前，民族国家是加速资本主义原始积累进程的不自觉的工具。

重商主义之后的自由贸易论，尤其李嘉图比较成本优势的贸易论，同样是民族经济性质的。李嘉图作为英国工业资产阶级的代言人，为了不使工业资产阶级的利润率趋于下降，极力主张压低工人的实际工资。为此，当有利于土地所有者阶级的旨在维护谷物高价而限制谷物进口的“谷物法”在下院获得通过时，李嘉图以比较优势贸易论同反对“谷物法”的政治斗争相联系，倡导自由贸易。在李嘉图看来，自由贸易建立在法国和葡萄牙应专门酿造葡萄酒，北美和波兰种植谷物，而工业品只由英国来供应这样一种国际分工上。换言之，英国民族工业经济的发展和世界工厂地位的维持，要以各国民族工业经济不发展为代价。

资本积累一方面以民族资本的形式出现，另一方面又力图克服民族国家的界限，这一矛盾的辩证解决表现为资本主义作为世界体系的发展史。处于不同发展阶段、具有不同社会性质的民族国家或地区还通过世界市场和其他依附性关系联系在一起。最先进的资本主义民族经济作为中心国在这一世界体系中享有霸权地位。“比较成本说”武断宣称对外贸易将无条件惠及一切参与国，遇到了代表德国民族工业资产阶级利益的李斯特“保护关税论”的迎头痛击。

两次世界大战是民族经济力图摆脱民族国家界限的最野蛮、最残酷的表现形式。二战结束后，从寻找海外销售市场和投资场所来看，发达资本主义民族经济相互之间依赖的程度，远超过它们对第三世界民族经济的依赖。但是，在初级产品尤其工业原材料和能源供应上，发达民族经济更为严重地依赖不发达的民族经济。美国南北战争造成棉花出口中断，曾给英国棉织业带来危机，并成为英国资本输出的直接动因。今天，经合组织所需石油有一半仰赖进口，并在下述具有战略意义的原料项目上依赖南方国家的供应：钠、铁矿砂、镍、铝矾土、铬、锰等。目前每10个发展中国家就有8个要从农矿产品中获得其商品出口总收入的70%以上。非洲大多数国家依赖一两种农矿产品来获取90%以上的出口收入。经济作物挤占粮食种植面积，每年造成数以千万计的非洲民众忍受饥馑。

自东亚经济的成长，对从南美、非洲发展起来的依附论构成了挑战，在激进的依附理论家看来，处于不平等的世界资本主义体系中的不发达民族，除了社会革命以外不可能找到摆脱自身依附地位的途径。如果说民族国家对于发达国家来说更像是资本积累的消极界限的话，对于东亚，则是发展的有力屏障和积极推动者。一个具有坚定的民族国家意识，独立自主推动经济发展的强政府，是落后民族经济摆脱依附地位的先决条件。

从民族经济发展史可以看到，民族经济的产生受国家政治制度制约，反过来又塑造着国家政治制度。从经济到政治，起中介作用的有财富、价值、人格与权利四个范畴。

财富是人以其劳动改造自然物而形成的对人有用的物质产品，其效用或是满足人的需要，或是用于再生产。财富是劳动的结果，也是经济发展的体现，财富增加就成为任何社会与个人经济活动的目的，资本主义就把能否增加财富，如何增加财富作为经济发展的唯一标志。然而，财富不仅要生产，还要交换、分配、消费。人类社会的群体性及其关系的复杂性，却使生产和消费，生产与占有脱节。资本主义劳动过程的特点是，劳动属于资本所有者，产品亦属于资本所有者。劳动者只能占有必要劳动产品，剩余产品和剩余价值归资本家。

社会主义者对财富的规定，不仅注重其生产，也注重按劳动价值论的分配与交换，以至消费。财富是劳动创造的，它的占有和消费，理应主导其交换，并能按其付出的劳动量分配相应的物质资料，以其作为劳动者提高素质技能自由发展的目的来消费。财富的增加和劳动者社会地位与素质技能提高成正比。

价值是表现于财富交换中的人际关系，交换的范围从财富扩展至劳动提供的服务，服务与财富的交换，也以价值来实现。价值不是物自身的属性，而是当物因人对它的所有与其他物的所有者，或服务的提供者进行交换时，所体现出来的关系。

价值有哲学和经济学两个层面的含义。资产阶级经济学，把价值视作对物的规定，人占有的物越多，人的价值越大。经济学与哲学对价值的规定统一于物的价值基础上。社会主义对价值的规定也是统一的，价值的主体是人不是物，财富是人的价值的表现，任何个人在社会交往中的地位都是由人的劳动为评判根据，劳动是决定人的价值的唯一根据。经济学与哲学对价值的规定统一于人的价值基础上。

人格是社会总体对个体的界定，个体的社会存在与作用的综合就构成其人格，人格是个体各方面因素的结合，其中主要是价值。劳动者的人格，在于由生产性取向所决定的素质技能及其发挥，这同时也是社会评判其价值，界定其人格的依据。非劳动者的人格由非生产性取向决定，这是其人本质的异化，马克思把资本家称为“资本的人格化”。专制官僚也可称为“政治权力的人格化”。

权利是人格在社会经济关系中的法律规定。劳动者的人格与非劳动统治者的异化的人格，都会以法律形式界定，并成为个人在社会经济关系中地位的根据。权利分人身权与物权。资本主义法律体系，主要权利是物权，人身权从属于物权。社会主义法律体系首要规定的应是人身权，或人权，物权是从属于人权的。人权中的核心权利，是劳动力所有权及其派生的获取劳动报酬的权利。

权利体系中，除经济权利外，还包括政治权利及社会生活中的其他权利。政治权利是经济权利派生的并制约经济权利的。前资本主义社会，生产资料和劳动者人身权都属于统治者，政治权利也属于统治者，并维护统治者的地位及其经济权利。资产阶级掌权后，以财产限定民主权，本质上是财主或资主。但劳动者争得了劳动力所有权及相应的民主权，并以此为基础展开了以人身权为基础的民主运动。

社会主义民主是由劳动者行使对政治的主导权利。社会主义运动的政治表现是民主运动，其制度化，就是建立民主制。民主制的根本，是确立全体劳动者的民主权。民主权的作用又在于保证劳动者对劳动力的所有权和生产资料所有权。

在民族国家形成过程中，无论是资本主义国家或是社会主义国家，民族国家构建的一个重要方面是形成统一的国民经济体系和国内统一市场。一方面，经济的现代化进程迫切要求在全国范围内进行资源、资金、技术、生产力和商品流通网络的合理配置，这种民族经济的形成需要打破历史上形成的国内各地方、各民族的自给自足与闭关自守状态，造成生产资料、财产和人口的集中以及各个民族在各方面的相互依存；另一方面，由于资金、技术、熟练劳动力和开发项目的主持者基本上集中居住于国内发达地区的民族那里，而相当一部分资源甚至主要资源则分布于少数民族聚居区，这样就有可能在开发者与开发地区之间形成错综复杂的利益关系。协调这些关系就是构建一定的既要符合国民经济发展要求又能照顾各族利益的权利体系，这些权利体系形成一定的经济制度与政治制度。这种经济政治制度的性质不同，决定了民族经济的本质。资本主义的经济政治制度，决定了民族经济内部关系是各地区各民族之间的压迫和剥削关系，对外则是侵略和掠夺关系，由这种民族经济构建的世界体系是殖民或新殖民体系。社会主义经济政治制度决定了民族经济内部关系是各地区各民族间的团结和共同繁荣关系，对外则是和平共处与互利互惠关系，由这种民族经济构成的世界体系是和谐体系。

国家政治制度对民族经济的作用，或者说它作为经济内在机制，主要表现在：政治的总体形态是阶级关系和阶级斗争，它既是经济利益和经济关系的集中体现，又制约着人们的经济活动和经济发展，政治以国家和政党为形式，参与并控制全部经济生活，调节经济关系。

三、民族经济受本民族特殊政治体制、政策等制约

在研究民族经济问题中，有两个民族概念需要加以区别：一个是"民族国家"意义上的民族概念，另一个是构建统一民族国家中的多民族。前者如中华民族、法兰西民族、美利坚民族等，后者如构成中华民族的汉、满、藏、维吾尔、蒙古等族体。从历史上看，民族国家是社会发展的资产阶级时代的必然产物和必然形式。在这个时代，现代化特别是经济的现代化成为一切民族国家生死攸关的问题。当今世界的各个民族国家，尽管社会制度、政治体制和意识形态上存在着很大的差异，但是大都把推进经济的工业化放在首选位置。

现代化中，多民族国家各民族间的族际冲突，既是文化冲突，更是利益冲突。前者是标，是形式；后者是本，是内容。民族政治体制形成，是现代化进程中的一个侧面，是协调现代化进程中族际矛盾的产物。

民族国家的现代化进程，是一个民族国家的各个地区、各个族体趋向整合与同一而形成民族统一体的过程，是一个把异质的过去转变为同质的现在和未来的过程。在现代化进程中，在各个民族国家中处于中心和支配地位的民族体由于在现行的价值分配

总方案中受益较多，所以总是对形成民族国家拳拳服膺并倾向于支持民族同化政策，强调民族国家在政治、经济和文化上成为一个统一的共同体的必然性和必要性。与此同时，在各个民族国家中处于边缘的、受支配地位的民族体，或者由于在民族国家现行的价值分配总方案中遭受绝对剥夺，或者由于现代化中出现的种种不平衡现象导致相对剥夺，因而总是坚持本民族体发展的种种要求。

国内诸民族体发展诉求是民族国家内部各民族，尤其非主体民族对国家现代化进程所作的反应与回应，是他们从本民族体的视角做出的选择。所谓民族体发展诉求，就是一个民族要求在国家现代化进程中根据本民族的历史经验，充分发挥本民族传统文化的潜能；在本民族的社会、政治精英的领导下，按照本民族的价值观、愿望与行为模式去提出、规划和确立自己的发展目标。这样看来，民族体发展诉求的本质方面是确认和弘扬本民族的文化以及自我治理。

在当代发展中国家里，民族体认同溯源于殖民地半殖民地以前的时代，但主要是在西方殖民主义入侵之后，随着资本主义生产关系的输入而形成的。市场经济、西方文化的扩张性和外来势力的政治压迫，给这些国家的土著居民的民族存在、民族利益和民族特性带来了威胁，迫使他们划清我族和他族的界限，进行民族体的不断重建以期在外来文明的扩张面前免遭解体乃至灭绝的厄运。民族认同的推动力既来自对一次又一次以失败告终的群众性自发反抗的不断反思，也来自按西方教育培养起来土著知识阶层对本民族意识的构建与传播。民族国家建立后，为推进国家的现代化进程，全国政治体制势必对传统社会结构进行改造，加强对落后地区的行政管理和经济开发，推广世俗教育，促进民族国家的整合。这就有可能与非主体民族的传统势力乃至多数群众发生利益碰撞。这是现代化进程中少数民族付出的代价。于是，非主体民族强烈地意识到自身与民族国家和主体民族之间存在某种界限与隔阂。他们必然地要求对民族国家政府策划和领导的现代化运动做出反应，并要求对权利和利益做出新的分配。这样做，要求他们以对本民族自我认同为依托，以本民族传统文化为团结的精神支柱，强调他们在政治、经济、文化进程上因民族和文化差异而处于受歧视、受剥夺与受压迫的地位，强调少数民族在国家现代化进程中本民族发展的必要性、重要性和可能性，并提出民族体发展的基本目标和具体诉求。

诉求的目标主要有两项：一是维护本民族体存在、民族利益和民族特性；二是要求在本民族聚居区设立自治机关，行使自治权。

民族发展的出发点是民族体的自我认同，这种认同感是界定和确立民族内部与民族间联系的一个关键尺度。民族认同体现于行动纲领之中，其基本内容就是要求维护民族存在、民族利益和民族特性。每个民族都要求在民族国家现代化进程中能够维护本民族机体的完整无损和不断重建，能够焕发新的民族活力。各个民族体的社会改造、政治革新、文化重构、经济发展都是必要的和势在必行的，但是所有这些变革都不应导致民族体主体性的丧失，不应采取他族受益我族受损的强制变迁模式和政治体制与政策，这个目标是民族体发展的基础和关键。

在各个民族国家中，不同民族体面临的具体情势千差万别，维护本民族存在、民族利益和民族特性这一基本目标表现为各式各样的具体要求。一般来说，各国主体民族在这一基本目标实现上对于外国殖民主义、帝国主义、国际垄断财团以及西化、分化保持着很高警惕，而对于国内各民族中少数民族所期待的目标的实现则疏于关心，轻视、忽视或视而不见。

为了实现民族体上述目标，各国内部那些业已达至自我认同阶段的少数民族，纷纷要求掌握本民族聚居区的权力体系，实现自我治理。民族区域自治是少数民族抵御来自主体民族和其他主要民族政治歧视、经济掠夺、文化同化的有效途径，是在民族国家的框架内谋求民族体发展的切实可行的最高目标，是维护民族存在、民族利益和民族特性的必要条件。

在当代世界各个民族国家内部，任何民族体，不论大小、历史上是否建国，在它已经和别的民族体实行普遍的杂居、混居或者在地域分布上大分散小集中的情况下，以及在它相对集中的人口和地域而已经和别的民族体结成相共相永的历史命运的情况下，都在结构上失去了独立建国的合理性。但在民族国家的框架内，任何民族体都有权像别的民族体一样享有同等的生存权、发展权和公民权；都有权要求平等地参与国家政治、经济和文化生活，并要求国家公正、公平、公开地在所有民族体之间分配公共权力、社会财富和国家资源以及生存和发展的机会；有权要求以同等的资格参与缔造、建设和保卫共同的民族国家。

民族国家对现代化的诉求与国内各民族体发展诉求之间构成一对矛盾。在一定的基本政治制度基础上，协调这一矛盾构成了民族间的政治体制与政策。这种政治体制与政策一方面构成了对民族国家经济发展的制约，另一方面对各民族体经济也同样构成制约。这种政治体制和政策的选择如能很好地满足上述双方面的诉求，则各民族体不仅自身能得到发展，民族国家现代化亦能顺利推进。如果选择不当，上述矛盾可能激化，不仅导致民族冲突、民族战争，而且构成民族国家现代化事业的障碍。

从世界范围来看，民族国家内部民族政治体制主要有两种：一是民族联邦制，二是民族区域自治制。前者如前苏联、南斯拉夫、捷克斯洛伐克等，后者如中国。各民族经济发展受制于政治体制及政策是必然的，因为，这些体制和政策的形成正是各民族体互动的结果，是民族国家构建的一个重要方面。

始于中世纪晚期在西欧兴起第一批民族国家以来，在多数民族国家的内部都存在着时而激烈时而缓和的民族冲突。但是，由于建立民族国家在最近几个世纪里一直是世界历史的主旋律，而民族国家构建的基本要求之一是语言的统一和文化的同质，所以这种冲突没有受到人们的重视。随着20世纪80—90年代国际格局的突变和苏联、南斯拉夫、捷克斯洛伐克这些实行民族联邦制国家的解体，一系列民族国家内部的民族冲突激化到有可能威胁民族国家生存的地步。于是，建立民族国家（nation - state）还是建立族体国家（ethnic state），成为摆在当今世界多数国家面前必须予以抉择的重大课题。倘若建立族体国家被认为是一种符合历史潮流的合理诉求，那就必然在世界范围内引发性质相同而表现形式相异的两种“运动”：在一些民族构成相对单一的国家里触发“民族净化运动”，将“非我族类”逐出国门；在一些民族构成相对复杂的国家里触发“民族分离运动”，几乎每一个民族体，甚至其一部分都要求建立自己的国家。这样，世界不是变得更为相互依存、更加整合，而是被众多各自拥有主权的飞地的国界分割得更为支离破碎。这一选择显然为几乎所有的民族国家所不取。如果构建民族国家是历史潮流，那么国内各民族就应当顺应形成统一的语言和同质的国民文化以及统一的国民经济体系与国内市场的需要。在这种条件下，民族国家经济以及国内各民族经济受民族政治体制和政策的制约就是必然的。

政治体制是政治制度的阶段性具体形式。例如社会主义国家，政治制度是社会主义民主政治制度，但政治体制可以是行政集权体制，也可以是民主政治体制。在民族关系上可以采取民族联邦制，也可采取区域自治制。前苏联、南斯拉夫、捷克等国，民族国家经济发展以及国内各民族体制经济发展受到民族联邦制制约，经济发展目标的选择、经济发展战略的制定、资源的占有与开发权限、经济利益的分配等无不由政治体制规制。民族联邦制解体，遭受打击的不仅是民族国家的国民经济，也包括了各民族经济。

中国采取民族区域自治体制，一方面适应了中华民族作为统一的民族国家构建的需要，另一方面又适应了现代化过程中国内各民族经济发展的需求。坚持这一体制显然是中华民族振兴和各民族共同繁荣的政治体制保证。

政策是执掌政权的政党和政府制定的控制和调节经济社会的主要方式，是政治在经济中存在和作用的重要手段，与制度和体制相比，政策作用是短期的，但更具有倾向性。政策是政府在不改变既定权利格局和民族关系前提下，局部调整利益关系，并以政策导向干预民族经济发展。

例如，许多发展中国家国土开发政策失当导致民族经济受损的现象屡见不鲜。在巴西，印第安人自最初与白种人接触就面临着被同化还是保持族体特性这一严峻问题：他们或者接受葡萄牙人的语言、服饰、上帝和宗主权，或者躲进广阔的内地丛林里继续保持自己的传统。印第安人选择了后者。然而，随着工业化进程在巴西的启动，掠夺性开发开始威胁着亚马孙河流域热带丛林中印第安人的生存。20世纪初白人与印第安人的冲突震动世界，迫使政府于1910年建立了印第安人保护局，后改为“全国印第安人基金会”。可是，伐木者、采橡胶者、淘金者、垦荒者仍接连不断来到亚马孙地区，在他们的攻击和白人文明侵蚀下，1900—1957年间有87个印第安人部族灭绝了。亚诺马米人是南美最大的原始民族（人口约2.2万），居住在巴西北部和委内瑞拉南部的内格罗河左岸与布朗库河右岸地区。该区面积广大，仅位于巴西部分就有9.6万平方公里。这里是世界上矿藏和森林资源最丰富的地区之一。1987年白人探测到这里蕴藏大量黄金和宝石，淘金者纷至沓来，滥占土地，肆意开采。一些亚诺马米人群体因之失去了赖以为生的土地，加上对白人带来的疾疫毫无免疫力，人口急剧减少。亚马孙地区所有的印第安人都面临着与亚诺马米人相同的命运。

在菲律宾，开发政策特别是这些政策中有关土地转让和土地授予的内容，导致生活在原始森林地区的土著民族对土地的控制权的丧失。这不仅造成有关土著民族的基本利益受剥夺，而且危及整个国家未来发展，因为土著民族丧失土地控制权的过程，同时就是毁灭性的商业开采和森林消亡的过程。二战结束时，菲律宾尚有 2/3 以上国土为森林覆盖。由于实行毁灭性商业采伐，自那时以来森林消亡速度越来越快。国土开发政策上的偏颇，源于几十年来政府一直把开发国家森林资源作为增加财政收入和赚取外汇以偿付巨额外债的主要手段，以及农业地区一些居民因缺乏耕地和就业机会而向森林边缘区迁徙。随着森林以惊人的速度趋向灭亡，土著民族在严峻的生态和社会压力下急剧地走向部落解体，而部落解体包含了经济贫困、政治上丧失自治权、社会失序和文化消亡等当代部落社会变迁带来的所有后果。土著民族以狩猎采集、游耕、森林产品的收集与出售、工资劳务的杂乱结合为基础的当代自然经济，不足以维持其个人和群体的健康发展；同时随着融入更广阔的菲律宾社会而产生的不利的商业关系和其他政治经济压力，对他们的时间分配和资源利用造成了种种扭曲；加之他们一直缺乏明确的土地占有权和不断地向伐木者、农业移民转让土地，加剧了他们的传统经济生活的混乱状态。总之，伴随着森林消亡而必然发生的有关土地所有权的大规模让渡以及由此造成的社会政治环境和自然环境的深刻变迁，使得土著民族日甚一日地失去了传统的安身立命之所，被迫开始在一个部分或完全没有树木的环境中、在与外来移民之间日渐恶化的依附性关系中求得生存。

不合理的经济政策导致民族经济体衰落，合理的经济政策则会产生相反的后果。中国在世纪之交制定的西部大开发政策，通过改善西部地区基本设施建设和产业结构，通过生态环境建设，再造一个山川秀美的西部，通过帮助西部民族地区发展教育和科技，为55个少数民族经济社会发展，迅速摆脱贫困创造了良好条件。21世纪初，西部民族经济的发展呈现良好势头，西部地区经济发展水平与东部地区的差距趋于缩小。

四、民族经济以民族文化为内涵

每个民族体都是一个自成体系的文化单位，各个文化单位所涵盖的个人在神与人、个人与集体、公民与国家、父与子、夫与妻的关系上都有不同的观点，而且对权利与责任、自由与权威、平等与尊卑等级的相对轻重上也各有不同的观点。民族体之间的歧异与差异在一定的意义上是文化上的。各个民族体的文化特性具有持续性和持久性，它虽然是各族人民独特的历史经历在人们心理上的积淀，是一定的社会、经济与政治在观念形态上的反映，但是它比各个民族体的政治和经济属性更难发生根本变迁，更不容易妥协和解体。在这个意义上，各个民族的文化特性之间的差异是带有根本性质的。

文化是关于人生和社会关系的意识，它既是个人对社会总体关系与矛盾的认识，也是社会总体矛盾的集中反映及其对个人意识的制约，并由此支配个人的行为。文化由价值观、思想、道德等环节构成。在历史进程中，文化随社会矛盾而演化，因而显现出阶段性和民族性，但不论在哪个阶段，也不论哪个民族的文化，其主要内容，都是对经济的意识，其作用首先是对经济发展的引导。

文化的基础是经济，文化也存在并作用于经济矛盾中，文化的主要内容是经济意识，文化反映着经济矛盾，又支配经济矛盾中人的意识和行为。文化的变革是经济和政治变革的反映与要求，也是经济和政治变革的前导。

经济不仅是延续人生命的社会方式，也是人的生命发挥作用，创造并实现其价值的主要场所。文化是以经济活动中的人生及其社会关系为基本内容的。从价值观到思想到道德，其中相当一部分都是针对人生的经济活动和利益的，是对经济中的人格和权利的意识与维护、要求。正是由于经济活动，人逐步形成有关人生和社会关系的意识，并以个体意识达成共识，概括成文化或意识的形态。文化由经济所承载，经济由文化界定和导引。

人自身的生理和心理需要，是不断发展变化的，其原因，并不是人的自然本性，而是社会，是经济的发展，是文化的发展。文化集中体现着人生的内在需要，并把这种需要上升为价值观，成为促进人劳动和交往的意识。这使经济有了内在动因，经济活动则使人的需要通过交往在劳动的成果中得到满足，从而为人的生理和心理发展变化提供了必要条件，又产生新的发展变化要求。正是经济过程，使集中反映并体现人生和社会关系的文化，有了实际的基础和载体，正是在经济过程中，形成并实现着文化。与经济活动中那些可见、可触、可用的物质财富相比，文化是无形的，一些崇尚实用的“唯物质”的经济学家，就认为经济是与文化无关的，只是物质的运行，是资源的“配置”。在这里，文化不存在，也不应存在，甚至说“经济无道德”，经济的主体是物，是财富，它可以货币表示，货币只有量的区别，只有数，经济中只存在数的货币关系。

然而，从劳动者主体性出发，将经济视为人的生存活动和社会关系时，那么，文化在经济中的存在和作用是实在的。它不仅存在于人的观念，作用于人的经济行为，而且存在于以劳动将自己对象化了的物质财富中。物质财富之所以不同于自然物，就在于它由人的劳动而注入了人的意识，体现着文化。人的劳动在物中的对象化，在一定程度上说，就是人对物质的文化。经济不是物质的运行，而是文化了的人以自己的文化来促进人对物质的改造和应用过程，经济承载着文化，文化作为经济的内在要素，随经济的发展而发展。

文化是无形的，也是实在的。文化的实在，首先体现于人的经济意识上，经济意识是文化的基本内容。

经济意识，就是人对经济活动中动机、利益、关系等的意识及对经济矛盾、经济发展机制等认识的集合。它包括个体人的自我经济意识，也包括对社会总体经济过程的理论规定。经济意识作为文化的基本内容，价值观、思想、道德三个层次都有所体现。

动机是人的生理和心理需要的集中体现，也是价值观的内在依据。对于个体人来说，生理需要是基本的。马斯洛对需要的层次进行了划分，越往后的需要层次越多心理成分，其文化性也更突出。但就是生理需要，也已经注入了文化因素。人的需要非动物本能，是包含了生理自然属性的社会范畴。动机既受内在需要的驱使，又受社会环境的制约，包括道德的制约。而动机作为主动的意识，又会使人不断尝试突破既有限制，以满足人的需要。

人的动机，基本在于经济，是表现于经济活动中的，对动机的自我意识，是人的基本经济意识，也是经济活动的内在动力。动机的具体化，就是经济利益。一般意义上的利益，是指满足动机需要的条件，主要来自社会，也包括自然条件，但在大多数情况下，自然条件的取得，都是要通过社会条件，即由社会制度规定的权利、地位等社会关系。经济利益专指经济过程中人的利益，或者说人的利益在经济过程中的体现。经济利益包括财富的占有，但不能将财富的占有说成全部经济利益。经济利益还包括人在经济过程中的地位，人与人在经济过程中的关系，以及由此而引发的人在经济过程中的自由与感受，即高层次需要的满足条件。对于劳动者来说，其基本的经济利益就是自己的劳动成果与自己需要的统一，是需要与素质技能的提高与发挥，动机的实现等各方面条件的综合。经济利益和经济动机一样，都是历史的，也是受文化支配的。

经济利益是经济关系的基本点，或者说，经济利益不仅体现于自身的需要，更体现于同他人的经济交往中。由经济交往而造成的经济关系，是经济利益的具体形式，是社会总体在一定历史条件下界定的经济利益格局。从婚姻、家庭、子女的生育、老人的赡养等直接的经济关系，到社会分工、交换、职业及阶级、阶层这些总体性的经济关系，都对于个体的经济利益予以界定，也是个体人经济利益所必需的方面。经济关系是人的动机实现和满足的必要条件，它从总体上界定个体的经济利益，而个体人由其动机所展开的经济利益，又会要求改变经济关系。

任何个体人都会对自己的动机、利益、关系形成相应的意识，其中的经济意识，是直接涉及人生与社会关系的基本意识。它是内生与外发的统一，是文化的基本内容，并集中表现在价值观、思想和道德上。

经济意识中的内在规定，就是从价值观对动机、利益的反思与规定。价值观是针对全部人生的，其中在经济这个环节、层次上的动机，是基本内容。价值观又是人素质中的重要环节，文化精神素质是价值观的具体表现。在人的经济活动中，价值观的制约作用是直接和明显的。

经济思想是经济意识的具体内容，它包括对人的经济动机、利益等的概括，也包括对经济矛盾和经济发展机制等的认识。每个现实生活中的人，都会对自己所处的经济矛盾有所思想，并形成相应的知识，以之来指引个人的经济行为。对社会总体而言，又会由一部分专门研究者将个人、企业乃至政府部门、团体形成的初步经济思想加以概括，形成概念体系，这是经济思想的总体形式。经济思想通过教育与传播，为个人意识所接受，成为其经济行为的意识前导，同时也会影响人的价值观与道德。

道德是社会总体在意识上制约个体人的主要方式，它与法律是相辅相成的。道德的这种制约作用，也主要体现于经济行为上。道德和思想一样，都有其历史阶段性，不存在超阶级超民族的道德。所谓“经济无道德”是否定道德的阶段性与阶级性。在现实中，不论哪种社会制度，道德都是制约经济生活的主要文化形式。

文化在经济中的存在与作用，还体现于社会总体的经济发展机制上，文化对个体人的作用，又汇总于社会总体经济发展中。无形的经济发展机制，在物质财富上是看不到的，但在人们的意识中，却是明确的。从一定意义上说，只有形成文化，经济发展机制才是实在的，以人为主体的。当社会总体以法律、政策、道德来制约经济发展时，一个必要的前提，就是人们在思想上对相关矛盾的认识。即使斯密的“看不见的手”，也要通过人的思想加以确认，并以思想和行为来适应它。

民族作为一个共同体，共同经济生活是它的基础，而共同的文化是它的特性。民族文化是对民族经济的反映和引导，是民族经济的内涵。不同民族文化是不同民族劳动者对本民族经济活动的动机、民族利益、民族内部经济关系以及民族间经济关系的认识。民族文化从个体方面来讲引导民族个体的经济行为，从总体方面规制着民族经济发展，也不存在失去民族经济基础的民族文化。那种认为随着现代化推进，民族在经济上的特性消退，只保留文化上的特性的观点，本质上是把民族经济同民族文化对立起来。

民族文化中的民族经济意识主要体现在民族价值观、民族经济思想和民族道德上。游牧民族价值观不同于商业民族，农耕民族的经济思想不同于工业民族，自然经济道德观不同于市场经济道德观，这些都是显而易见的。研究民族经济不能离开民族文化孤立地进行。

五、国家的统一文化对民族经济的制约

在民族国家构建过程中，民族经济不仅受民族文化（ethnic culture）制约，而且受国家的统一文化，即国民文化（national culture）的制约。民族国家的构建一方面使国内各民族差异的存在不能阻挡统一的国民经济和国民文化的形成，另一方面，国民经济和国民文化又对民族经济和民族文化形成制约。

国民文化对民族经济的制约首先表现在国民文化对民族经济的主体、性质、职能、目标的规定上，其次表现在对民族经济制度与体制、运行机制的规制上。国民文化还通过制约民族文化引导民族经济行为。

民族国家的构建，国民经济、国民政治是硬件，国民文化是软件，是灵魂。资本主义民族国家的国民文化是资本主义文化，集权官僚制国家的国民文化是官文化，社会主义民族国家的文化是社会主义文化。文化是经济、政治的反映，又制约着经济、政治活动。民族国家的构建是以国民文化为旗帜和精神支柱的。国民文化是民族国家的构建原则，民族国家如何构建由国民文化来指引。因此，文化革命在前，民族国家构建在后。民族国家一经选择了一定的国民文化，则国内各民族都必须接受这一主流文化，或者干脆不如说，正是国内各民族或者至少是主要民族接受了统一的国民文化，民族国家的构建才能开始。

在当代世界，民族国家所接受的国民文化主要有资本主义和社会主义两种。不同性质的国民文化对民族经济的主体限制是不同的。资本主义国民文化把资本视为国民经济的主体，各民族经济无例外地也必须确立这个主体。社会主义国民文化把劳动者树

为国民经济的主体，构成国民经济的各民族经济就必须同样确立劳动者为主体。新中国建立后，选择社会主义为国家主导文化，整个国民经济经历社会主义改造走上社会主义道路，毛泽东同志及时指出：我国少数民族“社会制度的改革必须实行”。[①] 这是国民文化对民族经济制约的一个重要体现，正是根据这种国民文化的要求，少数民族先后经历了民主改革和社会主义改造。

民族经济主体一旦由国民文化确定，民族经济的目标就随之确定。民族经济主体是资本，经济发展目标当然是为了价值增值，追求剩余价值和利润就是不分民族的资本的共同动机。而如果民族经济的主体由社会主义文化确立为劳动者，则经济发展目标就是以提高劳动者素质技能和社会地位为转移，即以劳动者发展和人性升华为目标，而不是追求 GDP 的增长。

共同的经济生活是民族共同体的基础，因而，一般讲来，不同民族的经济生活是各具特色的，有采集渔猎民族，有游牧民族，有农耕民族，有林业民族，有商业民族，亦有工业民族。这是按生产方式的不同对民族的划分。当然，现实存在的民族生产方式都是混合型的居多，而又以某一种生产方式为主体。以不同生产方式为基础形成的民族特性，只有在这种特殊生产方式中才能理解。但是，在民族国家里，国民文化一经选定，不同特性的民族经济的性质却是一致的。国民文化是资本主义的，民族经济就是资本主义性质的。资本主义民族经济本质上是民族剥削和民族压迫的经济，是畸形结构的经济，是利润经济；社会主义民族经济本质上是民族共同繁荣、共享经济成就的、全面发展的和谐经济，以人为本的可持续发展的经济。

国民文化对民族经济的制约还表现在制度、体制、机制等方面。在制度上，国民文化的社会性质决定了经济制度构建的原

---

① 《毛泽东选集》第五卷，第 386 页，人民出版社 1977 年版。

则。如果国民文化是资本主义性质的，资本私有制就是国民经济和民族经济的基础，私有企业和私有经济单位是民族经济的细胞组织；如果国民文化是社会主义性质的，劳动公有制就成为民族经济的基础，企业主要形式是国有制企业与合作企业。体制是制度的阶段性存在形式，是制度层次的经济矛盾在不同历史时期的具体表现。国民文化对经济体制的制约是通过国民文化自身的变革来实现的。国民文化不是一国的“种文化”，文化变革是文化自身发展的必然途径。资本主义在其发展过程中，先后经历了统制经济体制、自由经济体制和市场经济体制三个阶段，每一次体制变革都以国民文化变革为前提。例如古典经济学取代重商主义就是文化变革，这种变革成了经济体制由统制经济体制转向自由经济体制的前导。社会主义经济体制迄今也经历了由统制经济体制（而不是“计划经济体制”）向市场经济体制的转变，这一转变同样是在国民文化变革指导下进行的，社会主义与市场经济关系成为这场文化变革的核心命题。

经济运行机制是经济结构功能的动态发挥。体制是静态的经济结构，运行机制是动态的经济结构。运行机制的作用不可能体现于物，只能体现于人，并由人的行为而体现于对物的改造与利用。“看不见的手”是“经济人”的行为原则，本身是一种文化，即资本文化，这种文化的本质是人的物化。劳动者以法制形式制约经济运行，那也是一种文化，即以人为本的社会主义文化。

民族经济受民族文化制约，国民文化还通过影响民族文化来制约民族经济，民族文化成为国民文化制约民族经济的中介。

在当今世界各民族国家的范围内，国民文化与民族文化之间的关系是复杂的，既有互补的一面，又有冲突的一面。不仅非主体民族与国家之间、非主体民族与主体民族之间，而且主体民族与国家之间以及非主体民族之间，围绕文化特性问题发生互动关系。总体看来，在构建民族国家统一文化过程中，国民文化的现代性与民族文化的传统性之间相龃龉，这种矛盾在尚未开始现代化和已经实现现代化的国度中小于刚刚步入现代化进程轨道的国家。

所谓国民文化的现代性，是指民族国家吸收与综合世界文化、国内各民族文化中适应本国经济社会和政治的现代化进程需要的文化要素而形成的新文化所必具的特性。具体地说，国民文化的现代性指的是：第一，世俗性。现代民族国家与中世纪政教合一的统一的天国世界不同，国家与宗教是分离的，世俗主义应当是政体的基础。因此，国家要求国民教育、文学艺术、社会科学等脱离宗教的轨道而在内容和形式上都具有人文主义、理性主义和科学主义的特征，自然科学摆脱形形色色的神秘主义、信仰主义、创世说和目的论而通过实验的手段去探索物质世界的内部结构和发展规律。第二，同质性。国民文化在内容上具有世界共通性和全国统一性，这种共通性使人们得以比较客观地去比较和评估各国文化的发展水平和发达程度，而这种统一性原则是建立统一的国民经济体系和国内统一市场的历史要求使然。在各个民族国家的范围内，语言和国民教育体系的统一，国民经济体系和国内市场的统一，覆盖全国的通信和大众传播网络，俨如密网般遍布全国并且有高度统一性的官僚机构和军队，都有力地推动着国民文化越来越具有同质性。第三，对民族国家的认同与忠诚。民族国家通过灌输一定的意识形态体系并使之社会化，通过政治体系的政治沟通和政治录用功能，通过国民教育体系和大众传媒，通过制订与实施经济、社会发展战略以及对经济活动的干预和调整，竭力使具有不同文化背景的全国各族人民形成统一的政治认同、政治信仰、政治忠诚乃至政治共识，即形成同质的政治文化。这种政治文化既是国民文化的组成部分又渗透于国民文化的各个层面，其核心内容就是对民族国家的认同与忠诚，对民族国家的命运、利益和尊严怀有近乎神圣的情感。

民族文化的传统性，不是说民族文化的一切方面和因素都是旧的，不适于现代化社会的，而是指民族国家内各民族千百年来在各不相同的地理环境和社会环境所限定的范围里形成的，作为传统社会、经济和政治关系在观念形态上的反映的那些特性。具体地说，民族文化的传统性指的是：第一，封闭性和排他性。各个民族的前资本主义社会都是民族部落社会或者宗法社会，其社会结构上的共同特征就是按血缘关系的远近去区别社会关系的亲疏。这种传统社会在经济结构上都具有自然经济的分散性和以自给自足为特征的封闭性；在政治上大都将国家视作一族一姓的私产，而统治氏族、部落或家族以外的人只有效忠的义务却绝不可分享权力。显而易见，在观念形态上反映这种传统社会关系、经济关系和政治关系的民族文化，就不可避免地具有封闭性和排他性。第二，神秘性或半神秘性。在绝大多数民族那里，其传统文化都被纳入一定的宗教信仰体系中，神秘主义渗透于文化的各个门类、各个层面。在美洲印第安人、非洲黑人、澳大利亚土著居民以及东南亚、大洋洲马来－波利尼西亚人和其他在殖民统治以前尚处于氏族－部落社会的各个民族那里，其传统文化是与图腾崇拜、万物有灵等宗教观念密不可分地结合在一起的。在传统的非洲社会里，即使技术文化也普遍地具有神圣或神秘的特征。传统的工匠干活时，需伴之以礼仪性的歌唱或神圣的韵文吟诵。原因在于每种技术的作用都同代代传下的秘传知识相连，都起源于最初的天启。工匠的动作被想像为重复创世秘诀，因此它集中一种秘密的力量，不遵从一定礼仪条件，人们便不能接近这种神力。在信奉佛教、基督教、伊斯兰教等世界性宗教的各民族那里，传统文化的各个门类几乎就是对宗教圣典的阐释和赞颂。中国汉族的传统文化，特别是儒、法两家的学说以及医学、科学、技术、文学、艺术具有较强的世俗性，但在总体上仍然表现出半神秘主义的性质。第三，政治认同和政治忠诚的歧异性。民族文化的认同与忠诚的对象是人们各自所属的族类共同体以及其他社会、血缘、地缘和宗教共同体。而对于当代民族国家，囿于民族文化氛围之中的人们或者完全不认同，或者在认同的次序上将它排在较次要的位置上。这样，在当今民族国家的范围内，各民族的政治认同和忠诚就缺乏统一性与同质性。

国民文化是随着近代以来资本主义生产关系的确立，特别是随着民族国家的形成而产生、巩固和发展起来的。因此，在当代的发达国家里，国民文化在漫长的历史演进中已经比较牢固地扎下根来，有了相当丰富的文化积累，比较肯定地获得了主流文化的地位，而且民族文化受到了国民文化相当深刻的改造。国民文化不再惧怕来自民族文化的挑战，它甚至愿意通过实行多元文化政策即容忍、容纳乃至适当扶持各民族的民族文化，使国民文化过于单一的特性更具绚丽多姿的色彩。至于在几乎所有的发展中国家里，由于国民文化尚在形成过程中，民族文化尚未受到世俗主义、理性主义、科学主义的根本改造，而刚刚建立起来的民族国家又亟须获致国内各民族的认同与忠诚，这在“弘扬主旋律”之类的呼声中得到集中体现，国民文化对民族文化的制约力不强。

民族经济的发展方向是国民经济。这不是说把每个民族经济体都变成一个独立的国民经济体，而是说国民经济是由各地区、各民族经济依照国民文化形成相互联系的整体。在这里，国民文化是国民经济构建的软件和建构原则，各民族经济摆脱地方性、封闭性而成为国民经济的组成部分。民族经济向国民经济整体的整合程度取决于民族文化受制于国民文化的程度，又体现于民族文化受制于国民文化的程度上。经济与文化相表里，民族经济的进步当以文化变革为前导。

六、文化变革对民族经济的促进

民族的形成始于何时是个有争议的问题，但是民族的发展是个不争的事实。尤其到了近代，民族经济发展更是加快了步伐，20 世纪则达到高峰。

这种发展是由人的本质和人性所决定的，是人本质发展和人性升华的表现。人本质的核心要素是劳动。《圣经》中虽然说人是上帝造的，但上帝的创造活动本身是模仿人的劳动的，且正是上帝要求人必须劳动才得以生存。达尔文进化论对劳动在人类社会生活中的决定性作用做了论述，黑格尔的《精神现象学》把劳动看成绝对精神的体现，是人类的本质性活动，人类社会关系、权利的基本依据也是劳动。马克思进一步强调了劳动在人类生活中的决定作用，并据此提出了对社会基本矛盾和规律的规定。

从马克思的有关论述中，人的本质可规定为四个要素：劳动、需要、交往、意识。其中，劳动是核心，其他三要素都是围绕劳动这个核心，并作用于劳动的。人类以劳动改造自然物，满足需要，并促进新的需要；正是由于劳动和需要，人与人之间的交往才形成其特有的形式和矛盾，交往又制约着劳动与需要；而意识作为人类特有的思维活动，是劳动、需要、交往的反映，同时也是其中的必要因素，劳动与需要、交往都由意识来反映和支配。这四要素的辩证统一，构成人的本质。人性则是人本质的展开，具体表现在于社会性、主体性、思想性、目的性、创造性。

社会矛盾和社会变革，是人本质和人性在总体上的具体表现，经济、政治、文化三个层面形成社会矛盾系统。三个层面的根据在于人本质的四个要素。只要有人的社会存在，就有经济、政治、文化的相互制约和作用。社会变革，也就是这三个层面相互制约的表现。经济的基本矛盾，是人本质中的劳动、需要、交往的统一；政治则主要是交往所形成的经济关系和社会关系的集中体现，它表现为法律、阶级矛盾、国家及其行为等；文化是人本质中意识这个要素中有关人生和社会关系的内容，是对经济、政治等矛盾的意识形态。

人的社会存在和社会关系，是矛盾统一体。经济、政治和文化的分层，不能割裂它们相互之间的联系。那种只分析不综合的思维方法，必然导致经济与政治的脱节，必然导致割裂经济发展与文化变革之间的内在联系。“政治挂帅”论和“经济中心”论都不利于社会和谐发展。经济、政治、文化三者的统一，基础在人的主体存在。经济是人的经济，政治是人的政治，文化是人的文化。正是由于人的主体存在，才有了经济、政治、文化及其相互联系。

政治和文化是以经济为基础的，但同时又是经济中人的存在和矛盾的集中体现和规定，从而制约着经济的发展。这种制约，表现为两种相反的作用，一是旧的政治势力和文化观念对经济变革的阻滞，二是新的政治势力和文化观念对经济变革的促进与指引。这两种倾向，恰是人的社会矛盾及其阶级关系的体现。社会变革，归结起来，就是阶级矛盾及其斗争，是在由先进与落后两个阶级的人主动进行着的斗争中发展的。这是社会发展阶段的质变，它是以旧阶段中的量的积累为条件的，在量变中的经济矛盾的演化，必然体现于政治和文化上，文化观念上的变革成为启发新的进步势力的主动因素，由此而形成政治上的变革势力，在政治变革的引导下，才能有经济变革，进而再巩固政治与文化变革的成果。

文化在经济中的存在是积极主动的存在，人的本质，决定了人在行为之前和行为之中，都要受相应价值观、思想、道德的制约和指引。这种制约和指引是全方位的，不仅体现于文化与经济关系中，也体现于文化与政治的关系中，并通过政治再作用于经济。

文化也是矛盾的，随着经济、政治矛盾的发展而演化变革。文化变革不仅以经济矛盾的发展为基础，还是经济、政治变革的前导，而文化变革又必须在经济、政治的变革中得以实施。

文化对经济的引导作用，集中表现于文化变革对经济变革的引导。当人的素质技能逐步提高，其经济动机也随之变化，经济利益上的新要求在受旧经济关系的制约不能实现时，“不平则鸣”，就会对经济关系及其制度产生不满和怀疑，进而形成改变经济关系，以实现其经济利益的观念。这些初级的、个体人的观念，集合起来，并由代表要求变革的社会群体的思想家进行概括，形成一种新的文化体系，聚合为变革势力的意识形态，即新的阶级意识。在这个新的文化体现引导下，变革势力中的个体人，对自己的利益有了统一的认知，并对旧的经济关系及其制度有了总体性批判，进而将新文化体系中有关变革后的经济制度、经济关系的设想与自己利益统一起来。以新文化主义为核心，逐步形成并壮大变革的社会势力与运动。文化变革实际上是新旧两种经济社会关系矛盾的反映和要求，它表现于文化层面，植根于经济矛盾。文化变革是新的经济关系及其制度诞生的前奏，而新经济关系和制度对旧关系旧制度的变革，又是文化变革的载体。这个过程不但从总体上改变社会的文化矛盾，即新的文化体系将居主要矛盾方面，具体改变价值观、思想和道德。这种变革又会体现于新的经济关系和经济活动中。

文化变革对经济的导引证诸经济史，又证诸文化史。人类有文字记载的历史上，有几次大的经济社会变革，每次都是以文化变革为前导和重要内容的。

中国春秋战国时期的百家争鸣，是人类有史以来的第一次文化大变革，其实质，就是代表新生的官僚地主阶级势力的新文化与代表封建领主阶级势力的旧文化的矛盾斗争。儒、法、道诸家所代表的新文化，在密切联系社会变革的过程中，完成了历时数百年的文化变革，同时引导着从封建领主制向集权官僚制的政治、经济的变革。作为社会总变革一部分的文化变革，到集权官僚制经济和政治确立以后，才最终完成。

欧洲古代真正意义上的文化变革，是基督教的形成和发展，进而上升为统治文化的过程。基督教本是下层自由民和奴隶对抗奴隶主统治的意识，是以一个绝对的“上帝”来否定各部落奴隶主所尊奉的“诸神”。从形式上看，是一神论反对多神论，但其内容，却是宗法封建制取代奴隶主制的文化变革，经过几百年的演变，特别是那些倾向变革的奴隶主开始信奉并利用基督教，在奴隶和下层自由民的武装斗争进程中，使基督教运动不仅成为一种文化，而且成为一场大的政治运动，最后由日耳曼人以武力推翻罗马帝国，建立封建领主制，基督教也由此而成为封建领主统治的意识形态。这场文化变革得以结束。

经过一千多年的基督教和封建领主统治，到15、16世纪，由马丁·路德发起的宗教改革运动，以及随之而来的文艺复兴、罗马法的复兴和启蒙运动，是欧洲近代史的开端，也是具有世界意义的文化大变革，其对天主教会和教义的反对，表现了资产阶级要求个性自由和自由竞争以占有物质财富的意识，它与重商主义、封建君主要求“大一统”的政治改革，以及进一步的产业革命和资产阶级革命是内在统一的，既是变封建领主制为资本主义制度的文化前导，又是其重要内容。到19世纪初，资本主义文化确立了统治地位，它对封建文化的变革在西欧基本完成，并由此而向中、东欧及其他国家扩展。

当资本文化与封建文化的矛盾历经几百年斗争，以资本文化上升为主要矛盾之后，这对矛盾虽仍旧存在，但却变成文化矛盾中的次要矛盾。资本文化同概括无产阶级意识的社会主义文化的矛盾上升为主要文化矛盾。这是一场全新的文化变革，与此前历次文化变革不同的是，社会主义是有史以来第一次对劳动群众意识的系统概括。社会主义文化所要进行的变革，不仅是针对一个剥削阶级，而且是针对一切剥削阶级的；不仅是对一种剥削阶级统治的文化及其制度的变革，而且是针对所有剥削阶级制度的否定。在社会主义文化指引下，人类经历了一个多世纪的经济政治变革，一股新的社会势力逐步强大，虽然由于各种旧文化旧势力干扰，社会主义文化变革出现曲折和倒退，但像历史上任何一种新文化一样，社会主义文化必然会在社会大变革中逐步充实和发展，最终占据人类文化统治地位。

民族经济的发展同样是文化变革引导的。近代民族经济是在封建文化解体后出现的资本主义文化引导下建构起来的。最早一批民族国家是资本主义国家。由于资本主义的扩张本性及全球殖民体系的建立，殖民地前资本主义文化一度成为抵抗资本主义文化和经济侵略的主要文化力量。但前资本主义文化的落后，不能抵挡这种侵略，落后的民族文化与殖民地经济的命运是同一过程的两面。随着社会主义文化的兴起，一部分落后国家开始把民族文化与社会主义文化结合起来，使民族文化成为世界社会主义文化的一部分而得以兴盛，20世纪民族文化的兴起与繁荣是与民族独立解放和民族经济发展相互促进的。但是，民族文化不与社会主义文化相结合，就不能构建起真正强大的民族经济与民族国家。苏联解体后放弃社会主义文化，民族文化的独立作用正在把俄罗斯经济引向依附性发展。

第四章　民族经济制度

对民族经济制度的研究，是少数民族经济研究的基础。但恰恰是对这个基础，研究者却是寥寥。其原因在于多数民族经济的研究者，都是把经济制度作为既定的前提，进而在这个既定的前提下展开研究，而没有将这种既定的经济制度的产生、发展和变革作为研究的重要方面，由此也必然限制研究者的理论视野和理论深度。列宁指出：

> 人的认识反映不依赖于它而存在的自然界，也就是反映发展着的物质；同样，人的社会认识（就是哲学、宗教、政治等各种不同的观点和学说）也反映社会的经济制度。政治制度是经济基础的上层建筑。……马克思认为经济制度是政治上层建筑借以树立起来的基础，所以他特别注意研究这个经济制度。①

因此，对于民族经济学的研究，也应该从经济制度开始。在西方经济学那里，制度是一种“社会博弈规则”，但对于民族经济制度研究来讲，仅将制度视为民族经济的一种规则未免流于微观和过于轻率。我们认为，在整个民族经济矛盾体系中，经济制度的矛盾是仅次于基本经济矛盾即劳动者素质技能和社会地位的矛盾（这个矛盾扩展为生产力和生产关系的矛盾）的第二层次矛盾，其层次要高于经济体制矛盾、经济结构和运行机制的矛盾、

---

① 列宁：《列宁选集》第二卷，第443页，人民出版社，1975年。

具体的经济矛盾和国际经济矛盾。

一、民族经济制度的划分标准：民族劳动者素质技能和社会地位

在许涤新主编的《政治经济学词典》中是这样定义经济制度的：

> 经济制度：人类社会发展一定阶段生产关系的总和。如资本主义生产关系的总和构成资本主义经济制度；社会主义生产关系的总和构成社会主义的经济制度。而一定社会的经济制度则构成该社会的经济基础，并规定其政治制度和人们的社会认识。①

与之相关的两个概念就是社会经济形态和社会经济结构：

> 社会经济形态……它指的就是社会经济结构，即人类社会发展一定阶段上占主导地位的生产关系的总和……社会经济形态还指人类历史上一定的生产关系总和为基础的社会，指社会一定发展阶段的经济基础以及与之相适应的上层建筑的总体。②

> 社会经济结构：人类社会发展一定阶段上占主要地位的生产关系的总和，它构成社会的经济基础。例如，

① 许涤新：《政治经济学词典》，第60页，人民出版社，1980年。
② 同上书，第61页。

资本主义社会经济结构是指资本主义生产关系的总和……马克思主义根据社会经济结构的质的规定性，将人类社会区分为五种基本社会形态：原始公社制的、奴隶占有制的、封建制的、资本主义的、共产主义的（社会主义是它的第一阶段）经济形态。①

我们发现，三个概念具有同质性，即生产关系：

生产关系……在社会生产过程中，人们彼此结成一定的、必然的、不以他们的意志为转移的关系，即生产关系……随着生产力的发展，人类社会的历史已经经历了五种基本类型的生产关系：原始公社制生产关系，奴隶占有制生产关系，封建制生产关系，资本主义生产关系，社会主义生产关系……②

至于生产关系的具体内容，则是根据斯大林《苏联社会主义经济问题》的观点，认为生产关系包括：

（一）生产资料的所有制形式；（二）由此产生的各种不同社会集团在生产中的地位以及他们的相互关系，或如马克思所说的“互相交换其活动”；（三）完全以它们为转移的产品分配形式。③

与之相关的就是生产力，就是在生产力——生产关系（经济

① 许涤新：《政治经济学词典》，第62—63页，人民出版社，1980年。
② 同上书，第70—71页。
③ 斯大林：《苏联社会主义经济问题》，第58页，人民出版社，1961年。

基础）——上层建筑之间的矛盾来决定经济制度和社会形态。这也是沿袭20世纪50年代的苏联教科书的观点：在脱离了人的主体性的前提下，将生产力和生产关系作为唯物主义历史观的出发点，并作为社会的基本矛盾来演绎历史。其中，将生产力又分为劳动者、劳动工具和劳动对象平列的三要素或三部分，进而，认为社会的发展主要取决于“物质生产力”。这种观点，明显地排斥生产力的主体是人，将生产力物质化。其影响和危害之大，集中表现于20世纪末苏联、东欧社会主义国家的剧变中：正是将生产力物化，排斥其主体性，才导致片面地与资本主义国家竞比物质生产力的各项指标，进而压制民主和个性自由，在贬抑劳动者社会地位的同时，阻滞其素质技能的提高，而这些才真正是生产力发展的根本。

人类社会的基本矛盾，是人生及其社会关系的矛盾，以劳动者角度看，就是劳动者素质技能与社会地位的矛盾。生产力作为一个社会范畴，其主体是人，是劳动者，是劳动者素质技能的总体表现。劳动者技能的高低，又取决于人性升华及人格、价值、权利、自由。劳动者的社会地位，是其素质技能的社会形式，它在总体上，就表现为生产关系。生产力是劳动者素质技能的社会表现，生产关系则是劳动者社会地位的形式。任何社会生产，都是以劳动者为主体的，是他们劳动力的发挥过程。劳动者的素质技能是生产的根据，是生产力的内容。但其素质技能的提高与发挥，又要受社会制度和结构的制约。这种关系，是我们认识社会基本矛盾及其具体化的各种矛盾时，首先，也是主要应重视的。

在传统的政治经济学中，并没有明确的民族经济制度的规定。在民族经济学的研究中，一般也是以既有的政治经济学中关于社会形态的阶段划分来规定经济制度，即认为存在原始公社制的、奴隶占有制的、封建制的、资本主义的、社会主义的经济制度。

我们根据这种逻辑关系以及关于社会基本矛盾的认识，这样来定义民族经济制度，就是不同民族、不同历史阶段的民族劳动者之间由其总体素质技能和社会地位决定的经济关系的总和，是不同国家在不同社会形态本质的体现，并存在于各社会形态的始终和各个领域。其首要和根本的是所有制关系，所有制由劳动力所有权和生产资料所有权两个基本权利，及由其派生的占有权、经营权、使用权、收益权、处置权、管理权、监督权等一系列权利构成，并据此来界定经济地位、经济利益和意识、经济关系。所有制是划分社会形态的根据。以所有制为根本的经济制度，通过对民族劳动者社会地位的界定，将民族划分为阶级、阶层和不同的利益集团，由此构成总体经济关系和社会关系，制度是这些关系的集合，是阶级之间的制衡。而每个个体人又都要在这总体关系中生存，并受其制约。民族经济制度就是这种关系在不同民族和不同历史阶段的表现。

历史是有阶段的，而阶段的划分，就是对历史的人类发展进程质变的规定，其根据，就是人本质的发展，核心是劳动的发展，具体说就是民族劳动者素质技能和社会地位的提高程度。

历代思想家曾以不同标准来划分历史阶段，但因其分别代表统治阶级的意识，因此，总把统治阶级的作用视为标准。马克思第一次站在劳动者的立场上，以生产力和生产关系的矛盾来规定历史的阶段。但生产力和生产关系还是中性的概念，特别是生产力，很容易被人歪曲为物质的力量，或者是“物质力与人力结合”的力量。更为重要的是，这两个概念都未明确反映劳动者的主体性，因此需要进一步抽象。而民族劳动者素质技能和社会地位，不仅明确了民族劳动者的主体性，也规定了生产力和生产关系的本质。因此，应以民族劳动者素质技能和社会地位为历史发展阶段性的标志，并由此说明生产力和生产关系的矛盾形成的经济基础，以及经济基础与上层建筑、意识形态的矛盾。对此，前面我们已从经济、政治、文化三者的内在统一做了规定，这里所论的历史阶段，就是这种统一性的历史表现。

据此，我们把人类社会已有的经济制度划分为：(1) 原始公社的民族制；(2) 奴隶制；(3) 封建农奴制；(4) 集权官僚制；(5) 资本雇佣劳动制；(6) 社会主义民主劳动制。

二、民族经济制度演进的标志：民族劳动者的社会地位和权利

社会制度和结构的基本点是权利，在经济上，就是劳动力和生产资料的所有权。有无这两个所有权，是民族劳动者经济地位的标志。而由所有权派生的民主权，又是民族劳动者政治地位的标志。

民族劳动者的所有权和民主权是其人格的社会界定，也是其价值的标志和条件，又是其自由的体现。只有具备这两种权利，民族劳动者才真正从生产的主体变成社会的主体。而自从人类形成了所有权及其所有制以来，大多数民族劳动者就没有完全地拥有劳动力所有权和生产资料所有权，因此，也没有完全的民主权。

我们是根据民族劳动者的所有权拥有程度，及与之相应的民主权来确定其社会地位的。

原始社会。是人类以劳动摆脱动物界的初级阶段，这是一个相当漫长而缓慢的过程，大约有二三百万年的时间。在这个阶段，人的素质技能低下，没有劳动者和非劳动者之分，只能在以血缘维系的部族内群居，进行简单的再生产。人与人之间，没有明确的权利关系，但有因年龄、素质技能等的差异而形成的地位、作用的差别。部族间很少交往，交往时往往冲突、杀掠。

在经历了两次社会大分工之后，特别是发明了冶炼和制造金

属工具之后，劳动者素质技能有一定提高，农业、畜牧业、手工业都得到较大发展，出现了直接以交换为目的的商品生产，到第三次社会大分工之后，贫富差距加剧，土地等开始世袭，劳动者社会地位开始分化。

在对各民族的社会主义改造前，我国的原始公社氏族制残余主要分布在云南的独龙族、怒族、佤族、傈僳族、布朗族、德昂族、景颇族、基诺族以及东北地区的鄂伦春族、鄂温克族和海南的黎族、西藏的珞巴族等族群中，总人口约 70 万。

奴隶社会。经原始社会的演变，人的素质技能逐步提高，所生产的物质产品出现剩余，于是有些部族首领开始利用其地位或能力（体能和智能）将这部分剩余产品占为己有。更重要的是，原来部族间的冲突往往是以杀掠为目的，现在则将敌方人口俘虏，并驱使其劳动，因此形成奴隶。奴隶又为氏族部族首领所私有，其剩余产品也必然归奴隶主所有，而奴隶又必须能生产出剩余产品——除去维持其基本生活资料外的产品，否则，奴隶主就会将其杀掉。再进一步演化，本部族中的贫困者，也会因欠债或其他原因，而变成奴隶。奴隶主则不再从事劳动，奴隶成为主要的劳动者，但没有人的身份和地位。除仍在原始社会止步不前的少数地区外，地球上绝大部分区域的人类，都曾经历奴隶社会，并由此而向封建农奴制过渡。在这个时候，整个社会开始出现阶级分化，即分裂为“主人和奴隶、剥削者和被剥削者”，任何民族概莫能外。

历史上，古希腊和古罗马是奴隶制的典型。我国在对各民族的社会主义改造前，奴隶制形态主要分布在四川和云南大、小凉山的部分彝族中，总人口约 100 万。社会内部分诺合（黑彝、贵族）、曲诺（平民）、阿加（“主子寨旁的奴”）和呷西（“主子锅庄旁边的手足”）四个等级。诺合等级占有该地区 70%的土地和大量牲口，并不同程度地占有其他三个等级的人身。

封建农奴制社会。其特点是："封国土，建诸侯"，领主拥有土地的所有权及农奴的人身所有权，但农奴较奴隶多些自由，即拥有对其劳动力和小块土地的使用权及相应的收益权。与奴隶相比，农奴的素质技能有较大的提高，领主依所有权对农奴的统治，也较奴隶主宽松。具体的制度形式在世界各地有所差异，但其共性是：领主依血缘或功绩得到一块领土的所有权，并拥有在该领土上农奴的人身所有权，此外，领主还可以通过战争掠夺土地和人口（掠来者即为农奴），以及用某种优惠政策从邻邦"招徕"人口。对其领地和农奴，领主还可以再细分给其子孙或功臣，但分的不是所有权，而是占有权。实际的生产过程，就是由行使占有权的小领主来进行的，其模式为：小领主留出一块土地，再将余下土地的使用权按农奴人口分配。农时，农奴先到小领主留下的土地上劳作，其收获物归领主；再回到归自家使用的土地上劳作，收获物中一部分要作为贡赋交领主，余者自家消费。小领主再向大领主交纳贡赋。封建农奴制下农奴不仅可以领到小块土地的使用权和贡赋外产品的收益权，还由此可以结婚，成立家庭，虽然其子女仍是农奴，但毕竟有了相对独立的自身利益，由此也促进其素质技能的提高与发挥。但农奴没有任何政治权利，在文化上也完全受封建领主意识的支配，"上帝"的观念，实则通行于各地区、各民族的封建农奴制阶段，但以欧洲的基督教及其衍生的伊斯兰教为典型，中国在周代也有"上帝"观念，但没有形成系统宗教，"玉皇大帝"和"封神"等说法，就是明证。

在我国，解放前农奴制主要分布在藏族、门巴族、傣族的大部分以及维吾尔族、哈尼族、蒙古族等族的部分地区和人口中，总人口约 400 万。其典型代表，就是等级森严的西藏封建农奴制。

集权官僚制社会。这个阶段在农业文明最为发达的中国为典型，从秦汉统一到清灭亡，大体经历两千余年。世界上除朝鲜进入这个阶段外，只有欧洲在封建领主制灭亡，资本雇佣劳动制确立之间的短暂过渡期（大体上是17—19世纪）部分地实行了这种制度。

集权官僚制的特点是：官僚阶级集合了全部土地，即主要生产资料的所有权，并掌握全部政治权力，废除封建领主，实行大一统的集权统治。由国家将一部分土地占有权以勋田、禄田等名义分给官僚，形成官僚地主，另一部分土地占有权以“均配”方式分给农民。土地占有权可以买卖，由此及人口的增加，就会有相当一部分农民（佃农）失去土地占有权，只能向官僚地主租土地使用权。除官僚地主外，还有一部分商人和富裕农民购买较多土地占有权，成为地主，其土地也租给佃农。地主和拥有土地占有权的农民要向国家交税，佃农要向地主交租。农民拥有对自身劳动力的所有权，因此，他们可以出卖劳动力使用权给地主（雇农）或商人，还有父母（或自己）出卖子女人身权（包括所有权）者。农民没有政治权利。与农奴相比，农民的权利明显增多，社会地位也相应提高，这既是其素质技能提高的要求和表现，也是素质技能提高的原因。而这，恰是率先两千年进入集权官僚制社会的中国，在农业文明发展中领先于世的根据。欧洲近代反封建的斗争，特别是启蒙学者，把实行集权官僚制作为目标（“全盘华化”），也证明这种制度比封建农奴制先进。

在我国，解放前实行集权官僚制的民族主要有壮族、回族、维吾尔族、朝鲜族、满族、布依族、白族、土家族、侗族、苗族等三十几个民族和蒙古族、彝族、黎族的大部分地区以及藏族的小部分地区，总人口约3000万。

资本雇佣劳动制。正当魁奈、伏尔泰等人在法国及全欧洲倡导实行“中国的专制制度”时，他们没有注意到，其所赖以进行社会变革的力量，是比农业生产方式更为先进的资本化的手工业和商业，由此而形成的资本所有者阶级，其目的并不是建立集权官僚制和小农经济，而是资本雇佣劳动制。但农奴理所当然地成为其同盟者。这也是在欧洲封建农奴社会到资本雇佣劳动社会之间，出现一个类似集权官僚制的过渡时期的原因。其政治上的成果，是建立了集权官僚统治（拿破仑和俾斯麦专制为其典型）和解放农奴，使农奴成为自由人，即拥有自身劳动力所有权者，并在短期内拥有对小块土地的所有权或占有权。

这些，都是资本雇佣劳动制的必要历史前提。而这个制度的确立，却又是对集权官僚制和小农经济——“以个人自己的劳动为基础的私有制”的否定。即以资本股份制式的民主来改造集权官僚制，将之变成民主制下的行政管理体制，包括大公司也以此为模式建立管理机构，并通过资本化将生产资料与劳动力两个所有权分离，使劳动者成为自由的劳动力使用权的出卖者。劳动者的剩余价值归资本所有者占有。资本所有者与劳动力所有者的对立统一成为社会的主要矛盾。随着劳动者的联合与斗争，其依据劳动力所有权的民主权也逐步得到社会认可和加强。资本制中的民主制实则资本（生产资料）所有权派生的资本专制权与劳动力所有权派生的民主权的对立统一体。

民主劳动社会。这是在工业生产方式发展的过程中，以劳动者素质技能的提高为根据，并依劳动力所有权派生的民主权所组成的政治势力的斗争，夺取政权并建立自主劳动的社会制度。对此，马克思曾称为“共产主义社会”，而现在统称为“社会主义社会”。“共产主义”是比“社会主义”更为准确的提法，但人们已习惯于将“共产主义”看成“社会主义”之后的历史阶段。再者，“共产”并不能表示政治制度的特点。这里用“民主劳动社会”，即“劳动社会主义”的社会制度，在它之后人类当然还要有新的历史阶段，但我们的规定限于已经开始的“民主劳动阶段”。

民主劳动社会或劳动社会主义社会的特点在于：民族劳动者拥有自己劳动力的所有权和生产资料的所有权，以及由这两个所有权派生的民主权。生产资料的个人所有权又派生并集合为共同占有的权利，该权由经民主权立法并选举的国家机构行使，受同样选举的执法权、司法权和行政权行使机构的监督、管理，以及劳动者的民主监督。劳动力所有权在公有制企业中，也派生并集合共同占有权，民主选举其行使机构和负责人。公有制企业由上述两个所有权占有机构联合，选聘经营权行使者，劳动者在经营者的组织管理下各尽所能地劳动，并按所付出劳动的质和量，领取生活资料。劳动者所创造的公共价值，由占有权、行政权的行使机构统一处置，用于扩大再生产和社会保障、公共事业、社会福利。

中华人民共和国成立后，特别是完成了对各民族的社会主义改造后，我国各民族总体上已经进入了民主劳动社会，尽管是初级的。

民主劳动社会，是劳动解放和人性升华的一个关键环节，前面几个历史阶段，除原始社会之外，均是阶级社会，劳动者的素质技能相对低下，处于被统治地位，其间历经几个阶段的过渡，虽有进步，但总的说还是量的变化，即未能脱离“人类的史前时期”，人性中的动物一般性野蛮成分仍占主导地位，民主劳动社会，则是“人类史前时期”结束后全新的社会形式，因此，它对资本雇佣劳动制度的否定，是人性升华的质变过程。这个过程刚刚开始，20 世纪俄国、中国等社会主义国家，在这方面的尝试，以及西方各国的社会主义运动，都是建立民主劳动制度的必要环节，其经验和教训，是未来发展的必要前提，应认真分析总结。

需要说明的是，人类社会的历史阶段以及不同历史阶段的经济制度，在不同地区、民族和国家，并不是整齐划一的，而是错落的，特别是古代，不同地区、民族的发展，往往要相差几百、上千年。这里只是循着劳动者素质技能和社会地位这个标准，从全人类的角度，规定其演化的主线。民族经济制度的历史划分亦具有这种一般意义。

三、民族经济制度的内容：劳动力所有权和生产资料所有权及其派生的权利体系

社会制度和结构的基本点，是权利。权利是人社会地位的法律规定和保证。经济生活中的权利，是针对人在经济活动各环节的地位和关系的，因而也是多层次、多方位的，涉及劳动力和物质资料的所有、占有、处置、使用、管理、收益各方面。在经济权利中，所有权是基本的权利，其他经济权利和政治权利，都是所有权的派生形式。所有权包含劳动力所有权和生产资料所有权。有无这两个所有权，是民族劳动者经济地位的标志。而由所有权派生的民主权，又是劳动者政治地位的标志。经济制度的内容就是权利体系，民族经济制度的内容就是民族劳动者的各种权利以及由此确定的社会地位。

民族劳动者的所有权和民主权是其人格的社会界定，也是其价值的标志和条件，又是其自由的体现。只有具备这两种权利，民族劳动者才真正从生产的主体变成社会的主体。而自从人类形成了所有权及其所有制以来，大多数民族劳动者就没有完全地拥有劳动力所有权和生产资料所有权，因此，也没有完全的民主权。

我们是根据民族劳动者的所有权拥有程度，及与之相应的民主权来确定其社会地位的。生产关系的形成，是以民族劳动者的素质技能及其表现的生产力为基础的，也是针对从民族劳动者素质技能的形成、提高、发展，即表现为生产力过程中人与人的关

系，以及生产资料这个必要条件的归属，对生产过程的支配，进而生产品在什么程度上为劳动者占有和消费，以至再形成劳动者素质技能这全过程的。劳动者的所有权和民主权拥有程度，即其社会地位的高低，是与其素质技能的形成与发挥成正比的。素质技能是社会地位的基础，社会地位又是素质技能形成和发挥的形式。生产关系中还包括劳动者的分工、协作等关系，这种关系的形成，是以劳动者的素质技能和社会地位为前提的，或者说是这二者在劳动过程中的体现。

劳动力所有权是民族劳动者的基本权利。劳动力所有权，18、19世纪在资本主义工业社会时期，在英、法得到法律承认，劳动者出卖劳动力使用权与资本所有者的交换，形式上是自由、平等的，但在内容上是以生命来换取货币、资本，以购买基本的生活资料，而资本所有者是以货币来购买劳动者的生命，正如黑格尔所述：

> 如果我把在劳动中获得具体化的全部时间以及我的全部作品都转让了，那就等于我把这些东西中实体性的东西，我的普遍的活动和现实性、我的人格，都让给他人所有了。①

对于购买劳动力使用权的资本家来说，劳动力不过是他用以增殖资本的一个“要素”，是与他们所购买的生产资料及土地相同的资源。对于出卖劳动力使用权的劳动者来说，劳动力是他本人生命力的体现，是他作为人的社会活动的根据，也是他人生价值的标志。他以劳动力的使用权与资本所有者的交换，形式上是自由、平等的，但在内容上，却是以自己的生命来换取货币，以

① 黑格尔：《法哲学原理》，第75页，商务印书馆，1995年。

此购买必要的生活资料，而资本家却是以“身外之物”——货币来购买劳动者的生命。

民族劳动者在现代经济中的地位，是以他的劳动力所有权所体现的。劳动力所有权是民族劳动者的基本权利。

法律对劳动者的劳动力所有权的承认和保证，是进入工业文明时代人类社会的真正进步，也正是在这个基本权利的基础上，才确立了劳动者在经济中与统治者具有形式上的平等，而劳动者才显现出其作为人的自由。虽然这种自由又是受到资本制度总体限制的，但毕竟是一种自由。

社会主义运动是以劳动力所有权为依据的劳动者进行的社会变革，同时也是扩大劳动力所有权及劳动者利益，提高劳动者素质技能的社会进程。社会主义运动发展到一定程度，就会从量变引起质变，建立社会主义公有制。

当我们说生产力的发展要求和促进生产关系的变革时，也就是说劳动者素质技能的提高使其要求并争取社会地位的提高，即扩大和强化劳动者的所有权和民主权程度，由此增加其自由度，并为其创造和实现更多价值，以保证其人格。从历史上看，已有的几次大的生产关系变革，都是以劳动者素质技能的提高为依据的变革势力奋争的结果，而变革后所形成的生产关系，又会在一定时间内为劳动者素质技能的提高提供比较适宜的条件。与劳动者权利的增加相应，非劳动的统治者权利也会有所缩减。而这种生产关系经历一段时间后，又会阻抑劳动者素质技能及其生产力的提高，于是又有新的变革形成新的生产关系。

劳动力所有权是人身权的直接体现，但在非雇佣劳动者那里，劳动力所有权并不表现出来，或者说其权能并不表现出权力。这有两种情况，一是劳动者不拥有自己的人身权，如奴隶和农奴，因此也就不能拥有自己的劳动力所有权；二是个体小生产者，他们有自己的人身权，因此也拥有自己的劳动力所有权，但由于其劳动力的使用权能并不出卖，而是用于使用自己所有或占有的生产资料的生产上，所以也不能表现，或不必表现。

作为对人际关系规定的所有权之一，劳动力所有权只能表现于将劳动力作为商品出卖时。劳动力所有权的权能就是劳动力的占有、使用、处置，它可以在生产产品和提供服务中运用，当这些产品或服务拿去交换时，它们又表现为价值。劳动力所有权是以劳动者拥有自己的完全人身权为前提的，在资本雇佣劳动社会之前的各阶级社会，都不具备这个前提，即使中国的集权官僚制社会，虽已取消了农奴对封建领主的依附，农奴由此变为农民，但农民在名义上其人身权还是属于皇帝的。这一点，并不影响农民或手工业者将其劳动力作为商品出卖，即卖给人身权同样属于皇帝的商人或地主。但由于小农经济和个体手工业，劳动力只能在很小范围内变成商品。

劳动力变成商品，从而劳动力所有权成为基本的经济权利，还要有一个条件，那就是劳动者已失去了、或者没有对生产资料的所有权，不可能进行独立的、个体的生产经营。这也是集权官僚制下劳动力作为商品的必要条件，但由于没有普遍的社会化机器大生产，劳动力也不能普遍成为商品，劳动力所有权也不能成为普遍性权利。因此，普遍的社会化机器大生产是劳动力普遍成为商品，劳动力所有权成为普遍性权利的又一必要条件。在集权官僚制之后的资本雇佣劳动制社会，不仅具备了劳动力所有权的前提，即已经废除了劳动者各种形式的对他人的依附，拥有自己的人身权；同时，社会化机器大生产和资本制度，又使大多数劳动者失去了其独立小生产经营的条件，只有出卖自己身上的劳动力，才能换取必要的生活资料。而资本化了的生产资料所有权的所有者，即资本家，也只有购买劳动力商品，才能进行其社会化机器大生产。

劳动力作为商品，所出卖的并不是劳动力所有权，而是劳动力所有权的权能之一，即其使用权能。如果是出卖劳动力所有权，那就等于出卖人身权，因为这两个权利是统一的。也就是说，在确立了劳动者人身权之后，其劳动力所有权只能属于劳动者本人，就像人身权属于每个主体人一样。

劳动者所能出卖的，只能是劳动力所有权包含的权能之一的劳动力使用权，而且是分时间出卖的，不可能把全部使用权都出卖——出卖全部使用权，等于出卖劳动力的所有权，以至劳动者的人身权。劳动力使用权的出卖，可按年、月、周、日、时，甚至分来计算其量，而其质，则是劳动者的技能素质、身体素质和文化精神素质的总和，或者说是劳动力及其发挥的程度。劳动力的质乘以时间，就是劳动力使用权所支配的劳动力，它作为商品的出卖，就构成资本雇佣劳动关系

公有制作为对资本主义私有制的否定，是劳动力所有权主体与资本所有权主体矛盾斗争的结果。联合起来的劳动者依据其劳动力所有权派生并集合的占有权，控制着劳动力使用权的出卖，由此为劳动者争取利益，扩展劳动的权威。与此同时，依据人身权和劳动力所有权展开的争取民主权的斗争，以及由此形成的民主运动，在政治上不断扩大民主的权威。劳动的权威与民主的权威相结合，是公有制否定资本主义私有制的根据。公有制的建立，并不是取消劳动力所有权，而是强化劳动力所有权，使之成为公有制经济的第一和核心权利。

以劳动力所有权为公有制经济的第一和核心权利是劳动者从生产主体成为经济主体和社会主体的保证，确立并保证劳动力所有权，是公有制建立、改革和发展的根本。也正是在这个意义上，“公有制”的全称应为“劳动公有制”。

能否承认和保证劳动者对其劳动力所有权的核心地位，是直接关系社会主义公有制性质的问题。那种只承认劳动者对生活资料的所有权，或只在名义上承认劳动者作为公有制生产资料的

“主人翁”，但不规定劳动者个人所有权的观点，或是对公有制本质认识不足，或是某些人为了维护其私权私利的故意。对前者，我们要通过讨论促其加深认识；对后者，只有在强化民主法制的进程中，予以批判和克服。

劳动力所有权在总体上是保证公有制性质及劳动者社会主体地位的，从个体角度说，又是规定劳动者个人地位、利益，处理其相互关系的依据。公有制，必须消灭非劳动者对劳动者的控制与剥削，同时，要保证劳动者之间的平等，以及在平等基础上因所付出劳动力质与量的差别，而得到的不平等的利益，以促其自由发展。劳动者的平等，是权利的平等，而非权利所保障的利益的平等。这主要表现于劳动力所有权上，作为劳动者，都有平等的对自己劳动力的所有权，但各自的劳动力是不平等的，其发挥的程度也是不平等的。以平等的劳动力所有权保障不平等的劳动力及其发挥所应得到的不平等的利益，这是公有制内在的活力，也是劳动者素质技能不断提高并发挥的根据。

由劳动创造的生产资料归劳动者个人。在资本私有制以前的私有制度下，统治者是以神、上帝、天命等论证生产资料所有权归属的。那时的生产资料主要是土地和其上的自然物，因其非人力所为，所以，归之神、上帝、天命等，这既是统治者的阶级意识，又可以由被统治者所认可。统治者实际上是以暴力得到土地所有权的，中国古代所说的“打天下，坐江山”相当准确地说明了这一点。但当他们取得统治地位以后，又要设想出一种超人的力量，作为其拥有这些土地所有权的根据，并宣称他们不过是代表神、上帝、天命来行使这个所有权的。

生产资料的所有权之所以归劳动者个人，理由很简单：生产资料是劳动者以其劳动力施加于物质而创造的。这种创造不是创造物质，而是改变物质的结构与形式，使之适合于人运用它进行新的劳动，即改造物质以满足人生活和生产的需要，以及直接为人提供服务的工具。生产资料是用于劳动的手段、条件，但人的劳动绝非是为了下一次劳动，而是为了满足需要，改造自然物质为生产资料，也是为了更顺当地劳动，以满足需要。但劳动生产过程的连续使生产资料的生产成为社会生产的必要内容和条件，而对生产资料的所有权，也就成为控制社会生产的关键环节。也正因此，人们往往从生产资料的所有权规定经济制度的性质。

既然生产资料所有权如此重要，那么，就必须确定其归属的根据。公有制的生产资料的所有权归劳动者，而其根据，就在于劳动者以其所有的劳动力施于物，该物因劳动而改变性能，从而成为进一步劳动的工具或原料，并由此体现了劳动所创造的价值。劳动者由其劳动力的所有权，而拥有对生产资料的所有权。社会主义公有制作为一个新的权利体系，它的基本权利，就是劳动力所有权，其次是对共同占有的生产资料的个人所有权。按照劳动价值论，生产资料是劳动者以其劳动力对物质资料改造的结果，因而也应当属于劳动者所有。从这个意义上说，对共同占有的生产资料的个人所有权，是劳动力个人所有权的直接派生形式。明确劳动力所有权，也就明确了劳动者对共同占有的生产资料的个人所有权。

社会主义公有制的建立，首要和核心的环节，就是确立和保证劳动者对其劳动力的所有权，使劳动力个人所有权占主导的生产关系制度化。劳动力的个人所有权并不因消灭了生产资料资本化的私有制而消失，它还要在社会主义生产关系中进一步强化并突出其主体地位，以此来确立劳动者对共同占有的生产资料的个人所有权，控制公有制经济的占有权和收益权等权利。进而确立劳动者个体与总体及其相互关系的准则，也是劳动者提高和发挥其素质技能的社会前提。社会主义经济关系中的每个层面及其矛盾，都是围绕劳动力所有权和共同占有的生产资料的个人所有权形成的，也要依据对这两个所有权的法律规定和保证，进行处理和解决。

劳动力的所有权及其派生的对共同占有的生产资料个人所有权，形成公有制。共同占有的生产资料个人所有权及其制度化，是以社会主义各民族劳动者为主体的社会基础，是民主劳动经济制度有别于资本雇佣劳动经济制度的明显标志。

确保民族劳动者对劳动力的所有权，也就明确了其对共同占有的生产资料的所有权。这两个权利，使民族劳动者成为经济主体，由此提高其素质技能，并主动地发挥它。这是民族生产力发展的根本原因。20世纪初级公有制，排斥劳动者对其劳动力的所有权，又不能保证其对共同占有的生产资料的所有权，及这两种权利派生的经济、政治等权利。这影响了劳动者的主动性，制约了素质技能的发挥。

民主权是民族劳动者素质技能提高的法制保障和政治形式。民主是一个过程，它的发展，取决于社会矛盾对立双方的势力较量。民主并非最终目标，以民主联合民众，由民众联合而形成民主的权威，这是社会主义的原则，它贯穿于社会主义运动的全过程。作为一个过程，民主制也有其阶段性，根据已有的条件发展阶段性的民主，以此来巩固和提高社会主义势力，并为民主向更高阶段的演进创造条件。这是社会主义者必须明确的，也只有这样，才能为公有制经济体制的改革提供内在的民主法制机制。民主制是劳动者民主权的法权依据，是各民族劳动者的政治权利与经济权利的统一，是民族公有制的法权保证和政治形式等等。

明确和强化劳动力所有权及其派生的对生产资料的所有权的首要环节，就是所有权主体对占有权控制。占有是所有权的内容之一，当所有权主体不能直接行使占有，而需委托代理人行使时，所有权也就派生出占有权，受委托者是代表所有权主体来行使占有权的。这种情况，在资本主义的股份公司里表现得相当明显：其所有权主体是股东，由股东选举行使占有权的董事会，董事会再聘用行使经营权的经理。社会主义公有制企业，所有权主体是劳动者，行使占有权的，在集体或合作企业是由所有权主体选举的专门机构，在国有企业中，则是由作为国民的全体劳动者以立法和选举产生的专门机构。

进而，法律要明确行使占有权机构对经营权行使者的监督机制，按照企业经营的规律，选聘经营者，界定其权能职责，以及经营目标，奖惩办法等。这种约束主要应以契约形式确立，并要有一系列的法制保证手段。这样，劳动者作为劳动力所有权及公有生产资料的所有权主体，就可以通过所有权派生的占有权，在经营中贯彻自己的意志。

作为劳动力使用权的出让者，劳动者有从其劳动力所有权派生的与企业协商工资、劳动时间、劳动强度、劳动环境和卫生条件等的权利，并可以通过工会来统一行使这些权利，以保证自己的利益。

在民族经济制度的权利体系中，还有两个重要环节，即监督权和管理权。前者是代表所有权主体对占有权的行使、经营及劳动力使用等全过程的监督，它是所有权的又一派生权利。其职能与资本主义企业中的监事会相似。管理权的根据也是所有权，为此，行使管理权的政府也需由所有权主体选举产生，并代理所有权主体行使相关职能。管理权是针对全社会经济活动的，所考虑的也是所有权主体的总体利益，并依法调控各种权利关系。

由此，民族经济制度的内容就是民族劳动者对劳动力的所有权及由此派生的对生产资料的所有权，进而派生的占有权、管理权、监督权、收益权等一系列权利。

四、民族经济制度和国家经济制度的统一

从历史上看，虽然各民族文化传统不同，政治框架也各有特色，但世界各个地区、各个民族的经济制度演进是遵循一个大致统一的轨迹的。其根本原因就在于劳动者素质技能和社会地位所确定的权利体系的发展方向。

与马克思同时代的美国人类学家摩尔根[①]，对北美印第安人的氏族制度、婚姻关系、财产观念进行了大量调查研究，发现印第安人的制度与古希腊和古罗马的制度处于不同的发展阶段上，后者是前者的逻辑发展，因此得出这样的结论：

> 因为人类的起源只有一个，人类的发展进程基本上也是相同，只是在各大陆上采取了不同的但是一致的进程，所以在达到同等进步状态的一切部落及民族中都是极其相似的。因此，美洲印第安人诸部落的经验，或多或少地代表处于与他们相应状态的历史及经验。构成人类记录之一部分的美洲印第安人的制度、技术、发明以及实际上的经验，实具有超越印第安人种族本身的高超价值……人类从阶梯的底层开始、而渐次上升的这一重要事实，由连续而发明的生存上的诸技术而明白地显现出来。在他们这一方面的技能上，乃是决定人类在地球上获得优越权的整个关键……所以人类进步上的许多伟

① 施正一先生在《马克思主义民族学的“来源”问题》一文中，曾对摩尔根极其著作《古代社会》做出中肯评价。参见施正一：《施正一文集》，第336页，中国社会科学出版社，2001年。

大时代，多少都直接地与生活资源之扩大相一致。[①]

摩尔根在这里还主要是从人类起源的一致性分析，并且主要分析的是“古代社会”。在国家产生之后，民族经济制度和国家经济制度的一致还源于民族和国家的统一。一般来说，民族经济制度实现与国家经济制度的统一有以下几种可能：

1. 民族经济制度和国家经济制度的完全一致。这主要是在单一民族国家里，比如东亚的日本，由于其国内没有少数民族（官方没有认定国内的少数民族），那么倭族的民族经济制度和日本的国家经济制度就是完全一致的。

2. 主干民族的经济制度本身代表着国家经济制度。比如中国，汉民族始终在中华民族中具有主干民族地位和凝聚核心作用，因此，汉民族的经济制度和整个国家的经济制度大致是统一的。

3. 非主干民族经济制度学习主干民族经济制度，进而使自身成为主干民族的构成部分，从而实现与国家经济制度的统一。比如中国历史上的蒙古族和满族，在掌握国家政权，建立了元朝和清朝后，学习汉民族先进的经济制度，迅速实现其经济制度从农奴制向集权官僚制的转化，一方面，实现了自身和汉民族的融合，并成为主干民族，同时也实现了和国家经济制度的统一。

4. 政治变革使非主干民族经济制度发生转变，实现与国家经济制度的统一。在解放前，西南地区的傈僳、佤、景颇、独龙、怒、布朗和基诺族，东北地区的鄂伦春、鄂温克、赫哲族，中南地区的一部分黎族中，还存在着比较浓厚的原始公社制度残余，居住在四川和云南两省交界的大、小凉山的彝族，还保留着比较完整的奴隶制度，居住在西南和西北地区的藏族、云南的傣

① 摩尔根：《古代社会》，第2—8页，商务印书馆，1972年。

族和新疆墨玉县夏合勒克乡的维吾尔族，以及内蒙古的一部分蒙古族，还保持着封建领主制度等等，在新中国建立后，经过民主改革和社会主义改造，这些民族的经济制度迅速实现向社会主义经济制度的转变，实现了与国家经济制度的统一。

而对于一个多民族构成的国家来讲，各民族经济制度的差异性固然存在，但国家经济制度从来呈现的都是一个统一的、完整的权利体系和经济系统，这种各个民族的经济制度和国家的民族经济制度的统一就是一种常态。这是因为：

一方面，各民族的“大杂居”和个别民族先进的经济制度的外溢性使得多民族的经济制度统一，进而能够实现与国家经济制度的统一。比如在汉民族过渡到集权官僚制社会以后，与汉族杂居的回族、壮族、朝鲜族、蒙古族等，也逐渐学习汉民族先进的制度，实现了向先进制度的转变，同时也使得汉民族的民族经济制度的影响范围进一步扩大，总体上呈现出与国家经济制度的统一。

另一方面，国家经济制度作为一个完整的国民经济系统，是由分工明细的各领域有机组成，并且产生统一的规则、秩序和法律，这些统一的要素不会同时因为各个不同的少数民族而产生区别，比如，不会由汉族工业、满族交通业、傣族金融业等等，这种完整形态的国民经济系统使得个别民族经济制度和国家经济制度呈现一致性。

五、个别民族经济制度和国家经济制度的差异

我们不妨从如下角度分析个别民族经济制度和国家经济制度的差异：

1. 个别民族经济制度落后于国家经济制度。

即少数民族由于地理位置、社会历史等各种原因，往往是“非主流经济”，[1] 其经济制度发展阶段要落后于由主干民族建立的国家经济制度一个或者几个发展阶段。如前例，在我国，个别少数民族的经济制度落后于汉民族建立的国家经济制度。

2. 在同一历史阶段，同一国家存在不同发展阶段的个别民族经济制度。

建国初期，毛泽东同志曾经指出：

> 实际上我们少数民族地区现在还有别种的所有制。现在是不是还有原始公社所有制呢？在有些少数民族中恐怕是有的。我国也还有奴隶主所有制，也还有封建主所有制。[2]

也就是说，在这一阶段，尽管国家经济制度已经是社会主义制度，但个别民族还存在原始公社制、奴隶制、封建领主制等民族经济制度。

3. 个别民族经济制度能否先进于国家经济制度。

答案是否定的。在同一历史阶段，个别民族经济制度总是落后于国家经济制度，这有两种可能，一是如果个别民族的经济制度先进于国家经济制度时，它肯定已经是这个国家的经济制度了，这是由先进经济制度在民族关系中的外溢造成的，也就是从这种意义上说，国家经济制度总是不落后于个别民族的经济制度。

---

① 参见龙远蔚主编：《中国少数民族经济研究导论》，第 47 页，民族出版社，2004 年。

② 毛泽东：《毛泽东选集》第五卷，第 128 页，人民出版社，1977 年。

二是由历史看，即便在某一民族经济制度中出现较国家经济制度先进的萌芽，但这种萌芽在这一时期不会成为这个民族总体的经济制度，如果它成为这一民族总体的经济制度，就会导致第一种可能，即成为国家经济制度。比如在清朝，集权官僚制经济制度内部已经出现资本主义萌芽，广西壮族地区的南丹、河池的锑锡厂、田阳、上林的金矿、罗城的硫磺矿等等，但这些因素没有发展为整个民族的经济制度，如果这些地区的民族经济制度发展到资本主义时，那么整个国家的经济制度同样也已经发展到资本主义制度了。

那么，个别民族经济制度和国家经济制度产生差异的原因是什么呢?

各民族经济发展的不平衡，首先与这些民族生存的自然条件不同有关系。由于自然条件的优劣使得各民族之间经济发展快慢不一，这可能更加适应于民族交往不发达的古代社会。但汤因比认为面临较严峻自然挑战的民族（这种“较恶劣”是可以通过人们主观努力加以改变的），往往能够创造出领先的文明。因为，在比较恶劣的自然条件下，劳动者所需要付出的努力比较大，而这种较大努力的回报，不仅是生存需要的满足，还有生产知识的较快积累，即劳动者素质技能的提高，满足自己需要的能力增加，从而经济发展速度快，经济制度更为先进。

但在现代社会，这种因素的作用越来越小了。更重要的原因，是政治制度和意识形态的反作用。

> 反作用可以有三种：它可以沿着同一方向起作用，在这种情况下就会发展得比较快；它可以沿着相反方向起作用，在这种情况下，像现在每个大民族的情况那样，它经过一定的时期都要崩溃；或者是它可以组织经济发展沿着既定的方向走，而给它规定另外的方向——

> 这种情况归根到底还是可以归结为前两种情况的一种。但是很明显，在第二种和第三种情况下，政治权力会给经济带来巨大的损害，并造成人力和物力的大量浪费。①

也就是说，统治阶级会利用其手中掌握的政治权力来施加对经济的作用，从而使经济发展呈现不同的发展速度，经济制度也会有不同。最为典型的例子就是我国长期的集权官僚制度以及官文化对经济制度的影响，使得资本主义只能以萌芽的形式存在。

六、经济制度的先进是民族经济发展的根本原因

历史上在阶级统治的社会中，劳动者的素质技能决定了经济发展的程度，他们创造社会财富，是文明的主体，但是劳动者没有其社会经济的主体地位；没有“自由”，没有了主动性，其素质技能是缓慢的、被动的提高，不能主动发挥作用。因此，经济制度的先进对于民族经济的发展来讲至关重要。而资本主义制度比封建领主制和集权官僚制的优越性，就在于随着劳动者素质技能的缓慢提高，社会地位得到一定程度的提高，这反过来又促进了劳动者的素质技能的提高，这是奴隶社会到资本主义社会的实质性进步。英国以率先确定资本雇佣劳动制度而成为“日不落”帝国，美利坚民族以南北战争废除奴隶制而逐渐成为超级大国，这些都说明经济制度的先进对民族经济发展的作用。

---

① 恩格斯：《马克思恩格斯选集》第四卷，第701页，人民出版社，1995年。

但资本主义以追求资本增值为目标，将劳动异化，以资本统领一切，将劳动者作为生产要素与生产资料平行，成为谋取利益的工具，背离了人本质的发展，严重制约了劳动者素质技能和社会地位的提高。

在当今世界条件下，各民族已经不可能通过发展资本雇佣劳动经济制度实现民族的自强。因为：

> ……在一切为帝国主义势力侵入的落后国家，假使不是变成完全的殖民地的话，就只能有这样的前途：原来的国家体制，在帝国主义国家的商品资本逐渐渗透进来的情形下，不可能不陷在动摇解体的过程中，但同是帝国主义的商品和资本的侵入，又不允许它好好地向资本主义转化。结局，一般地来讲，这个社会，就只能看它所受帝国主义势力的支配和影响程度如何，把不利于这种势力扩展的封建因素破坏，把有利于它的封建因素保留下来……①

在世界资本主义体系中，处于中心地位民族国家的发达，始终是以处于外围民族国家的不发达为条件，外围国家始终没有可能成为中心国家，只能是“依附的发展”，外围国家在不平等的竞争和贸易中，在国内必然造成贫富分化，而由此形成的经济剩余，一部分为国内统治阶级非生产地消费掉，一部分则流向中心国家，成为其资本积累的重要源泉。②

随着社会发展，民主劳动制度成为最为先进的经济制度，它从制度上根本确立了劳动者的主体地位，所以，苏联（或称以俄

① 王亚南：《中国经济原论》，第7页，广东经济出版社，1998年。

② 参见多斯·桑托斯：《帝国主义与依附》，社会科学文献出版社，1999年。

罗斯民族为主干的苏联）迅速从帝国主义链条“最薄弱的一环”一跃成为与美国并驾齐驱的大国。

“苏联模式”初级社会主义制度以发展经济为重要任务，片面强调经济增长，忽略、排斥劳动者的经济、政治权利，以集权统制代替社会主义民主法制，缺乏劳动者的主动性和创造力，片面追求物质刺激，与资本主义竞比经济增长，忽略了社会主义优于资本主义制度的本质所在，导致一系列失败。

劳动社会主义制度，保障了民族劳动者成为社会主体中的重要部分，民族劳动者的劳动和对文明的创造，不再是受非劳动的统治者意志来支配，而是按照人本质核心要素劳动的逻辑，即人性升华的逻辑来进行。因此，少数民族劳动者从人本质的发展来发展文明，这就是自由的，少数民族劳动者在其所有权和民主权利的保障下，社会地位不断提高，并在一定时间内为其素质技能的提高提供了比较适宜的条件。这样变革所形成的生产关系经历一段时间后，又会阻碍其素质技能及其生产力的提高，而社会主义制度从根本上保证了生产关系的不断革新。

七、变革经济制度是促进民族经济发展的首要条件

以劳动者素质技能的提高为依据，劳动者提高其社会地位的过程，是民族经济发展的主线，这一发展的直接成果，便是经济制度的变革。反之，经济制度的变革也就成为经济发展的首要条件。

经济制度的变革不是自然规律的要求，而是社会矛盾斗争和演化的体现。一个社会经济、文化形态的矛盾性质，是由众多的经济矛盾中的主要矛盾的主要方面所决定的，随着矛盾的运动变

化，量变到质变，矛盾的主要方面会被次要方面所取代，周而复始。当新的矛盾主要方面确立时，经济矛盾的性质也随之改变，由新的主要方面来规定了。民族劳动者素质技能提高到一定程度，就需要变革经济、文化体制等来适应它的发展。经济变革，主要表现为经济制度革命。经济制度革命是经济形态质变过程的表现，是主要经济矛盾双方斗争的表现。

民族经济制度的内容是劳动力所有权和生产资料所有权及其派生的权利体系。因此，民族经济制度的变革就是对权利体系的改革和完善。

劳动社会主义运动并不是把制度化作为目的，是消灭阶级，实现人性的升华，是以劳动者素质技能的提高和社会主体地位的实现为目的，制度的建立只是其关键性的阶段，建立后的制度还要不断地改革和完善，以克服因制度自身的矛盾与缺陷而对劳动者社会主体地位的侵害，保证劳动者素质技能的不断提高。社会主义制度的优越性在于社会主义的本质是发展人，劳动者是社会的主体，一切都围绕着劳动者素质技能的提高和社会主体地位的实现为目的，当民族劳动者素质技能的提高受到制度制约时，社会主义运动就将继续变革，克服自身矛盾与缺陷，这是社会主义本质所决定的。

变革经济制度，就是克服制度中所存在的不适应民族劳动者发展的因素。从我国的现实情况分析，少数民族经济的特殊性要求其必须以变革制度，确保劳动者权利，提高劳动者地位为根本，发展民族经济。少数民族经济的特殊性主要表现在其经济发展水平相对落后，而这种落后面貌要求其发展必须走跨越式发展的道路。我国对各少数民族的社会主义改造，使少数民族经济制度实现了向民主劳动社会的跨越，这也是各少数民族经济发展的先决条件。对于各民族来讲，如果单纯依靠劳动者自身素质技能的缓慢提高是无法完成这种跨越式发展的，只有从经济制度着眼，确保民族劳动者的劳动力所有权和生产资料所有权以及由此派生的各项权利，切实提高民族劳动者的社会地位，才能使民族劳动者迸发劳动热情，从而实现素质技能的迅速提高，进而，利用后发优势实现经济跨越式发展。

第五章　民族经济体制

民族经济体制既可从一个民族或民族国家，也可从一种社会形态角度即资本主义或社会主义形态的角度进行探讨。①因而民族经济体制最简单的解释就是不同民族的经济体制，或带有不同民族特点的经济体制，它是在民族共同经济生活或经济联系的基础上逐渐形成的一个特殊概念或范畴。具体可以分为：(1) 广义的民族经济体制，是就一般意义上讲，不论是什么历史阶段和什么样的国家，只要是从民族角度来研究经济体制问题，就可以说是广义的民族经济体制；(2) 民族国家的经济体制②，这里民族经济与国民经济存在着一致性；(3) 民族地区经济体制，指少数民族分布居住的地区或民族自治地方的经济体制，它从属于一国国民经济体制。本书第一章已说明了“我们所主张并研究的民族经济学，就是社会主义的民族经济学，是社会主义经济学大系统中的必要环节和组成部分。”因此，本章主要探讨社会主义民族国家的经济体制，同时延伸了资本主义民族国家的经济体制研究，但重点以劳动社会主义原理为指导探讨社会主义民族国家的

---

① 著名民族经济学家施正一教授把民族这个概念分成三个层次：一是最一般的“民族”。它的基本特征就是马克思和恩格斯提到的“共同语言”、“共同地区”、“民族性”等等。二是不同历史阶段的“民族”，即不同社会制度下的民族。例如“原始民族”（指原始社会后期即向阶级社会过渡过程中形成的民族）、“古代民族”、“现代民族”等等。三是不同类型的“民族”，即不同社会制度上的民族。例如“资本主义民族”（或“资产阶级民族”）、社会主义民族等。

② 这里的民族国家指：中国—中华民族，美国—美利坚民族，英国—英吉利民族，法国—法兰西民族、德国—德意志民族，俄罗斯——俄罗斯民族等。

经济体制及其改革。

一、经济体制是经济制度的阶段性存在形式

经济制度是一定社会占统治地位的生产关系的总和，它规定着该社会生产、分配和交换的基本原则，规定着该社会生产关系的性质，是该社会的基本制度。民族经济制度，主要是指社会主义稳定的基本生产关系。马克思主义认为，人们只能在一定的社会联系中从事生产，生产关系是决定其他各种关系的基础性的关系，一定社会的生产关系的总和称为社会的经济基础，评价一种经济制度的标准，就是看它与生产力的关系是否是相适应，即是促进还是阻碍生产力的发展。经济制度在一个社会中一旦确立，便具有相对稳定性，一直贯穿于一定社会发展的全过程，其质的规定性不会发生根本的变化，如果发生改变或废止，则意味着社会形态发生了性质上的变化。

人类要进行生产，必须使用资源，而资源又是稀缺的，要使稀缺的资源生产出丰富、优美、廉价的产品和劳务，就必须对资源进行有效的配置。这就引出了四大经济问题或四大经济任务：(1) 生产什么；(2) 生产多少；(3) 怎样生产；(4) 为谁生产。这四大经济问题和任务的解决，总是要以一定的经济体制为载体。因此所谓经济体制即是生产关系具体形式的总和，是一定经济制度所采取的具体组织形式和管理体系，是生产关系的具体实现形式，它反映社会经济在组织生产、交换、分配过程中采取的资源配置方式。本书第一章提到："资本主义经济学家将劳动与资本、土地、技术、管理等统称为'资源'或'生产要素'，这是由资本雇佣劳动制以资产阶级为主体的性质决定的。在资本主

义经济学中，经济发展的根据就是资本所有者对这些资源的控制和配置，劳动力与其他资源都是条件。”这也即是萨伊的所谓“三位一体”与马歇尔的“四位一体”的要素决定论。而“社会主义民族经济学则以各民族劳动者为主体，劳动及其劳动力不是被配置的资源，而是自主发展的根据”。这是因为，社会主义最根本的特征是建立了社会主义的公有制，因此，社会主义民族经济体制从总体上应该体现在如何发挥各民族劳动者的主体作用。“在公有制条件下，其基本文化是社会主义。不尊重人，不尊重个人，就形成统制经济。只有明确个人权利，保证劳动者个人在其权利基础上的自由发展，才是社会主义”。[①] 目前社会主义国家掀起的改革浪潮，无非是要强调劳动力所有权，在此基础上，明确劳动者的主体地位。这是建立社会主义市场经济体制的基本点。

因此，广义的经济体制，可被区分为以公有制为主体还是以私有制为主体的经济体制。不同的所有制结构决定了劳动者的命运，在公有制条件下的经济体制强调劳动者的主体地位[②]。而私有制条件下的经济体制，是资本统治与劳动的对立。马克思说：“私有财产的主体本质，作为自为的活动，作为主体，作为个人的私有财产，就是劳动。”[③] 古典政治经济学将人本身、劳动看作私有财产本质，把人物化，这样在资本主义私有制下，“劳动对工人来说是外在的东西，也就是说，不属于他的本质的东西”。[④] 劳动作为人本质的核心，作为人的自主的生命活动，被异化了。劳动就具有了“奴隶般服从社会分工”和“谋生手段的

① 刘永佶等：《劳动价值论与社会主义》，第50页，中国经济出版社，2002年。

② 即拥有劳动力、生产资料所有权的劳动者。

③ 马克思：《1844年经济学哲学手稿》，第69页，人民出版社，1985年。

④ 同上书，第50页。

性质”。[1] 当然，明确劳动力所有权属于劳动者本人，是在资本主义工业比较发达时就得到法律承认的，这是劳动力商品化的表现。由于劳动力成为商品，因而，对于购买劳动力使用权的资本家来说，劳动力不过是他用以增殖资本的一个“要素”，是与生产资料及土地相同的“资源”。而社会主义本质是在争取实现和逐步完善内在统一的公有制过程中，保证并促进文明主体自由的发展。社会主义运动在没有制度化前，劳动者以劳动价值论为依据，争取民主与自由的斗争。当社会主义运动制度化后，建立公有制与民主制，劳动者通过民主制保障公有制，保证劳动者自己的权利。这样，社会主义本质实现过程就是劳动价值论实现过程。[2] 这里的劳动价值论是指作为劳动者的经济观，劳动创造价值，并且，劳动者对其劳动所创造的全部价值的占有，这既是他们利益所在，也是劳动的解放和劳动者社会作用的体现。当然，劳动价值论作为劳动者的经济观，是在资本主义矛盾的演进中，逐步形成和发展的，不仅作为资本主义社会的劳动者提供了批判资本主义制度，争取自身利益和解放的理论依据，也是社会主义社会的劳动者要求并巩固其在社会中的主体地位，进而发挥主导作用，不断提高自身素质技能的思想指导。[3] 因为，只有在劳动者地位和素质技能的不断提高过程中，才有科学技术和生产力的发展。

狭义的经济体制则专指经济管理体制，即在所有制确定的前提下的国家领导和管理经济的制度、组织、形式和方法。它的具体内容主要包括五个系统：一是经济组织系统，即通过什么样的经济实体进行经济活动的系统，如企业、公司、联合体、

① 刘永佶等：《劳动价值论与社会主义》，第 23 页，中国经济出版社，2002 年。
② 同上书，第 22 页。
③ 同上书，第 1 页。

经济区域等；二是经济决策和管理系统，即由进行经济决策和经济管理的各级部门组成的指挥系统；三是经济调节系统，即通过什么调节机制推动经济运行，如计划调节、市场调节等；四是经济监督系统，即国民经济的监督方式和监督机构系统，如计划监督、银行监督、财政监督等；五是经济利益结构系统，如企业与国家的利益、企业与职工的利益关系、企业与企业利益的关系等①。迄今为止，人类社会各国各地区已经存在着具体的、千差万别的经济体制，但从总体上来看，大致可分为三类：第一类是市场经济体制，即在整体上通过市场竞争、供求变化和价格波动，来实现资源配置，这也是目前大多数资本主义国家，特别是发达资本主义国家普遍采用的经济体制；第二类是统制经济体制，即在整体上通过国家计划来实现资源配置，这种经济体制主要是指原苏联、东欧及中国等社会主义国家采用的“苏联模式”。第三类是计划市场经济体制，既有计划性，也有市场性，但以市场性为主，这种经济体制被西方经济学家誉为现代市场经济体制，社会主义经济体制改革后，也主要以此为改革方向。

经济制度与经济体制是有区别的：首先，二者强调的重点不同，经济制度强调经济利益的关系，经济体制则强调经济组织的关系。其次，二者反映的层次不同。经济制度揭示人与人之间的深层次的所有制关系，而经济体制反映的是社会经济中较为浅层次的关系。通常按照经济制度的规定性，可以将人类社会经济制度区分为奴隶制社会经济制度、封建社会经济制度、资本主义经济制度、社会主义经济制度等等；而按照经济体制的规定性，则主要是把同一社会经济制度的经济体制区分为统

① 施正一主编：《民族经济学教程》，第274页，中央民族大学出版社，1997年。

制经济体制[①]、市场经济体制或介于计划与市场之间的混合经济体制（也叫现代市场经济体制）。这是因为生产活动是人类最基本的实践活动。

不同经济体制的内在结构比较

经济体制的内在结构	市场经济体制	统制经济体制	计划市场经济
产权结构	独立。由各个独立的企业分别掌握资源和财产，企业与企业之间的产权边界和利益边界都是十分清楚的。	统一。由国家集中统一掌握资源和财产，企业与企业之间的产权边界和利益边界都是模糊的。	独立。独立的企业掌握资源和财产，企业与企业之间的产权边界和利益边界都是十分清楚的。
动力结构	经济利益和物质刺激。经济行为主体的收入与生产结果密切相连。	行政权力和精神鼓励。经济行为主体的收入分配与生产结果脱离，或只是一种联系不紧密的外在形式。	经济利益和物质刺激。经济行为主体的收入与生产结果密切相连。
决策结构	分散。一切生产经营决策由企业自主决定，并完全由自己负责。	集中。一切生产经营决策由国家集中做出，向企业发布指令，然后由企业去贯彻落实，结果由国家负责。	分散。一切生产经营决策由企业自主决定，并完全由自己负责。但受到政府计划的影响。
信息结构	横向。信息主要由市场横向传播和接收，企业自由筛选和采纳。	纵向。主要由政府自下而上收集信息，自上而下发布指令性信息。	横向与纵向的结合。既受市场的影响，又有政府指导性计划影响。

人类经济社会发展的历史告诉我们，经济制度是相对稳定的，它的变革取决于生产力与生产关系基本矛盾的状况，在一种社会经济制度的生产关系还可以容纳生产力发展要求时，这种经济制度是不会退出历史舞台的。但经济体制就不然，经济体制作

---

① 参考后文。

为一种资源配置或组织方式，反映的是一个社会经济运行的基本特点和具体形态。由于经济体制不反映该社会经济制度的性质，作为一种同时受生产力与经济制度制约的具体组织形式，它要根据二者要求及时做出变革和调整，以保持其合理性和先进性。由此，不同社会经济制度的民族国家可以实行类似的经济体制，相同社会经济制度的民族国家也可以实行不同的经济体制。而且，一定的经济制度在不同的历史阶段也可以有不同的经济体制。决定了经济体制是可以多样性的。

经济体制是所有制的展开和具体形式，相对于作为根本经济制度的所有制来说，经济体制带有阶段性，或者说，经济体制就是经济制度的阶段性存在形式①。一种社会形态的经济制度，有一个稳定的所有制，如奴隶社会的奴隶主所有制，宗法社会的封建领主所有制和官僚地主所有制，资本主义社会的资本家私有制。但在其不同的发展阶段，这些所有制的具体形式会有所变化，从而引起经济制度的量变，这种量变就表现于经济体制的变革上。以资本主义经济制度为例，在几百年的演变过程中，大体经历了三个阶段，并表示为三种经济体制：一是统制经济阶段，这是资本主义经济制度在封建领主制的政治制度下形成的阶段，其特点是国家政权对经济活动的直接参与和控制，突出的表现是重商主义政策，此时资本主义私有制已经确立，并在国家的统一制约下表现出其在国际和国内经济活动中的强大生命力，为后来的资本全面统治奠定了基础。二是自由竞争阶段，资产阶级的经济势力已壮大到足以与封建专制对抗，乃至推翻其政治的程度，前期表现为针对封建政治制度的革命性变革，中期则以个体资本的自由竞争和积累为主，后期则开始出现以兼并、股份公司等形式的联合。其理论基础就是斯密和李嘉图、萨伊等人的自由竞争

① 刘永佶：《政治经济学方法论纲要》，第653页，河北人民出版社，2000年。

学说。这个时期的主要特征是，突出资本主义私有制及其在经济活动中的主体地位，否定封建政治统治，并要求新的资本主义政治制度为经济制度服务。三是市场经济阶段，在自由竞争阶段的后期，由于个体资本的自由竞争受到挑战并开始联合，形成垄断资本，资本主义私有制与其发展的形式之间尖锐冲突，迫切需要改变其经济体制。二战后，市场经济体制确立并得以发展，国家的干预和调控成为经济内在机制。在资本主义经济制度演化的三个阶段中，其私有制形式虽然在变化着，但其原则却依旧坚持。从发达资本主义国家的发展趋势来看，其市场经济体制后，应是计划经济体制，但目前世界上还没有一个资本主义国家实施了完全充分的计划经济体制，只不过是经济体制中普遍增加了计划性而已。资本主义的市场经济体制演进比较明确地反映了经济体制是资本主义私有制制度的阶段性存在形式。

众所周知，前苏联、东欧和中国等社会主义经济制度的建立并不是在资本主义已经充分发展的基础上，由其内在矛盾的否定中形成的，而是针对封建领主和官僚地主的宗法统治，进行的以社会主义为目标的革命的后果。在这种特殊的历史条件下，它所建立的能够体现社会主义公有制的经济体制，只能是统制经济，即以政治对经济的控制和组织。这些国家虽然可以通过武装革命政权取得社会变革，但却不能以武装革命或政治运动立刻使生产力达到发达国家的水平。因此，这些国家的共同任务均需要以产业革命来完成从农业生产方式到工业生产方式的转化。于是“苏联模式”应运而生，而且它也确实取得了巨大成就。“苏联模式”从经济上说，就是社会主义公有制初级阶段的统制经济体制。统制经济体制中，必然要带有计划性，但此时的计划只是政治统制经济的手段，与高度发达的经济条件下，以民主法制为原则对准确、系统的经济信息进行处理基础上的计划经济体制是不同的。不过，与资本主义私有制的统制经济体制相对比，社会主义前苏联和中国的初级阶段的统制经济体制，又有本质区别，即所有制的区别①。

在当前的世界经济大趋势下，市场经济体制带有一定的普遍性，社会主义国家的改革，要突破和克服统制经济体制的局限性和缺陷，不可能再像发达资本主义国家那样经历一个自由竞争阶段，或建立社会主义的自由竞争体制。因此，社会主义市场经济体制是一个必然的选择。在这个体制中，应容许私有经济，包括资本主义经济成分的存在。但改革的关键不在这里，而在于如何对待已经形成并积累了大量资产的公有制企业，也就是说，如何使社会主义公有制发展到社会主义市场经济阶段。这里的主要问题，在于如何以社会主义民主法制来保证劳动者对劳动力和公有生产资料的所有权，由此必然涉及到政治体制的改革。没有相应的以强化、完善社会主义民主法制为目标的政治体制改革，社会主义市场经济体制是不可能建立的。社会主义市场经济体制作为公有制的阶段性存在形式，也是以一系列的法律规定的所有权、占有权、经营权、收益权、管理权等权利体系表现出来的，是公有制经济关系的阶段性表现，它以法制明确个人及社会机构在经济活动中的权利、职能和责任、义务。为此，就应在公有制与民主制统一原则的指导下，强化法制建设，特别是民法和经济法的规范和实行。同时，在进行经济体制改革的过程中，必须进行政治体制的改革，强化和保证劳动者的民主权利，并以此为基础建立实行社会主义法制，只有这样，才能真正建立社会主义市场经济体制。这里社会主义公有制是主体内容，而市场经济体制则是其形式。社会主义经济矛盾的发展要求采取这种形式，不是为了市场经济的形式而可以任意改变所有制的性质。我们说的社会主义市场经济体制，是社会主义公有制内在的发展要求，也是公有制得以实现的具体形式。当然，这种体制的建立和发展，还有许

① 刘永佶：《政治经济学方法论纲要》，第654页，河北人民出版社，2000年。

多矛盾需要探讨和解决，在这个过程中，适当借鉴发达国家资本主义市场经济体制的经验，也是必要的，但根本思路仍在于不脱离社会主义的原则指导。①

二、不同民族国家经济体制模式的比较

迄今为止，全世界除极个别国家之外，都纷纷走上了市场经济的道路，可以说，全世界已经出现了市场经济体制一体化的大趋势和总潮流。但由于各国的政治制度、社会意识形态等方面的不同，市场经济体制就必然存在着明显的不同。即使是政治制度和社会意识形态相同相近，由于历史、文化、地域的不同，也会形成各方面的差异。这就是说，世界市场经济一体化趋势与市场经济模式多元化趋势是并存的。

从不同的角度考察，可以对当代世界各国的市场经济体制作不同的分类。(1) 如果从市场经济的发展程度来看，存在着成熟的市场经济体制和不成熟的市场经济体制。成熟的市场经济体制首先包括西欧、北美诸国和日本、澳大利亚等国，其次有亚洲"四小龙"、南美诸国等后发达国家和地区。(2) 不成熟的市场经济体制可分为两种类型：一种是发展中的市场经济体制，这是指原先就基本上实行市场经济体制，但这种体制极不成熟和极不完善，如南亚的印度、巴基斯坦等国，非洲诸国；另一种是转轨的市场经济体制，即指原先实行统制经济体制，经过经济体制改革转向市场经济体制，这包括中国、东欧诸国、独联体诸国、越南、蒙古、古巴等国。转轨的市场经济体制又包括两种情况：一种是政治制度与经济体制同时转轨，如东欧、独联体诸国；另一

① 刘永佶：《政治经济学方法论纲要》，第658页，河北人民出版社，2000年。

种是经济体制转轨而政治制度未转轨，这以中国为代表。

具体来说，目前世界上共存在有六种类型的市场经济模式：

1. 政府主导型的市场经济。以日本和韩国最为典型。所谓政府主导型是指政府在经济发展中起着重要作用。政府通过制订相关的政策，不仅在宏观层面上而且在微观层面上积极诱导经济朝某一方向发展。当然，事实上现今世界上每一种市场经济都离不开政府的调节。只不过日本和韩国的政府在经济发展中的作用比其他国家更加重要、更加有效，成为它们的显著特点。日本"政府主导型"市场经济的主要特点是"高度组织化和有效的行政介入、官民结合"①，它对战后日本经济的发展起了促进作用，避免了自由竞争所导致的混乱和盲目性，又促进日本完成了从轻纺工业到重、化工业再到汽车、电子工业的产业结构升级，使日本在较短的时间内赶上欧美国家，成为世界上第二大经济强国。韩国的"政府主导型"也被叫做"有调控的市场经济"。韩国政府主导型市场经济的主要特点：一是多种所有制经济并存。虽然私营经济是韩国经济的主体，但国有企业占有相当大的比重。二是政府对经济决策实行强有力的干预。三是在资源配置方面实行国家计划干预与市场调节相结合。政府的主要作用表现在：其一，政府机构直接介入经济发展，且具有权威性。其二是利用经济立法和行政手段对经济进行控制和干预。其三是利用税收、金融政策调节经济，加速出口产业的发展。

2. 有计划的资本主义市场经济。以法国和瑞典为代表。战后法国经济快速增长的因素很多，但不可否认，法国政府选择的适合其国情的市场经济发展模式起了很大的推动作用。这种模式概括起来，即实行市场调节与国家计划指导相结合的市场经济。

---

① 韩志强：《战后日本市场经济管理体制》，第 9 页，《世界经济与政治》1994 年第 4 期。

但国家计划是指导性的，具有预测性、战略性、宏观性的特点。计划不是取代市场调节的作用，而是对市场机制的补充和完善。其基本特征是：一是国有与私有两种生产资料占有形式并存。二是集权与分权相结合。国家对企业是进行引导，而不是发指令。私有企业享有不受政府直接控制的自主决策权，国家计划对企业只供参考，没有约束力。同时，国家运用各种经济手段对企业加以引导和调控，使其经营活动纳入国家计划轨道。三是在资源配置上实行计划与市场相结合。瑞典的市场经济世人多以福利国家来概括，侧重分配模式。就其经济体制而言，瑞典的市场经济表现出相当的计划性。主要表现在：一是在经济计划的制订与实施方面，采取自下而上、层层协调的办法，处理地方政府计划与国家计划的关系，因而使计划的约束力比较可靠。二是在国家的福利政策方面。其根据“民主社会主义”的公平原则，力图实现老有所养、幼有所教、贫有所济、残有所帮、才有所用。三是在收入分配方面注意将效率与公平目标结合起来，强调平等并非平均，平等以效率为基础。

3. 德国的社会市场经济。是指原联邦德国所实行的社会市场经济模式。在 1990 年 7 月两德统一后又把这种模式推广到原民主德国范围内，成为涵盖整个德国的经济模式。德国的社会市场经济既摒弃了老式的自由竞争和自由贸易，又避免了国家统制经济的弊端，把个人自决的积极性同社会进步的原则结合起来，通过国家的有限干预实现“社会公正”。社会公平是德国社会市场经济区别于美国和日本市场经济的显著特点，它的核心是力争经济高效率又兼顾公平。在德国的社会市场经济体制中，私有制是主体，但其他所有制经济成分也同时并存。在德国社会市场经济体制中，法律保障占有相当重要的地位。通过各种立法来建立和维护有序的、合理的和公平的竞争。还拥有发达的社会保障体系，主要包括养老、医疗、失业和工伤事故四大保险。

4. 以美国为代表的竞争性市场经济。美国尽管是世界上垄断资本最发达、大垄断公司最多的国家，但其市场经济突出的特征仍是竞争性，因为竞争是美国垄断经济的基础，从经济整体活力来看仍然依赖于竞争。美国市场经济可以概括为：美国经济是以自由企业制度为基础，充分保护竞争，市场对资源配置起主导作用，政府对宏观经济进行有效调节，高度国际化的现代市场经济。其主要特点：一是实行自由企业制度。美国市场经济的主体或微观基础是企业。企业实行自由企业制度。每个人都有权创办和经营自己的公司，只要依法登记，承担纳税义务，就可以成立新的企业。二是限制垄断，保护竞争。尽管美国经济中有些部门和行业垄断程度很高，但竞争依然是基本的和主要的特征，市场在资源配置中起着主导作用。三是实行宏观经济调节。美国政府对经济的干预和调节主要是通过各种法律、法规的制订和实行。主要是通过财政政策、货币政策、收入政策、社会保障与福利政策等来实现宏观调节目标。四是有一套比较完善的市场经济法律制度。这些法律的制订与实施，旨在保证市场经济的正常运行，保护市场主体自由进入或退出，鼓励各种生产要素自由流动，保护平等竞争规则的贯彻，为经济运行创立秩序框架。五是高度国际化的经济，旨在增强在世界市场上的竞争能力，争夺世界经济基础的主动优势和领先地位。

5. 原苏联、东欧[①] 国家转型的市场经济。这一类经济具有

---

① 东欧是冷战时期的一个特定政治概念。当时，包括波兰、匈牙利、捷克斯洛伐克、南斯拉夫、民主德国、阿尔巴尼亚、保加利亚、罗马尼亚8个国家。自1989年后，东欧国家的政治和经济形势发生了剧变。有的被兼并、有的分裂，因而，冷战后的东欧国家应包括波兰、匈牙利、捷克共和国、斯洛伐克、罗马尼亚、阿尔巴尼亚、保加利亚、斯洛文尼亚、克罗地亚、马其顿共和国、塞尔维亚和黑山、波斯尼亚－黑塞哥维那12个国家。从地理上看出，这些国家应该称为中东欧国家，但习惯仍叫东欧国家。

的特殊性，它不是正常运转的经济，而是处在变动中的过渡经济。原苏联、东欧国家的经济在20世纪80年代末90年代初之前属于一种类型即中央统制经济的范畴，其运行机制和规则完全不同于市场经济。由于苏联解体和东欧剧变，实行改制易旗之后，使得经济体制开始由中央统制经济向市场经济过渡或转轨。转型经济面临两方面的挑战。第一个挑战是放弃旧体制。由于旧体制已经存在了几十年，要完全放弃并非易事。而放弃旧体制意味着原有利益格局的大改组，必将遭遇极大的困难。第二个挑战是建立尚不存在的新体制。它不仅要求建立新的制度、规则，即新体制的硬件设施，而且还要求建立新体制的软件部分，或形成或更新人们的观念和行为方式，这个任务比建立硬件更困难。由于转轨要触动原来各个社会阶层的既得利益，不免会引起社会震荡，造成极大的不稳定。

6. 中国的社会主义市场经济。中国的市场经济模式从一方面说也属于转型的市场经济，但它又具有明显的不同于原苏联和东欧各国转轨内容。中国提出建立社会主义市场经济体制，并不是用社会主义来规定市场经济的本质属性，而是表明在社会主义条件下发展市场经济。因此，这种市场经济首先具有一般市场经济的共同属性，如企业是市场的主体，价格是配置资源的主要参数和市场机制作用的杠杆，竞争是市场机制的核心，市场具有统一性和开放性，政府的宏观经济调节是必要的，等等。与此同时，中国社会主义市场经济又有其自身的特点：一是社会主义市场经济是同社会主义的基本制度结合在一起的。基本制度包括共产党的领导、人民民主政权、以公有制为主体和按劳分配为主要分配形式等，要求处理好当前利益与长远利益、局部利益与整体利益的关系，兼顾效率与公平，拉开收入差距又要防止两极分化与贫困悬殊，实现共同富裕。二是借鉴外国经验基础上有可能在较短时间内完成市场经济新制度的建设。三是在转轨时期更加需要国家的宏观调控和计划指导。

综上所述，从不同类型和情况不同的市场经济体制来看，世界上的经济体制即便是成熟的市场经济体制，其模式也并非完全一致，同样也存在着种种差异。德国《明镜》周刊载文把当代世界上成熟的市场经济体制大体分为三种不同的模式[①]：

第一种是盎格鲁撒克逊模式。这种模式最接近亚当·斯密的“看不见的手”的自由竞争理论，也是现代“新自由主义”的坚定推崇者和实施者。美国和英国是这种模式的代表。美、英若作比较，美国的自由竞争程度更高些。这种模式在两个方面显示出极端的功能和状态：一方面，它是培养尖子和社会创造力的冠军；另一方面，它在社会政策方面又显得低效。一方面，它对于发掘人的潜能具有极大的动力；另一方面，它对于“人”，又显得十分冷漠。

第二种是莱茵模式。这种模式在对待市场机制问题上与盎格鲁撒克逊模式是一致的，并同属于“新自由主义”。但它同时又兼容“奥尔多理论经济模型”，强调“有条不紊的秩序”。联邦德国的“社会市场经济”是这种模式的突出代表。其基本特征是自由竞争加社会政策。一方面，不削弱自由竞争的市场机制；另一方面，又推行从疾病、失业、养老到住宅保障一整套社会政策。这种模式已被欧洲大陆多数国家和人民接受。

第三种是公司资本主义市场经济模式。这种模式也主张充分自由地竞争，但同时又总是处在政府和大公司的“专制结构”指挥之下。一方面，市场竞争是充分的、市场机制是完善的；另一方面，政府的力量又是十分强大的，政府通过计划、产业政策、发展战略，并通过各种手段，强有力地引导着市场机制的运行方

---

① 罗肇鸿、张仁德主编：《世界市场经济模式综合与比较》（序言），第13页，兰州大学出版社，1994年。

向。同时，这种模式又特别注重“人际的交流”和“人的感情”培养。日本是这方面的代表，而在过去一个时期中，在强调政治权力的集中统一方面，亚洲“四小龙”以及亚太其他国家和地区，又更胜于日本。这种情况在亚洲，特别是东亚、东南亚具有普遍性而区别于欧美，故世界上又往往把这种模式叫做“亚洲模式”或“东方模式”。

而从不成熟的市场经济体制国家来看，其国内经济、政治、社会、文化和意识形态存在着诸多方面的差异，作为“不成熟”这一总的情况，则存在着以下共同的特点：一是市场机制的培育和作用不成熟；二是市场体系的发育不成熟；三是市场的法制秩序不成熟；四是市场竞争不成熟；五是与市场经济相适应的产权制度不成熟；六是与市场经济相适应的思想、文化、观念以及意识形态和政治体制不成熟。这些不成熟的条件严重抑制着市场经济体制的完善和发展，归根结底阻碍着社会生产力的发展。因此，各个不成熟市场经济体制的国家，都在为促使自己的市场经济体制从不成熟走向成熟而不断努力。

市场经济体制发源于西方和成熟于西方，因此，研究市场经济体制首先要大量研究西方发达国家成熟的市场经济体制，以此了解和掌握现代市场经济的共同特征，以及为什么不同的国家和地区会形成某种特色的市场经济体制，同时，也要研究在向市场经济转轨过程中还不是太成熟的市场经济体制，寻找从不成熟向成熟过渡的途径。从总体来说，世界上各式各样的市场经济模式，对于市场经济体制的后发育国家来说，具有积极的借鉴意义。(1) 建立健全的市场主体。要向市场经济过渡，首要任务是对市场主体的权、责、利界定清楚，让它们在同一规则下去竞争。企业，尤其是国有大中型企业，如果不摆脱行政隶属关系的束缚，就不能真正进入市场竞争体制。(2) 加快价格改革步伐。市场经济的核心机制是价格，市场之所以能起到优化资源配置的作用，主要是通过价格信号来实现的。根据社会承受能力，理顺价格关系，建立起以市场形成价格为主的价格机制。(3) 积极培育和完善要素市场。要积极培育和完善资本、技术、土地等要素市场，强调市场机制对资源配置所起的基础性作用，形成真正的市场关系，并完善市场规则，建立市场竞争秩序。(4) 建立健全宏观调控体系。主要采用经济手段、经济政策、经济立法，保证国民经济长期持续、协调健康地发展。(5) 建立完善的社会保障体制。(6) 建立统一完备的经济法规体系和经济监督体系。这些发展市场经济的基本要素的确都值得市场经济体制后发育国家借鉴和注意。

但是通过比较，可以发现，社会主义经济制度仍具有无比的优越性。以上所谓成熟的市场经济体制国家，均为发达的资本主义国家，而资本主义私有制与由此引起的生产社会化之间不可调和的矛盾，仍是目前这些国家难以攻克的痼疾。应该说，当代资本主义制度下，资本仍占统治地位，依然以资本增殖为前提。环境污染，人的发展受到限制，这些都没有脱离马克思对资本主义的本质规定。特别是资本主义发展到帝国主义阶段，不仅在国内实行阶级剥削和压迫，而且把人类分为压迫民族和被压迫民族，把世界划分成贫富两个世界，推行霸权主义和强权政治，破坏世界的和平与稳定，引发世界范围的战争、经济危机、生态恶化、资源破坏等一系列危机，在根本上同人类历史的发展潮流和人类文明的进步方向是背离的。因而马克思通过对资本主义矛盾分析，提出的对社会主义的预见，仍是引领人类前进的光明之途。社会主义制度具有无比的优越性，第一，以公有制为主体的社会主义经济制度适应先进生产力的发展要求。它不仅消除了劳动者与生产资料的分离和阶级剥削，也消除了资本主义制度下企业内部生产的有组织与整个社会无政府状态之间的矛盾，能够对国民经济实行有计划的宏观管理，从而更快地发展生产力。第二，以人民当家做主为本质特征的社会主义政治制度代表了劳动人民的根本利益。人民民主专政保证了劳动人民当家做主的地位和人与人之间、民族与民族之间的政治平等；民主集中制原则开创了既有民主又有集中，各项法律制度保证每个公民的基本权益。社会主义依然代表着人类社会发展的方向，社会主义代替资本主义是历史发展的客观规律。尽管社会主义目前处于与资本主义相比较的劣势，但其具有无比生命力和发展潜力，是人类社会发展的方向。

社会主义市场经济体制既不同于传统的统制经济体制，它是以市场作为资源配置的基础的；又不同于资本主义市场经济体制，它是与社会主义基本制度结合在一起的。社会主义市场经济体制是同社会主义基本经济制度结合在一起的，因而它具有自己的特性：在所有制结构上，坚持以公有制为主体、多种所有制经济共同发展，国有企业通过平等竞争发挥主导作用，这是社会主义市场经济体制与资本主义市场经济体制的根本区别之一；在分配关系上，坚持以按劳分配为主体、多种分配方式并存的分配制度，效率优先，兼顾公平，这是社会主义市场经济体制与资本主义市场经济体制的又一区别；在宏观调控上，社会主义国家能够把人民的当前利益与长远利益、局部利益与整体利益结合起来，更好地发挥计划与市场两种手段的长处，这是资本主义市场经济体制特征中没有的，是社会主义的制度优势和市场经济的体制规定的具体体现。这种市场经济体制在中国社会主义建设中取得了较为明显的成就。列宁曾指出："劳动生产率，归根到底是使新社会制度取得胜利的最重要最主要的东西"。① 资本主义能够战胜封建主义，所依靠的最重要最主要的东西是比封建主义更高的劳动生产率；社会主义最终战胜资本主义，所依靠的最重要最主

① 《列宁选集》第四卷，第16页，人民出版社，1995年。

要的东西也将是比资本主义更高的劳动生产率。劳动生产率的提高是由劳动者创造的，事实上，欧美资本主义国家今天的发展是社会主义运动造成的。在资本主义制度下，“劳动对工人来说是外在的。这种劳动不是他自己的，而是别人的，劳动不属于他，他仅是以出卖劳动力使用权来换取购买必要生活资料的货币。随着劳动者素质技能的提高，劳动者对自身的劳动力所有权有了越来越充分的认识，劳动者依据劳动力所有权与资本家进行了不懈的斗争，在争得劳动力所有权直接体现的工资等经济利益的同时，也争得了与劳动力所有权息息相关的人权、自由、民主及社会保障等”。① 因此，资本主义制度下，劳动者是用他的劳动力所有权派生的民主权来争取自己的权利——对生产资料的占有，正是在这一过程中，劳动者地位不断提高。这种斗争促成了20世纪发达资本主义社会的新变化，就是劳动者的民主权益和整体社会保障得到了非常大的改善。另一方面，在资本主义社会，劳动者对提高自身素质技能的积极性比以往任何社会都高，因此，他们更加注意学习科学文化知识，提高自身技能素质。但是必须注意的是劳动者始终并没有摆脱被雇佣的地位，“资产阶级也意识到，让劳动者受到相关知识的培训有利于提高劳动生产率，能获取更多的剩余价值，总体上对资本增殖有利”。② 的确，这一社会机制，使劳动者素质技能的提高获得了比以往更大的可能，但是资本主义社会中，劳动者素质技能的提高和发挥首先是为了满足谋生的需要，是受到资本增殖制约的，并不是以人的自由发展为目的的，也就是说，劳动者始终不可能成为社会的主体，从而始终处于被剥削与压迫的境地。而社会主义公有制确定了劳动者的主体地位。“社会主义制度下，劳动力的所有权不是被取消，

① 刘永佶等：《劳动价值论与社会主义》，第43页，中国经济出版社，2002年。

② 同上，第55页。

而是进一步明确和强化。公有制首先是劳动力个人所有权的体现，劳动力所有权派生对共同占有的生产资料的个人所有权。这个‘派生’的根据，就是劳动价值论。劳动力的使用即劳动创造了价值，生产资料是劳动创造的，因此，才应当归劳动力的所有权主体劳动者所有。从这两个统一的所有权出发，才有了劳动者的其他权利，有了公有制经济的占有权、经营权等一系列权利，有了民主权和民主化”。[①] 而“劳动者的自由发展，就体现在劳动者素质技能提高上。素质技能提高了，文明也就自然发展”。[②]社会主义制度的建立，为劳动者素质技能的提高和发挥提供了可能。以社会主义公有制代替资本主义私有制，克服了使人的发展服从资本增殖的不合理制度，同时，以社会主义民主制代替了资本主义民主制，在更加公正、平等的基础上为全体劳动者提高素质技能提供了条件，从而也创造了人自由的社会机制[③]。“正是劳动者要求自由发展的内在欲求，正是人本质要求消除异化，实现人性升华和人的解放，必然产生了对资本主义的反抗，也就产生了社会主义的内在依据。社会主义正是要改变资本主义以资为本的社会现实，实现以人为本的人类理想”[④]。社会主义制度为社会主义经济体制的建立和完善创造了无与伦比的条件。

三、经济体制改革是民族经济发展的必由之路

从目前世界上的市场经济体制发展情况来看，西方经济发达的资本主义国家所建立的市场经济体制相对健全稳定，其主要表现是：具有较为健全的市场主体、市场体系、价格机制，以及较

---

①②③④　刘永佶等：《劳动价值论与社会主义》，第43、38、56、65页，中国经济出版社，2002年。

为健全的宏观调控体系和社会保障机制，还有统一完备的经济法规体系和经济监督体系，但各资本主义国家随着自身经济的发展也在不断对此进行微调，只是不会动摇已有的体制基础。倒是原来的社会主义国家在20世纪80年代以后，纷纷走向了经济体制改革之路。

社会主义作为现实的社会制度产生于20世纪初期。1917年，俄国人民在列宁和布尔什维克党的领导下进行了伟大的十月革命，建立了崭新的社会主义制度，诞生了世界上第一个社会主义国家。从此，世界历史由过去的资本主义的一统天下，进入了资本主义和社会主义两种制度、两类国家并存发展的新阶段。第二次世界大战中反法西斯战争的伟大胜利，又极大地促进了世界范围的民族民主解放运动，也给世界社会主义运动的发展创造了有利时机。正是在这样的形势和在苏联的影响和帮助下，社会主义制度先后在欧洲、亚洲、拉丁美洲等地区的13个国家中建立和发展。苏联是世界上第一个社会主义国家，因而最早建立的社会主义基本经济政治制度。在政治上消灭了阶级对立，推翻了剥削阶级的政治统治，建立了劳动人民的政权，实行了人民民主制度。在经济上没收了剥削阶级的一切财产，消灭了剥削制度，建立了生产资料公有制为基础的生产关系。

社会主义是符合人的本质、人性的，并且是人类解放和自由发展的必要阶段和社会形式，这也是社会主义制度优越于资本主义制度之处。但是，不可否认，这些新建立的社会主义国家都属于经济文化相对落后的国家，也就是说社会主义制度不是诞生于马克思当时所设想的资本主义商品经济高度发达的经济基础上。事实证明，这些国家虽然可以通过武装斗争获取政权，但落后的经济基础是不可超越的。社会主义公有制本来是可以更多、更快、更好地发展生产力的，但前提条件应该有高度发达的商品经济作为基础，同时顺理成章地实行计划经济体制，旨在解决资本主义私有制与生产社会化的矛盾。然而在社会主义取得胜利的前苏联，却忽略了自身的经济基础，在落后的经济基础上实行起马克思为社会主义所设想的“计划经济体制”。把马克思主义经典著作中的某些论断照搬到现实生活中，把若干不适合落后国家实际情况的理想化的理论原则当成短期内就可以实行的方案，再按照这些方案去指导现实的社会主义建设，实际上是打着“计划经济”的招牌，实行的却是统制经济。苏联经济政治制度的基本特点是：政治上高度集权和经济上高度集中。虽然苏联在较短的时间内的确取得了经济和社会发展的巨大成就，不仅使自己成为举世瞩目的世界强国，而且极大地扩大了社会主义在世界上的影响，推动了社会主义运动在世界上的开展。但由于在实践中客观上产生了理论原则与实践效果的尖锐矛盾，并且由于历史因素的积淀而滋生的某些官僚主义体制，对社会主义生产力产生了严重的制约和阻碍作用。特别是在20世纪60年代后，普遍出现了效率低下和官僚主义严重的问题。

20世纪30年代之后，出现于苏联、东欧以及在二战后建立的一些社会主义国家兴起的政府集中管理的统制经济体制，对市场经济作了全盘否定。这种经济体制的主要特征是：在组织结构上，整个社会经济是一个巨大统一的组织，国家按照行政部门、行政层次、行政区划分配经济管理权限，把整个经济分成众多的“条条”和“块块”，实行政企合一。在经济调节机制上，主要通过行政方式，采取国家指令性计划的形式配置资源，强调集中统一，国家对生产要素的分配，以实物形式为主，价格由国家计划制定，并且长期固定，对企业的财务管理，实行统收统支，即所谓“大锅饭”。在产品分配上，生产资料采取计划调拨，生活消费品采取统购包销的办法。这种经济体制或者说“苏联模式”的最大问题是对劳动力所有权注意不够，进而出现了平均主义、“大锅饭”，压抑了劳动者的积极性，这是不符合社会主义原则的。“公有制建立后，在苏联、中国的初级社会主义制度中，又出现了忽视劳动者权利，特别是劳动者的民主权利情况。造成现在的所有问题，既无劳动力所有权也无生产资料的占有权”。[①]“建立起公有制后，必须以民主制作保障。公有制的实质就是劳动者对劳动力所有权与生产资料所有权的统一。这样，社会主义社会的劳动者就比资本主义的劳动者多出一个权利。劳动者成为社会主体，这两权利如何保证，就需要民主制，完善公有制与民主制的内在统一，促进文明主体的自由发展”。[②]然而，在苏联的社会主义实践中，正如一些人所说“共产主义运动的最终目标被达到这一目标的不恰当手段——暴力的绝对化、官僚主义、否定群众的创造——暗中取代了”。[③]“苏联模式”最大弊端就是限制了劳动者的自由。社会主义实行的公有制，承认生产资料的所有权主体应该是劳动者，但社会主义经济的实践却并没有较好地保证劳动者对生产资料的所有权，也没能保证劳动力的所有权，因为没有权利就没有自由，就没有积极性，其素质技能就不能得到提高，而素质技能不能得到较好地提高，也谈不上真正意义上的生活改善。

为此，社会主义国家在20世纪80年代后普遍走向了经济体制的改革，南斯拉夫的改革是社会主义民族国家中冲破苏联模式、建立具有民族特色社会主义模式的率先尝试，由此拉开了社会主义民族国家改革的序幕。社会主义国家的经济体制改革的成因是：如果不对严重束缚生产力发展的体制和制度进行根本性革除，作为生产力首要因素的劳动者的积极性、主动性就不可能充分地发挥出来，生产力中其他要素也不可能得到合理配置和利

①② 刘永佶等：《劳动价值论与社会主义》，第34页，中国经济出版社，2002年。

③ 《当代国外社会主义：理论与模式》，第2页，中央编译出版社，1998年。

用，这就必然造成生产力发展与体制、制度之间的尖锐矛盾。因此，“社会主义基本制度确立以后，还要从根本上改变束缚生产力发展的经济体制，建立起充满生机和活力的社会主义经济体制，促进生产力的发展，这是改革，所以改革也是解放生产力”。[①] 而从社会主义发展的未来趋势看，也要求这些国家迅速进行经济体制的改革。社会主义国家的生产力已经不可避免地面临着迅猛发展的世界性科学技术革命以及日益显现的经济全球化趋势的挑战。新科技革命是一种新生产力，它对于社会主义制度的巩固和社会主义事业的发展，既是一种严峻的考验，又是一种良好的机遇。要使社会主义制度在新生产力的基础上完善和发展，就必须彻底改革一切与生产力的采用不相融的僵化观念与陈旧体制。其根本目的是通过各种有利手段和有效途径调动广大劳动者的积极性、主动性和创造性，以此达到解放生产力、发展生产力，从而解决人民日益增长的物质文化需要和落后的社会生产之间的矛盾。

加快和深化经济体制改革，促进生产力的发展，是各社会主义民族国家和人民的共同要求和根本利益所在。当今时代，任何一个民族不改革、不开放，就没有出路，就没有希望和前途。而经济体制改革是一项非常复杂、艰巨的系统工程。在改革过程中，既要革除或矫正生产关系中各种阻碍生产力发展的东西，又要培育和建立发展生产力所必需的新组织、新机制和新规范。在新旧体制交替时期，经济生活中不可避免地会出现各种矛盾和问题，尤其是改革的深化必将引起社会各方面利益关系更为深刻的调整，不可能没有阻力。社会主义经济改革的方式是从统制体制向市场经济体制过渡。各个社会主义国家的经济体制改革是不可能整齐划一的，从改革的特点来分，原社会主义国家的经济体制

---

① 邓小平：《邓小平文选》第三卷，第370页，人民出版社，1997年。

改革分为激进式改革模式与渐进式改革模式两种。值得一提的是，中俄两国都是世界大国，以前均实行高度集中的统制经济体制，在向市场经济转轨过程中面临着大致相同的问题，但由于两国改革的道路和方法迥异，改革的绩效显示出巨大的差别。

社会主义国家的经济转轨可分为激进与渐进两种。所谓激进式改革模式，也叫“休克疗法”，是指在极短的时间内完全放开价格，实现货币的自由兑换，取消计划指标，生产和服务完全由市场调节。具体内容是：(1) 采取严格的货币紧缩政策，严格控制全社会的货币和信贷规模，削减财政赤字，以此抑制社会总需求，强制地消除总供给和总需求之间的缺口，以此遏制通货膨胀的发展。(2) 放开价格，取消价格补贴，形成市场供求决定的价格体系。(3) 实现货币自由兑换，取消对外贸易的限制，建立自由贸易体制，从国外“进口”一个真实的价格体系。(4) 取消经济控制，尽快打破某些行业垄断，放弃对私有部门的各种限制。(5) 尽快实行私有化，改造国有企业，建立以私有制为基础的混合经济。实践证明，“休克疗法”的激进式改革，“从根到枝干”全部铲除，结果是“一经毁坏很难修复。”① “休克疗法”的激进式改革导致了严重后果。“一步到位”放开价格，造成严重的通货膨胀。如 1992 年，俄罗斯、乌克兰、哈萨克斯坦、吉尔吉斯斯坦诸国一次性大范围放开价格，以期促进产业结构向适应市场需要方向转变，俄罗斯一步放开了大约 90% 的消费品和 80% 的生产资料的价格，随后房租、公共服务、交通、能源燃料价格也逐步放开。哈萨克斯坦除食品、运输、能源、房租等价格由国家控制和调节外，其余全部放开。而在波兰，1989 年末到 1990 年初，几个星期内放开了几乎所有的商品价格。但放开的结果并没

① 斯蒂格里茨：《改革向何处去？论十年转轨》，《中国国情分析研究报告》，第 44 期。

有像期望的那样，促进经济结构向市场方向转变，而是导致了严重的通货膨胀，甚至恶性通胀。俄罗斯最高年份的通胀率高达2600%，波兰最高年份也高达2000%，1991—1996年，俄罗斯物价上涨了6188倍。[①] 而过度的紧缩政策，也恶化了企业的宏观经济环境，甚至危及企业的生存，如投资大幅度下降，企业缺乏进行正常生产和经营活动所需的资金，有的被迫倒闭。全面推行私有化和非国有化，造成严重的两极分化。据俄国家杜马听证会公布的资料，几年里私有化的损失总计为95000000亿卢布（其中经济损失55000000亿卢布，社会损失40000000亿卢布)，相当于1996年国内生产总值的4.2倍，相当于“二战”期间损失的2.5倍。同时，10%左右的俄罗斯新贵通过各种不法手段大发横财，60%以上的人口实际收入下降，40%的人口陷入贫困之中。[②] 而盲目开放市场和统一汇率，导致金融状况不断恶化，导致了1998年俄罗斯金融危机。总之，俄罗斯和一些东欧国家在转轨过程中，从过去高度集中统制经济走向另一个极端，把国家计划视为经济落后的根源，抱着“洗心革面”的决心，全然抛开了国家的宏观调控作用，结果付出了巨大的社会代价，使改革陷入失控和混乱之中。

中国的社会主义经济改革采取了渐进式的改革模式。社会主义经济体改革是以社会主义公有制为根据，对“苏联模式”的统制经济体制的矛盾的解决，也是社会主义经济制度的调整。中国20多年的市场化改革大致经历了4个阶段：（1）改革的起步阶段（1978年12月至1984年9月)。中国首先把农村改革作为切入点，探索出包括实行家庭联产承包责任制、建立乡镇企业等各种调动农民积极性的新形式，在初步取得成功后，又逐步将改革

---

① 王梦奎主编:《中国经济转轨二十年》(总论),第14页,外文出版社,1999年。
② 同上，第15页。

在城市推进。在城市，主要进行了企业改革试点，扩大企业经营自主权。同时，创建经济特区，开放14个沿海城市，开始用引进外资的办法，加快开发中国的劳动力资源。(2) 改革的展开阶段（1984年10月至1991年12月)。1984年10月，中共十二届三中全会通过《中共中央关于经济体制改革的决定》，标志着改革的重点转向城市。国有企业成为整个改革的中心环节，价格改革是关键，培育和发展市场是突破口。改革由经济领域扩展到科技、教育等社会各个领域。对外开放进一步扩大，开放了珠江三角洲、长江三角洲和闽南三角地带。(3) 初步建立社会主义市场经济体制阶段（1992年初至2002年10月)。改革向纵深发展，重点是制度创新。1992年明确提出了中国经济体制改革的目标是建立社会主义市场经济体制。随后几年间，中国按照建立社会主义市场经济体制的目标，大幅度地改革了财政体制、金融体制、外汇管理体制等宏观经济体制。1997年9月，中共十五大提出，公有制为主体、多种所有制经济共同发展，是中国社会主义初级阶段的基本经济制度，由此，调整和完善所有制结构，成为经济改革的首要任务。(4) 逐步完善社会主义市场经济体制阶段（2002年11月至今)。中国进入了以完善社会主义市场经济体制为目标的改革，提出要努力做到"五个"统筹①，兼顾各个方面，保持全面、协调和可持续发展的基本观点，以进一步解放和发展生产力，为经济发展和社会全面进步注入强大动力。实践证明，中国选择的渐进式改革模式是符合中国的国情的。1978—1997年20年间，中国国内生产总值扩大近20倍，经济增长率年均9.8%，是世界上最高的，其经济总量、重要产品的产量、对外贸易、外汇储备、引进外资的数量在世界上的排名不断前移，

---

① 五个统筹：指统筹城乡发展、统筹区域发展、统筹经济和社会发展、统筹人与自然和谐发展、统筹国内发展和对外开放。

综合国力大大增强，并逐渐融入现有的国际经济体制，在现有体制下争取国家利益的最大化。

中国在探索社会主义改革进程中得出如下结论：第一，社会主义基本制度确立以后，还要从根本上改变束缚生产力发展的经济体制，建立起充满生机和活力的社会主义经济体制。第二，改革不是原有经济体制细枝末节的修补，而是一种革命性的变革。因此说，改革是中国的第二次革命。第三，改革是社会主义制度的自我完善和发展，是建设有中国特色社会主义的必由之路。在社会主义面临新科学技术革命和各种思想文化严峻挑战的新的历史条件下，不坚持改革就没有出路。第四，社会主义改革是一种全面的社会变革，不仅包括经济体制改革，还包括政治体制改革和其他领域的改革。第五，开放也是一种改革。社会主义要赢得相对于资本主义的比较优势，必须大胆吸收和借鉴人类社会创造的一切文明成果，吸收和借鉴当今世界各国包括资本主义发达国家一切反映现代化生产规律的先进经验和管理方式。

20多年来，中国经济体制改革无论在理论上还是在实践上都取得了重大进展。现在，公有制为主体、多种所有制经济共同发展的基本经济制度已经确立。作为所有制变革的直接产物，各种生产要素参与分配格局的形成，以及市场机制作用的日趋普遍化，都超出了原先的预期。涉外经济体制因为加入世贸组织的推动而取得可观的进步，全方位、宽领域、多层次的对外开放格局基本形成。总的判断，社会主义市场经济体制已初步建立。第一，大的框架搭起来了，基础奠定了，整个国民经济开始按照新体制的轨道和规则运行；第二，这种新体制还很不完善，在制度层面还有缺陷，运行机制还不健全，社会利益关系还没有理顺，经济法制还不完备，经济效率不高的状况尚未根本改观。旧体制的弊端还没有完全消除，新体制在显示出巨大优越性的同时其固有的问题开始暴露出来。[①] 尽管如此，现在市场经济体制已经成为不可逆转的变革过程，成为人们生活在其中的最重要的制度和整个社会变革的基础。

中国社会主义经济体制改革经验的启示是：实现和维护最广大劳动人民群众的利益，不仅是社会主义经济体制改革的根本出发点，也是其落脚点。首先，在经济体制改革和发展战略的总体设计上，尤其是关涉经济制度和立法等大的问题上，必须坚持社会主义方向，不能因改革过程中出现的一些偏差，就全面否定社会主义制度及其原则，甚至去搞“私有化”、“资本化”，那样做的结果只会导致不堪设想的恶果。其次，在强调社会主义公有制的前提下，必须明确劳动者是社会主义公有制的主体，因此，通过经济体制改革，就是要改变已经不适应劳动者自由发展的旧的生产关系，建立起劳动者相互间更为协调、合理地发挥作用的生产关系，要使劳动者的素质得到提高，劳动者的权益得到充分保障，从而使劳动者的积极性和主动性在适当机制下，更为有效地发挥出来。第三，计划市场经济体制[②] 应是社会主义经济体制在不断改革、完善及民主法制改造公有制的过程中，所形成的经济体制。这里既强调计划对市场的规范，计划是主导，市场则是计划作用的对象。同时强调法制的作用，它是这种经济体制实现的保障。社会主义公有制必须由民主制来保证，在公有制与民主制的统一下，促进并保证文明主体自由与文明的发展。

---

① 王梦奎：《经济体制改革面临的形势和任务》，《人民日报》，2003 年 11 月 4 日。

② 刘永佶：《中国经济矛盾论——中国政治经济学大纲》，第 569—588 页，中国经济出版社，2004 年。

四、经济体制改革应充分考虑各民族经济的特点

经济体制改革是民族国家在不同基础上进行的。20 世纪 20 年代之前的二百多年里，世界上凡是实行市场经济体制的国家和地区，都实行的是自由放任的市场经济，政府是远离市场的。这种自由放任的市场经济对于调动微观经济单位的活力和效率，促进资源的有效配置和经济发展，发挥了极大的作用。用马克思、恩格斯的话说，它创造的生产力水平比过去历史上的生产力的总和还要多。但这种自由放任的市场经济在实现经济繁荣的同时，也带来了一些副产品：残酷剥削、经济垄断、外在性、失业、严重两极分化、劳动者没有社会保障、周期性经济危机，等等。正因为这些问题的存在，资本主义早期市场经济的历史是以血与火的内容载入编年史的。尽管它为社会创造了巨大的财富，但人们对它的鞭挞总是大于赞颂。这些社会问题到 20 世纪 20 年代达到了登峰造极的地步，出现了 20 世纪 20 年代末到 30 年代初席卷整个资本主义世界的严重经济危机。而此后，原资本主义市场经济在没有动摇原有私有制的基础上，对市场经济体制进行了前所未有的调整，即普遍都加入了有计划的宏观调控和社会保障体系，这既是自由放任的市场经济由于其自身的盲目性导致的恶果的经验教训总结，也是其在进入垄断资本主义阶段特别是国家垄断资本主义阶段后，国家对经济干预和调控成为经常的、稳定的体制要求。由此而形成的所谓资本主义现代市场经济体制，虽然存在部分国有经济，但从所有制关系来看，仍然是以私有制为主体；经济运行的基础是市场竞争，但或多或少都存在国家有计划的调控；经济活动普遍建立在法制的基础上；还有比较健全的社

会保障体系。

从世界上发达的资本主义国家的市场经济体制调整来看，由于各国历史的、社会的和经济的差异，各国市场经济的形成，以及国家与市场的结合方式、范围和程度等方面不尽相同，从而形成了各具特色的现代经济模式。一般认为，现代各种特色的市场经济体制模式主要有：美英模式、德国模式、法国模式、日韩模式或东亚模式。世界各国市场经济模式差别的原因大致有：（1）世界各国市场经济体制起步时期的历史、文化等等差别较大，不同的历史及文化传统与市场经济的特征相结合，必然要导致市场经济特征的改良和变异。（2）政治体制有异，不同的政治体制去推行市场经济体制必然要对市场经济的特性进行不同的取舍，至少强化和淡化的方面会有差异。（3）经济基础不同，不同的经济基础在推行市场经济体制时，必然采取不同的态度，经济较为强大，对外经济力量较雄厚的国家提倡自由化的国际贸易政策，而工业基础较为薄弱的国家自然需要对本国的幼稚工业实行适度保护。（4）采取市场体制的原因不同，英、法、德是在资产阶级革命推翻封建统治，从自身建立的市场经济体制；日本、韩国是二战后在美国的占领下由美国强行移植的市场经济体制。[①] 当然，我们可以从这些不同的经济体制的调整中看到资本主义向社会主义学习的痕迹。

而从经济体制改革层面来看，主要是指 20 世纪 80 年代以后，世界上主要的社会主义国家纷纷走上了经济体制改革之路，目的是探索符合各国国情、具有民族特色的社会主义建设道路，目标也是最大限度地解放生产力，提高劳动者的积极性，并从根本上发挥出社会主义本质的优越性。社会主义民族国家的基本经

① 金容男：《中国经济体制改革对朝鲜经济体制改革的启示》，中国人民大学博士论文，2001 年。

济制度均是以苏联基本经济政治制度为模式建立起来的。从总体上说，“苏联模式”是符合当时的实际情况的，因而也发挥了积极作用。它可以集中全国有限的人力、物力、财力，比较迅速地医治战争创伤、恢复国民经济、实现国家工业化和社会全面建设等等。但“苏联模式”并不完全符合各国的国情，其本身也是不完善的、存在缺点和弊端，随着社会经济政治的发展和社会主义建设的深入进行，其存在的缺点和弊端日益明显地暴露出来。如政治上过分集权导致政治生活中官僚主义严重，人民群众的积极性和创造性的发挥受到限制；经济上高度集中导致经济发展缺乏活力，生产效益低下，人民生活水平提高缓慢。特别是在科技革命日新月异、人类文明突飞猛进、经济竞争日趋激烈的国际形势面前，“苏联模式”已经难以与其相适应。

20世纪80年代后，随着社会主义国家改革的不断深入，社会主义国家普遍在所有制方面，建立起了由完全的生产资料公有制逐步转变为以公有制为主体、多种所有制经济长期共同发展的格局，并且还突破了公有制只有国有和集体所有两种形式的局限，努力探索出了公有制的多种实现形式；在分配制度上，建立起了由单一按劳分配逐步转变到了以按劳分配为主体、多种分配形式并存的分配方式；在经济管理体制上，建立起了由集中的计划管理体制逐步转变到了以市场取向的经济体制。但是，必须注意的是，社会主义建设及改革并没有固定模式，社会主义民族国家必须寻找符合各国国情、具有民族特色的经济、政治模式，不断探索出具有民族特色的社会主义发展道路，使社会主义建设的方式方法符合本国国情的实际。这方面，在已有的社会主义经济体制改革或转轨经济所带来的经验教训是极为深刻的，特别是在市场经济体制后发育国家，在经济体制改革的方向、目标与内容的选择上都要极为慎重，不能脱离本国的国情，不能脱离实际。

另外，同一国家的经济体制改革要考虑不同的民族经济体制的差异。从当代世界范围来看，各国特别是社会主义性质国家所进行的经济体制改革主要应该建立具有民族国家特色的经济体制，这适用于单一民族的国家。而对于一个多民族国家来说，经济体制改革既要考虑发达地区的民族经济体制改革还要考虑经济发展落后的民族地区经济体制改革，这二者之间显然有很大的差别，决不能“一刀切”或“一视同仁”。如中国国内不同地区的“社会主义市场经济体制”就存在明显的差异。这种差异不仅是指现在的南部与北部、东部与西部市场经济发展程度和水平不同，即便是经过多年的改革和发展，整个国家的市场经济体制普遍走向成熟或比较成熟，对于不同地区来说，由于具体情况不同，也可能存在这样或那样的差异。这是因为对于一个国家特别是一个多民族国家，一个生产力发展很不平衡的国家来说，由于各民族社会发展上的差异，各地区生产力发展的不平衡，在发展经济过程中，其管理体制和经营方式都会有许多不同的特点，全国不可能只有一个统一的、固定不变的经济管理体制，也不能只有某种固定的经营方式。因此，对于中国少数民族地区的经济体制改革一定要反映其特殊性，必须加以特别注意，不能在具体实践中“一刀切”。这也是实践所证明了的一个结论。新中国成立以来，少数民族地区在完成了民主改革和社会主义改造以后，逐步建立和形成与全国基本相同的集中统一的社会主义经济体制。虽然在全国统一的经济体制下，国家在财力、物力、技术力量等方面，给予少数民族地区以大量的支援，使这些地区的经济面貌发生了明显的变化。但是，这种高度集中统一的经济管理体制，在许多方面明显地脱离了少数民族地区的社会历史实际和生产力发展状况，严重违背了客观规律和少数民族人民的意愿，使本来具有许多民族特点和地区特点的经济形式被“一刀切”、“一般化”所代替，严重地压抑了少数民族的生产积极性和创造性，阻碍了民族地区经济优势的发挥，同时，也给国家造成许多不应有的负担。

中国少数民族地区的社会主义经济，是在非常复杂的情况下建立起来的，由于各民族社会发展的不平衡，在民主改革之前，我国少数民族地区除了官僚地主经济（如满族、朝鲜族、蒙古族的大部分及壮族、侗族、苗族和土家族等）之外，还存在封建农奴经济（如藏族、傣族和哈尼族及蒙古族的一些牧区等）、奴隶制经济（如彝族）、原始经济（如云南省山区的独龙族、怒族、傈僳族、景颇族、佤族及内蒙古地区的鄂伦春族、鄂温克族及海南省的黎族等），甚至有些地方已有资本主义经济（如白族）的萌芽。中国少数民族地区就是在这种社会经济发展极不平衡、经济结构十分复杂的情况下，几乎同时向社会主义过渡而建立了共同的社会主义经济。这种在社会发展阶段上脱胎母体的显著差别，是少数民族地区与广大汉族地区特别是东部发达地区之间，在建立社会主义经济过程中一个最突出的特点。这些不同的、而且是相当落后的社会母体，必然使进入社会主义社会的少数民族背上沉重的历史负担，产生一种顽固的滞后力量。另外，中国少数民族居住环境总的特点是“大分散，小集中”。这一特点具体表现在两个方面：一是居住在边疆地区的较多。中国西北、西南边疆基本上少数民族聚居区，这些地区的少数民族占全国少数民族总人口的60%以上。二是居住在山区的较多。不论是居住在边疆地区还是内陆地区的少数民族，其大多数都居住在山区或与丘陵地带。中国少数民族约有80%以上居住在山区或与山区相连的丘陵地带。同时，在少数民族地区，由于各自经历的社会制度、各民族的心理素质和宗教信仰的不尽相同，各民族在长期历史过程中形成的生产习惯、生活习惯以及文化风俗习惯都存在较大的差异。这些都是少数民族地区在经济体制改革方面必须注意到的特殊性，从而也说明，在少数民族地区所建立的经济体制有可能与其他地区不会完全一致，也不应该完全一致，这些特殊性正是少数民族地区进行经济体制改革必须遵循的实际依据。少数民族地区由于经济发展进程中存在许多不同特点，客观上更要求这些地区的经济体制改革必须从实际出发，因地制宜地进行。国家对少数民族地区经济改革应给予更多的关心和帮助。具体来说：第一，要通过税收、价格、利润、信贷等方面的优惠政策，解决客观上存在的“级差效益”问题。第二，在生产力布局上，应适当增加投入，多发展一些既利于全局，又能带动民族地区发展的项目，调动民族地区人民的积极性。第三，要继续巩固和完善国家对少数民族地区的财政照顾政策，不能因为政策的改变而减少对民族地区的财力帮助。第四，要严格按照《民族区域自治法》的规定，充分尊重少数民族地区在经济上的自治权和自主权。第五，加快少数民族地区经济体制改革，完善市场机制及体系的健全建设，充分发挥少数民族劳动者的主体地位。最终形成具有少数民族地区特色的经济体制。

总而言之，各民族国家的经济体制改革应充分考虑各民族经济的特点，特别是对于多民族的国家来说，还要考虑到各民族的特点，如中国少数民族地区的经济体制改革就要考虑到少数民族地区的特点，即其民族性、地域性、落后性、复杂性和国际性，最终目的是最大限度地发挥出各民族劳动者的生产积极性和主动性及创造性，通过经济体制改革，提高劳动者素质和能力，使各民族能够更快地向着经济现代化方向进步和发展。这种经济体制模式应体现出具有民族特色的，充满生机和活力的，促进生产力向前发展的，能够与本民族实际情况相适应、能够反映出本国、本地区民族特点的经济体制模式。

第六章　民族经济结构与运行机制

经济结构是经济体制在总体经济运动过程中的具体化。民族经济结构是一个系统，包括劳动者素质技能结构和投资结构、就业结构、产业结构、产品结构、分配结构、流通结构、消费结构和区域结构。各子结构都是民族经济系统的组成部分，它们又有自己的系统性。运行机制则是经济结构动态功能的发挥。民族经济的发展，就是以经济结构及其运行机制作用为导引的。民族经济结构与运行机制的矛盾，是民族经济制度矛盾通过民族经济体制矛盾的进一步展开。民族经济结构与运行机制，制约着民族经济生活的全过程，直接关系企业和经济单位的经营管理。

一、经济结构是经济体制在总体经济过程中的具体化

经济过程中的民族中的每个个体都有其经济利益，也有为其经济利益而进行的经济活动，由此形成经济关系，构成总体经济矛盾。总体因经济矛盾有其对每个民族个体都似乎先验的结构，并以相应的机制来制约每个民族个体的行为。这个结构并非外来的，也非外在的，而是个体利益、权利、关系的集合形式。经济制度是个体利益、权利、关系的抽象规定，它展开于体制，再通过体制而展开于经济结构。经济结构是从总体上对经济关系的规

定，也是包含着制度规定的经济体制在总体经济过程中的具体化。[①]

对经济结构的研究，大前提是承认经济的有机性，是对有机的、发展的经济过程内在结构的分析与综合。

马克思在《资本论》第3卷论社会总资本的运动和关系时，写道：

> 社会生产过程既是人类生活的物质生存条件的生产过程，又是一个在历史上经济上独特的生产关系中进行的过程，是生产和再生产这些生产关系本身，因而生产和再生产着这个过程的承担者、他们的物质生存条件和他们的互相关系即他们的一定的社会经济形式的过程。因为，这种生产的承担者对自然的关系以及他们互相之间的关系，他们借以进行生产的各种关系的总和，就是从社会经济结构方面来看的社会。[②]

只有从经济关系的角度来讨论经济结构，民族经济结构才是可以理解的。也就是说，民族经济结构是各民族之间和内部的经济关系的具体形式，它的要素，是各民族人们的经济权利，即以劳动力和生产资料所有权为基本权利，由其派生占有权、经营权、使用权、收益权、处置权、监督权、管理权等。经济结构中的权利，都是有内容的，即针对劳动力和生产资料，针对产品、价值，针对货币、资本、资金的，针对生产、流通、分配、消费全过程的。即，是作为主体的各民族人们在其相互的社会关系中按一定的法权构成相应的组织形式，运用自身的劳动力使用物质（自然的和人为的）条件，在生产产品，提供服务，并按法权关

① 刘永佶：《中国经济矛盾论》，第403页，中国经济出版社，2004年。

② 马克思：《资本论》第三卷，第925页，人民出版社，1975年。

系流通于社会，分配于不同的民族群体乃至民族个体，进行消费的过程中，所形成的有相应法律和政治保证的经济关系。

民族经济结构是包含着制度规定的经济体制在总体经济过程中的具体化。对此，我们可以从纵向和横向两个方面来考察。从纵向看，民族经济结构具有历史性和动态性；从横向看，则同一历史时期的民族经济结构可分为不同层次的具体结构。因此，有学者认为，民族经济结构从其基本性质上说,可以概况为两点:一是其不断的转换性,二是经济结构不同方面的联系性和变化连锁性。①

从纵向看，民族经济结构是活生生的各民族人们相互关系的总体界定，归根结底，是对劳动力使用的制约。民族经济结构并不存在于各民族人们的活动之外，而是存在于有意识的民族群体和个体的活动之中。随着体现人本质的各族劳动者素质技能的提高，由素质技能形成的劳动力社会总体形式的生产力不断发展，各民族人们的经济意识也在发生变化，其交往和社会关系中的基本点，即权利也在矛盾斗争中不断改变，这样，民族经济结构也会不断变化。因此，民族经济结构是历史的，必须从动态来规定，并以动态的发展来预测其变化。

民族经济结构在其发展中表现为阶段性，这是经济制度和经济体制的体现。在一种社会经济形态中，贯穿着经济结构的一般原则，这主要表现于阶级社会的阶级机构和无阶级社会中的所有权结构上。但在其各个阶段，即表现经济体制特殊性的各族劳动者素质技能、投资、产业等结构上，却表现出相当大的差异。这种差异正是经济体制存在的具体形式。

民族经济结构的动态性，是与民族生产方式的变化相伴随的。到目前为止，从大的框架上看，民族生产方式经历了采集和狩猎生产方式、农业生产方式和工业生产方式。其中，在采集和

---

① 龙远蔚等:《中国少数民族经济研究导论》,第248页,民族出版社,2004年。

狩猎生产方式下，谈不上什么经济结构。如果一定要分析一下那时的经济结构的话，只能说当时大体上存在着性别之间的分工，即男人从事狩猎，女人从事采集。之后，一些民族经历了第一次、第二次和第三次社会大分工，畜牧业、手工业和商业作为单独的产业从农业中分离出来，农业生产方式确立。可见，农业生产方式是以农业为主，但从经济结构上看，并非只有农业，而是包括了为之服务的手工业和商业。在农业生产方式下，作为主体的农业包括了两种情况，一是以种植业为主，如我国的汉族；二是以畜牧业为主，如我国的蒙古族。所谓农耕民族和游牧民族的区分即在于此。

从农业生产方式向工业生产方式的过渡，就是工业化。民族经济结构因工业化的出现和深入而变化。进入工业化阶段的民族，我们可以称之为工业民族；处于农业生产方式下的民族，可称之为农业民族。此外，还有一些民族处于采集狩猎的生产方式下，这些民族和农业民族可合称为前工业民族。从现代化的角度衡量，工业民族较之前工业民族，具有先进性。工业化，代表了现代民族生产方式发展的方向。当我们讨论现代民族经济结构时，实际上就是在讨论工业生产方式下的经济结构。工业生产方式下的民族经济结构，较之前的民族经济结构是更细致和复杂的。这也充分体现了民族经济结构的动态性。

作为历史的、动态的民族经济结构，其本身是一个小系统，是不断发展的。从民族经济结构发展的历史可以看出经济结构有以下变化规律和发展趋势：(1) 社会分工越来越细，组成经济体系的经济部门越来越多，经济结构由简单变得日益复杂，经济关系更加错综；(2) 生产力水平的提高是分工得以发展的前提条件，而分工的发展，又大大推动着生产力的进一步发展，二者相互促进，互为条件；(3) 分工不断发展，经济结构不断复杂化的过程，同时也是资源利用效益与效率逐渐提高，即经济效益不断提高的过程；(4) 经济结构的演变过程，是社会生产各部门、各地区、企业之间经济联系更加紧密化的过程，也是它们之间互相依赖关系加深的过程；(5) 经济结构的变化呈现出越到后来越快的趋势。①

从横向看，民族经济结构又分为若干子系统，这些子系统也可以自成相对独立的结构，但其运行又必须是在大系统的相互作用中进行。它们相互制约、相互转化，并由此而发挥其功能，即以运行机制来作用于民族总体经济运动。

民族经济结构中的基本层次，是所有权结构，它在阶级社会表现为阶级结构，在无阶级社会可能表现为阶层或群体结构。它涉及劳动力所有权和生产资料所有权，以及生产物的所有权（即收益权）。这个基本层次，正是民族经济制度的体现。

因此，经济制度在结构上，体现为所有权结构。经济体制是经济制度的具体化，相应的，所有权结构也要具体化。在所有权结构的基础上，有各族劳动者素质技能结构（也可以说劳动力结构）和生产资料结构，这是对立统一的层次。其中，生产资料结构在现代社会表现为投资结构。这个层次的展开，为就业结构和产业结构；再展开，就是产品结构、流通（市场）结构、分配结构、积累和消费结构。区域结构是上述各经济结构的综合、具体存在。

这是一个从抽象到具体的系统，同时也是从具体到抽象的系统。其中各层次，都不是孤立存在的，而是在相互制约中发挥作用的。也可以说，经济结构本来就是一个，之所以将它分为若干层次，是为了在逻辑上如实地再现它，规定它，改造它，进而促使它有效地发挥作用，并在适当的时候，对其进行战略性的总体调整。

---

① 龙远蔚等：《中国少数民族经济研究导论》，第252—253页，民族出版社，2004年。

二、经济结构功能的动态发挥：运行机制

民族经济结构作为经济总体过程的有机结构，不是静止的，而是在民族经济矛盾的动态发展中发挥着对经济总体的制约和调解功能。这个功能，就表现为经济的运行机制。[①]

经济结构是运行机制的根据，运行机制是经济结构功能的发挥。这是一而二，二而一的关系。自从人类社会形成，经济结构就在总体上发挥着其功能，即以运行机制的动态功能制约着经济矛盾与运动。随着各民族经济结构向现代经济结构转化，即向工业生产方式下的经济结构转化，社会化大生产出现与发展（特别是近年创新知识和信息传播的作用日益突出），经济结构内各子系统的联系更密切，其运行机制的作用也更明显。

无论民族经济结构，还是其运行机制，都是有主体的。其主体，就是各族劳动者。因此，运行机制的作用，不可能体现于物，只能体现于人，并由人的行为而体现于对物的改造和利用。

斯密曾用"看不见的手"来比喻资本主义经济运行机制，这是相当形象的。从一定意义上说，运行机制是无形的，它作为经济结构的功能，对于个体的"经济人"来说，确实是看不见的，但又是实实在在的、强有力的，它操纵着、指挥着每个个体人的行为。资本雇佣劳动制下的"看不见的手"，主要表现为竞争的机制，即调动和指挥个体人，特别是资本所有者为占有更多的物质财富，而去自由竞争。在竞争中，每个人都有其自由，但个体自由又是受众多其他个体自由限制的。"看不见的手"既是这种限制的表现，又是突破这种限制的导引。实际上，斯密所论，就

① 刘永佶：《中国经济矛盾论》，第406页，中国经济出版社，2004年。

是在资本雇佣劳动制的自由竞争体制中，经济结构各个层次的矛盾对个体人经济行为的制约。但他并没有对经济体制和经济结构做出系统规定，因此，他只能以“看不见的手”来表示运行机制的作用。

“看不见的手”作为运行机制，是社会总体经济过程无政府状态的表现。马克思在《资本论》中，对斯密感到无法论说的“看不见的手”，从竞争角度进行了系统论证。他认为，竞争不过是在资本化的商品生产过程中，为实现体现于商品的价值而发生的人与人之间的矛盾状态，因此，是可以认知并用概念规定的。自由竞争的运行机制，不是外在于竞争中的个人的，正是他们的相互竞争及资本雇佣劳动的关系，形成了运行机制的作用。为了消除“看不见的手”对人的支配，就要改变资本制度。

到20世纪初，资本雇佣劳动制自由竞争阶段的经济结构已经因其尖锐的矛盾，危及制度的存在。在这种情况下，如果不从体制层面进行改革，那么，失灵了的运行机制和不可调和的经济结构层面的矛盾，就会导致资本统治的灭亡。罗斯福和凯恩斯分别从实践和理论上对自由竞争体制进行了改革，由此而调整了总体的经济结构，即在体制层面强化了国家的作用，并使之贯彻于经济结构之中，投资结构、就业结构、产业结构，以及分配、流通、消费结构等，都因注入国家这个因素，而发生了重大改变。“如果在一个非集体主义的秩序中有一只‘看不见的手’，它也只是在一个精心制定的法律和秩序框架下发生作用”。[①] 这个“精心制定的法律和秩序框架”就是国家。

这种改变引发了运行机制作用的改变。在资本制的市场经济阶段，由于国家的作用，使“看不见的手”变成了“看得见的

① 迈克尔·佩罗曼：《资本主义的诞生——对古典政治经济学的一种诠释》，第9页，广西师范大学出版社，2001年。

手”，起码是有一只“看得见的手”作为运行机制的重要内容，在发挥作用，这就是由国家以货币和财政两大政策，以及计划的机能，从总体上对经济过程的制约和调控。

“看得见的手”不过是对“看不见的手”的一种认知及将这种认知的自觉运用。从这里，我们可以看到经济运行机制的发挥要有一个集合点。这个集合点也正是经济结构矛盾系统的内在联系。在资本雇佣劳动制的自由竞争阶段，这个集合点是竞争，在市场经济阶段，则是国家。竞争面对垄断，并制造垄断；国家面对市场，并控制市场。但垄断又阻碍竞争，市场又对抗国家。资本雇佣劳动制的经济运动，就是在这变化的运行机制作用之下，展开并演进的。

从民族经济结构的角度看，上述变化是在民族国家的层面发生的，它所对应的，是国家层面的民族经济，是民族经济运行机制的大框架。在其之下，还有支民族的经济结构所对应的运行机制。支民族的经济结构所对应的运行机制是民族国家的经济结构及其运行机制在各个支民族经济中的具体体现。二者是整体与部分的关系。整体是由各个部分构成，并对各个部分构成制约；各个部分的演进是在整体的框架下进行的，但又不完全亦步亦趋，而是有特殊性（这也是其具体性的体现）。正是这种相互的矛盾，促进了民族国家层面与支民族层面的经济结构及其运行机制的发展。

因此，民族经济结构是一个矛盾运动的机体，经济结构就是这机体总的构造形式，运行机制是这构造形式功能的作用。很明显，这种功能及其作用是取决于民族经济结构本身的构造，但它又会以其作用而改变具体的民族经济关系，促进民族经济的发展，由此反作用于民族经济结构，久而久之就会引起民族经济结构的改变。民族经济结构的改变又必然体现于其功能，引起运行机制的变化。这样看，民族经济结构和运行机制就是一对矛盾，它们内在地决定并制约着，并以不断的量变积累，导致质变。民族经济结构的质变，有两种形式，一是制度性的质变，一是体制性的质变。前者是根本性的变化，从所有权结构到其阶级、阶层关系，乃至全部结构，都发生根本改变；后者是在不改变所有权结构的情况下，在各族劳动者素质技能结构、投资（生产资料）结构、产业结构等层次的改变。体制性的质变，相对于制度性的质变，又是量变，要经过几次体制性质变，才能达到制度性质变。而体制性质变又由各具体结构的不断量变积累，才能逐步实现。

民族经济结构的质变，即制度性质变和体制性质变，还发生在纵向的民族国家和支民族的经济结构变化上。这是制度性质变和体制性质变在民族国家和支民族两个层面上的具体化。即当民族国家层面出现体制性质变的时候，支民族层面出现的，可能是制度性质变，也可能是体制性质变，或者不发生变化；当民族国家层面出现体制性质变的时候，支民族层面出现的，只能是体制性质变，或者不发生变化，而不会出现制度性质变。这是由上述民族国家层面和支民族层面的经济结构及其运行机制作为整体与部分的关系决定的。

民族经济结构相对于运行机制来说，是静态；运行机制则是民族经济结构的动态。并不存在经济结构之外的运行机制，运行机制就是经济结构的运作。

民族经济结构及其运行机制，更类似生物有机体。民族经济结构本身，已包含、体现着各民族人们的目的，而且其中一个结构是动力结构。在现代民族经济结构中，这个结构就是各族劳动者素质技能结构，如何发挥这个动力结构的功能，是其运行机制的关键，其他各结构，都是以此动力结构为基础，并针对它而发挥功能的。投资结构、就业结构、产业结构等，并不是被动地在各族劳动者素质技能结构所发挥动力的带动下运作的，而是在这种带动的同时，对之形成制约，或是更有效地发挥或是抑制其动力，这样，就在总体上形成动力与功能的内在统一。任何一个民族经济结构，其运行机制的合理与否，就在于能不能有效地发挥各族劳动者素质技能结构的动力，并以此为基础发挥各结构的功能。进而，又在运行机制的作用下，不断提高和改善各族劳动者素质技能结构，由此而带动全部经济结构的演进。

民族经济结构的演进，不可能靠外力推动，只能由其运行机制在发挥功能时对各经济因素的具体作用，再反作用于民族经济结构，才能实现。运行机制作为民族经济结构功能的动态发挥，也是对民族经济结构的检验过程，通过运行机制发现结构中的问题，并探讨解决问题、改进民族经济结构的途径。

对于民族经济的具体性结构而言，它内在的各层次及其系统的矛盾，往往从产品、产量、产值、效益（利润）等各个范畴表现出来，而对这些范畴及其指标的不同追求，又是运行机制的特点所在。任何社会的经济结构，都要以产品、产量、产值、效益（利润）等指标作为衡量、检验的标准，但是，不同的民族经济结构对它们的追求，又有很大区别。比如，封建领主制社会是以农业手工劳动为主的，它的经济结构所注重的产品，主要是农产品，并力求更高一些的产量，至于产值、利润，则因商品交换不发达，特别是没有资本关系的主导，因而显得不重要。但到了资本雇佣劳动制社会，虽然也注重产品和产量，但它们只是产值和利润的手段，进而产值也是利润的手段。追求利润最大化，也就成了资本制度下运行机制的目标。

民族经济结构的改进，是一个有意识的进程。这里有个体意识在其权利和能力范围内的改进，又有总体意识所指导的局部或总体的改进。个体权利所支配的，是各族劳动者的劳动力或生产资料，它可以体现于就业和投资上，但不是全部就业和投资结构。总体性的改进，必须通过法律和政策的调控与指导，以或者是制度的变革，或者是体制的变革为前提。法律和政策作为总体性的调控手段，又要体现于个体企业或个人的权利与行为。

运行机制在发挥其作用时，表现为一种动态性的势能，它体现于相关的法律、政策、理论、舆论，乃至道德和价值观上，从总体到个体，都受此势能的支配。这也是斯密用“看不见的手”来表示运行机制作用的原因。也可以用物理学中的“场”，来比喻民族经济结构与运行机制的关系。“场”是多种因素的一个均衡态，正是在这种均衡中，表现出由各种因素制衡所形成的态势，这个态势制约着各种因素的运动。民族经济结构从总体而论，就是一个“场”，其中各种因素的制衡，形成了运行机制，运行机制再作用于民族经济结构中的各因素。与物理学意义上的“场”不同，民族经济结构的主体是各族劳动者，运行机制的作用也只能针对各族劳动者，因此，可以对各族劳动者发生影响的法律、政策、理论、舆论、道德和价值观等，都是民族经济运行机制发挥作用的必要方式。当然，不是说法律等只表现民族经济运行机制，而是说民族经济运行机制是其中重要的内容。与之相应，社会的政治与文化，也要充分体现民族经济运行机制的存在与作用。

也正是从这个意义上，才能够克服经济运行机制的神秘性，“看不见的手”也就成为“看得见的手”，而且能够以理论加以规定，并通过相应的方式加以把握和运用。

三、民族经济结构在国家经济结构中的地位

从人的社会性存在意义上说，“在任何民族的框架内都不可

能找到一个可理解的历史研究领域”[1]。这就意味着，任何一个民族共同体都不是作为隔离的种群而存在的，都必须放在一个更大的时空范围，甚至全球化背景中才能得到理解。[2]

在这样的前提下研究经济结构，我们发现，当今世界的经济结构，主要体现为国家经济结构。即使经济全球化迅猛发展，也不会在短时期内改变这一状况。应该说，只要国家存在，国家经济结构就是经济结构在世界范围内的首要和主要表现。在这种格局下，民族经济结构在国家经济结构中的地位，就对民族经济结构的优化乃至民族经济发展具有重要意义。

民族经济结构在国家经济结构中的地位，取决于民族和国家的关系。“由于‘民族’的内涵至少有两个层面，即国家层面上的‘民族’（state－nation）和国家内部各具体的民族，因此，民族经济也至少包含着两个层面，即国家层面上的‘民族经济’和以国家内部各民族为实体的‘民族经济’。”[3] 本书对民族的规定，突出了具有“政治组织和相应制度框架”这一要素，即“共同的政治体”这一要素。这一共同体，可为国家，也可为地方政府。民族和国家的关系，由此得以规定；民族经济结构在国家经济结构中的地位，也由此得以明确。

当民族的共同的政治体为国家，研究国家层面上的民族经济时，其内涵大体上与“民族经济国家”相同，我们可以将该层面的民族经济视为一个国家完整的国民经济体系。具有典型意义的是欧洲传统，欧洲传统的总体状态是民族国家取代城邦，民族独立与国家建构是一致的，民族取得国家的权力和形式，民族利益

---

① 汤因比：《文明经受着考验》，第3页，浙江人民出版社，1998年。

② 陈庆德、潘盛之、覃雪梅：《中国民族村寨经济转型的特征与动力》，《民族研究》，2004年4月。

③ 龙远蔚等：《中国少数民族经济研究导论》，“前言”第1页，民族出版社，2004年。

也即国家利益。民族经济是从民族国家、国民经济的角度提出。国家作为分析的基础框架，主体明确，边界清晰，不证自明。民族经济直接以国民经济出现，提法本身并不涉及国内不同民族经济的差异，差异只在国际之间的比较中呈现。[①] 欧洲传统是就单个民族国家而言的，对于像中华民族这种多民族国家而言，当民族的共同的政治体为国家时，民族经济也就是中国经济或中国的国民经济，中国经济的管理体制、企业制度、金融体制、交换规则、经济秩序、发展政策等都蕴含着中华民族的价值观、道德观、文化传统等民族文化的底蕴。世界各国各民族都有自己独特的传统文化，并在此基础上孕育了国民或民族的价值观、生产方式、消费方式和积累方式，各国的企业制度、管理模式、经济政策等，无不蕴含着本国民族文化的烙印。[②] 可见，无论单个民族国家还是多民族国家，建立在国家层面上的民族经济结构，与国家经济结构是相同的。[③]

当民族的共同的政治体为地方政府时，如维吾尔族的政治体在我国为新疆维吾尔自治区，民族经济结构是国家经济结构的一部分。

当民族的共同的政治体为国家时，由于国家经济结构是经济结构在世界范围内的首要和主要表现，因此，与之重合的民族经

① 王文长：《论民族视角的经济研究》，《民族研究》，2005 年第 4 期。

② 龙远蔚等：《中国少数民族经济研究导论》，第 46 页，民族出版社，2004 年。

③ 对此，有学者认为，一旦从统一的多民族国家内部提出，民族经济便已游离于欧洲传统的国家框架之外而指向具体的民族存在（参见王文长：《论民族视角的经济研究》，《民族研究》，2005 年第 4 期）。这种看法，实际上否认了多民族国家作为整体的民族经济的存在，将民族经济分为两个层次，一是单个民族国家的民族经济，即该国家的国民经济；另一是多民族国家的各个民族的民族经济。这里，我们则从“民族的共同的政治体”出发，将民族经济分为两个层面三种情形，即国家和地方政府两个层面，其中国家层面又包括单个民族国家和多民族国家两种情形。并就此探讨民族经济与国家经济的关系、民族经济结构与国家经济结构的关系。

济结构的特点并不突出，出现在世界经济结构中的，主要是国家经济结构。值得探讨的，是第二种情形，即民族经济结构是国家经济结构的一部分。

当民族的共同的政治体为地方政府时，民族经济结构在国家经济结构中的地位，有些类似区域经济结构与国家经济结构，都是部分与整体的关系。因此，有学者进一步认为，“当特定的区域经济以单一的民族构成其活动主体时，区域经济与民族经济完全重合”。[①] 但民族经济并不等于区域经济。这是因为，在现实的情况下，没有一个特定的区域内只有纯粹的民族经济模式，民族经济总是和“其他”经济并行，并且显示出与众不同的活动特征的经济活动，它是跨区域的和多样的，而不是等同于“民族区域”地理范围内的经济，即使是在由单一民族的经济活动为主体的一个区域内，区域经济也不完全是民族经济；反之，不是由单一民族为活动主体的多民族的区域，也有相同的民族经济形态。[②] 此外，区域经济与民族经济体发展存在不一致。这种不一致，主要是由于民族文化要素的差异以及各民族在相互交往中的方式、内容与性质的区别，使不同民族在共同参与同一经济活动中所处的地位不同，参与方式不同，发挥作用和影响的程度也不同，进而使不同民族在同一经济进程中的收益分配大不相同造成的。[③] 仅从区域经济的角度，则上述不一致容易被忽略，因而导致将同一区域内的不同民族发展水平同化，不利于各民族经济的发展和经济结构的优化。在民族经济学的研究中，有必要将研究进一步深化，即研究民族经济的区域结构。

从研究角度看，民族经济结构不等于区域经济结构，其区

① 陈庆德：《民族经济学构建的历史使命》，《云南社会科学》，1994 年第 3 期。
② 马丽娟：《多型论：民族经济在云南》，第 12 页，民族出版社，2002 年。
③ 陈庆德：《民族经济学》，第 61—62 页，云南人民出版社，1994 年。

别，在于民族经济结构是从民族的角度，以民族经济为主体界定的；而区域经济结构则是从区域的角度，进而主要是从行政区划的角度界定的。

探讨民族经济结构在国家经济结构中的地位，主要是就多民族国家而言。在单一民族的国家里，这个问题是不存在的。例如，东亚的日本、韩国和朝鲜，对其经济结构的研究，即使不是从国家层面研究民族经济，但由于其是单一民族，民族经济结构与国家经济结构也是同一的。民族经济结构并非国家经济结构的一部分。

对多民族国家而言，从数量上看，其民族可分为多数民族和少数民族。强调民族经济结构是国家经济结构的一部分，对于其中的少数民族而言，尤其具有重要意义。以我国为例，汉族人口占全国人口的90%以上，是绝对的多数民族，汉族的发展状况基本上反映了国家层面民族经济的主流，其经济结构也就成为国家经济结构的主体。但汉族经济结构也只是中国经济结构的一部分，少数民族经济结构与汉族经济结构共同构成中华民族的经济结构。少数民族经济与整个国家经济发展状况差距加大，是世界各国普遍存在的现象，如印度、斯里兰卡等国。少数民族经济与国家层面民族经济的分离，是一些国家内部产生民族矛盾和民族冲突的重要原因。因此，强调少数民族经济结构是国家经济结构的一部分，有利于防止少数民族经济发展被边缘化，其结构无法优化状况的出现。

民族经济结构在国家经济结构中的地位取决于以下两个方面。一方面，民族经济结构作为国家经济结构的一部分，受到国家经济结构的制约。对民族经济结构而言，国家经济结构是外在的，也是刚性的。它在大的框架上，决定了民族经济结构。这样，就要求民族经济结构服从于国家经济结构，民族经济结构不可能超越国家经济结构而存在。脱离了国家经济结构，民族经济结构就会成为无源之水，无本之木。如果我们将民族经济结构与国家经济结构看作一对矛盾的话，国家经济结构是矛盾的主要方面，民族经济结构则是矛盾的次要方面。次要方面矛盾的解决，要从主要方面矛盾的解决入手。民族经济结构的优化，前提是国家经济结构的优化。

另一方面，民族经济结构的发展变化，也会对国家经济结构的变迁产生影响。各民族经济结构组成国家经济结构，因此，无论是单个的民族经济结构的变化，还是若干民族经济结构的变化，都会带来国家经济结构的变化。民族经济结构对国家经济结构的影响，既是各民族个体的，也是全体的。其中，某个民族经济结构对国家经济结构影响越大，则表明此民族经济在国家中的作用越大，此民族对国家具有的影响力越大。从这个角度说，调整民族经济结构，使其达到优化，进而对国家经济结构产生深远影响，是民族在国家中发展的重要内容和表现，也是民族经济强大的体现。民族经济强大的关键，在于经济结构系统中的核心子系统的健全和发展，对现代民族经济结构而言，就是各族劳动者素质技能结构的健全和发展。

四、社会主义现代民族经济结构的核心：各族劳动者素质技能结构

社会主义现代民族经济结构是一个系统，包括若干子系统。既然是一个系统，其各子系统就不是平列的，也不是杂乱无章地拼合在一起的，而是有机地按一定层次构成结构。其中有一个子系统是作为核心存在并主导其他子系统的运行的。正是由于这个核心子系统的存在与作用，其他子系统在围绕核心的运行中，也形成了相互的秩序和制约。

现代民族经济结构系统是以工业生产方式为前提的。在此前提下，其核心子系统的差异，缘于各民族的主义的不同，具体说，就是社会主义和资本主义的不同。资本主义社会是以资本为依托的资产阶级为主体，其经济结构是以资本结构（投资结构）为核心的。社会主义社会以各族劳动者为主体，以各族劳动者的自由发展为内容。社会主义从各族劳动者的利益出发，必然把经济结构视为以各族劳动者为主体的经济关系的总体形式。因此，各族劳动者素质技能结构是社会主义现代民族经济结构的核心。

民族经济结构基本的、首要的环节是阶级结构，这是阶级社会中经济结构的特点所在。而当社会主义制度确立后，阶级被消灭，各族劳动者素质技能结构就成为经济结构中的首要结构。

在民族经济结构中的各族劳动者素质技能，主要是其素质的第二层，即技能素质，但第一层身体素质，第三层精神文化素质又是不可缺少的。之所以用“素质技能”，就在于既要突出技能素质，又包括身体素质和精神文化素质，它们的作用在技能素质中体现着。其中，身体素质是技能素质形成和发挥的基础，精神文化素质是技能素质形成和发挥的导引。当说各族劳动者素质技能时，这三层素质是统一的，并由其主体的技能素质机制表现出来。

社会主义现代民族经济结构的合理与否，标准在于能否有效地发挥其功能，即其运行机制是否促进了民族经济结构的内生与发展。而内生之“内”，核心就在各族劳动者素质技能，其“生”，则是各族劳动者素质技能的提高，进而为提高了的各族劳动者素质技能创造发挥的条件。这是调整民族经济结构，完善其运行机制的基本和主要内容。为此，就要优先、突出各族劳动者素质技能结构的核心地位，并使之与其他结构有机统一，在保证各族劳动者素质技能的发挥和持续提高的进程中，导引以公有制为主体的现代民族经济健康发展。

不同的核心子系统不仅体现着民族经济结构的区别，更要求并制约其他子系统的运行。民族经济结构中各子系统结构都是其中的环节，作为核心和首要环节的各族劳动者素质技能结构，既是各环节的根据和起始，又包含了各环节的基本内容。各个环节都是各族劳动者素质技能结构的展开，是它的具体的存在形式。也可以说，各族劳动者素质技能结构就是抽象的、一般的经济结构，它的构成方式，具体化于其他各结构，各结构则是它的展开，是实现它的必要条件。

在以各族劳动者素质技能结构为核心的社会主义现代民族经济结构中，投资、就业、产业，乃至流通、分配、区域结构，其主体都是各族劳动者，而相应的生产资料和产品等物质要素，都是由劳动创造的，是各族劳动者素质技能结构的表现和条件。至于自然资源，它们之所以能够纳入民族经济结构，就在于劳动对它的改造和使用，它们在民族经济结构中的存在，完全是从属于各族劳动者素质技能结构的。各环节的结构，其主体，都是各族劳动者，其要素，也都是各族劳动者素质技能发挥的产物和条件，是各族劳动者素质技能的作用形成。

从以投资结构为核心的资本主义民族经济结构到以各族劳动者素质技能结构为核心的社会主义民族经济结构的转变，是人类结束其“史前时期”的过程在经济结构中的具体化，也是各族劳动者作为自己生存和发展的主体，从对外在的、劳动所创造的物质资料的依附，成为自我主宰的要求。资金、生产资料，不过是各族劳动者劳动的产物，投资结构和产业结构等，都是各族劳动者以其创造的价值和改造的物质资料来进行再生产的条件，其结构的依据仍然是各族劳动者的素质技能。至于产品结构，只是各族劳动者素质技能的物化形式，流通、分配等结构，则是对这种物化了的各族劳动者素质技能结构的展开、实现和再构成。区域结构是对上述各结构的总体规定，同时体现着不同自然条件和文化传统所造成的差异。

各族劳动者素质技能结构是一个动态的结构。尤其是在制度和体制发生变化的时候，各族劳动者素质技能结构的优化是十分明显的。以中华民族内部各支民族为例，在社会主义制度建立以前，汉族以外的少数民族劳动者与汉族劳动者在素质技能上差距较大。这主要是因为汉族劳动者基本上处于相对先进的集权官僚制下，而少数民族则处于封建领主制、奴隶制，有的则还处于原始公社制度下。根据 1949 年以前的局部资料反映，少数民族的健康素质问题十分严重，如 1943 年川南叙永苗族的人口死亡率高达 50.5‰，1939—1940 年的内蒙古地区的蒙古族的人口死亡率为 44.2‰，1931—1935 年东北朝鲜族的人口死亡率为 24‰，解放前夕的四川凉山彝族的人口死亡率为 42‰，和平解放时的西藏的人口死亡率为 28‰。婴儿死亡率也高得惊人，平均寿命很短，如上述相应年份的内蒙古地区的蒙古族分别为 295‰和 19.6 岁，东北朝鲜族分别为 180‰和 35.2 岁，四川昭觉县（彝族）分别为 400‰和 25.4 岁，西藏分别为 430‰和 35 岁。[①]

在社会主义制度建立后，少数民族经过几十年的发展，素质技能已经取得了长足的进步，素质技能结构逐渐优化。到 1990 年，死亡率降到 3.8‰ - 6.0‰的已有满、仫佬、毛南、锡伯、乌孜别克、俄罗斯、保安、裕固、京、塔塔尔和赫哲 11 个民族；婴儿死亡率降低到 20‰ - 9‰的已有俄罗斯、锡伯、达斡尔、裕固、朝鲜和满 6 个民族，已经达到或接近发达国家 16‰（1990 年）指标；平均寿命相对最高（≥70 岁）的已有京、乌孜别克、锡伯、仫佬、高山、畲、满、回 8 个民族，已经接近发达国家 74 岁（1990 年）的水平。[②]

少数民族劳动者素质技能结构呈现整体优化的趋势。其中，

①② 张天路：《中国少数民族人口五十年》，《民族团结》，1999 年第 10 期。

朝鲜族的人口倍增年限、人口自然增长率、总和生育率、婴儿死亡率、平均寿命、成人识字率、城镇人口比例、生活质量指数、少儿系数和年龄中位数10项达标；锡伯族的总和生育率、婴儿死亡率、平均寿命、成人识字率、年龄中位数和生活质量指数6项达标，其他的如妇女总和生育率达标的有俄罗斯、高山、满和裕固4族；婴儿死亡率达标的有满、裕固、俄罗斯和达斡尔4族；平均寿命达标的有回、满、畲、高山、仫佬、乌孜别克和京7族；成人识字率和农业人口比例达标的有俄罗斯族；城镇人口比例则有高山、俄罗斯和赫哲3族达标；生活质量指数达标的有蒙古、回、维吾尔、苗、壮、满、畲、达斡尔、仫佬、毛南、乌孜别克、鄂温克、京、塔塔尔、鄂伦春和赫哲16个民族。①

1990年人口普查民族人口资料显示，在人口自然增长率、妇女总和生育率、婴儿死亡率、平均寿命、成人文盲比率、文化教育水平总和均值、城镇化水平、第三产业、生活质量等22项指标中，有26个少数民族，分别有一项或十几项指标超过了汉族。其中，朝鲜族20项，满族18项，锡伯族和俄罗斯族分别为14项和13项，高山族和乌孜别克族各10项，达斡尔族9项，蒙古族、塔塔尔族、赫哲族、裕固族和鄂温克族各8项，京族和回族各7项，哈萨克族5项，土家族和仫佬族各4项，毛南族3项，壮族和畲族各两项，哈尼族、纳西族、仡佬族、藏族和布依族各1项。人口普查资料证明，再不能笼统地说少数民族落后了。②

社会主义现代各族劳动者素质技能结构的优化是一个长期的过程，也是要从不同层次着手的。对其调整，首先是在社会主义制度的框架下，是一种总体性的导引；其次，还有各区域

---

①② 张天路：《中国少数民族人口五十年》，《民族团结》，1999年第10期。

作为公有制实现形式的国有企业的局部组合；第三，则是在国有企业、合作企业、合作股份制企业，还有私有企业的内部调整。其中，以国有企业的按区域由占有权行使和执行机构的调整为主。各族劳动者的素质技能结构，包括其技能的产业、行业，以及专业、工种的分类和特征，在本行业、专业、工种中的等级，对专门技术管理人才能力的特殊评定及其作用的分析等。此外，还应包括性别、年龄的构成。在调整各族劳动者素质技能结构时，有的需要调整劳动者在不同职业的工作岗位，有的需要加强某一方面技能培训，有的需要吸纳新的专业人才。这种调整，要充分考虑技术的发展和市场状况，以保证职工素质技能得以充分发挥。合作企业、合作股份制企业和私有资本企业的职工素质技能结构调整，原则也与此相同，但因规模较小，故有许多灵活性，但必须有区域内国家机构的指导性计划和行政协调。

提高各族劳动者素质技能，优化劳动者素质技能结构，并非一个口号，而是若干的、主要的社会经济活动。其内容包括强化学校教育，拓宽职业教育和职业培训，加强科学研究，技术引进与技术创新有机结合。

1. 强化学校教育

作为提高各族劳动者素质技能的首要途径，教育是民族经济之本，教育应成为第一事业。强化学校教育应从以下方面进行：

在民族教育投入的问题上，首先要转变“教育投入是消费性投入”的片面思想，确立教育投入是最有效投入的观念。1993年的《中国教育改革和发展纲要》规定，要逐步建立以国家财政拨款为主，辅之以征收用于教育的税费，收取非义务教育阶段学生学杂费、校办产业收入、社会捐资集资和设立教育基金会等多种渠道筹措教育经费的体制。在此政策的影响下，少数民族教育办学主体呈现多样化的状态，确立起国家、社会团体、企业行业、个人和国外投资等多方办学的体制。

教育投入的多样化要以保证教育良性发展为前提。从我国少数民族地区的实际看，在教育经费投入上，仍应以政府投入为主渠道，形成以中央政府和地方政府投入为主，社会和个人集资为补充的多样化结构。这一点，在少数民族基础教育（包括少数民族普通中小学教育和职业预备教育）中，尤其需要强调。在各级政府投入的基础上，应充分动员社会力量，拓宽教育经费来源渠道，争取企事业单位投资、个人投资、国外赞助等，以形成合力，共同促进少数民族教育的发展。这要求应从宽泛的意义上理解教育的投入问题。即除了教育经费的投入外，还包括其他形式的投向教育的资源。比如，组织农村中的能工巧匠或致富能手，向普通中小学的学生和当地乡邻传授劳动技能和致富经验，这也应视为一种教育的投入，且其效果比单纯让他们捐资助学要好。同样，在城市，由科技人员或者退休职工，用较短时间传授一两项适用技术或专门科技知识，也可对教育的发展起到积极的促进作用。

在民族教育的投入上，要特别强调对义务教育（compulsory education）的投入。所谓义务教育，是强迫教育也是国民教育，意即政府有责任担负起提供有利于儿童入学的各种条件及机会，人们也同时享有平等的受教育的权利。

加大教育投入是从教育的外部为之提供良好的发展条件，就教育自身而言，则要提高针对性，真正从受教育对象的实际出发。民族学校教育要考虑区域环境、民族文化传统、地区经济状况等综合因素，因地制宜进行。如在我国少数民族人口中，农村人口占大多数，且往往居住分散，交通不便。针对此，可在少数民族农村采取国家举办寄宿制中小学，提供上学交通工具，免费或者半免费提供教科书和文具等方式作为基本的教育投入。

在民族城市教育中，要防止出现教育过度（over education）问题①。教育过度是指受到较高教育水平的劳动者不能到发挥其能力的岗位就业，普遍存在用人单位对求职者的学历要求过高的情况，导致人不能尽其能。教育过度并非指劳动者所受的教育程度绝对高，而是较之就业水平，教育程度相对高的情况。这对于有限的教育资源，无疑是一种浪费。目前的情况是，就业状况的每次恶化，都进一步引起对更高学历教育的需求，失业或就业不足的队伍中，平均受教育程度逐渐上升。过度教育的情况被进一步强化，甚至出现“知识失业”。

2. 拓宽职业教育和职业培训

发展职业教育，首先要唤起人们对职业教育的重视，改变人们轻视、鄙薄职业教育，将其视为普通教育的补充的观念，扭转将接受职业教育看作不得已而为之的观念，认识到职业教育是将科学技术转变为现实生产力的最直接有效的途径，是教育与技术密切结合的纽带，关系经济发展、民族兴衰。职业教育水平提高了，生产第一线的劳动者的素质技能才能提高，各种技术效用才能得到充分发挥和放大。

发展现代民族职业教育，其办学模式应当具备三大特点：一是应成为沟通现代科学技术与各民族社区传统生产技术的教育体系；二是应成为促进各民族社区职业分成和行业分化的社会实体，具有引导社会变革的额外职能；三是必须着眼于未来，

① 由于教育成本和就业市场的扭曲，发展中国家常常产生对教育的过度需求，教育系统造就的人才超过经济的吸收能力，许多所受的正规教育对于他们不得不从事的只需要较低教育程度的工作而言，已经成为“过度教育”。参见迈克尔·P. 托达罗：《经济发展》，中国经济出版社，1999 年。

成为独立运行的教育体系。[1] 其根本，在于树立正确的教育观念，使“学以致用”在职业教育中都得到充分体现。把职业学校办成职业教育中心、科技培训中心、示范种养中心和技术辐射中心。

职业教育之外，应大力推进职业培训。马克思说：“现代工业从来不把某一生产过程的现存形式看成和当作最后的形式。因此，现代工业的技术基础是革命的，而所有以往的生产方式的技术基础本质上是保守的。现代工业通过机器、化学过程和其他方法，使工人的职能和劳动过程的社会结合不断地随着生产的技术基础发生变革。这样它也不断地使社会内部的分工发生革命，不断地把大量资本和大批工人从一个生产部门投到另一个生产部门。因此，大工业的本性决定了劳动的变换、职能的更动和工人的全面流动性。”[2] 在工业化中，新的科学革命、技术革命不断涌现，新知识、新技术、新设备、新工艺层出不穷。各族劳动者要适应这种不断变化的形势，就必须不断接受培训，以吸收新知识，形成新技能，提高业务水平。各族劳动者掌握先进技术，提高技能水平，必将大大提高工作效率。

职业培训要遵照以下原则进行：首先，要有针对性。即根据工作的实际需要，与职位特点、被培养劳动者的年龄和知识结构、企业的实际发展情况紧密结合，有计划进行。其次，在职业培训中发挥考核与选拔的作用，鼓励上进。第三，理论教育与专业训练要结合，专业培训与基础教育结合。在培训内容上，应广泛吸收新知识、新技术、新工艺和新方法。第四，形式要多样。采取如学徒培训、现场示范和短期轮训、对部分需要的劳动者进

---

① 罗康隆：《关于民族地区职业教育与其社会经济发展接轨的思考》，载滕星、胡鞍钢主编：《西部开发与教育发展博士论坛》，第146页，民族出版社，2001年。

② 马克思：《资本论》第一卷，第533—534页，人民出版社，1975年。

行长期培养等形式。

把职业培训作为教育体系的重要组成部分，形成职业培训与学校教育的有机结合，满足学习社会化、终身化、个性化的需要。马克思说："如果说，工厂法作为从资本那里争取来的最初的微小让步，只是把初等教育同工厂劳动结合起来，那么毫无疑问，工人阶级在不可避免地夺取政权之后，将使理论的和实践的工艺教育在工人学校中占据应有的地位。"①

3. 加强科学研究

教育和培训的基础，是科学研究，这不仅包括对自然界的研究，还包括对社会的研究，以及对工艺的研究。科学研究是各族劳动者素质技能提高的前导，它为教育和培训提供基础知识，又将实践中的新经验和新问题加以概况，提升为理论知识，进一步通过教育和培训，应用于实践。

科学② 是在人类社会历史过程中积累起来的关于自然界和社会发展规律的知识体系，是各族劳动者素质技能的知识总结，也是其发展的源泉和基础。科学包括自然科学、社会科学和思维科学，科学研究也就相应地分为自然科学研究、社会科学研究和

① 马克思：《资本论》第一卷，第535页，人民出版社，1975年。

② 从词源上看，"科学"这个名词源于中世纪拉丁文"scientia"，后衍生出英文的"science"，本意为"学问、知识"的意思。中国古代没有一个严格意义的"科学"抽象概念，它最早是16世纪由西方传教士引入的，当时译为"格知学"，取儒家经典"三纲八目"中的"格物致知"之意。到清朝末年，格致成了对声光化电等自然科学的统称。日本受中国文化的影响，也用"格物致知"表示"科学"范畴。后来，明治维新时期，日本著名科学启蒙大师福泽瑜吉把"science"译成汉字"科学"二字，取代了原来的"格知学"。1893年，康有为在翻译介绍日本的学术著作时首先使用"科学"这个词，严复在翻译《天演论》等著作时，也用"科学"二字。参见龚唯平：《工业化范畴论》，第287—288页，经济管理出版社，2001年。

③ 钱时惕：《科学技术与世界经济发展》，第73—77页，河北大学出版社，2000年。

思维科学研究。从生产实践的角度看，科学则分为基础科学、应用科学和生产科学。①

科学是各族劳动者素质技能，特别是技能素质发展到一定阶段的必然结果，也是各族劳动者素质技能进一步发展的前提和条件。随着各族劳动者素质技能的累积，科学呈现加速度的发展趋势。现代科学史表明，科学领域的许多指标都是按照指数规律增长的，用数学公式可以表示为：

$$W = \alpha e^{\beta T}$$

其中，W 为科学指标②，α、β 为参数，T 为时间。著名科学社会学家普赖斯经过大量的统计发现，科学文献每隔 10－15 年的时间增加一倍，科学期刊种类每 60 年增长 10 倍，全世界科技人员数量每 50 年增长 10 倍。

强化科学研究的重要前提，就是建立科学的科学观。对科学的认识，是一个历史的过程。最初的“科学”范畴，受到传统的自然哲学观的影响，是不包括社会科学的。把社会科学纳入科学范畴的，是马克思，这对于从更广阔的视野来认识科学，树立科学的科学观，无疑是意义重大的。③

各族劳动者的素质技能分为三个环节，而这三种素质技能是相辅相成的，缺乏其中任何一个环节，都是有缺陷的素质技能结构。社会科学研究与各族劳动者的文化精神素质联系最密切，而文化精神素质，是各族劳动者的身体素质和技能素质的导引。因

① 科学指标分为绝对值和相对值两类。绝对指标包括科研人员数、重大科研成果数、科技文献数量等；相对指标包括科研经费与本国国民收入的比例、科研人员数与就业人数的比例、按人口平均计算的科研成果等。

② 科学指标分为绝对值和相对值两类。绝对指标包括科研人员数、重大科研成果数、科技文献数量等；相对指标包括科研经费与本国国民收入的比例、科研人员数与就业人数的比例、按人口平均计算的科研成果等。

③ 何亚平：《科学社会学教程》，第 48 页，浙江大学出版社，1990 年。

此，既要重视自然科学研究，也绝不能忽视社会科学研究。更为重要的是，社会科学对人本质、人性及社会关系的探讨，特别是如何调动人的劳动积极性，和如何使生产过程中人与人的关系有助于发挥这种积极性的探讨，是对劳动生产力主体的研究，它的意义，应该比针对物这个劳动客体的自然科学和工艺学的研究更为重要。

科学研究的推动主体主要是政府和大企业。这是由科学研究的特点决定的。一般说来，科学研究具有投入多、风险大、产生成果时间长且成果不具有直接经济效益的特点。能够资助和进行科学研究的，多是实力非常雄厚的大企业，一般企业则无力或者不愿资助科学研究。这种状况在短时间内不容易改变。

世界各个民族都逐渐认识到科学研究的重要性，发达国家的R&D支出占GDP比重在20世纪80—90年代大多呈现上升趋势（表6.1和图6.1）。从世界的总体状况看，高收入国家的研究与开发强度较中等收入国家和低收入国家为多（表6.2）。

表6.1　R&D支出占GDP比重（%）

	1981年	1985年	1990年	1995年	1999年
OECD	2	2.3	2.4	2.1	2.2
美国	2.4	2.9	2.8	2.6	2.8
日本	2.3	2.8	3	2.8	3
欧盟	1.7	1.9	2	1.8	1.8

说明：OECD、日本和欧盟“1999年”列数据为1998年。

资料来源：OECD，Science，Technology and Industry Outlook，2000，巴黎，第226页。转引自卡尔·J.达尔曼、让-艾立克·奥波特：《中国与知识经济：把握21世纪》，第34页，北京大学出版社，2001年。

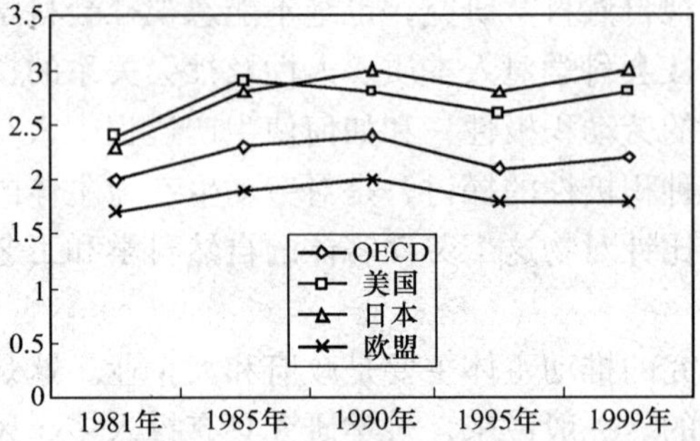

图 6.1 R&D 支出占 GDP 比重变化趋势图

资料来源：同表 6.1。

表 6.2 一些国家 R&D 强度（按收入水平分类,%）

	R&D 支出占 GDP 比重（1987—1997 年）	占世界 R&D 总量的比重
世界	2.2	100
低收入国家	0.5	0.7
印度	0.7	0.4
下中等收入国家	0.6	2.2
中国	0.7	0.7
上中等收入国家	1.2	5
巴西	0.8	0.8
高收入国家	2.4	85.5
美国	2.6	36.7
欧盟	2.2	21.4
日本	2.8	20

资料来源：世界银行：《世界发展指标 2001》，表 5.11，华盛顿，2001 年。转引自卡尔·J. 达尔曼、让－艾立克·奥波特：《中国与知识经济：把握 21 世纪》，第 35 页，北京大学出版社，2001 年。

我国在政府支持科学研究方面，已经有很好的基础。这对于提升中华民族在世界中的科研水平，具有重要意义。目前我国有专门的科学技术计划，包括国家重点科技项目（攻关）计划，高科技研究发展计划，863计划，攀登计划，火炬计划，科技成果重点推广计划，国家重点工业性试验项目计划，星火计划和国家重点实验室建设计划。其中的863计划，对生物技术、信息技术、自动化技术、能源技术、新材料技术、海洋技术等6个领域、15个主题、5项专项进行研究，先后支持5200个项目，获得国内外专利2000项，发表论文47000篇，创造新增产值520亿元。

从国内的情况看，自20世纪50年代以来，国家基于战略安全、地区平衡和民族平等等方面的考虑，通过调整高等教育格局，使少数民族地区高等教育有了突出发展，同时在入学等方面采取倾斜政策，给予少数民族相应的照顾，接受高等教育的少数民族也相应增加，加上以三线建设为代表的均衡发展战略对少数民族地区的倾斜，其科学研究的水平有了长足发展。

少数民族地区集中了一大批非常优秀的科研机构，改革开放以来，又建立了许多国家工程技术研究中心、国家重点实验室和国家级省级企业技术中心。如甘肃已有“兰州重离子加速器”、“冻土工程”、“气体地球化”、“干旱生态”等6个国家重点实验室，“农业部畜禽病毒实验室”、“中科院沙坡头沙漠实验研究站”等12个国家部属重点实验室，还建有“电气传动”等7个升级工程技术中心，以及一批企业技术中心。四川成都市已建有国家重点实验室7个，国家工程技术研究中心、国家专业实验室、国防科技重点实验室、国家863计划重点实验室等50余个。

在基础研究方面，少数民族地区的实力尤其突出，部分学科已经达到国内乃至国际先进水平。甘肃在重离子物理、辐射技术、选择氧化催化冰川冻土沙漠化防治、高原气象、草业科学以及藏语信息系统等研究领域处于国内领先地位。内蒙古拥有全国最大的稀土研究机构、信息中心和分析检测中心，在稀土研究方面处于国内领先地位。广西开发研制人表皮生长因子、蛋白肠衣、城市语音信箱、数字微波通信设备等达到国内先进水平。云南省在植物分类与开发利用、动物和微生物资源开发、疫苗研制、贵金属提取、稻瘟病防治等方面的研究达世界先进水平。

4. 技术引进与技术创新有机结合。

技术是人类在社会生产实践中运用科学知识所形成的物质改造能力。在科学、技术、生产三者中，技术处于中介状态。一般来说，技术的成果都是科学与生产双重作用的产物。有学者将技术分为经验性技术和科学性技术两种。[①] 经验性技术主要指依靠实践经验而创造或发明的技术，在个体或手工业生产阶段，经验性技术占主导地位。科学性技术指依据科学原理所创造或发明的技术。

技术引进与技术创新作为两种途径，其有机结合有助于技术进步。

技术引进，又称为“技术进口”、“技术输入”。它是技术转移的一种方式，指为发展本民族的经济和技术，有计划、有重点、有选择地引进先进科学技术，包括引进产品设计、制造工艺、测试方法等，也包括引进企业管理技术，以及技术交流活动，如聘请专家、培训人员，进行技术考察以及情报资料的搜集和交流等。

技术引进不同于设备引进，它是一种系统知识的获得，通过对这些系统知识的吸收、消化、改进、创新，可以提高科学技术水平和经营管理水平。

技术引进在工业化中是必要的。但技术引进不是目的，而是要通过技术引进来消化、吸收国外先进的科学技术成果，进而创

① 钱时惕：《科技经济结合论》，第3页，河北科学技术出版社，1992年。

造出更先进的技术。技术引进是手段，技术创新才是目的。

技术创新是技术进步的真正源泉。要获得持久、稳定的技术进步，就必须具备独立的技术创新能力。相比技术创新，技术引进是权宜之计。技术引进和技术创新，一定程度上，就是“鱼”与“渔”的关系，要总有鱼吃，还得能够自己“渔”。基于此，技术引进必须是有选择的，所引进的技术应有利于之后的技术创新。若只重视技术引进而忽略技术创新力量的培育，会陷于对技术先进国家的技术依赖，其后果，就是总处于技术领域的后进地位，从而造成技术落后局面的永久化和扩大化。

要进行技术创新，除了以技术引进作为导引外，基础性的还是技术能力的培养。而技术能力的培养，主要依赖于对研发活动和教育事业的投入。在对这两方面的投入中，技术引进，主要是其中的技术交流活动，也依然起作用。因此，技术引进和技术创新有机结合非常必要，有助于克服“引进—落后—再引进”的恶性循环。

五、民族经济的投资结构

以各族劳动者素质技能结构为核心的社会主义现代民族经济结构，不是不要投资结构，也不是不要生产资料，而是将投资结构从属于各族劳动者素质技能结构，将生产资料服从于各族劳动者素质技能的发挥。

投资是工业化过程的必要环节。在农业生产中也有投资，但小农经济的个体劳动是以体力劳动为主的，其所需要的生产工具和生产资料都相对简陋，而且有一部分是农民自行生产或修理的，因此，其投资量不大，甚至很少投资或没有投资，也可以进行生产。工业生产不同，它是以使用机器为主要生产工具，并要具备一定规模的其他生产资料和原材料，购置机器和生产资料、原材料，以及维修、更新机器、设备，添加生产资料和原材料，都需要一定的资金。只有拥有相应货币的人，才有可能进行这种投资。西方国家的工业化，就是由拥有足够投资办工业企业的商人、贵族等主导，并且采取了资本制度。对这些投资者来说，所雇职工的工资，也是要从投资中支付的。也就是说，他们所投入的货币资本，要购买劳动力和生产资料这两种商品，再指挥各族劳动者使用其劳动力运用机器、设备等生产资料，进行创造新产品或提供服务的生产经营。

私有资本制度的民族经济结构，是从投资结构开始，经一系列中间环节，回到积累，即再投资结构。投资结构作为核心，主导着其他子系统的存在和运行。其他结构，从劳动力结构到就业结构等，都是在从属于投资结构的同时，对投资结构起制约作用。投资结构作为核心，在自由竞争体制和市场经济体制下的存在和运行，也有所差异。前者是以个人投资者的自由运作为主，并以其相互的竞争为基本机制；后者在确保资本所有权的基础上，强化了占有权和国家干预的作用，其运行机制也是以竞争为基础的由国家调控的市场机制。这是特定经济制度所要求并支撑的经济结构与运行机制，不可盲目照搬。

社会主义现代民族经济以各族劳动者作为经济的主体，他们必须有相应的生产资料和自然物质才能进行生产，才有进一步的交换、分配、消费等一系列经济活动。在现代经济条件下，各族劳动者所需要的这些生产手段和资源，又有相当一部分以货币投资的方式予以配置。这就是投资结构。

投资结构是围绕各族劳动者素质技能结构而配置资源的方式，在经济结构中的重要性是显而易见的。投资结构合理与否，即与各族劳动者素质技能结构的适应程度，制约着经济结构其他各环节的构造及其运行机制。

现代民族经济结构中，各族劳动者素质技能结构和投资是两个基本要素，其他任何环节，都是这两个要素的组合。调整经济结构的基本点，也就在处理各族劳动者素质技能与投资的关系。

投资结构并非单独于各族劳动者素质技能结构，而是要与各族劳动者素质技能结构相适应，随各族劳动者素质技能结构的变动而变动。

投资结构首先针对的，就是各族劳动者的素质技能结构。较之各族劳动者素质技能结构，投资结构更有灵活机动性。各族劳动者素质技能结构提高需要一定的时间，且会涉及人员的调动和组合。投资则具有流动性，可以在时间和空间上有效地进行，从而可以作为调整各族劳动者素质技能结构的有效手段。当产业和产品结构不利于各族劳动者素质技能的发挥，或者各族劳动者素质技能的提高要求改变产业和产品结构时，在从各族劳动者素质技能结构上进行调整的同时，必须辅之以投资结构的调整，从而使经济结构调整顺利进行。更为重要的是，投资结构要把提高各族劳动者素质技能作为其首要环节。此外，在决定投资结构，形成投资政策时，必须综合考虑工业和农业的发展，“投资政策必须把重点放在工业发展上，同时发展农业使之支持工业发展——以使工业最终能够转而以更多的工业生产资料给予农业以巨大的推动力。从而，通过最充分地利用工业、运输和农业部门的设备，使资本产出比率达到最有利的水平”①。

对于私有资本所有者来说，其投资是生产经营的起点，收回投资，增殖资本，是其终点，同时也是进一步投资的开始。从实行私有资本制度的民族经济总体看，投资结构是整个经济结构的核心和首要环节，也是各个企业性质的集合形式。但对社会主义现代公有制的民族经济而言，各族劳动者不是出卖劳动力使用权

① 保罗·巴兰：《增长的政治经济学》，第378页，商务印书馆，2000年。

的雇佣劳动者，而是企业的所有权主体，因此，各族劳动者素质技能结构成为经济结构的核心和首要环节。投资结构是从属于这个核心的。

这样规定，绝非贬抑投资结构的作用，特别是在各族劳动者素质技能结构相对低下的民族经济结构优化的进程中，投资的作用是相当重要的。通过投资，为各族劳动者配置必要的生产资料，使生产经营和全部经济活动得以进行。

投资结构贯穿于经济结构的各个环节和层面，既有总体的投资结构，又有各行业、产业的投资结构，还有地区性投资结构，以至企业的投资结构。对于各层次的决策者和经营者、管理者来说，投资结构都是必须充分考虑，并要及时进行调整的问题。

各产业、行业，乃至企业的投资结构和其资金构成，都有各自的特殊性，这既由体现于各族劳动者素质技能中的科学技术及文化观念等制约，又受生产资料，特别是机器设备中的技术含量，以及自然物的形态、性质、地理位置等制约。

投资的科学性是经济发展的关键之一，从经济总体到企业个体，乃至个人，都在考虑投资。而投资的目的，就是要取得效益，这包括两部分，一是社会效益，主要体现于各族劳动者素质技能的提高，这包括为此必需的社会福利、公共设施、环境保护，特别是教育和科学的发展；二是经济效益，主要体现于各族劳动者的收入水平和利润、税收等指标上。有一种思路，坚持把社会效益与经济效益对立起来，片面突出经济效益，贬低，甚至要取消社会效益。更有甚者，就是将经济效益仅仅局限于利润一项指标，为了增加利润而压低工资，偷税漏税。这种情况，严重破坏了经济结构的正常运行，不仅阻滞了各族劳动者素质技能的提高，而且造成经济效益的畸形增长，其后果则是经济效益增长也不能保持，并导致整个经济结构及其运行机制的恶化。

投资结构的建立与调整，是经济发展战略中的又一关键。从总体而言，优先发展哪些产业、行业，并协调各产业、行业，乃至企业间的关系，使之按健康的机制来运行，投资结构起着导向和保证作用。从企业个体而言，其投资结构合理与否，是否与经济发展趋势相适应，其产品是否具有市场上的需要，往往是成败的关键。

投资结构的建立与调整，既要考虑经济发展的方向与目标，也要考虑现有的资金条件，分出重轻急缓，做到总体性规划与个体性计划相统一。

民族经济的投资结构在资金来源上，要充分考虑民族经济的特点和基础。以我国少数民族经济为例，其投资来源应更加多样化和小型化。其中以专项的民族发展资金为主，以少数民族个人或集体的股份参与为辅，不在投资的规模上对最广泛的各族群众的参与设置障碍，并且把这些投资的风险和收益毫无保留地赋予各族劳动者。①

民族经济的投资结构构建中，投资环境是基础。投资环境是一国或地区影响投资主体进入和经营并取得预期收益的诸多因素总和。根据因素的形态差异，投资环境可以划分为“硬环境”和“软环境”两类。其中硬环境主要指自然条件、地理区位、基础设施及相关产业配套能力等有形因素，软环境主要是指与投资开发相关的政策、政务、法制、文化、教育以及市场秩序和社会服务等无形的人文因素。② 闵建蜀教授在等级尺度法基础上提出了多因素及关键因素评估法，他把投资环境因素分为 11 个大类 29 个小类，并根据外商投资动机划分 6 种关键因素（包括降低成本、开拓当地市场、获得原料和组件供应、分散风险、追随竞争

---

① 马丽娟：《多型论：民族经济在云南》，第 3 页，民族出版社，2002 年。

② 魏后凯、陈耀：《中国西部工业化与软环境建设》，第 140 页，中国财政经济出版社，2003 年。

者、获得当地的生产和管理技术)。[1]

投资环境是动态的，对投资环境的要求和评价也随民族经济的发展阶段而不同。在市场经济较为成熟的地区，投资环境主要涉及人力成本、土地成本较高，市政环境容量受限，基础设施负荷过重等硬环境问题；而在非市场经济或正在转型的地区，投资环境更多地涉及政府行为的规范、政策法规的完备、社会观念的转变等软环境问题。[2] 例如，我国少数民族地区属于上述第二种情形，因此，更应重视软环境的建设。并且，随着国家西部大开发战略的实施，政府投资向基础设施领域倾斜，少数民族地区与内地汉族地区在以基础设施为主的投资硬环境上的差距逐渐缩小，差距主要是在投资软环境上。2000 年，全国投资硬环境最好的北京与最差的地区综合分值相差 0.4695，而软环境最好的上海与最差的地区综合分值相差 0.6422，地区之间软环境的差距是硬环境的 1.4 倍。[3]

六、民族经济的就业结构

在民族经济结构中，各族劳动者素质技能结构与投资结构作为两个基本结构，是结合在一起的。这种结合，可以各族劳动者素质技能结构为核心，也可以投资结构为核心。前者体现为就业结构，后者则体现为产业结构。我们这里强调，社会主义现代民

---

① 王慧炯等：《中国投资环境》，国务院发展研究中心，京港学术交流中心 1987 年汇编资料。

② 魏后凯、陈耀：《中国西部工业化与软环境建设》，第 142 页，中国财政经济出版社，2003 年。

③ 张长春：《中西部地区亟待改善投资环境》，《中国经济导报》，2002 年 8 月 1 日。

族经济发展和民族经济结构的优化，都是以各族劳动者素质技能结构为核心的，因此，各族劳动者素质技能结构与投资结构的结合，首先表现为就业结构，产业结构则是就业结构的进一步表现。

工业化的进行，加快了各族劳动者素质技能提高的速度，也加快了就业结构的变化，相应的，带来产业结构的快速变化。因此，就业结构和产业结构的变化趋势是一致的。见表 6.3。

表 6.3　1960—1997 年不同发展水平国家的就业结构和产业结构

	人均 GNP	就业结构（%）			产业结构（%）		
	（美元/人）	第一产业	第二产业	第三产业	第一产业	第二产业	第三产业
低收入国家							
1960 年		77	9	14	50	17	33
1970 年				37	28	33	
1980 年	260[a]	73	13	15	34	32	32
1995 年	430	69	15	16			
1997 年	350				31	27	42
中等收入国家							
1960 年							
1970 年		59	17	24	22	32	46
1980 年	1310[a]	38	28	34			
1995 年	2390	32	27	41	11	35	52
1997 年	1880						
高收入国家							
1960 年		17	38	45	6	40	54
1970 年	3040				4	38	55
1980 年	10810	9	35	56	3	34	64
1995 年	24930	5	31	64	2	32	66

注：a 为 1983 年数据。

资料来源：世界银行：《世界发展报告》，1979—1998/1999 年。

由表 6.3 可以看出，从 1960 年到 1997 年，低收入和中等收入国家在就业结构和产业结构上有着相同的变化趋势，即第一产业所占比重逐渐降低，第二和第三产业比重上升。同期，高收入国家在第一产业比重降低和第三产业比重上升上，与低收入和中等收入国家相同，但其第二产业比重则呈现逐渐下降趋势。这是因为，低收入和中等收入国家还处于工业化中，而高收入国家则已经完成工业化，步入信息化的阶段。如果我们抛开这种差异，从三类国家就业结构和产业结构的变化来观察，则其就业结构和产业结构的变化趋同。

上述趋势，也体现在我国就业结构和产业结构变化上，见表 6.4：

表 6.4　我国就业结构和产业结构变化

年份	就业结构（%）			产业结构（%）		
	第一产业	第二产业	第三产业	第一产业	第二产业	第三产业
1952 年	83.5	7.4	9.1	50.5	20.9	28.6
1962 年	82.1	7.9	9.9	39.4	31.3	29.3
1970 年	80.8	10.2	9.0	35.2	40.5	24.3
1978 年	70.5	17.3	12.2	29.1	47.9	23.0
1980 年	68.7	18.2	13.1	30.1	48.5	21.4
1985 年	62.4	20.8	16.8	28.4	43.1	28.5
1990 年	60.1	21.4	18.5	27.1	41.6	31.3
1995 年	52.2	23.0	24.8	20.5	48.8	30.7
2000 年	50.0	22.5	27.5	15.9	50.9	33.2
2001 年	50.0	22.3	27.7	15.3	51.1	33.6

资料来源：国家统计局，《中国统计年鉴 1999》，中国统计出版社，1999 年；《中国统计年鉴 2002》，中国统计出版社，2002 年。

从表 6.4 可以看出，我国就业结构的变化为：第一产业的从业人员从 1952 年的 83.5%，下降到 1978 年的 70.5%，2001 年的 50%。第二产业的从业人员由 1952 年的 7.4%，上升到 1978 年的 17.3%，2001 年的 22.3%。第三产业的从业人员则由 1952 年的 9.1%，上升到 1978 年的 12.2%，2001 年的 27.7%。同期，我国产业结构呈现下述变化：第一产业产值从 1952 年占 GDP 的 50.5%，下降到 1978 年占 GDP 的 29.1%，2001 年的 15.2%；同期，第二产业由 20.9% 上升到 47.9%，再上升到 51.1%；第三产业由 28.6% 下降到 23.0%，后上升到 33.6%。

从大的趋势看，我国就业结构和产业结构都反映着工业化所带来的变化，即各族劳动者的就业从第一产业向第二和第三产业转移，在 GDP 中，第二和第三产业所占比重上升，第一产业所占比重下降。就业结构和产业结构变化趋同。

但从我国就业机构和产业结构内部看，存在第一产业就业人口多，第一产业产值在 GDP 中所占比重低的状况。与之相反的是，第二产业就业人口少，产值在 GDP 中所占比重高。第三产业在其发展中，就业结构和产业结构上的差异逐渐减小，趋向持平。

总的看，对于我们这样一个人口大国来说，就业形势不容乐观。就业问题将成为中华民族经济结构优化的重要制约因素。中国实行计划生育政策，使人口增长得到有效控制。但由于人口基数大，新增人口多，以及人口再生产的巨大惯性，劳动力资源的数量依然十分庞大。按照国际惯例，劳动力资源是指 16 岁以上的劳动人口数量。以此计算，“九五”期间，中国劳动力资源总量由 1995 年末的 8.72 亿人上升到 2000 年末的 9.57 亿，年均增加 1682 万人，年均增长速度为 1.9%。① 如此巨大的劳动力资源供给，给中国的就业造成了巨大的压力。

中华民族经济的就业结构在总体上制约了不同地区的就业结构。但具体到不同地区，仍存在差异。例如，少数民族地区和内

① 蔡昉：《2002 年：中国人口与劳动问题报告——城乡就业与对策》，社会科学文献出版社，2002 年。

地汉族地区在就业—资本系数上的比较即可说明地区差异的存在(见表6.5)。

表6.5 西部民族地区就业—资本系数比较

省份	劳动密集型产业	资源密集型产业	资本密集型产业	知识密集型产业	其他产业
内蒙古	4.3306	0.1775	0.3623	0.998	0.4339
广西	5.9655	0.0626	0.1931	0.686	0.4061
西藏	1.8196	0.0489	0.3196	0.467	0.526
宁夏	4.0923	0.2815	0.234	1.1901	0.5982
新疆	2.9215	0.1277	0.355	1.9006	0.5556
云南	4.5255	0.0836	0.1602	0.6229	0.3244
贵州	6.2369	0.0569	0.1494	0.9222	0.5498
青海	4.3684	0.0474	0.3878	1.5431	0.7452
甘肃	4.5934	0.0921	0.2596	0.7757	0.8831
四川	5.5501	0.0604	0.2017	0.7174	0.7333
重庆	5.7927	0.0946	0.1958	0.9488	0.8636
西部民族地区	4.7154	0.0801	0.2119	0.8066	0.6149
东部地区	4.62	0.1269	0.3163	0.8747	0.6581
全国	4.6172	0.1172	0.3191	0.9061	0.6546

说明：1. 就业—资本系数＝某一产业就业比重/某一产业投资比重。某一产业就业—资本系数越大，表示某一产业单位资本容纳劳动力相对较多、就业容量相对较大；反之，表示该产业单位资本容纳劳动力相对较少、就业容量相对较小。2. 表中劳动密集型产业是指农林牧渔业、建筑业、地质勘查业、水利管理业、批发和零售贸易、餐饮业、社会服务业、金融与保险业等，资源密集型产业是指采掘工业及电力、煤气、水的生产和供应业，资本密集型产业指制造业、房地产业、交通运输、仓储及邮电通信业，知识密集型产业指教育、文化艺术、广播电视、卫生、体育、社会福利、科学研究和综合技术服务业，其他产业则是指国家机关、政党机关、社会团体和其他产业。

资料来源：胡鞍钢、温军：《社会优先发展：西部民族地区新的追赶战略》，《民族研究》，2002年第3期。

长期以来，我国少数民族地区的资本投资，主要倾向于发展资源密集型产业和资本密集型产业，而对知识密集型产业、劳动密集型产业的发展资本投资则严重不足。据计算，西部民族地区资源密集型产业、资本密集型产业的就业—资本系数为0.0801和0.2119，分别相当于东部地区的63.12%、68.35%和全国平均水平的66.99%、66.41%；劳动密集型产业、知识密集型产业的就业—资本系数为4.7154和0.8066，劳动密集型产业就业—资本系数高于东部地区和全国平均水平，知识密集型产业就业—资本系数略低于东部地区和全国平均水平。这表明西部民族地区对易于造成民族文化多样性丧失、资源环境被破坏的资源密集型产业和资本密集型产业发展的资本投入较高、吸纳劳动力相对较少，而能够促进带动少数民族自身变革与繁荣进步、可容纳较多劳动力、有利于保护民族文化的劳动密集型产业和知识密集型产业投资却相对较少。①

在民族经济就业结构的优化中，农村剩余劳动力的转移是关键。以我国的少数民族地区为例，少数民族地区不仅农业落后，农村剩余劳动力大量存在，现代工业部门也相对少，城乡差距明显，大量的人口滞留于土地，找不到出路。这不仅影响农业的发展，也不利于经济结构的优化。

从表6.6可以看出，2003年，我国少数民族自治地方按三次产业分的少数民族就业人员数，第一产业的就业比例仍比较高，其中最高的是云南，达77%，重庆、四川、甘肃、青海都在70%以上；最低的是宁夏，也超过50%。第二产业的就业比例，除了宁夏（21.75%）之外，都在20%以下；其中，四川、贵州、云南、西藏、青海在10%以下。第三产业较第二产业为高，一般是在20%上下；最高的是新疆，达31.66%，内蒙古、广西、贵州、西藏、青海、宁夏也都在20%以上。

---

① 温军：《民族与发展——新的现代化追赶战略》，第186页，清华大学出版社，2004年。

表6.6 少数民族自治地方按三次产业分的年末少数民族就业人员数（2003年）

地区	第一产业		第二产业		第三产业	
	人数(万人)	比例(%)	人数(万人)	比例(%)	人数(万人)	比例(%)
内蒙古	548.7	54.59	152.6	15.18	303.9	30.23
广西	1556.6	59.84	279.3	10.74	765.5	29.13
重庆	109.95	75.79	15.72	10.84	19.4	13.37
四川	285.17	76.26	22.4	5.99	66.39	17.75
贵州	602.24	64.72	77.28	8.3	251.07	26.98
云南	888.9	77	92.63	8.02	172.89	14.98
西藏	85	65.03	11.9	9.1	33.8	25.86
甘肃	105.88	70.17	15.21	10.08	29.81	19.75
青海	101.6	70.97	10.55	7.37	31.01	21.66
宁夏	150.6	51.82	63.2	21.75	76.8	26.43
新疆	397.2	55.07	95.69	13.27	228.38	31.66

资料来源：国家民族事务委员会经济发展司、国家统计局国民经济综合统计司，《中国民族统计年鉴（2004）》，第288页，民族出版社，2004年版。

总的看，少数民族自治地方按三次产业分的少数民族就业人员数，第一产业就业比例最高，其次是第三产业，第二产业比例最低。第三产业的就业比重较高，在很大程度上是因为第二产业的比重较低形成的。可以这样说，在第一产业就业比重居高不下的情况下，越是经济欠发达的地方，由于工业发展水平低，第三产业所占比重反而越高。这种现象在青海、西藏表现得非常突出。

就业结构的矛盾，源于各族劳动者素质技能结构与投资结构的矛盾。其中，各族劳动者素质技能结构是矛盾的主要方面，投资结构是矛盾的次要方面。就业结构矛盾的解决，基本点还在于各族劳动者素质技能的提升及其结构的优化，并形成与各族劳动者素质技能结构相适应的投资结构。

就业结构的调整，首先就是各族劳动者素质技能结构的调整。在这个过程中，提高各族劳动者素质技能的途径，包括前面提到的强化学校教育、拓宽职业培训、加强科学研究和技术引进与技术创新有机结合等，都是解决就业矛盾的基本。此外，投资结构也需相应调整。民族经济发展的主体是各族劳动者，目的是各族劳动者的自由发展，而非单纯经济指标的增长。投资结构要服从和服务于各族劳动者素质技能的发展。在投资上，表现为一方面通过投资，建立新产业、行业和企业，引领各族劳动者素质技能的提升；另一方面，则要结合各族劳动者素质技能的实际水平，进行投资，建立投资结构，不能以投资排斥各族劳动者，以避免就业结构矛盾的恶化。

优化民族经济就业结构，基础和难点都是农业剩余劳动力的转移问题。也就是说，只有第一产业就业比重降下来，第二和第三产业就业比重提高，才能实现三次产业就业结构的优化。发展经济学认为，农业剩余劳动力也就是潜在的失业者。这一部分剩余劳动力如果不能及时转移，就会产生以下几方面后果：一是剩余劳动力拥挤在有限的土地上，导致进入市场的剩余农产品增长缓慢，农副产品的商品率低，造成了农业部门中自给和半自给经济占很大比重；二是剩余劳动力在日益减少的土地上进行强制性劳动投入，其边际生产率势必递减，这样，农业劳动者的收入必然很低；三是大量的剩余劳动力拥挤在土地上，会阻碍农业的技术改造，阻碍新的生产要素投入农业，从而阻碍农业向集约化方向发展。因此，不进行农业剩余人口的转移，就难以从根本上改变农业的传统性和落后性。少数民族地区经济结构优化中，不可避免地会遇到农业剩余劳动力的转移问题。必须通过多种途径，实行农业产业化经营，减少农业人口，减轻农业负担，降低农业生产成本。

在城市中，同样可能存在失业和就业不足的现象。如果把大量农村剩余劳动力转移到城市，势必会加剧城市就业的矛盾。较为可行的办法是，在适当发展大中城市的基础上，把工业化过程引入农村，以农村城镇为中心，发展以当地资源为基础并面向当地市场的中小型加工工业，通过农村工业化和现代化来实现农村剩余劳动力的就地转化。

在此过程中，还要打破旧的户籍管理制度。使得人口在部门间、城乡间、地域间合理、有序流动。

首先，农业剩余劳动力向非农产业转移必须是多渠道的。包括：①离土不离乡，到小城镇就业；②既不离土也不离乡，在经营农业的同时兼营家庭工业等；③离土离乡，到城市和工业中心就业。其中，前两种形式是农村剩余劳动力转移的主渠道，有赖于城镇和乡镇经济的发展。伴随着乡镇经济的发展而崛起和繁荣的城镇，不仅是容纳农村剩余劳动力的重要场所，还是改造传统农业的中心。以城镇为依托，一方面联结农村各业；另一方面联结城市各业和农村各业。同时，乡镇经济的发展还可以为农业积累资金，加快传统农业改造的进程。

其次,农业剩余劳动力的转移必须是多层次的。大部分发达国家农业剩余劳动力转移的顺序,首先是向第二产业转移,然后是向第三产业转移。这一过程,也伴随着其国民经济结构的转变过程。从我国情况看,少数民族地区农业剩余劳动力可以同时向第二产业和第三产业转移。现阶段,向第二产业转移的主要场所是农村的乡镇工业,向第三产业转移的主要场所在城市,城市商业、运输业、生活服务业目前能提供较多的就业机会。第三产业发展到一定阶段后,剩余劳动力向第三产业转移的主要场所将转到农村。

再次，人口流动的方式可以是多样的。对于少数民族地区而言，吸引优秀人才是当务之急。此外，稳定当地人才，防止外流也具有重要意义。

七、民族经济的产业结构和产品结构

产业结构是由产业之间的相互关系而结成的结构，由各行业结构组成，是就业结构的反映，也是经济结构的主干。

产业结构是不断变化的。人类历史上大部分是农业为主，畜牧业和手工业为辅的产业结构。到工业化开始后，工业逐渐取代农业，成为主要产业，表现在产业结构上，也发生变化。

产业结构建立在产业划分的基础上。关于产业的划分，存在多种观点。J.D. 布莱克、费雪尔、科林·克拉克和西蒙·库兹涅茨都对产业进行了划分。[①] 虽然在具体的分类上存在差别，但上述四人的观点中，都把产业分为三类。目前国际上通用的产业分类也是三分法。我国从 20 世纪 80 年代中期开始采用三次产业划分法。划分情况是：第一产业包括农、林、牧、渔；第二产业包括采掘业、制造业、自来水、电力蒸汽、热水与煤气的生产以及建筑业；第三产业包括所有其他部门。第三产业又分为两大部门：流通部门（包括交通通讯、商业、饮食、物资供销和仓储业）和服务部门（包括金融、保险、地质普查、房地产、公用事业、居民服务和各种生产性服务、公共服务、教育、文化、广播

① John D. Black, *Introduction to Production Economics*, New York, 1926, pp.66－86; Allan G.B.Fisher, *The Clash of Progress and Security*, London, 1935, pp.25－32; Colin Clark, *Conditions of Economics Progress*, London, 1940, p.182；西蒙·库兹涅茨：《各国的经济增长：总产值与生产结构》，商务印书馆，1985 年。

电视、科学技术研究、卫生、体育和社会福利事业等)。

对产业间结构变动的研究，可以追溯到17世纪的威廉·配第。配第主要从收入的角度来考察产业之间的差异。他的结论是：工业的收入比农业高，商业的收入又比工业高。这也是以制造业和商业为主的荷兰比其他国家人均收入高的原因。[①]

科林·克拉克继承了配第的研究思路，克拉克认为，随着工业化的推进，由于部门间生产率的差异，一条不可避免的道路是劳动力的较大部分由第一产业进入第二产业，而随着国民收入的增加，对第三产业的需求会增大，就出现沿着这个方向的相应变化。这一转移趋势，被称为“配第—克拉克定理”。克拉克注意到产业结构和就业结构的密切关系，采用了劳动力这一指标来分析产业结构的演变，他考察了经济发展进程中劳动力在各个产业中分布状况的变化。

库兹涅茨研究了工业化和产业结构变动的关系。根据库兹涅茨实证研究得出的一般模式，从三次产业GDP结构的变动看，在工业化的起点，第一产业的比重较高，第二产业的比重较低；由于市场经济国家在工业化开始时市场化得到较大进展，以商业、服务业为基础的第三产业的比重较高。随着工业化的推进，第一产业的比重持续下降，第二产业的比重迅速上升，而第三产业的比重只是缓慢升高。当第一产业的比重降低到20%以下，第二产业的比重上升到高于第三产业而在GDP结构中占最大比重时，工业化进入中期阶段；当第一产业的比重再降低到10%左右，第二产业的比重上升到最高水平时，工业化就到了结束阶段。之后，以制造业为发展核心的工业化逐渐被以第三产业的发展所取代，即产业结构由物质生产部门为主向非物质生产部门为主转移。

---

① 威廉·配第：《政治算术》，第19—20页，商务印书馆，1978年。

库兹涅茨所论这种工业化国家的产业结构转变，主要出现在第二次世界大战之后。1950年，除美国的第三产业在GDP中所占的比重略超过50%之外，其他发达资本主义国家仍然以第一和第二产业占据着最大比重，当时第三产业在它们的GDP中一般只占30%－40%。进入20世纪90年代之后，情况有了很大变化，西方发达国家服务业在GDP中所占的比重已经提高到60%—70%，比战后初期所占的比重提高了1倍或接近1倍。而主要西方发达国家农业在GDP中所占的比重，在进入90年代以后，大多已相对稳定在2.0%—3.0%的水平上。

从历史发展看,产业结构从以第一产业为主干发展到以第二产业为主干,再发展到以第三产业为主干的过程,就是产业结构升级。产业结构的升级,实际上是各族劳动者素质技能的提升。只有各族劳动者的素质技能结构变化,产业结构才会相应变化。这既体现在第一、二、三次产业产生过程中,也体现在三次产业的主干地位的发展变化上。各族劳动者素质技能结构与投资结构结合形成就业结构,就业结构是产业结构的基本,同时,产业结构也会制约就业结构,原因在于既有的产业结构,会对各族劳动者的就业结构产生导引作用,从而对各族劳动者的素质技能结构产生影响。

对于产业结构演进的动因，有学者将之归结为科学技术进步、社会供给结构、社会需求结构和国际影响因素等方面。[①] 诚然，这些因素的变化，都会引致产业结构的演进。但这些因素与其说是产业结构演进的动因，不如说是产业结构演进的表现。产业结构的优化，从根本上说，就是各族劳动者素质技能的提高。当各族劳动者的素质技能还以农业劳动为主时，不可能出现现代产业结构。因此，产业结构的变化，反映了各族劳动者素质技能结构的变化。另一方面，产业结构也对各族劳动者素质技能的提

① 顾海：《高技术产业化论》，第24—28页，海河大学出版社，2000年。

高起到促进作用。各族劳动者的知识结构和技能结构可以直接与较高层次的产业结构相适应，并在较高的基础上实现累积和发展。在各族劳动者素质技能结构和产业结构中，前者是居于主导地位的。

产业结构要适应各族劳动者素质技能结构，脱离了各族劳动者的素质技能结构，产业结构就成为了空中楼阁，即使建立起来，也不能稳固。因此，要根据各族劳动者素质技能调整产业结构，这种调整，要借助于投资结构。具体说来，就是以各族劳动者素质技能为基础，通过投资结构引导产业结构，实现产业结构与各族劳动者素质技能结构的统一。

现代民族经济的产业结构，其基本，是以工业为主导。在更具体层面，工业中的制造业又起主导作用，制造业本身则根据其产品结构的不同，分化出若干行业，其中，机械、电子、石油化工等为主导性行业。这些行业布局在工业中起主导作用，也在产业结构的总体上起主导作用。民族经济的产业结构合理与否，其经济的发展程度，往往取决于这些主导行业的比重及其技术水平。

主干行业不是抽象的，它与时间、地点、国情等因素紧密相关。同一国家在不同的发展阶段上，主干行业会有所不同。同样，在工业化的同一阶段，不同国家的主干行业也会有明显差异。从历史的角度看，被作为主干行业的有纺织、煤炭、钢铁、汽车、造船、建筑、重化工、电子等等。

从不同民族国家的发展情况看，主干行业的选择次序和内容有所不同。英国是工业革命的发源地，在其工业化初期，充当主干行业的是纺织和煤炭行业，符合了自发工业化国家行业成长的特点，英国凭借此，成为“世界工厂”。与英国相比，日本是工业化国家中的后起之秀，在其经济发展中，钢铁、造船、重化工、汽车和电子行业都充当过日本的主干行业。在这些行业的带动下，日本的工业化迅速发展。

在我国的历史上，曾提出过“以钢为纲”的口号，虽然没有使用主干行业的提法，但实际上是把钢铁工业放在主干行业的地位。由于理解上的片面性，实践中形成了“重生产，轻生活”的工业生产结构，轻重工业比例失调，经济效益差，经济发展陷入恶性循环。历史的经验教训应该汲取。它从反面证明了主干行业对于一国工业化和经济结构优化的重要作用。

中国的主干行业基本上是以20世纪50年代由苏联援建的156个大型企业为起点。经过半个世纪的发展，虽然已经建立起比较全面、系统的工业体系，但在主干行业上依然落后。所应用的技术，几乎全是从国外引进的，而且普遍比国外先进水平落后二三十年。

改革开放后，我国逐步把机械工业、电子工业、石油化学工业、汽车工业和建筑业确立为发展我国国民经济的主干行业。1994年3月通过的《90年代国家产业政策纲要》，明确提出了我国要振兴的主干行业是机械、石油化工、汽车、电子和建筑。

就目前的情况看，这五大行业离国民经济的主干行业的标准差距很大，表现在：①增加值占国民生产总值的比重较低。按照国际标准，某一行业的增加值占国民生产总值的比重至少达到5%，才能成为主干行业，我国这五个行业占国民生产总值的平均比重只有3.4%，电子、汽车和石化产业，比重则明显偏低；②发展速度慢；③尚未形成有效的经济规模。以乙烯工业为例，乙烯的经济规模应在年产量30万吨以上，国际上最大规模达到70万吨，我国大部分乙烯生产装置的生产能力只有十几万吨。由此可见，我国的主干行业尚未真正形成，产业结构中，缺乏“主心骨”。

主导性行业的落后，导致整个工业乃至产业的落后。优先发展主导性行业，是民族经济发展中的重要环节，也是民族经济的产业结构优化的重要内容。因此，必须强化主干行业。唯一可行的方略，就是举民族之力，发展主干行业。

举民族之力，无非是提高与这些行业相关的各族劳动者素质技能，并加大投资。这包括两个方面的内容，一是在加强教育和科学研究的基础上，注重专业技术人才的培养，为其提供适宜的工作和生活条件，同时普遍提升本行业职工的技能素质；二是加大资金投入，组织技术攻关和产品开发。

在发展主干产业的同时，还应统筹兼顾，注意与其他各行业、产业的协调发展。作为基础的，就是对本民族传统产业的继承和发展。

在长期历史发展中，各民族形成了独具特色的民族建筑、民族服饰、民族佳肴、民族手工业品等传统产业，具有鲜明的民族特色，真实再现了各民族的文化传统，不仅具有独特的现代经济价值，而且还是未来最具发展潜力和市场竞争力的产业部门（见表6.7）。阿克塞模式即具有充分的说明意义。阿克塞模式以传

表6.7　少数民族地区部分少数民族传统产业与行业优势

民　族	传统产业及行业优势	现代经济潜力
维吾尔族	传统绿洲农业和干旱草原畜牧业	棉业及名优特农产品
回　族	商业、传统手工业	第三产业及特色工艺品制造业
藏　族	草场畜牧业、畜产品手工加工业	草场畜牧业及畜产品
保安族	传统铁器制造业	铁器手工艺品制造业
撒拉族	传统商业服务业	第三产业

资料来源：《民族与发展——我国中西部民族地区社会经济发展研究》（中国科学院国情分析研究小组 2000）。转引自温军：《民族与发展：新的现代化追赶战略》，第98页，清华大学出版社，2004年。

统产业——畜牧业为突破口，在保持传统产业连续性和传承性的基础上，巩固和推动传统产业升级，并在推进传统产业发展的基础上，以县域搬迁为契机，带动第二、三产业发展，使阿克塞走上全面发展和城镇化建设的轨道，实现了社会发展意义上的制度安排的收益递增目的。2001 年，阿克塞哈萨克族自治县在甘肃省 86 个县、市、区经济综合实力排名中列第五位，而在全省 22 个少数民族县、市中排名第一。①

民族经济的产品结构，作为产业结构的结果，充分表现出产业结构的矛盾状况。在经济结构中的产品结构是广义的，包括“第三产业”即服务业的服务。它们虽然不体现于物质产品，但却因其服务是通过交换提供并表现为价值的，所以在产业结构中，服务业是一个以价值形态出现的重要“产业”，其服务劳动创造的价值也要在流通、分配、消费结构中表现出来，进而由消费、分配、流通结构的“逆向”反馈，作用并制约产业结构。

产品结构直接体现于市场。除个体农民的农产品基本自给外，城市居民的生活用品都要通过流通而购买，而农村中的非农消费品、生产工具和机械，也都要从流通中交换而得。产品结构中的矛盾在市场流通中得以展示。而市场价格及其实现情况，又制约着分配结构和消费结构。

产品结构反映了民族经济的产业结构状况。例如，我国少数民族经济的产品结构是以生活必需品和部分生活资料，如农具、刀具、铁器、铜器等为主体，它以民族传统产业为源头，甚至制造的商品还是民族传统用品的复活，这样就适合少数民族经济的以农业为主的小手工业和小加工业的传统结构。②

---

①　玉苏甫江：《经济文化类型与少数民族经济发展》，《新疆社会科学》，2005 年第 2 期。

②　马丽娟：《多型论：民族经济在云南》，第 2—3 页，民族出版社，2002 年。

民族经济的产品结构要考虑到各民族的特色，并予以适当支持。表 6.8 为我国专项安排用于民族贸易和民族用品生产的主要原材料和贷款情况。

表 6.8 国家专项安排用于民族贸易和民族用品生产的主要原材料和贷款

年 份	专项材料		专项贷款及贴息（万元）		
	黄金（两）	白银（万两）	贷款	贴息	中央贴息
1991	8000	23.23			
1992	8100	23.23			
1993	14600	23.23	4000		
1994	24000	23.23	4000		
1995	25600	25.36	4000		
1996	24000	25.36			
1997	25600	25.36	7050		
1998	27520	25.36	8230		
1999	28000		14329		
2000	28000		10000	596	298
2001	1300（公斤）		10000	598	299
2002			10000	598	299
2003			10000	598	299

资料来源：国家民族事务委员会经济发展司、国家统计局国民经济综合统计司，《中国民族统计年鉴 2004》，第 572 页，民族出版社。

产品结构中的矛盾，只能通过改进产业结构解决。从消费到分配到流通结构性矛盾反馈性分析，不仅能发现产品结构的矛盾，而且给产业结构的改进提供依据。所谓市场机制的作用，在这里得到表现。

八、民族经济的流通、分配、消费结构

民族经济结构是个统一体，产业结构是其主体框架，与产业结构同时存在，并作为产业结构发展条件的，是流通、分配、消费结构，注重它们的有机联系，是调整经济结构，发挥其运行机制功能的重要方面。

流通、分配、消费是生产的转化，也是生产的必要条件，并与生产一起构成经济过程的基本环节。马克思指出：

> 我们得到的结论并不是说，生产、分配、交换、消费是同一的东西，而是说，它们构成一个总体的各个环节、一个统一体内部的差别，生产既支配着与其他要素相对而言的生产自身，也支配着其他要素。过程总是从生产开始。交换和消费不能是起支配作用的东西，这是不言而喻的。分配，作为产品的分配，也是这样。而作为生产要素的分配，它本身就是生产的一个要素。因此，一定的生产决定一定的消费、分配、交换和这些不同要素相互间的一定关系。①

作为经济过程的基本环节，流通（交换）、分配、消费，也有自己的结构，这些结构是生产（产业和产品）结构的转化形式，但又有其特点。

流通结构，按三次产业划分法，流通业已被划入产业，即第

---

① 马克思：《1857—1858年经济学手稿》，《马克思恩格斯全集》第46卷，第36—37页，人民出版社，1979年。

三产业，其结构是产业结构中的一部分。分析产业结构时，已涉及第三产业——服务业，但第三产业的外延比流通更大，这里从与生产相统一的角度，对之进行探讨。

流通是生产的前提条件和产品实现形式，因此，流通结构要服从产业结构。流通以外的产业所需要的生产资料主要是从流通得来，这些职工的生活资料也要通过流通才能满足，进而，这些产品及部分服务，都要从流通得以实现。这样，流通结构是从属于产业结构的，它包括以下层次：一是为产业提供原料，二是为产业提供生产资料，特别是机器设备，三是进行技术贸易，四是销售产品或作为服务的中介，五是通过银行进行融资，六是通过证券市场筹集资金。五、六两个层次与投资结构是交织在一起的，从投资的角度，它们属于投资结构的一部分，但又有流通的形式，因此，流通结构也将它们包括其中，但与投资结构所研究的角度有差别。

流通结构直接关系着产业和全部经济的发展。流通结构除上述几个横切面的层次外，还有批发、零售两个纵向层次，涉及若干环节，也就是说，一个企业从购买原料和生产资料，到销售其产品，都要经过若干环节。此外，运输业在流通结构中也起着重要作用。

对民族经济的流通结构改革的原则，就是强调流通结构服从产业结构，特别是要为主干行业的发展服务。

分配结构是产业结构和流通结构运行的结果，也是进一步运行的前提。从一般意义上说，分配包括两大层次，一是再生产和消费的分配比例，二是消费品的分配。第一个层次对于所有产业都是适用的，任何企业只要还在经营，就必须从其总收益中分出折旧、购买原料和生产资料或商品的那部分价值（以货币表示）；再分出利润，用于缴税和再投资（私有企业还要拿出一部分用于资本所有者的生活资料）；再就是扩大再生产的资金和用于职工的消费资料。第二个层次的消费，是针对各族劳动者消费资料的，这里又包括几个方面，一是公有制企业或单位的职工，他们的消费资料是“按劳分配”，二是私有制企业的职工，他们的消费资料是按劳动力价格分配（这又在一定程度上与流通结构相重合，即“劳动力市场”的交换），三是个体工商户和农民，他们的消费资料是从其总收益中扣除。这三个方面中，只有第一方面是典型的消费资料“分配”，第二方面涉及劳动力的买卖，与流通结构有关，第三方面是个体行为，与第一层次中资本所有者从其利润中提取消费资料有相似处。

对于公有制经济来说，分配结构的关键，在于确定用于再生产的积累和用于职工个人消费的比例，它既直接影响各族劳动者的生活水平及素质技能的提高，又影响投资结构。从这个意义上说，分配结构又是各族劳动者素质技能结构和投资结构的展开和必要前提。

消费结构是产业结构通过流通、分配结构的最终实现，又是产业结构的前提，它直接受分配结构的制约。消费源自人的需要，但需要受生产制约，需要的无限性与生产的有限性就构成消费。而流通和分配结构又使人的消费形成差异，由此构成消费结构。

消费结构的变化带动产业结构升级。从历史上看，在各族劳动者素质技能较低，生产的产品首先用于满足基本的生活消费，消费结构以食物和衣服为主，这时的产业结构就以第一产业为主。当各族劳动者素质技能提高时，就不仅仅满足于食物和衣服等基本生活消费，这时第一产业就不再能满足各族劳动者的消费需要，相应的，第二产业出现，并渐渐取代第一产业成为产业结构的主导，在这一过程中，第二产业也对第一产业进行改造。各族劳动者素质技能的进一步提升，又会对服务产生大量消费需要，第三产业成为产业结构的主导，并对第一和第二产业进行改造。

民族消费结构受文化、风俗习惯等的制约。民族经济生活的丰富性和复杂性在消费结构上充分表现出来。

消费结构上的差异，是经济矛盾和社会矛盾的集中体现，不同的阶级、阶层、个人，在消费结构中所处的位置，恰是消费导向制约生产发展和流通的集合点。消费结构也是社会经济权利的表现，消费结构的调整，实质是经济权利关系的变革。

从广义上说，消费也包括生产过程的消费，即对生产资料和原料的加工过程，这是以前经济学家所强调的，但严格说来，这只是生产的过程，并不属于消费范畴。消费是从满足个人需要的角度对产品的最终“消灭”——这些产品不可能再进入生产被加工成新的产品，它们只能转化为人的素质技能再进入生产领域。

消费结构从总体上分为生产性消费、生活性消费和奢侈性消费三个层次。生产性消费是指直接用于各族劳动者再生产其劳动力的消费；生活性消费为维持和延续生命的消费，这是最普遍意义上的消费，其中有相当部分可以转化为各族劳动者素质技能；奢侈性消费主要集中于少数统治者，这是一种显示其社会地位和满足非生产性偏好，甚至是与人性升华相悖的消费，它消耗的社会劳动量很多，但不对提高各族劳动者素质技能及发展生产力起积极作用。

作为再生产和提高各族劳动者素质技能的生产性消费是随着生产的发展而变化的，在工业生产早期，生产性消费主要用于身体素质，即恢复和增强体力，进而逐步增加用于提高技能素质的费用；生活性消费主要包括两部分，一是维持生命的必要消费，这在那些已超过劳动年龄或丧失劳动能力的人群中表现得很明显，二是用于培养各族新的劳动者的消费。生产性和生活性消费都是社会再生产的必要环节，随着时代的进步，在保证再生产各族劳动者身体素质和非各族劳动者的健康生存的同时，加大对提高和培养各族劳动者技能素质和文化素质的消费，是调整消费结构的关键，为此，就必须减少乃至消除奢侈性消费。

不同民族在不同环境条件下形成的民族文化特征，通过语言文字、社会习俗、饮食习惯、节日庆典、民族意识、宗教信仰等文化形式表现，深刻影响着消费意识，也影响经济发展。① 如我国的少数民族大多民风淳朴，与世无争，知足常乐，但是其中一些陈规陋习如送礼、喝酒、奢办婚丧嫁娶等活动，过多地消耗了并不丰富甚至稀缺的社会财富，制约了扩大再生产能力，严重影响了人们生活水平的提高，阻碍了社会经济的发展。一些少数民族用于宗教信仰和多神崇拜的消费一般占年均收入的 10%—15%，杀牲祭鬼现象仍很盛行；一些少数民族的丧葬礼仪之多，耗资之大，令人瞠目，如苗族丧礼请客人 80—90 桌甚至 100 多桌是常事，而且大量宰杀牲畜；景颇族丧葬要大摆酒宴 3—5 天甚至 7—8 天，耗费酒、肉、粮食达数百斤之多；裕固族丧礼一般要花上千元甚至万元钱，购置丧葬用品、请喇嘛念经、布施寺院，这往往使丧家轻则负债，重则倾家荡产。②

九、民族经济的区域结构

民族经济的区域结构是上述各经济结构的综合、具体存在。各民族经济在具有共性的同时，又有其特点。民族经济的区域结

---

① 龙远蔚：《民族地区农村商品经济发展中的非经济障碍问题》，《民族研究》，1994 年第 3 期。

② 温军：《民族与发展：新的现代化追赶战略》，第 100 页，清华大学出版社，2004 年。

构是民族经济结构在不同区域的具体化。民族经济结构优化，既是民族经济总体性的，也是区域性的，从各族劳动者素质技能结构和投资结构，到就业、产业、产品结构，以至流通、分配、消费结构的调整，都要集合于区域结构的调整。

经济发展总是离不开具体区域的，民族是在具体的区域环境中生存的。由于受地理、历史、文化等因素影响，形成了不同的民族经济制度和体制。这些不同的经济制度和体制在经济结构层面，也表现出独特性。正是因为这种独特性，对民族经济的区域结构的研究就显得尤其重要。

民族经济的区域结构具有独特性，它不同于一般意义上的区域经济结构。这一点，缘于民族经济的“区域”概念的特殊性。民族经济的“区域”概念是这样的：没有一种在地理上的、行政上的区域对民族经济来说是具有识别意义的，民族经济的“区域”不是一个平面而是一个“时空”，此时非此地，彼地非彼时，纵横交错相互穿插，同一区域有不同的角色，相同的角色分布于不同的区域。因此，判断民族经济的特征时，重要的不是平面的区域，而是民族经济的识别符号，这些识别符号也不是能从经济学的“区域”概念中轻易得来的，必须采用广泛的田野考察和对现象的整理辨识，还必须把眼光从现在向后（历史）回顾和向四外瞭望，考察重大的经济事件，发现和民族经济相关的综合因素，以对具体的民族经济产生全面的理解和把握。①

在具有独特性的同时，民族经济的区域结构又是相互影响的，因为“任何民族都有自己内部的经济联系或共同经济生活，而同时不同民族之间又相互发生经济交往。民族内部与外部的这种经济联系或交往方式，不仅是产生民族经济的基础，而且也是

---

① 马丽娟：《多型论：民族经济在云南》，第13页，民族出版社，2002年。

所有民族生存、发展和共同繁荣的基础”①。

社会主义市场经济中经济结构的运行机制，要点就是竞争。这是与资本主义自由竞争阶段的竞争有所区别的，是有总体调控的、受法制约束的竞争，是“看不见的手”与“看得见的手”的有机结合。形成社会主义的竞争机制，不仅要有各族劳动者素质技能的提高和投资结构的合理，以及相应的产业（产品）结构与流通、分配、消费结构，还需要地区性的经济自主权，从而达到市场主体的多元化，在多元的主体间展开竞争，由此形成具有活力的灵活的运行机制。

形成民族经济的主体多元性，实现民主法制，是经济结构调整的前提，而强化地方自主权又是其中相当重要的环节。前面所论到的调整经济结构的几个环节，都涉及地方自主权问题。只有强化地方自主权，才能对经济结构总体和各环节进行调整，从而提高各族劳动者素质技能，完善投资结构，促进主导行业发展，形成合理的产业、产品结构，密切流通、分配、消费结构的内在联系。地区结构是经济结构的综合性环节，强化地方自主权，实质上就是调整地区结构。通过调整地区结构，经济结构的各环节得以内在统一，进而形成合理的运行机制。

民族经济各层次的区域结构调整，既要改革区域经济在产业、产品结构上的缺失，更要避免重复性建设，以求民族经济各区域的经济结构有机统一，达到互助促进的目的，不能自行其是，引发恶性竞争。

区域经济结构调整的主体，是各区域的各族劳动者。区域经济自主权是本地区各族劳动者的劳动力和生产资料所有权的集合。以区域经济自主权来保证并调动各族劳动者的主动性，提高并发挥其素质技能。正是在这个基础上，才有区域经济的发展，

---

① 施正一：《民族经济学导论》，第4页，中央民族大学出版社，1997年。

在发展中调整区域经济结构，才能形成系统有机的民族经济结构。

我国的少数民族区域自治制度赋予了少数民族地区在经济上享有比其他地区更大的自主权利，从法律和制度上为少数民族地区从本区域利益出发，根据少数民族地区的地区特点、民族特点制定制度规则、组织和安排经济活动提供了保障，在此基础上，少数民族的区域经济自主权得以确立。但是，长期过于集中的中央集权式管理体制及其惯性作用，极易使自治法中赋予少数民族自治地方的自主权，遭到上级国家机关统一的一般政策的强力冲击，使作用于少数民族地区经济肌体的实际政策供给与全国统一的政策供给高度一致和统一，严重影响到少数民族地区经济活动的正常运行。

这一点，在我国的少数民族地区的产业结构中得到反映。根据产业结构相似系数公式计算，1980—1998 年西部少数民族地区与东部地区年平均农业产业结构相似系数、工业产业结构相似系数，分别高达 0.9959 和 0.9999。相似系数几乎为 1，说明其产业结构和东部地区的产业结构已基本上完全一致，长此以往，发展的结果只能是民族经济特色的丧失。经济结构与东部地区的不断趋同化，究其原因与其推行的产业政策密切相关。①

我国少数民族地区产业发展政策，除以民族贸易和民族特需用品生产企业政策为主的第三产业政策较充分地体现出了少数民族的特点以外，农业、工业等第一、第二产业发展政策基本上与国家宏观产业政策一脉相承，缺乏符合少数民族特点而又能将少数民族经济纳入民族地区经济发展轨道的产业政策，更缺乏切实可行、具有民族特色的导向性产业政策，这是导致少数民族地区

① 胡鞍钢、温军：《社会优先发展：西部民族地区新的追赶战略》，《民族研究》，2002 年第 3 期。

与东部地区产业结构趋同化程度加剧的一个重要原因。[①] 这也从反面反映出少数民族自治地区经济自主权并未真正得到保证。

就民族经济的区域结构而言，具有两个特点，一是民族性，一是区域性。且这两个特点是联系在一起的，是民族的区域性和区域的民族性的组合。民族经济的区域结构，唯有体现上述特点，才是因地制宜、切实可行的结构。其中关键的因素，就是保证民族地区的经济自主权。从本区域的实际出发，制定符合本区域特点的经济发展战略，并将之具体化为本区域的投资规划、就业规划、产业规划等，是民族经济的区域结构健康发展的途径。应在充分体现自然生态环境特点，反映民族文化传统，继承发扬千百年来形成的传统民族文化，适当照顾民族生活习俗的前提下，充分利用生物资源多样性及民族文化多样性的优势，构建具有区域特色、民族特色的经济结构。[②]

总之，调整经济结构是民族经济体制改革的具体层次，对它各个环节的调整，是有机统一的，强化地区经济自主权，作为调整地区经济结构的核心内容，包含并体现着前面各环节的调整。为此，应实行中央与地方的分级管理体制。将经济管理权力在中央和地方之间进行分割，并相应地将经济管理权限在地方各级经济管理层次上进行分解，以充分发挥地方各级政府更直接地面对当地实际，更了解区域状况的优势，调动各级地方政府的积极性，制定和实施有效的区域经济发展计划，并对区域经济活动进行有效管理，促进区域经济的发展和国民经济整体效率的提高。中央政府和少数民族自治地方政府经济管理合理分权的新体制的

---

① 温军：《中国少数民族经济政策的形成、演变与评价》，《民族研究》，1998年第6期。

② 胡鞍钢、温军：《社会优先发展：西部民族地区新的追赶战略》，《民族研究》，2002年第3期。

核心，实质上就是进一步巩固和完善民族区域自治制度。

十、民族经济结构的合理是运行机制优化的根据

民族经济结构各环节的有机联系，它们的相互制约，统一地发挥着功能，这就是运行机制。运行机制的作用，取决于经济结构，因此，要改变运行机制，关键在改革、调整经济结构。

运行机制是经济结构的功能，而经济结构是经济体制的具体存在，运行机制中存在的问题，有一些是属于操作性的，可以在这一层面通过加强管理来解决，但更多的是结构性的，只有调整经济结构和改革经济体制才能解决。民族经济结构的合理是运行机制优化的根据。

合理的民族经济结构，应是以各族劳动者素质技能结构为核心，根据各族劳动者素质技能的状况，进行社会分工，对各族劳动者进行相应的组织和安排，以此为基点，有效地、合理地配置生产资料和自然物质，包括投资、产业、产品等一系列结构，进行流通、分配、消费过程。在这个过程中，运行机制的作用得以体现，而企业经营和国家调控，以及各种社会机构的组织和协调，都是运行机制的必要内容。

这样说，并不等于运行机制不重要，或它只是被动地表现经济结构的状态。当一种法律和政策出台以后，它所针对的，又往往是运行机制，进而再影响经济结构。经济结构的合理与否，功能如何，都会从运行机制上表现出来。运行机制作为经济结构的功能，在经济发展和经济研究中的意义也是明显的，一是表现经济结构的状态，通过对运行机制的研究，可以进一步发现经济结构乃至经济体制中的矛盾；二是运行机制具有明确的机动性，调

整和改善运行机制，是经济过程的重要层面。可以这样说，在经济体制改革和经济结构调整的基础上，经济活动中的具体矛盾，都要在这个层面上加以解决，日常的经济决策、规划、经营管理，也都是在运行机制这个层面的努力和活动。

运行机制的恶化将导致经济结构的不合理。20世纪末，中国经济学界曾流行一种“竞争万能论”或“竞争崇拜”，宣称只要有了竞争机制，各行各业都可以搞活，中国经济就可以大发展。

我们并不否认竞争机制的作用，但必须明白：竞争机制只是特定经济结构的运行机制，并非脱离经济结构孤立存在的，或者神秘得有些类似上帝伸向人间的“看不见的手”，由它来支配人们的经济活动。当斯密提出他著名的“看不见的手”之说时，确实有把竞争看成上帝之手的意思：一方面强调竞争的神圣性，以对抗旧的封建势力对竞争及资本主义制度的攻击，另一方面他也不很清楚竞争的实际基础及其运行机制。这实则马克思所揭露的“商品拜物教”的表现。当200多年后的中国经济学者以迷惑和敬畏的眼光看西方与中国在经济发展上的巨大差距，他们所找到的原因，就是中国缺乏竞争，而他们对竞争的理解，依然停留在斯密那只“看不见的手”的水平上，甚至比斯密更觉其神秘。但此时，西方的经济学家已提出“看得见的手”，用以表示资本主义市场经济的运行机制。

中国这些竞争崇拜者，也开始论证“社会主义市场经济”，他们首先去掉“社会主义”这本质属性，进而将市场经济等同于竞争。就像宣传承包制时的“一包就灵”，他们又提出“一竞就活”、“一竞就富”等各种“短、平、快”的改革思路。现在，这些思路在实践中的应用已充分证明其错误，同时，也给我们认识社会主义市场经济及其结构和运行机制提供了反面材料。

竞争，实则人类社会活动中的一个基本特征，但在不同的历史条件下，有不同的表现方式。只有在商品经济中，竞争才作为一种经济运行机制，刺激生产，调节交换。商品经济达到高级阶段，资本主义生产关系形成，竞争的作用日益突出，以至在一个阶段成为经济体制的主要特征，这就是从18世纪末到20世纪初的自由竞争体制，此前的统制经济阶段并不是没有竞争，但它是在国家的控制下，并主要表现在国与国的贸易上。到20世纪初，自由竞争体制的矛盾日益突出，逐步被市场经济体制所取代，在资本主义市场经济体制下，不是取消了竞争机制，而是由国家调控竞争机制。这里，竞争依然是经济运行机制的基本，国家调控（包括法制、财政和货币政策）并不是违背竞争机制，而是使之保持在一定的限度内，按照总体目标和方向有序地进行。

资本主义市场经济体制下的竞争机制，是这个阶段经济结构的体现，与自由竞争阶段相比，这个阶段经济结构的主要变化，是各族劳动者素质技能的提高和投资结构的变化。各族劳动者素质技能的提高，为他们要求提高经济地位，争取更多权利提供了基础，而社会主义运动对各族劳动者的组织使之形成强大势力，甚至社会主义政党能够执政，虽说没有改变经济制度的性质，但可以在法律、政策等层面做出有利于各族劳动者的改革。再者，各族劳动者素质技能和经济地位的提高，也促使资本所有者改变其投资结构，即愈来愈向高新技术行业投资，这样才能在各族劳动者工资和福利增加的情况下，保证有利可图。与此同时，受社会主义政党控制或制约的国家，也会以国家名义投资办企业。这样，投资结构就比自由竞争阶段有了重大改变。由各族劳动者素质技能结构和投资结构的变化，导致产业产品结构及流通、分配、消费结构的全面变化。这是资本主义市场经济体制中竞争机制作用的基础。国家对竞争机制的调控，或者说是国家调控竞争机制的根据也在于此。

现在中国需要的竞争机制，并不是将西方通行的竞争机制引进来，而是在调整经济结构的过程中，形成自己的竞争机制。当然，西方国家竞争机制的一般性因素和调控方法，是可以经过分析而借鉴的，但不是照搬，也不可能照搬。一些经济学者所鼓吹的“竞争万能论”，不仅神化了竞争，而且简单化了竞争，似乎竞争就是不择手段地获取利润，这种获取又是天经地义，不能有任何限制。这种论点在现实中起了很坏的作用。比如 20 世纪 80 年代中期，1992 年至 1993 年两度从上而下的“经商热”，就明显地受到这种论点的影响，在没有对经济结构进行调整的情况下，强行推广不加限制的竞争，不仅造成经济秩序的混乱，更使一小批胆大妄为者利用权势和关系，以“空手道”方式一夜暴发，他们获得大批金钱，既不是来自劳动，也不是来自经营，而是来自对国有资产的侵吞和对民众的掠夺、欺骗。这些钱财又很少真正转化为资本，其中大部分被挥霍和转移到国外。更为严重的是，这种“竞争”方式注入改革中的经济以后，不仅影响到体制改革和结构调整，而且作为一种传统，一种成功的“师表”在以后的经济运行中发挥作用。愈演愈烈的假冒伪劣、不讲信用、乱采滥挖、偷税漏税、股市黑幕等等，都由其谬种生发。

如此市场秩序，如此运行机制，极大地动摇了中国的经济、社会基础，政治腐败和社会风气恶化都与此密切相关。那些“竞争万能论”的始作俑者，面对其造成的如此后果，不仅不检讨其错误（即令是按资本主义政治经济学，竞争也根本不是这个样子），反而想出各种理由为之辩解，如“秩序混乱是市场经济起始阶段的必然”，“腐败是改革的润滑剂”、“适度腐败有利发展”等等，如此论说，似乎这种恶性竞争反倒成了中国进步的推动力。

它确实是一种推动力，但不是推向进步，而是推向倒退。各族劳动者素质技能降低，特别是文化素质的降低；投资结构混乱，特别是股票市场的混乱；产业结构中主导性产业的萎缩；环境的日益恶化；国有企业和集体企业的破产、亏损；私有企业平均2.7年就倒闭一次，等等，都与这恶性竞争的推动有关。

社会主义市场经济当然要有竞争机制，但这是在体制改革和结构调整基础上，遵循商品经济的一般规则，由社会主义法制制约，并有国家总体调控的竞争机制。其关键，就是在法制轨道上，尽可能地发挥企业和个人的生产、经营的积极性，以合法的、合乎商品交换等价、公平原则的竞争，取得经济效益的最大化。这样的竞争机制，既是体制改革和结构调整的体现，又要求并促进体制改革和结构调整的深化。

十一、调整经济结构，优化运行机制，促进民族经济发展

调整经济结构，是经济改革的具体层面，是制度和体制改革的必要环节，也是民族经济发展的前提和内容。

调整经济结构，可以有两种核心，一是以投资结构为核心，对经济结构中的其他结构进行调整；另一是以各族劳动者素质技能结构为核心，所进行的调整。其基础，就在于主体。

作为现代民族生存和发展的经济结构，是有其主体的，这就是各族劳动者。调整经济结构，也是有其目的性的，这就是各族劳动者的自由发展。从上述主体和目的性出发，调整经济结构，就是各族劳动者为发挥和提高自己素质技能，创建必要的经济关系，配备相应的教育、培训设施，以及与各族劳动者素质技能结构相适应的投资结构，由此形成就业结构、产业结构、产品结构、流通结构、分配结构和消费结构的过程。

民族经济结构是形式，其内容，则是具有主体地位的各族劳动者的相互关系。民族经济结构的调整，是在各族劳动者提高素质技能的基础上，运用其所有权和民主权为自己创造发挥技能的

条件，由此形成的相应关系。调整经济结构，并非调整投资结构，将各族劳动者作为资源进行配置。只有真正以各族劳动者素质技能结构为核心的经济结构调整，才能带来民族经济发展。

一般来说，经济发展的基本涵义是指一国或地区经济由不发达转入发达状态。与经济发展相关的，是经济增长，即国民生产总值的增加或人均国民生产总值的增加。最初，经济发展和经济增长是不加区分的。20 世纪 70 年代以后，经济学者越来越强调二者的差别，认为经济发展不仅包括了经济增长的涵义，而且包括经济结构的变化等。经济发展不仅是一个经济增长的过程，而且是一个经济结构变化、收入分配和社会福利改善、国民经济质素提高和经济体制变迁的过程。经济增长是经济发展的前提和必要条件，但有经济增长却不意味着一定是经济发展。①

对于各族劳动者而言，其目的，并非单纯的经济增长，而是经济发展。在此过程中，民族经济结构的优化至关重要。

调整民族经济结构，使其达到优化，则要求以各族劳动者素质技能结构为核心。因此，经济结构的调整，每个环节和步骤都涉及权利，都是权利关系的调整。发挥和提高各族劳动者素质技能，主要涉及劳动力所有权；投资结构主要涉及生产资料所有权对占有权的控制；就业结构又是劳动力所有权与占有权、使用权的关系，以及劳动力使用权与经营权的关系；产业结构的调整，主要涉及企业占有权与经营权，以及处置权；产品结构与流通、分配、消费结构，又涉及所有权，按劳动分配权和按劳动力使用权价格领取报酬权，以及公共价值的收益权、处置权等；区域经

---

① 有代表性的案例是罗伯特·克劳尔（R. Clower）在《没有发展的增长》中对利比亚经济的分析。克劳尔指出，利比亚的经济增长依靠外国厂商拥有橡胶种植园的初级产品出口的增长，而本国的经济结构及经济体制缺少变革，因而是没有发展的增长。

济结构则是各种经济权利的综合，并形成以劳动力和生产资料所有权为根据的地区经济自主权。

这一系列权利关系的调整，就是民族经济结构的调整和优化，其结果，是民族经济发展。也可以说，民族经济结构优化和民族经济发展本身就是一个过程，在优化中发展，在发展中优化。其基本，就在于各族劳动者素质技能的提升和素质技能结构的优化。

各族劳动者素质技能是动态的，其结构也会随各族劳动者素质技能的变化而变化。因此，对各族劳动者素质技能结构的调整，要随各族劳动者素质技能发展的状况而进行。各族劳动者素质技能的发展，具有不可逆性，体现在历史中，就是各族劳动者的素质技能是不断提高的。这一过程，虽然会因战乱、自然灾害等原因中断，甚至出现倒退的情况。但从趋势上看，是不断提高的。各族劳动者素质技能的提高，构成历史的动力，也成为民族经济发展的根据。

各族劳动者素质技能的提高及其结构的优化，是需要条件的。从历史发展的层面而言，是各族劳动者社会主体地位的实现和保证。从民族经济结构的层面而言，则是以投资结构保证各族劳动者素质技能结构的优化。这包括两方面的内容，一方面，是通过围绕各族劳动者素质技能结构进行生产投资，这个方面的投资结构又会通过就业结构、产业结构、产品结构、流通结构、分配结构和消费结构等表现出来。另一方面，是使得投资结构直接服务于各族劳动者素质技能的提升，投资于包括学校教育、职业培训、科学研究和技术发展等方面，以此促进各族劳动者素质技能的提升。可见，这里的投资结构是广义的，是针对各族劳动者素质技能在社会范围内的投资所形成的结构。

调整民族经济结构以促进民族经济发展，要求形成民族产业，优化民族产业结构。世界各民族的发展历史表明，民族的自立自强，要以产业自强为前提。而产业要自强，就要求产业结构乃至经济结构的优化。在经济日益全球化的今天，强调民族产业并非弱者心态，而是民族经济发展的必要内容。

以各族劳动者素质技能结构为核心，围绕各族劳动者素质技能结构形成民族投资结构，建立民族产业结构，由此调整民族经济的就业结构、产品结构、流通结构、分配结构和消费结构的过程，就是民族经济结构的调整。民族经济发展在此过程中实现。

第七章　民族经济的经营管理

民族经济的经营管理是民族经济矛盾中最为具体层次的矛盾。民族经济的经营管理是在明确经营管理主体权利与义务的前提下，发展和维护主体的利益。个体企业、私有企业、公有制企业有其不同的主体和权利关系，应当探索不同性质企业经营管理方式及其演变规律，民族经济就是在多种经营管理方式并存中演变发展的。

一、民族经济的制度、体制、结构决定其经营管理

民族经济过程是一个不断发展变化的运动过程。民族经济制度是个人利益、权利、关系集合的抽象规定，它展开于民族经济体制，再通过体制而展开于民族经济结构。民族经济结构是从总体上对民族经济关系的规定，也是包含着制度规定的民族经济体制的存在形式。民族经济制度是对一种社会形态中经济关系总体性质的规定，其中的主要矛盾决定民族经济制度的性质，进而制约民族经济体制、经济结构与运行机制。

民族经济制度中首要和根本的矛盾是所有制的矛盾。所有制由劳动力所有权和生产资料所有权两个基本权利以及由其派生的占有权、经营权、使用权、收益权、处置权、管理权、监督权等一系列权利构成，并据此来界定各民族劳动者经济地位、经济利益和意识、经济关系。所有制是划分社会形态的根据。以所有制

为根本的经济制度，通过对人社会地位的界定，将人划分为阶级、阶层或不同的利益集团，由此构成总体经济关系和社会关系，制度是这些关系的集合，是阶级之间的制衡。而每个民族个体人又都是在这总体关系中生存，并受其制约。

民族经济体制的矛盾，是各民族经济形态中不同发展阶段的特殊矛盾。民族经济制度在其发展中表现为若干阶段，这些阶段都有其特殊性，制度具体化为体制。以资本雇佣劳动制为例，其制度性矛盾是资本所有权主体对劳动力所有权主体按商品经济的等价交换原则的控制和支配，但在不同阶段，又表现为不同的体制性矛盾，即已有统制经济体制、自由竞争体制、市场经济体制。在这三个阶段，制度的性质未变，但资本所有权主体与劳动力所有权主体的关系，却有局部的变化，特别是在占有权与经营权的关系上，以及国家的作用等方面，表现出民族经济关系和经济利益的调整，即其矛盾的演化。其他社会形态也都有阶段性及其体制特殊性矛盾。

民族经济结构的矛盾是特定国度内存在的民族经济制度在特定民族经济体制下的具体表现。民族经济结构是各民族劳动者经济权利及其关系的总体存在形式，它不仅包括权利主体的关系，还包括权利所有和支配的资金及资源等。大体上说，有劳动者素质技能结构、投资结构、就业结构、产业结构、产品结构、交换结构、分配结构、消费结构、区域结构等。经济结构间的制约和作用，就是经济运行机制，它直接体现于民族经济各行业、企业及个人经济行为等。

可见，从矛盾层次来说，民族经济制度、体制、结构是系统性的层层展开，是从简单到复杂，从抽象到具体的。因此，民族经济的制度、体制、结构即为系统而有层次的体系。

作为一个内涵非常广泛的概念，民族经济结构一方面反映的是民族经济各种成分、要素互相联结、互相作用的方式及其运动变化规律，另一方面也是民族经济行为体在各个不同的经济领域按照一定的方式活动、构造具有不同效能的经济侧面，进而介入民族经济生活的直接体现。无论各民族生产力处于何等发展水平，也不论民族在何种制度和体制下存在，只要是民族经济行为，都必然是在一定的经济结构之中活动的，并同经济结构形成互动的关系。经济发展或增长的过程，实际上也就是民族经济结构不断演化的过程，同时也是民族经济活动内容不断增添的过程。受全球经济一体化的影响，现代民族经济结构越来越多地表现出了世界性的特征，各民族经济体系之间的联系越来越多，相互间的依赖性越来越强。在这样的条件下，民族经济结构的开放度、该民族在世界产业分工中所处的位置及经济专业化程度、产业转换的弹性大小等方面，都会对其经营管理带来影响。

二、经营管理的权利和义务

各民族现有的企业无非两种，一是私有资本制企业，二是公有制企业。在这两种所有制企业中，又分若干小的类，如私有资本制中的独资、合伙、股份制企业。

私有资本企业是最古老的企业形式，它大体上在奴隶制时代就已出现，而其演进，是在封建领主制和集权官僚制社会。但由于资本关系并未上升到统治地位，私有资本要受到作为统治地位的经济关系的制约，因此其权利关系也不能显示典型的资本性，其经营管理都带有时代的特点。比如，西欧封建领主制下的商人资本，要受封建统治的控制；中国集权官僚制下的商人资本，要受官僚制度的控制，这时的商人资本，可以营利，也要雇工，但并不能形成现代意义上的企业。究其原因，一是其主体地位和所有权不能确立，二是其雇工的权利不明确。虽有经营管理，但不是典型的企业。

私有资本企业真正成为企业，是随 18 世纪末开始的工业民族的发展而不断成熟的。其成熟的标志，不仅是资本所有权的确立，更在于工业民族劳动力所有权的确立。私有资本企业是资本雇佣劳动制的具体存在形式。

工业民族的私有资本企业权利关系为：资本所有权派生占有权和处置权，占有权派生经营权（使用权）；行使经营权的经理可由所有权主体担任，也可聘任他人；经理以归其使用的货币资本购买生产资料和劳动力使用权，组织经营，管理生产和销售活动；企业的总收入扣除成本和税收后为利润，利润的收益权归资本所有权主体；资本所有权主体依处置权决定利润的分割，其中一部分作为积累，投资再生产。劳动力的所有权归工业民族劳动者个人，但劳动力所有权并不参与企业，而是其派生的使用权经资本购买后，进入企业。工业民族劳动力所有权也可以派生其占有权，占有权集合于工会组织，由工会统一与资方交涉劳动力使用权的价格及劳动者的待遇等事宜。

工业民族的私有资本企业的基本形式是独资企业，即资本归一个所有权主体。独资企业的规模一般都较小，其所有权并不派生占有权，经营权多数由工业民族的资本所有者自己行使，也有少数聘人行使。经营者雇佣职工，即购买他们的劳动力使用权，并指挥其劳动。企业利润归所有者，由其决定处置分割。

合伙企业是指有两个或数个资本所有者的企业。合伙企业也是在工业民族经济发展中才取得现代意义的。合伙企业的资本已派生占有权，并据占有权而决定经营权行使者。经营权行使者或由合伙人之一担任，或另聘他人。经营权行使者与雇佣劳动者的关系也在劳动力使用权上。企业利润归合伙人，由其商定处置分割。

股份企业是最具现代意义的私有资本企业，是工业民族资本发展到较高阶段的产物。其资本所有权不是一人或少数人拥有，而是由多数人共同拥有，还通过发行股票广泛吸纳社会资金。因此，它往往给人以“公有制”的假象。但股份制中往往要有一大资本所有者拥有多数股票，成为控股人。因股份企业是以股票量来决定其权利的，只要拥有该企业的简单多数股票（51%），就可以控制其全部所有权，或者说全部所有权都由控股者来行使。也有几个人各占较大数量股票，其结合起来也可以控股。而小股东或分散的股票购买者，只是搭车分利，其股票表现不出资本所有权，只有货币所有权。

股份企业的资本所有权派生占有权，并由专门机构（董事会）行使，由该机构聘任经营权行使者，再由经营者与雇佣劳动者发生关系。企业利润按股票分配，但为了再生产，董事会要决定积累比例。也有不分红利，而以股票升值来体现赢利者。股份企业中的工业民族雇佣劳动者大都将其劳动力占有权集合，并组织工会，代表劳动者与企业经营者交涉工资或其他待遇、工作条件。

私有资本企业的经营管理，主要是针对劳动力使用权的。经营者以货币资本购买劳动力使用权，并组织、指挥他们劳动，即发挥其劳动力。在这一过程中，当然也要涉及生产资料。经营权中包括对生产资料的使用权，但不是由经营权行使者来使用，而是由他将生产资料分配给劳动者使用。劳动过程就成了劳动力使用权与生产资料使用权结合的活动。

私有资本企业的经营权行使者是经营管理的主导者，到股份企业普遍化时，形成了一个专门从事经营管理的阶层，这是工业民族的一个重要社会阶层，他们在现代企业中的作用日益突出。由于企业规模扩大，层次增多，从事经营管理的人数也在增加，但行使经营权的人却只有一个，其他人都是他的助手。因经营管理作用的突出，所以常出现经营权行使者与占有权行使机构及所有权主体的矛盾。对这种矛盾的探讨，就形成了所谓“制度学派”经济学家，其中大多数人是站在经营权行使者立场上的，也有人是在调和他们与所有者的关系。而工业民族大资本所有者则通过分给经营权行使者股份的方式，缓解相互间的矛盾。这些都表明经营管理在私有资本企业中的重要性。

公有制的经营管理，是基于这样的权利关系的：劳动力所有权是基本权利，生产资料所有权是从属于劳动力所有权的，但在权利关系上又有分别，特别是在初级公有制中，生产资料的所有权占有突出的地位。劳动力所有权和生产资料所有权属于劳动者个人，由这两个所有权派生一个（合作企业）占有权行使机构，或两个（国有企业）占有权行使机构。再由占有权行使机构（国有企业的两个占有权行使机构要结合为一个占有权执行机构）选聘经营权行使者。经营权行使者组织、指挥职工使用生产资料进行劳动，制造产品或提供服务。其销售后的价值，上交税收后，由占有权行使机构提出积累与消费比例，其中消费部分，按职工所付出劳动的质与量分配，积累部分则用于再生产。此外，还有一部分公益费用，由公共机构统一支配，或用于公益活动和设施，或用于职工福利。

私有资本企业经营管理的法权依据，在于对资本的所有权。而公有制企业经营管理的法权依据，在于劳动力的所有权和由此决定的劳动者的社会主体地位。私有资本企业与公有制企业是工业民族劳动者的两种不同权利体系和社会地位。公有制企业是工业民族劳动者联合的生存单位，这种联合就是工业民族劳动者将其劳动力所有权派生的占有权集合起来，集合的劳动力占有权形成对劳动力使用权的支配，正是这种支配，构成公有制企业的经营管理。当然，经营管理还包括对资金、生产资料的支配与使用，包括对产品及服务的销售，核算成本等各种具体环节。在私有资本企业的经营管理中，这些是其主要内容，而对职工的管理则是次要的，从属性的。

经营是企业运行的过程，管理则是对这个过程的掌控、协调。在不同的所有制权利体系中，管理的地位和作用也是不同的。奴隶制下的管理将奴隶视为牲畜一样的役使，封建制和集权官僚制的管理，虽有所宽松，但管理者对被管理者的掌控，还是绝对的。私有资本企业中的管理，一是将资金、物质资料作为主要内容，二是把劳动者仅仅视为劳动力的载体。如何最大限度地发挥资金、物质资料和劳动力这些“生产要素”的功能，是其经营管理的目的。为此，有些经营者，特别是20世纪末西方工业民族的经营者开始注重发挥劳动者的创造性，这既是生产方式向智能化转变的要求，也是劳动者素质技能提高的表现。甚至有人提出“行为管理”、“以人为本”等提法。但其目的仍是利润，所用方式，亦不过是增加工资、奖金等“物质刺激”。

公有制企业的经营管理，是联合起来的工业民族自由劳动者通过民主的方式，将其所有权中派生的占有权及其经营权，交由能够代表自己利益，并有管理能力的人来行使。在经营管理过程中，职工既是被管理者，又有对经营管理的建议和批评权利，由此而形成相互制约的关系。

从公有制的形式论，合作企业是基本的，也是充分体现这种权利关系的。合作企业也有生产资料所有权，但它是从属于劳动力所有权的。因此，合作企业中每一个参加者的所有权是平等的。由所有权而派生并集合的占有权的行使，派生并控制经营权。经营权行使者组织和指挥参加者的劳动，以及经营、销售的全过程。参加者有对企业建议和批评的权利，但又有服从经营者指挥，尽职尽责完成工作任务的义务。

合作企业中经营管理的权利关系，是公有制企业经营管理的基本形式。这一点已在中国及西方国家的合作企业中得到证实。国有企业的经营管理，较合作企业有所不同，这主要表现在其生产资料所有权并不完全属于本企业职工，而是属于包括本企业职工在内的本行政区域内的全体劳动者。这样，国有企业的所有权和生产资料所有权就不像合作企业那样平等地属于每个职工，而是有两个主体。但这并不影响由两个所有权主体派生各自的占有权行使机构结合起来，选聘经营权行使者。经营者与职工的关系，以及职工权利与义务，都是与合作企业相同的。国有企业与合作企业的另外一个差别，就是要从总利润中拿出一部分归生产资料所有权主体，这是其收益权的体现。

有权利则必然有义务与之相对应。工业民族的经营管理就是依据经营权，组织协调和指挥职工协作，运用共同占有的生产资料，进行生产和服务性协作劳动，以创造新价值的过程。公有制企业的经营管理，是其经营权的运用。经营权行使者的义务主要有：(1) 按经营合同负责企业的全部生产经营活动；(2) 遇到重大问题，特别是合同中没有规定的，要及时向占有权行使和执行机构通报和请示，并提出解决的方案，经占有权执行委员会同意后，付诸实施；(3) 定期向占有行使和执行机构汇报经营情况，按年度总结经营结果；(4) 向占有权行使和执行机构交纳经营利润，即本企业创造的公共价值；(5) 向职工说明自己的经营设想和对职工的要求，并征求职工对经营的建议，听取批评；(6) 按职工劳动的质与量，发放工资和奖金。

企业职工有服从组织、协调、指挥等义务。不能因为职工是公有制企业的所有权主体，就不服从经营者的组织、协调、指挥。所有权对经营权的控制，是通过占有权机构施行的，职工在经营层次上，其劳动力的使用权已由占有权行使和执行机构授予经营者，他们必须尽其作为劳动力使用权载体的义务。

具体说来，企业经营管理有以下义务：第一，组织协调和指挥职工协作。公有制企业的经营管理与私有资本制企业的经营管理，都是在社会化大生产条件下组织群体人，这种群体人的生产活动，是以一定程序组织起来的协作。组织，就是根据职工的技能和身体素质，明确其各自的分工，以及各分工之间的关系；协调，则是将组织的分工，按协作的要求调节职工的相互关系，使之成为一个有机体；指挥，是对协作有机体按规划的程序，有步骤地指导和命令，以使参与协作的职工技能和身体素质得到充分发挥，并在协作中创造更大的“集体力”。

第二，强化和完善资本和成本管理。通过企业自身积累、银行贷款、发行股票等渠道筹集资金，根据所筹到的资金，按照协作的需要计划安排资金的使用。同时分析资金使用过程中的情况，发现问题，及时调整。对特定期限内的资本使用进行总体计量和评价。成本管理并不只针对本企业成本总量与个量的计算，还要从市场的角度，了解本行业的产品与服务的价格，以及平均成本，以此判断本企业的成本在本行业的水平。

第三，技术、质量、营销、财务、安全、环境保护等环节管理。企业要承担新技术的普及与技术创新的职能，并根据技术标准规定质量标准。在经营管理的总体上树立明确的市场意识，在内向的生产各环节的管理上为外向销售做好充分准备。销售发现的问题及时反馈于内向的各管理环节。把对各层管理的测量通过会计的计账和报表等方式显示。企业要为职工提供充分的安全保护设施，建立安全保护责任制。企业要注意保护环境，大力推行清洁生产。

第四，培养企业文化，造就社会主义的经营者。私有企业可以有他们自由的“企业文化”。但公有企业需要在初级的企业文化基础上，进一步创新，形成新阶段的企业文化，进而影响私有资本企业的企业文化。同时在培养公有制企业文化的进程中，造就一批社会主义的经营者，使高素质的公有制企业的经营者队伍得以形成。

三、个体生产的经营管理

个体生产是生产资料归个人所有，以个人劳动为基础，劳动所得归劳动者个人所有的一种经营形式。个体生产在农耕民族中尤其在集权官僚制下的农民那里是普遍存在的，但只有在工业民族经济中才有现代个体生产的经营管理问题。个体生产有个体工商户和个人合伙两种形式。社会上一般认同的个体工商户则指广义上的个体工商户，其中包括个人合伙。

个体工商户形式的个体经营实体具有自然人和经营者双重身份。作为自然人，其当然享有法律赋予自然人的一切权利，包括一般经营组织所不可能享有的婚姻自主权、财产继承权等民事权利。同时，其作为个体工商户，又享有法律赋予的、不是一般自然人所能享有的经营的权利，如请帮手、带学徒、起字号、签订经营合同等工商业经营的权利。按法律、法规要求，其取得双重身份的前提条件是必须依法经核准登记，领取营业执照，因而属于营业适用的市场主体，从这里显示出个体生产的工业民族特征来。

个人合伙形式的个体经营实体是自然人的集合、财产的集合。合伙人之间具有共同经营、共同劳动、共担风险的经营关系，这也是工业民族一种重要的企业组织形式，在一定程度上兼顾了各方面的优势。表现为：(1) 既有合伙人之间的相互制约，又具有企业股东更为融洽的人际关系，因而出现随意性决策和无益内耗的可能性较小；(2) 既能实现较为科学的管理，又不必专设管理机构，因而节约了相应的人力、物力；(3) 既能实现人、财、物的聚合有度，又不致像公司制企业那样必须经过一系列法定程序才能处理问题，因而有经营灵活的优势；(4) 由于所有合伙人都对经营债务承担连带无限责任，使得个人合伙具有相对可靠的商业信用和责任分担的经营风险，使经营者与其交易伙伴都具有较强的经营信心。

个体生产在工业民族经济发展中有着自己独特的优势，它在促进社会经济发展、增加就业岗位、推动社会进步以及保持社会稳定方面发挥着重要作用。一是个体经济发展的政策优势。从中央到地方在确定个体经济的社会地位、支持与鼓励、权益保障、法律责任；政府有关部门对个体经济提供公开、高效服务；个体经济可享受的优惠政策；对个体经济各种合法权益等都做出了具体明确的规定。这既是个体经济发展的机遇，也是个体经济发展的最大优势。二是个体经济发展的经营优势。个体经济规模在逐年扩大，发展速度在逐年递增，个体经济已逐渐成为社会经济的主角，并发挥着举足轻重的作用。而且它们经营分散，机动灵活，容易转型，受经济危机冲击相对要小，对社会经济的发展有较强的适应性。三是个体经济发展的效率优势。他们的资金是自筹的，这使得个体经营业主更加关注自己的生产效益，努力提升盈利能力；在生产经营上，基本是低负债甚至是零负债经营，经营的负担也很轻，而且在较低的负债率下，同其他经济体制相比，在激烈的市场竞争中可轻装上阵。四是个体经济发展的灵活优势。个体经营户多为中小型户，拥有较为灵活的内部用人机制和分配激励机制，在人员的使用和配置上，最大限度地做到了人尽其才，拒绝冗员，并通过激励、监督等有效的控制手段，挖掘员工最大潜力，管理者与生产人员的工作主动性强，积极性高，人均劳动生产率高于其他经济性质的企业。这些优势是以工业民族的工业生产方式为基础而产生的。

目前，从中国社会经济的发展现状来看，个体经济在发展中仍然存在着不少困难和问题，主要表现在：一是思想不够解放，观念更新欠缺。大多数个体经营户，只顾眼前利益，缺少长远目光。对中央政府的政策领会不透，采取观望态度，不敢放开手脚、放胆发展；品牌意识淡薄，认识不到行业品牌是无形资产，缺乏宣传投入和行业品牌建设的理念；许多个体经营户的思想、文化、科技、政策、法律、业务水平普遍较低，市场经济意识不强，片面追求经济利益，忽略了具有深远影响的社会效益。二是环境有待改善，服务有待提高。个体经济从总体上看，一直处于自发状态，在具体经营活动中，经营环境得不到改善，受到诸如税费上的不平等待遇等；相当多的个体经营主体存在急功近利的行为，经营行为不规范，服务水平较低，服务质量不高。三是融资渠道单一，发展资金不足。个体经济融资困难，渠道单一，大部分基础性资金来源于内源融资，获得的银行信贷支持较少，而从资本市场直接融资又面临门槛较高的困境。造成发展资金不足，设备无法更新，缺乏发展后劲，难以大规模进行生产经营和开辟更大的经济市场，也难以实施多元化经营。四是经营规模不大，管理水平低下。由于个体经济起点较低、规模较小，其建立的生产经营网络覆盖面小、能力有限；现有管理者缺乏生产经营管理方面的专业知识，管理水平不高，创新能力极弱；家族式管理弊端突出，管理人才难以由外部引进，人力资源开发空间狭小；效益水平和经济总量有限，抵御市场风险能力不强。这些缺点是工业民族没有发育完全，而带有农耕民族的民族性造成的。当前中华民族正是在这样一个从农耕民族向工业民族转变的过渡状态中。

对中国民族经济的发展而言，培育成熟的个体经济主体具有极其重要的现实意义。既是实现社会经济跨越式发展的重要力量，也是优化所有制结构、增加地方财政收入、拓宽就业渠道的有效途径。针对现存的问题与困难，就是克服农耕民族不利于工业生产方式的因素，同时继承发扬其中有利于工业生产方式的因素。

从政府施政的宏观层面出发，要科学引导，积极扶持，推进个体企业从量到质的转变。一是要引导更多的人才和资金进入这一领域，使个体经营户在量上有大的扩张。二是要重点选择一批上规模、上档次、上水平的个体经济作为龙头企业重点扶持，引导其向经营规模化、管理科学化、生产集约化、发展集团化、质量标准化的方向发展。三是要优先发展高新技术产业，积极运用高新技术和先进适用技术改造提升传统产业，使其尽快接近和达到发达地区的水平，改变个体经营户科技含量低、产品质量低、高附加值低、经济效益低、社会贡献低，占国内生产总值比重低的状况。四是要通过提升科技、改善管理、扩张规模等手段，发展一批适应市场需求、有领先优势的企业。五是要鼓励和引导个体经营户走出去，充分利用国内国外两个市场、两种资源，发展壮大自己，推进外向型经济的发展。

二要转变政府职能，放宽管理政策，激活个体经济发展主体。发展个体经济的主体是劳动者，创造力也在劳动者。要破除一切妨碍个体经济发展的思想观念和做法，革除一切影响个体经济发展的体制弊端，最大限度地激活各类市场主体，让社会资金大量投入，让能人各显神通，让全社会创造财富的源泉充分涌流。因地制宜，充分发挥地区优势，制定符合区域经济社会发展实际的政策措施，以发展与优化并重为原则，在个体经济发达的地区，把优化作为重点，即在优化中取得更大的发展；在个体经济欠发达的地区，把发展作为重点，即在发展中不断进行优化。在生产要素组合的技术层面上，既要依托劳动力资源优势，大力发展劳动密集型产业，又要积极筹措资金，努力发展技术密集型产业。打破区域界限，鼓励和支持个体经济加强横向经济联合与协作，形成产业链和关联产业群，引导个体经济进行合伙经营、股份制合作或集团（公司）制改造，通过联合、改制和品牌合作等多种形式，扩大名牌产品辐射力，扩宽经济市场发展空间，增大经济市场占有份额，促进个体经济的快速扩张。同时，对个体经济要给予适当照顾，实行信贷平等，拓宽融资渠道政策，建立新型银企关系和信用担保制度，解决融资难的问题。

从个体经济的微观层面出发，其一，必须广开人才资源，提高管理水平，积极开拓市场。伴随社会生产力的迅猛发展和科技进步的日新月异，个体经济面临的发展环境日趋复杂，仅仅依靠胆量和苦干，已远远不能适应企业发展的需要。加强管理是个体经济发展的当务之急。一是提升个体经营业主的自身人力资源开发水平，通过自学，参加培训、交流等形式，加强对国家方针政策和市场经济、经营管理、市场营销等业务知识，以及法律、金融、会计、科技等基础知识的学习，使自身的政策法律水平、科学决策水平、经营管理水平和驾驭市场经济能力都有较大提高。二是改变原有的经营管理模式，树立人力资源是企业“第一资源”的理念，坚持以人为本的现代经营管理理念，打破家族式管理，广纳人才，建立新型高素质的管理队伍。三是围绕资金、成本、质量三个环节，建章立制，充分发挥员工的积极性、主动性和创造性，充分发挥个体企业贴近市场、反应灵敏的优势，努力提高生产、经营、管理质量，加大技术改造力度，提高产品科技含量，积极打造知名品牌和消费者信得过的产品，实现品牌效应，在激烈的市场竞争中获得更大的市场份额。

其二，必须规范经营管理行为，积极推进更大发展。伴随经济规模的不断扩大，个体经济依法经营、规范服务势在必行。遵守各项经济法规和劳动法规，努力改善劳动条件，切实加强安全生产，认真依法维护好劳动者的合法权利。在生产质量和服务质量要求越来越高的今天，只求生产质量，或只求服务质量，已远远达不到客户的服务需求，必须树立以用户为中心的思想，将满足用户的需求作为个体经济生存和发展的宗旨。按照市场经济规则，不断规范和完善生产管理、技术管理、质量管理、财务管理、人事管理等内部制度；坚持以产品、资本为纽带，积极推进专业化分工和协作，形成低成本、高质量、可灵活应变的生产组织体系。在坚持以经济效益为出发点的同时，也要兼顾以社会效益为落脚点；既要依法经营，照章纳税，也要文明生产，讲求信用，自觉在国家方针政策和法律法规要求的范围内组织生产经营活动，促进个体经济快速、健康、持续、稳定发展。

四、私有企业的经营管理

中国的私有企业以农耕民族的传统经营方式为主，辅之以旧的“小买卖人”经营方式和从外国引进的管理思想。

从经营管理层面看，20世纪前半叶的私有企业，大多数都是资本所有者自己行使经营权，由于企业规模小，其辅助管理人员又多由家庭成员及亲戚朋友担任。在这些企业中，明显地表现出家族式经营的特点。对职工的管理，已开始改变原有手工业和商业店铺的师傅带徒弟的方式，雇工人数增多，因此呈现出雇佣劳动的形式。但雇工的劳动力所有权得不到法律保证，也很少有工会等组织代表工人行使劳动力的占有权，低工资、高强度、长时间，是当时工人劳动的状况，也是对工人劳动力使用的管理特点。只有少数规模大些的私有企业，在所有权层面实行了股份制，并由董事会行使占有权，选聘经理。经营权的行使中，也有比较系统的财务、技术、营销机构和专职负责人，雇工和用工也相对规范，但远未达到同期西方国家的“科学管理”的程度。

新中国成立以后，实行多种经济成分并存，容许私有资本企业存在，并强化政府的监督、管理，更重要的是工会的制约，这促使私有企业的经营管理发生了重大变化。经过“三反”、“五反”，成立各级工商联（工商业联合会），加强工会组织，实行

"工人监督生产"，以及政府在税收、利率、价格、加工订货等方面的总体调控，私有企业的经营管理得到明显改进，特别是工会的作用，使私有企业在经营中的非法行为得到抑制，假冒伪劣现象杜绝。私有企业在国家的总体监督、管理之下，大多数都能合法经营，而且其劳资关系也得到妥善处理。职工的劳动力所有权得到确认，并成立了集中行使劳动力占有权的工会，工会不仅代表职工利益，而且承担监督经营的职责。这可以说是中国历史上仅有的几年确立了劳动力所有权的时期，由工会代表职工与资方的"劳资协商会议"制度，对于解决劳资纠纷，改进职工管理，起到了明显作用。这期间私有企业在经营管理方式上的进步，是相当明显的，其原则和基本点，已达到20世纪下半叶西欧各国社会民主党和工会经长期斗争而达到的水平。认真总结这期间国家对私有企业的总体监督、调控，及其在工商联和工会制约下的经营管理经验。对于今天私有企业的发展，对于经营管理学的发展，都是相当重要的。

20世纪80年代以来形成的私有企业，与50年代相比，范围、规模、产值、效益等无疑都有很大增加，但其经营管理方式和水平，甚至远低于50年代的私有企业。造成这种情况的原因主要有：

第一，50年代国家对私有企业监管的原则是促其在生产关系上的改造，总体调控的力度很大，而80年代以来国家对私有企业总的说是要其发展生产力，增加税收，因此很少总体的调控。可以说，50年代中国政府对私有企业的关系类似资本主义市场经济体制下的总体调控，而80年代以来，则实行了西方18世纪末19世纪初的自由放任。除工商行政管理和税收等总体性的管理外，对企业自身的经营管理基本不予干涉。

第二，私有资本的来源与其所有者、经营者的素质不同。20世纪50年代的私有企业，都是在旧中国延续下来的，都有十几年、几十年。甚至上百年的经营历史，在官僚资本和外国资本的双重压制下，历经战乱，能得以保存下来，可谓艰难辛苦。其所有者和经营者的素质相比之下都是较高的，且有丰富的经验。而20世纪80年代以来的私有企业．特别是在80年代形成的私有企业，其资本的来源大部分是政策提供的机遇，以及通过贷款而来，是“暴发型”的。它们的所有者、经营者，也很少经营企业的经验。只是到20世纪末，才有一批受过高等教育的管理型、技术型人才成为私有企业所有者和经营者。

第三，职工的权利与地位不同。20世纪50年代新中国刚刚成立，工人阶级是领导阶级，私有企业的职工有很高的政治地位，其劳动力所有权因工会集中行使占有权而得以确立。“劳资协商会议”制度保证了工会代表职工与资方就工资、福利进行谈判，并参与生产经营。而80年代以来的私有企业职工，则是以“弱势群体”的身份存在，是为了谋生的打工者，他们不能成立代表自己利益的工会（大多数企业没有工会，少数成立工会的企业，竟有“老板”、经理当工会主席者，或由其亲信负责），其劳动力所有权得不到体现，也不能派生并集中行使占有权。工资、福利基本上由经理决定，职工并无监督企业经营管理的权利。

第四，国家对私有企业的监控力度不同。50年代对私有企业是改造性的监控，虽有卡得过死的局限，但私有企业不能不因此而合法经营，特别是“三反”、“五反”以后，私有企业违法的情况杜绝。80年代以来的私有企业，是以“改革”的名义出现的，并被赋予“发展生产力”的重任，虽然在实际经营中会遇到各种阻力，但却没有法律和政策的严格控制，政府不仅鼓励，而且会以各种优惠来扶植其发展。这样，就使一部分私有企业的所有者和经营者觉得有空子可钻，偷税、污染环境、假冒伪劣层出不穷，对职工的管理采取极度野蛮、残酷的方式。

第五，国家对私有企业的总体调控和指导程度不同。50年代的私有企业，是在国家的税收、利率、价格的总体调控下，国家并以加工订货、统购包销进行直接调控，同时利用行业组织（工商联）进行指导性管理。80年代以来的私有企业，虽然也有国家的总体调控和指导，但其程度远达不到50年代，甚至在一定时期，一些地区出现了放任自流，以及地方保护等现象。这样，私有企业的经营就陷入无政府状态，不仅不利于总体经济的发展，而且造成企业的布局不合理，生产过剩、亏损、破产。

以上这些原因表明，50年代国家对私有企业调控旨在把私有企业纳入国家工业化轨道，农耕民族的民族性不利于工业化的方面得到强力抑制；而80年代后，私有企业发展所受到的调控力度大为减弱，农耕民族的民族性中不利于现代工业生产方式的因素作用增强。这一时期中国私有企业在经营管理方面的特点，主要有：

其一，家族式。这在20世纪80年代的第一、二批私有企业那里表现得相当突出，这些私有企业主要来自经商潮中暴发的个体经营者，利用“价格双轨制”或其他政策，而得到了资本原始积累。当然，在这个过程中，也表现出了他们的胆识和计谋。但这并不是真正意义上的资本经营。他们在突然发财之后，又会发现很是孤单，一方面不敢相信自己怎样会暴发，另一方面也不相信他人，而且他人也很难相信他们。这样，当他们投资于企业时，在经营管理上所能依靠的，也就只有亲属。不论人、财、物，都要倚仗其亲属管理。由此形成了家族式的经营管理特点。

其二，重视经济效益，忽视乃至不顾社会效益。20世纪80年代以来的私有企业，是突然形成的，对于其资本所有者和经营者来说，唯一的或主要目的，就是赚取利润。这一点是相当明确的，而当时社会舆论又以“一切向钱看”为导向，政府对私有企业的要求，基本上就是纳税，至于社会功能和效益等方面，则很少要求。这样，私有企业在经营管理中，就把获取利润作为目标。这是符合西方资本主义政治经济学的，但却与西方国家的私有企业有重大差别。西方国家是以私有企业为经济主干的，为了维持资本对社会的统治，各私有企业不能不承担社会义务，这是由国家总体调控所制约的，并对企业提出相应的社会效益要求。而中国则不同，各种社会义务，基本上都由公有制企业来承担，国家很少要求私有企业的社会效益。这样，私有企业在投资经营的各环节，几乎不把社会效益考虑在内。

其三，对职工的低工资、高强度、长时间管理方式。由于不考虑社会效益，而且中国的劳动力严重过剩，私有企业在投资和经营时，都把无限的廉价劳动力作为其获利的主要条件。不仅国内新生的私有资本企业对职工采取这样的管理方式，而且港、台地区的资本和日本、韩国的资本，都把这作为获取利润的主要手段。在一些企业中，工人的劳动强度之大，时间之长，都是现代世界罕见的，但其领取的工资量却又相当低。与此同时，对职工的管束又非常严格，常有关于某企业职工因迟到或上厕所超过规定时间而受处罚的报道。至于随意解雇和罚款，则是实施这种管理方式的必备措施。

其四，偷工减料、假冒伪劣、污染环境、破坏资源的现象屡见不鲜。由于国家监管不力，一些私有企业就把偷工减料作为其获利的主要手段。更有甚者，就是假冒伪劣产品的生产，以致国家不得不专门设立“打假”机构，而消费者被假冒商品坑害的事件层出不穷，严重扰乱了市场秩序。为了获取最大限度的利润，私有企业的经营者中有相当一部分根本不考虑对环境的污染，违反法律、法规，肆意排放污水毒气。至于破坏资源，主要出现在小矿井、小油井等采掘业中，这在山西、陕西、广西等省区尤为突出，为了一己之利，滥采乱挖，不仅制造了众多伤亡事故，而且严重损害了国家的资源。

其五，财务管理中弄虚作假、偷税、骗贷、逃债、不讲信用。在这些企业中，都有两本或三本账，不同场合，用不同的账本来应对。偷税是相当普遍的，这是其获“利”的主要方式。由此而造成的信用危机，导致全社会都把“诚信”作为一个主要问题来讨论。

其六，拉拢腐蚀党、政及执法、司法机构中的负责人和公务人员。这本不属于企业经营的范畴，但在80年代以来的中国私有企业中，却有相当一部分“企业家”是以此为第一要务和本事的。这一方面是行政集权体制的存在造成的，它对企业经营在总体上的管制，几乎涉及各个环节，只要稍微用一些卡和拖的功夫，就能给经营造成损失。为了打通关节，企业的经营者不得不去拉拢掌管这些关节的官员。另一方面则是私有企业所有者和经营者主动去腐蚀官员，以求利用其控制的各种资源来获取超额利润。在这方面他们的“经营”能力之高之妙之精细，是任何人都比不上的，几乎人类品性中所有的弱点，他们都将之塑造为真正的“聚宝盆”、“摇钱树”。这两个方面的相互作用，不仅使一批“企业家”暴发，也使一批官员腐败，如此相互促动，二者都发生了质变：私有企业变成了官僚资本，官员变成了“企业家”。

其七，开始学习、借鉴西方的经营管理学，引进西方现代经济管理经验。20世纪90年代中期以来，私有企业的构成发生了一些变化，一部分原来在事业单位和行政机构中的供职者从“下海”到成为资本所有者，其自身素质和所办企业的技术层次相对较高。而80年代以来的“民营企业家”经过淘汰，剩下的也是素质较高者。从自身的学识和经验中，他们意识到提升经营管理的必要性，于是开始学习西方经营管理学，引进西方现代管理经验。虽说尚处于起步阶段，但对于中国的私有企业来说，毕竟是一个良好的开端。在资金、成本、财务、技术、质量、营销等环节的管理上，西方经营管理学及其企业经营管理经验，是有许多可供中国私有企业学习、借鉴之处的。少数中国私有企业主和经营者在这方面的努力，不仅对其企业，而且对提升中国的企业经营管理水平，都是有益的。

五、公有制企业的经营管理

中国初级公有制经济的两种形式为国有企业和集体制经济。这两种企业形式是工业民族经济的社会主义形式，对中国来讲还是农耕民族、游牧民族走向工业民族的社会主义经济形式。但中国公有企业在生产方式上带有农耕民族色彩，在生产关系上带有旧的集权官僚制色彩。其经营管理受权利体系的制约，明显地表现为行政式的管理。

中国的行政管理，是有深远历史传统的，两千余年的集权官僚制，积累了丰富的行政管理经验，并有一套完整的机构和运行机制，以及相应的官僚文化。这在现行的行政管理体制中必然有所继承。更为重要的是，以武装斗争为主夺取政权的中国革命，其革命队伍的建立与发展，必须有严格的组织和纪律，要有系统的指挥管理。这是中国革命胜利的内在条件，也是新政权建立的依靠力量。从军队到“地方”的转业，虽然有一些变化，但其基本框架依然保存，而作为党政机构附属的国有企业，以及由党政机构直接管辖的集体企业和农村集体单位，其管理机制和机构，势必延续行政式的管理。

这种行政管理的第一个表现，也是其基本形式，就是对国有企业和集体企业规定行政级别，这种形式从 20 世纪 50 年代开始，一直到现在，仍有一些企业照此办理。大体说来，国有企业主要负责人享受副部级、厅局级、处级、科级四个等级，相应地，他们任职的企业也以此划分等级。集体企业主要为科级，少数规模大一些的为处级，还有股级（其属企业中规模小些的）。

后因企业数量增加，还设副局、副处、副科等级别。在企业内部，也按党政机关的模式，设立相关的处、科、室，其负责人也有行政级别。

第二个表现，就是企业的经营管理活动，是按行政管理的方式来运作的。各级企业都有相应的行政主管部门，其负责人由上级党的组织部考察，党委任命。其生产经营由政府的计划委员会和主管部、局下达任务，并拨给相应的生产资料（有少量不计价，大多数计价）。企业负责人依此来制定本企业的生产计划，并由处、科下达任务给生产车间、班组，再按期验收。产品则按政府计划交由相应的企业销售，或直接交另外的企业（这主要是指生产资料的生产）。主管部门按完成任务情况，来考察企业负责人的业绩。

第三个表现，政治思想工作是管理的重要内容。这是革命队伍的传统，也是初级公有制企业在职工管理中最具特色之处。不论国营、集体企业，还是农村集体单位，都设党委或支部，负责全体职工的政治思想工作，而且有一度（20世纪60至70年代）是由党委或支部对企业进行统一领导。党小组及青年团、工会都承担职工的思想政治工作。应当充分肯定，政治思想工作在初级公有制企业及集体经济的发展中起过相当重要的作用，这在低工资、高积累的情况之下，对于凝聚职工，提高其素质技能，增加劳动者积极性，是非常必要的。国有企业之所以能在短期内迅速发展，政治思想工作功不可没。这一层是私有资本企业所不具有的，也是西方管理学中不可能涉及的。当然，不是说政治思想工作是企业经营管理的唯一方式，它也是特殊历史条件的产物，而且有其局限性。但它注重职工的思想，注重文化精神素质的提高，这个基本原则是应当充分肯定的。

第四个表现，是片面注重规模和产量，不注重产值和经济效益（利润）。这是由中国特殊历史条件及其特殊历史任务决定的。

对于在工业化道路上落后的中国，刚刚从外国垄断资本（通过官僚资本）的控制下解脱出来，但又在其严重封锁之下，为了自主自立，必须迅速建构工业骨架。因此，规模和产量都是首先要注意的，这是加速度工业化的要求。当然，不注重产值和经济效益，又是一个缺陷，但从当时的实际情况看，不仅经营管理者，就是企业职工也都不具有相应的素质技能。以行政方式管理，其经营的内容是很少的，更为突出的就是强调生产任务，这与军事任务有相似之处。还要注意的一层是，当时的中国在工业产品方面是短缺的，几乎没有过剩产品。这也是注重产量，不注重产值的原因。

第五个表现，经营管理者大都是"外行"转来。这也是中国初级公有制企业的特殊性所在。新中国成立前的中国，没有形成经营管理的专业阶层，其官僚资本企业就是以行政方式管理的，而少量的私有资本企业，也处于相当低级的家族式管理阶段。在工业企业经营管理方面并没有多少传统可以继承，也没有现成的经营管理人才。新政权要发展工业企业，能够使用的经营管理者，主要是从革命队伍中选派一部分人"转业"承担。其中极少数受教育程度较高，或是工人出身，绝大多数则受教育程度较低，且出身农民。应该说，这些转业而来的经营管理者，基本上都是认真负责的，但其自身素质技能的特点，又是不适应以经济效益为主的经营的。这样的经营管理者队伍，恰与统制经济体制和指令性计划相适应。

第六个表现，是在经营管理中的半军事化和浓重的政治色彩。这是第五个表现的延伸。由于从事经营管理工作的人大多数来自军队，包括中央政府及各部、司局、处，地方政府的各厅局、处、科、股等负责人，以及按行政级别任命的各企业的厂长、党委或支部的书记，他们从军队转业而来，原有的工作原则和组织纪律，都在其从事的经营管理中得到保存。而企业中的职工，也有相当一部分来自转业军人，他们也适应这种半军事化的管理。所谓“半军事化”，是由企业的性质导致的，其基本内容还是军事组织及其指挥方式。与此同时，中国经营管理的政治色彩之浓重，在世界经营史上也是一大特色。经济发展从总体论，就是服从政治。政治统帅经济，政治统制经济，是统制经济体制的基本要求，经营管理是政治统帅经济的具体形式。半军事化的浓重政治色彩的经营管理，不仅体现于企业组织和管理行为，也体现于企业的口号上。而将政治任务作为首要任务，以政治思想工作带动经营管理，就成为初级公有制企业的特色之一。

这种行政式的管理，对于中国初级公有制企业而言，是必要的，也是唯一可行的方式。从这个意义上说，它无疑是有其合理性的。然而，初级公有制的企业也是企业，具有企业的一般性，行政式管理与企业的经营，只有在特殊条件下才是可行的，但其中的矛盾也是明显的。

公有制企业的目的与私有企业有所差别，它不仅要有创造经济效益的目的，也要有提供社会效益的目的。更重要的是，公有制企业是职工的生存单位，职工素质技能的提高是其根本的目的。但这并不排斥企业的经济效益和社会效益的目的，二者是相辅相成的。在中国初级公有制企业中，经营的社会效益是明确的、突出的，但对经济效益却强调不够。这无疑是一个矛盾，对于企业自身的发展，特别是职工素质技能的提高和企业的积累，都是不利的。

企业的经营权是要受所有权派生的占有权行使机构控制的，但这并不等于经营权本身没有其相对独立性。国有企业和集体企业在一定程度上已成为党政机关的附属机构，其经营权的相对独立性很难显现，而半军事化的管理方式，使行使经营权的人很难成为公有制企业的合格经营者。因为企业的负责人是纳入行政系列的，所以经常会在企业与党政机关之间调动，其经营管理的技能很难专业化并提高。

中国初级公有制企业在经营管理方面的矛盾与局限，到 20 世纪 80 年初日益表现出来，特别是在强调企业经济效益后更为突出，于是才有了以片面追求经济效益为目标的承包经营，以及对职工实行“合同制”管理。

承包经营始于 20 世纪 80 年代初，通行约十多年时间。作为中国初级公有制企业在经营管理层次的必要阶段，承包经营现在已经发生了很大的变化。而对职工的“合同制”管理则在承包经营之后，到 90 年代中期全面推广，成为现时仍存在的公有制企业经营管理的主要内容之一。承包经营的思路，是针对已经出现的公有制企业经济效益低下等问题的，但却不是产生于对工业企业的权利体系，特别是对其经营管理中的矛盾分析，而是受在农业中实行“联产承包责任制”的启发。

从形式上看，中国在 80 年代中期所实行的对公有制企业的承包经营，与私有资本股份企业经营权的委托行使有许多相似之处，但又有质的区别。从所有制论，承包经营是针对公有制企业的，而初级公有制企业的所有权主体虚置，造成国家机构和由国家机构控制的集体单位代行所有权的情况。这样，承包经营者就只对不受所有权主体控制的国家机构和集体单位负责。因此，承包经营实质上仍是原有的行政或经营管理方式的延续或变种。是以农业的承包生产，即由个人或家庭为单位的承办土地使用权为先导的经营管理。

国家机构作为实际所有者，在承包经营的关键，即选聘承包人时，依然是由党政机构来决定。不过由原来的组织部门考察，党委任命，加上先由若干人应聘这一环节。至于集体企业的承包经营，在城市中大体与国有企业差不多，即由主管该企业的国家机构主持并发包。农村中乡镇企业则由相应的党支部和村委会主持。因此，除个别企业外，大多数企业的承包者依然是以行政方式选任的。

承包经营突出了经营权的相对独立性，这对于改进初级公有制企业的经营管理，应该是有意义的。从民族经济发展来讲，初级工业化民族要以社会主义制度保证劳动者主体地位，但受带有传统集权官僚制色彩的行政集权体制约束，工业民族劳动者主体地位难以保证，为了增强劳动者积极性，又不放弃行政集权体制，唯一的选择是承包经营，但由于是在没有解决初级公有制主要矛盾的情况下，实行承包经营的，因此，必然会产生新的矛盾。

首先，就是不能明确经营权与占有权的界限，虽有所有权与经营权的“两权分离”，但这个提法本身就忽略了占有权的存在，国家机构直接以所有权主体来派生经营权。但占有权对于公有制企业来说，是不可超越的必要环节，不论理论上、法律上承认与否，占有权所涉及的经济关系是存在的。但不明确规定占有权，不设立相应的行使机构，在国家笼统行使所有权、占有权和经营权时，并不显现没有规定占有权的问题。而以“两权分离”为导向实行承包经营时，承包经营也就承包了占有权，这无疑扩大了经营者的权限，增加了承包经营中的风险。

其次，承包经营并没有改变行政式管理方式，但是在突出经营的经济效益的同时，弱化了行政管理方式中的约束机制和纪律。一些主管部门只注重承包的利润指标，忽略对其经营过程的监督与管理。而相关的条例，也给了承包者“自主经营”的权利。这样，就使一些企业在承包期内由承包者自行决断和处置。盲目投资，任意贷款，乱上项目，以及野蛮经营，竭泽而渔，诸多现象层出不穷。这些，还可以说是出于为企业发展或为职工、小团体谋利益，而那些侵吞公有资产，转移资金，以企业资金炒股套汇，甚至走私贩私的行为，在一定程度上不仅造成了大量国有资产的流失，而且滋长了官僚资本的再生。

第三，承包经营片面注重经济效益，忽略社会效益。这是一种相当普遍的现象，不仅集体企业，国有企业也是如此。其突出的表现，就是强调在承包合同中规定各项经济指标，特别是利润指标，但很少关于社会效益、社会责任以及环境保护、资源合理利用的指标，即使提到也都是“软”指标。短期内看，企业的经济效益是有所提高，但其社会效益却普遍下降，特别是在社会保障体系没有建立的时候，一些企业为了片面追求经济效益，裁减员工，压缩福利，从而造成诸多社会问题。再有就是对环境的污染和资源的滥用，这在乡镇集体企业表现得尤为突出。从近20年的情况看，因破坏环境而得到的经济效益，即使单从经济指标看，也是得不偿失。

第四，承包经营注重了短期经济效益，忽略了企业的长期发展。这是承包经营中相当突出的问题，而对于承包者来说，又是逻辑的必然。西方私有资本企业，不论是个人私有，还是股份制，都不可能采取承包经营的办法。资本家或董事会在选聘经营者的时候，都要把资本增值，即企业的积累作为一个主要指标，并严加约束。行政式管理下的公有制企业，也侧重于积累，以至压缩消费。唯独承包经营，将企业的经营权（含占有权）交给承包者，而他所要承担的主要责任，就是上缴利润指标。至于企业的积累、技术的革新和设备的改进，虽然也会规定，但并无强有力的约束，更无惩罚的措施。因此，承包期的短期行为很快突出，严重影响了企业的长期发展。

第五，承包经营使经营者注重资金的使用与管理，同时重视营销管理以及成本、财务、技术等各环节的管理，但却形成了对职工的雇佣式管理。虽然承包者无权改变国有企业职工的身份，但却可以在招工、用工以及裁减员工等方面，逐步将职工雇佣化。集体企业的承包者在这些方面则有更大的权力。这样，就形成了公有制企业中不应出现的经营者与职工的关系：前者以“老板”自居，视后者为雇佣劳动者。这种关系再演变，就形成职工“合同制”，以及在对职工管理中的各种新矛盾。

企业的经营管理，主要内容是对职工的管理。在行政式管理中，国有企业职工是国家的工作人员，其地位虽然低于国家干部，但也是“终身制”的，除犯罪或重大过失被开除者外，企业经营者并无解雇职工的权力。这种情况，无疑会助长个别职工的消极怠工以及不负责任、不服从管理等问题。当时所能采取的办法只有政治思想工作，这对一部分人有效，对另一部分人无效或效果不明显。集体企业中的情况与此大致相同。

承包经营使农耕民族在历史上采取的集权官僚制以行政集权体制得以保留，但又试图使得初步工业化的民族能够适应工业生产方式发展的要求，这种矛盾反映了中华民族从农耕民族向工业民族发展的经济的民族性。承包经营以后，职工与经营者的关系发生了变化。由于承包者只对其主管部门负责，而职工的劳动力使用权也和企业的资金、设备等一起成为承包者完成承包指标的条件和手段，原来的同事关系已不存在。在初期承包时，还会延续一些旧的关系。但承包时间稍长，承包者就会感到地位与关系的变化，特别是政治思想工作弱化，使其对职工的管理方式也逐步从行政式管理，转向“责任制”管理。

所谓“责任制”管理，实质上就是在企业内部实行具体的多层次的承包。从处科室到车间、班组，都要有特定的承包人，并与企业承包人签订责任书。而这些具体承包人又要明确规定职工的工作量，以及相应的奖惩措施。“责任制”可以说是承包经营的延伸和具体化。应当肯定，对职工责任制的管理，是企业经营的一种必要方式。责任制管理突出了经济效益与职工收入的统一，强调责任与利益的统一。其效果在短期内是明显的。

然而，由于承包经营的矛盾，责任制也形成了新的矛盾。承包者为了完成其承包指标，得到其利益，势必加强经营权限，要求职工完成劳动任务，而承包者能够约束职工的，也主要是工资和奖金、罚金。职工从事劳动，也就把取得这些物质利益，避免经济危害，作为首要考虑的内容。这样，企业的承包者与企业内部的承包者之间，承包者与职工之间的关系，就主要表现为物质利益关系，即金钱关系。公有制企业的职工就与私有企业中的雇佣劳动者相当接近了，但又没有明确其劳动力的所有权。

承包经营从责任制开始，就已形成了企业承包者与职工之间的矛盾。这个矛盾的不断演进，势必导致对职工的“合同制”管理。国有企业招收新职工时，要签订合同，后逐步扩展到老职工，即“全员合同制”。更为重要的是企业有权依照法律、法规和企业规章，解除劳动合同、辞退、开除职工。合同制的实行，宣告了原来国有企业与集体企业职工的身份已经结束，他们实际上在向承包者出卖其劳动力使用权。但与西方的私有企业不同，中国现时期公有制企业职工的劳动力所有权并没有得到法律的承认与保证，也没有权利将其劳动力所有权派生的占有权集合起来，以工会组织来与经营者谈判，或采取集会、罢工等抗议形式。

合同制的实行，对于解决初级公有制企业中积攒下来的一些问题，是有一定作用的，但其副作用也更为突出。职工的下岗、失业所引发的社会矛盾，日益沉重。而付出了如此代价后，大多数国有和集体企业的效益并未提高，相反却出现了大范围的亏损，以至倒闭、破产。这种现象说明：公有制企业的经营管理，是不能脱离其所有制的，经营管理层面的改革，只有在坚持公有制的前提下，按照劳动社会主义的原则，以确立职工的劳动力所有权为基础，才能取得应有的成效。片面依从“利润最大化原则”，不顾职工权益地扩大承包经营者的权力，不仅会损害职工利益，而且也不可能真正提高企业效益。

六、民族经济中多种经营管理方式并存及其演进

当我们以中国公有企业和私有企业的经营管理为例进行分析之后，有必要对民族经济的经营管理进行概括，说明其所处阶段及演化的趋势。企业经营管理的阶段是经济发展阶段性的具体形式。现代民族经济发展从总体上说，仍处于从农业生产方式向工业生产方式的转化期，我们所探讨的企业经营管理，是针对工业企业的，在经营管理上，又都受总体生产方式和文明的制约。不论公有制企业，还是私有资本企业都是如此，但因所有制的差别，所受文明特别是其中文化因素的影响，也有所侧重。

民族经济发展从农业生产方式向工业生产方式的转化，是文明发展的基础，据此，也可以说中华民族文明正处于从农业文明向工业文明的转化期。若单从工业规模及其产值等论，中国的民族工业已具有一定的规模，但从总体看，民族人口中的大部分仍然是农民，生产方式工业化虽有较大进展，但基本上还是以手工劳动为主。这表明中国民族经济的工业化远远没有完成，还处于从农业生产方式向工业生产方式的过渡期。农业文明中的生产方式、生活方式、意识形态等，依然存在并制约着代表工业文明的企业经营管理。

在民族经济发展过程中，农业文明向工业文明转化期的企业经营管理，大体可分为公有资本企业和私有资本企业。前者明显表现出受旧的行政集权体制与官文化，以及小农意识中的平均主义的影响，后者则突出表现着受小农经济与小农意识中的自私自利观念的制约。这是二者的差异处，相同之处在于，工业生产技术的后起与落后，劳动者与经营者的素质技能相对较低。也就是

说，不论公有制企业还是私有资本企业，都共同地受生产技术水平、劳动者与经营者素质技能程度的制约，但由于所有制的差别，所受文化影响有所不同，因此其在经营管理上又有差别。

公有制企业，特别是国有企业，明显地受行政集权体制和官文化的影响。国有企业经营管理机构的设置、运作、检验，基本上都是套用行政机构的模式，包括资金管理、技术管理、成本管理，甚至财务管理，其行政性是相当明显的。据此，官文化也有了一定的存留和作用场所。由于职工中小农意识的残存，也给官文化的作用提供了条件。前述在公有企业中最有特色的政治思想工作，从其内容来说，确是在企业经营管理中很有创造性的方式，但在其中我们又可以发现官文化的存留，某些企业的负责人，甚至把政治思想工作变成树立其个人权威，以等级制来控制职工思想的手段。而官文化和小农意识的共同作用，一方面使等级制的官本位成为企业管理的重要内容，另一方面又将平均主义作为管理职工的一种形式。

初级公有制企业中的行政经营管理方式，是其权利体系矛盾的具体表现。在经济学和管理学界，乃至从事经营管理工作的人中，已有对这种管理方式局限性的认识，并提出过一些改进意见，但效用不大。其根本原因，还在于农业文明的基础。而不能及时改革和完善公有制权利体系，又必然使行政管理方式与企业的发展形成冲突。当工作重心转向经济，又把经济效益作为主要目的时，首先要改变的就是这种行政管理方式。可是，公有制的权利体系并未改变，从农业文明向工业文明的转化并未结束，因此，对公有制企业经营管理的改革，只是在经营权层面做文章，而这样并不能从根本上消除官文化和小农意识的影响。承包经营在一定意义上说，就是在保持行政管理方式的基础上，采用汉族小农经济的某些经营理念而形成的一种短期经营管理方式。在承包经营中，充分体现了农耕民族从农业文明向工业文明过渡期的一些特点。

而20世纪80年代以来兴起的私有资本企业，其企业的性质就体现着从农业生产方式向工业生产方式的过渡。应当说，现阶段之所以鼓励私有资本企业，主要理由，就在于这种过渡。私有资本企业是以农业生产方式向工业生产方式过渡的必要形式之一。

由于这个时期的私有资本企业，是先从农民及城市无业人员、个体工商户中抓住机遇而暴富者中形成最初资本，并以银行贷款为其主要发展资金，因此，其所有者和经营者并没有像西方私有资本家那样经过漫长的商品经济的洗礼，也没有根本性的观念与素质的变革。在他们的观念和素质中，小农经济的影响，小农意识的制约，都是相当明显的。而总体上依然存在的行政集权体制，又是私有资本的发展不能摆脱的大环境，其所有者和经营者都要千方百计适应这个大环境，由此，官文化也就成了制约其发展的重要因素。

从家族式经营到其管理的各个环节，都充分体现出小农经济的经营管理特点。不能说全部，但有相当大一部分私有资本企业实质上是扩大了的小农经济式的个体工商户。其办企业的目的，是很单纯的，就是赚钱，甚至连增值资本的目的都不曾设想，而赚钱的目的，又在于谋取好的生活。这样，经营中的短期行为就不可避免，大部分私有企业因此而倒闭，存活下来的也很少有发展的规划，以致出现“大款”们比富斗豪，胡吃滥喝，花天酒地，将并不多的利润挥霍一空，企业得不到积累，技术不能更新。

这在20世纪80年代中期至90年代中期是相当普遍的。大略算来，这期间出现的私有企业，95%以上都已被淘汰，其中一个重要原因，就是其所有者和经营者受小农经济与小农意识的制约，其将自私自利发挥到极致，这在小农经济中有其合理性的观念，在工业民族中就充分显现出其局限。工业民族所要求的协作与市场，都是固守农耕民族意识的“企业家”们所不能明白的。西方发达国家的资本家，也是自私的，但他们明白这种自私只有在市场的交流中才能实现自利，因此，经营中比较注重信用。而以农耕民族小农意识的自私自利武装起来的中国私有企业的所有者和经营者，却不讲信用，不考虑长远，不注重发展。

私有企业的发展，主动权掌握在其所有者和经营者手中，他们的观念和素质往往决定其企业的经营管理。小农意识在他们观念中的残存，以及他们自身素质的局限，使其经营管理与工业民族生产方式极度不适应。他们往往存在能做小不能做大，能做短不能做长；只懂赚钱，没有事业；虽精于算计，但不能开拓；善于攒钱，不善于扩大再生产等一系列问题。从民族经济发展的总体进程而言，他们的发展无疑是迈入工业化过程中的一个环节。他们的管理方式，是从农业个体经营向工业的企业经营转化的第一步。也正是在这个意义上，应承认其必然性，但它又是必然要被否定的，只有对它的否定，才能显现其合理性。

演化到今天，私有企业经营管理中的矛盾已得到比较充分的显现，虽然仍有一些家族式企业在支撑着，但总体而论，那些受小农意识严重制约的民营企业家们，一部分已经在短期内退出了舞台，他们或赚到一笔生活费而颐养天年，或破产欠债但又赖着不还。那些能够存留下来的私有企业，都在小农意识的困扰中挣扎，其中有一部分认识到克服小农意识的必要性，并努力学习西方现代经营管理经验。私有企业间的竞争，是以资本为基础的经营管理的竞争。这个道理，已多少为这些民营企业家们所认知。但总体说来，在行政集权体制的大环境下存在的以小农意识为内涵的私有企业的经营管理，其矛盾的解决，并不只是所有者和经营者观念与素质的问题，而应在完善公有制企业权利体系的前提下，逐步完善私有企业的权利体系，以此为根据，解决私有企业经营管理层次的矛盾。

在经营管理这个层次上，公有制企业与私有制企业是有许多相同点的，二者的差异，是在所有权与占有权上。也正是所有权与占有权层次上的问题，引发了经营权所表现的经营管理的矛盾。民族经济现时期的经营管理问题，要以所有权与占有权层次矛盾的解决为前提，但并不是说在经营管理层次上只是坐等这个前提的到来。经营管理层次的具体性，使之具有相当大的改革空间，也只有在这个层次的不断探索，才能在提升经营管理水平的同时，促进所有权、占有权层次的改革与完善。如此互动，以摆脱农业文明在观念、素质、技能各方面对民族企业经营管理的制约。

第八章 民族经济关系与交往

民族经济学的内容应当包括两个部分：即民族内部的经济关系和民族间的经济关系。到第七章为止，我们所考察的主要是民族内部的经济关系及其矛盾，从本章开始转入对民族之间经济关系及其矛盾的研究。

一、民族间经济关系是民族经济学的重要内容

民族间经济关系是民族经济学的重要内容。经济是人类在交往中有意识地以劳动来满足需要的过程。

> 人类的劳动不能单纯地被看作满足人的需要的手段，它在更大程度上是人的生产和再生产的方式，是人的生活方式。劳动之不同于动物的本能性的活动，在于它将目的性与因果性辩证地统一于自身。目的性设定是劳动过程的本质特征，正是目的性的设定使人能够不断超越既有环境。①

尽管目的性的实现必须借助自然因果性，通过目的设定使自

① Marcuse, H (1931) "On the Philosophical Foundation of the Concept of Labor in Economics" Telos, no.16, Summer 1976.

然因果性转变为被设定的因果性，但是目的性本身是超越于因果性的，是人类自由的根据。这种超越的一个重要表现在于，劳动者不一定依据他本人的需要来确立目的，他可以根据他人的需要来确定目的，甚至可以根据其他种的需要来确定目的。这就是马克思讲的：

> 动物只是按照它所属的那个种的尺度和需要来建造，而人类懂得按照任何一个种的尺度来进行生产……因此，人也按照美的规律来构造。①

当人的劳动不是按照他本人的需要而是按别人的需要来设定劳动目的的时候（在社会分工条件下），人们之间的交往就是必然的，经济活动也就成为人与人之间相互满足需要的过程。在民族经济活动中，这种人与人的利益关系就表现为民族内部人与人之间的关系和民族与民族之间人与人的关系。经济活动从来不像资产阶级经济学所讲的那样是孤立的个人活动，而是人与人之间的活动，经济的发展绝不是单纯的财富增长，而是经济关系的日益复杂化。经济关系即经济矛盾是经济学的主要内容。同样，民族经济学也应该把民族经济关系及其矛盾作为其主要内容，而民族间经济关系则是民族经济关系的一部分。

民族间经济关系是以相关民族内部各族劳动者的素质技能与社会地位决定的，换言之，民族间经济关系取决于民族内部的经济关系。民族内部经济关系的先进程度以该民族体内部劳动者素质技能与社会地位高低来衡量。农奴的素质技能与社会地位高于奴隶，农民又高于农奴，雇佣工人则高于农民。因而，在一个民

① 马克思：《1844年经济学哲学手稿》，《马克思恩格斯选集》第一卷，第47页，人民出版社，1995年。

族经济体内部经济关系中，封建制先进于奴隶制、集权官僚制先进于封建制、资本制先进于集权官僚制、社会主义制度则先进于资本主义制度。当两个民族或多个民族之间发生经济关系时，民族内部经济关系的先进性程度将决定于在民族间经济关系中该民族族体的地位与作用。

马克思曾谈到不同生产方式如何决定民族间分配关系：

> 所有的征服有三种可能。征服民族把自己的生产方式强加于被征服的民族（例如，英国人本世纪在爱尔兰所做的，部分地在印度所做的）；或者是征服民族让旧生产方式维持下去，自己满足于征收贡赋（如土耳其人和罗马人）；或者是发生一种相互作用，产生一种新的综合的生产方式（日耳曼人的征服中一部分就是如此）。在所有的情况下，生产方式，不论是征服民族的，被征服民族的，还是两者混合形成的，总是决定新出现的分配。①

在中国历史上，蒙古人和满族人建立全国政权以前，均处于封建农奴制时代，而汉族早已进入集权官僚制社会。蒙古族主政后，在汉族地区推行草原游牧生产方式，很快以失败告终；满族在征服汉族后，吸取蒙古族教训，迅速向汉族集权官僚制过渡。征服民族在取得军事上胜利后在经济上却被被征服民族所征服。这充分表明，民族间经济关系取决于民族内部经济关系。

近代资本主义先进民族在全球扩张，之所以能够将落后民族作为商品销售地、原料产地和投资场所，建立起殖民关系，根源

---

① 马克思：《马克思恩格斯全集》第46卷上册，第34—35页，人民出版社，1979年。

在于宗主国民族的资本主义制度优越于殖民地民族的前资本主义制度。

同样，民族间经济关系对民族内部经济关系也起着制约作用。民族经济的发展正是民族内部经济矛盾和民族间经济矛盾交织展开的过程。在古代，被征服民族的经济发展不仅受内部落后经济关系的阻碍，并因此而被征服，而且在被征服后因向征服民族的朝贡而愈加受损，内外矛盾焦点集中到被征服民族身上。在近代，随着殖民体系的建立，宗主国的资本不仅从本民族内部剥削劳动群众，并且能从不同民族间剥夺外族劳动群众。而作为殖民地民族经济则内外交困，出路不仅在于内部反封建主义也在于外部反帝国主义和反殖民主义。在今天全球化时代，所有民族经济都被以这样或那样的方式卷入资本主导的全球化。民族间经济关系以比过去远为强硬的程度支配着一个民族经济体的发展。在这种条件下，民族经济学不研究民族间经济关系，是不可能得出关于民族经济发展的正确结论的。

民族间经济关系，也就是民族间经济矛盾，是不同民族在交往中所形成的利益关系。这种关系和矛盾不是一成不变的，而是历史的。民族经济学在考察民族间经济关系时，不仅要关注特定的民族间经济关系形式、特点及其对相关民族经济发展的作用，也要关注民族间经济关系的演变，探求其发生发展和灭亡的规律。凡逻辑的都是历史的，凡历史的都是逻辑的。历史上民族间经济关系的演进在逻辑上就表现为不同的类型。

二、国内民族经济关系

国家与民族的关系在不同时代是有很大差异的。一个国家内部诸民族经济关系的类型在近代以来是同民族国家的建构方式与途径联系在一起的。不了解民族国家在近现代的建构，也就不可能了解一国国内民族经济关系类型。

在研究民族问题时，我们首先碰到了两个“民族”概念：一个是作为民族国家意义上的“民族”，一个是作为构建民族国家元素的国内各民族体意义上的“民族”。前者可以称为“国族”，后者可称为“族体”。以中国来说，“中华民族”是国族，中华民族与汉族、蒙古族、满族、藏族、维吾尔族等是不能并列的民族概念。汉族、满族等56个民族是构成中华民族的“族体”。同样，美利坚民族是美国的国族，而盎格鲁——萨克逊民族、黑人、土著印第安人等则是美利坚民族的族体民族。一国多族的国族与族体的区别是明显的，就是一国一族的国族与族体在概念上也是不同的。在国际交往中，国族是基本单位和交往主体，而不是族体。我们常说日本人在现代化进程中传统因素保留了很多，事实是大和民族在建构日本民族国家时因为是一族一国而将本民族的较多因素直接上升为民族国家的构成要素。

> 民族国家构建是世界近现代进程中的一项根本要求和本质内容，其内涵是从各个方面打破国内各个地区、各个族体间的壁垒，建立和健全全国集中、统一的国家权力系统，建立和发展统一的国民经济体系和统一的国内市场，在全国范围内推行和传播统一的语言及能够促进社会、经济与政治近代化现代化的统一的文化模式。如果一个国家基本上是由单一族体构成的，那么民族国家构建所遇到的麻烦要小得多，这也部分解释了日本近现代可以统一通过“维新”来实现，多民族国家往往通过“革命”来完成。但是，世界上大约只有10%的国家属于这种情况，而绝大多数民族国家是一种多族体构

成的混合物。[①]

民族国家构建的内容包括：在地域空间上，将各族体活动区域整合为国家领土；在经济上将民族经济整合为国民经济；在政治上将各族体整合为国族；在文化上，将民族文化整合为国民文化；在语言上，将民族语言统一为国语。18世纪后期，

> 民族国家构建作为一项国家政策，以美国革命和法国大革命为背景提了出来。在当时，民族国家构建的意蕴就是公共权威和公民的忠诚感实现同步发展。[②]

直至今日，促进国家民族整合，推动国民忠于民族国家，仍是民族国家构建的主要内容。民族国家构建就是将国内各民族整合为一体的过程。

马克思在《法兰西内战》中谈到过民族国家的形成：

> 以其无孔不入而且极其复杂的军事、官僚、僧侣和司法机构像蟒蛇一样地把活生生的市民社会从四面八方网罗起来（缠绕起来）的中央集权国家机关，最初是在君主专制时代创造出来的，当时它是作为新兴的现代社会在争取摆脱封建制度束缚斗争中的一个武器。中世纪贵族的、城市的和僧侣的领主特权都转变为一个统一的国家政权的从属物；这个统一的国家政权以领薪的国家官吏代替封建显贵，把中世纪地主的门客仆从和市民团

① A.D.史密斯：《民族国家》，载戴维·米勒和韦·波格丹诺编：《布莱克维尔政治学百科全书》，第40页，中国政法大学出版社，1992年。

② 戴维·戈登：《民族统一构设》，第489页。

> 体手中的武器转交给一支常备军队，以系统的按等级分工的国家政权的统一计划代替中世纪的互相冲突的势力所造成的错综复杂的（光怪陆离的）无政府状态。以建立民族统一（创立民族国家）为任务的第一次法国革命，必须消除一切地方的、疆域的、城市的、省份的独立性。因此，这次革命不得不继续发展君主专制制度已经开始的工作，即使国家政权更集中更有组织，并扩大这一政权的辖制范围和职能，增加它的机构、它的独立性和它控制现实社会的超自然威势，这种威势实际上取代了中世纪的超自然的天堂及其圣徒的作用。由各社会集团的彼此关系产生出来的各个细小的个别的利益，从社会中分离出来并以国家利益的形式固定起来，成为独立于社会之上又与社会对立的利益，这种国家利益交由那些担任经严格规定的、等级分明的职务的国务祭司们管理。①

民族国家既然是由各民族体建构起来的，因而，一国国内民族经济关系究竟如何显然受这一建构过程的制约。从世界范围来看，主要有如下几种类型：

Ⅰ. 一族一国型，Ⅱ. 多民族联邦型，Ⅲ. 多民族中少数民族区域自治型，Ⅳ. 议会制度型。

在一族一国型中，国内民族间经济关系是不存在的，只有民族内部经济关系，这种民族内部经济关系也就是国内经济关系。这种族体和国族一致的经济体有这样一些特点：国族整合和构建较为容易，族体的传统因素在现代国家中保留较多，国民较为团

① 马克思：《法兰西内战》，《马克思选集》第二卷，第408—409页，人民出版社，1972年。

结，对民族的认同与对国家的认同没有什么矛盾，地域空间较小且较为独特，国民经济体发展比多民族国家均衡且内部联系紧密，一体化程度较高，经济自主性较强。

多民族联邦型，是国家民族内各族体成立国家，在此基础上通过联邦制构建民族国家。多民族联邦型是在民族国家构建过程中出现的一种联系较为松散的国内民族间经济关系，各族体在经济政治上独立性较强，联邦的经济权限较弱。这种民族间经济关系有两个发展趋向，要么走向联系更为紧密，从而使民族国家更为巩固，要么走向联系更松散，甚至使民族国家趋于分崩离析。采取这种民族间经济关系所构建的民族国家是不稳固的。苏联和捷克就是两个典型，直到苏联解体，民族联邦制并未形成真正民族国家意义上的苏联民族；而捷克和斯洛伐克作为两个民族依然如故，并未形成民族国家。民族国家是真正现代意义上的民族，如果不能整合国内各民族体以建立国民经济和文化以及国语，民族经济体的独立发展对国民经济将构成威胁。尽管我们不认为民族分离运动是导致苏联东欧剧变的根由，但民族分离成为民族国家解体的表现形式，足以令人深思。在民族联邦制度中，大民族和小民族虽然在名义上是平等的，但在掌握联邦经济权力上存在事实上的不平等，其经济矛盾表现为两个方面：一是对小民族来讲，在国民经济发展中利益常常不受掌握实权的大民族的重视而受损，在国民经济中的分工角色不利于本民族发展。像前苏联俄罗斯民族与乌克兰民族的经济关系就是如此，工业化的成就主要在俄罗斯，而乌克兰在苏联解体后基本上还是一个农业国；二是在联邦制中的大民族，由于承担着照顾小民族经济利益的责任，长期援助他民族使本民族多有积怨，这在俄罗斯是叶利钦利用来战胜戈尔巴乔夫的重要基础，[①] 俄罗斯的独立才真正形成对苏联的致命一击。

国内民族间经济关系的第三种类型是民族区域自治。这种类型在中国表现得最为明显。在多民族国家中，民族分布往往是杂居与聚居并存。民族区域自治是指在中央政府领导下，在各少数民族体聚居的区域设立自治地方，选举自治机关，行使自治权，使少数民族享有管理本民族经济、文化和社会事务的权利。这是一种综合民族与区域为一体的制度。一般来讲，以区域自治来规定国内民族间经济关系适用于一个主体民族与少数民族构成的民族国家。

与联邦制相比，区域自治是单一制国家采行的制度，区域自治在民族国家建构中较联邦制更为有利于民族国家整合。例如中国，中华民族的凝聚力很强，这不仅得力于历史，更重要的是实行了民族区域自治，这为单一制民族国家创设了制度基础。通过区域自治，少数民族得以掌握本族体经济权力与经济利益，主体民族亦可通过中央政府的经济开发政策和财政转移支付支援少数民族，国内统一市场的建立有利于民族间分工协作和互通有无的贸易活动。当然，国家政策失误也会损害民族间平等的经济关系。

第四种类型是议会制。国内各民族按照民主原则，以人口多少为基础，按一定比例选出议会议员，在议会中通过各族体的议员来代表本族体的利益和要求，行使民族经济权力。在西方发达国家，议会制用来处理国内民族间经济关系，实现了民族制度与民主政治制度的统一。

以议会制规范国内民族间经济关系，可以说是民族国家整合

① 大卫·科兹、弗雷德·威尔：《来自上层的革命——苏联体制的终结》，第186—193页，中国人民大学出版社，2002年。

和民族国家构建中最为成功的模式，它保证了各族体对国家民族的忠诚与认同。民族制度与民主制度合一且以民主制度为形式，实际上否定了独立的民族制度的必要性，从而为国民经济的形成提供了强有力的支持，这大概也是西方国家发达的一个原因。这种制度最大限度削弱各族体的传统色彩，因而该制度的实行要以民族融合达到相当程度为条件，否则，各民族体利益要求的凸显不是遭到打压，就是议会民主制受到各民族体的抵制。

考察国内民族间经济关系要以各族体为基础，当我们考察国际民族经济关系时则要以国家民族为基础。因而国际民族经济关系受制于世界各民族国家的整合程度。

三、国际民族经济关系（Ⅰ）：宗主国民族与殖民地[①] 民族的经济关系

在世界经济发展格局中，宗主国民族与殖民地民族之间的关系是很重要的关系。宗主国民族与殖民地民族之间关系的形成、

① 殖民地是指由宗主国统治，没有政治、经济、军事和外交方面的独立权利，完全受宗主国控制的地区。广义的殖民地还包括虽然拥有行政机关、军队等国家机器，但经济、军事、外交等一方面或多方面被别国控制的半殖民地国家和保护国，以及委任统治地、托管地，以及殖民主义国家在这些地区设置的“海外领地”、“附属地”、“海外省”等。第二次世界大战后，世界上大多数殖民地获得独立，旧的世界殖民系统不复存在。从殖民地的性质上来说，大致可分为拓殖型殖民地、资源掠夺型殖民地和商业殖民地三种主要类型，这三种殖民地是随着资本主义的发展进程而顺次出现的。据有关资料统计，第二次世界大战前，宗主国对外贸易和对外投资额约有 3/4 是对殖民地的贸易和投资，仅有 1/4 是在宗主国之间进行的。而战后 70 年代以来，这种贸易和投资比例关系正好发生了逆转，即发达国家的对外贸易和对外直接投资额约有 3/4 是在发达国家之间进行的，仅有 1/4 是对发展中国家的贸易和投资。

发展与变化，经历了一个较长的历史过程。

殖民地半殖民地民族在世界历史发展进程中，是过去存在过、现在也还存在着的一种民族共同体现象。殖民地是宗主国对殖民地的民族主权和国家主权的侵犯。

殖民地是一个历史范畴，资本主义初期有两种不同的殖民地，即以新大陆为主体的北美、澳大利亚、新西兰等以移民垦殖为特征的殖民地，和以东印度为代表的亚、非、拉某些国家和地区的以奴役土著民族为特征的殖民地。

远古时代的殖民地多为垦殖型殖民地，即宗主国在海外的延续，例如腓尼基人建立的迦太基。在古希腊时期，希腊诸城邦在地中海和黑海沿岸建立了许多殖民地，一度远到北非和西班牙海岸。希腊人的殖民运动始于与海外地区的贸易需要，同时也有一些希腊公民不满本城邦政治现状，或由于地少人多而移居海外。希腊人的海外殖民区建立起来之后，大多保持政治上的独立性，但同母邦保持一定的联系，派遣代表参加全希腊的古奥林匹克运动会，并以身为希腊文明的前哨而自豪。一些希腊殖民地保存至今，如意大利西西里岛的叙拉古（今名锡拉库扎）、塔兰托和拜占庭（今伊斯坦布尔）。

现代通用的“殖民地”一词来自古罗马的“Colonia”，原指由罗马公民及其家属组成的守卫亚平宁半岛海岸的村社。随着罗马统治地域的扩大，这一制度逐渐推及到新征服地区，演变成殖民制度。殖民者仍然享受罗马公民的一切权利，被征服地区的人民则无法享受罗马公民权[①]。早期的殖民地西罗马帝国灭亡后，其海外行省和殖民地被东罗马帝国、法兰克帝国、西哥特王国等国家瓜分。由于政治和军事上的局限，同时由于西罗马灭亡之后

① 至罗马共和国后期和罗马帝国时期，随着被征服地区的罗马化，公民权方赋予殖民地人民。

出现的人口稀少，这些国家几乎没有力量去征服海外殖民地。

欧洲对自身之外地区产生兴趣的标志是十字军运动的开始。在地中海东岸建立起来的十字军国家并非殖民地，但第四次十字军东征占领拜占庭帝国后，威尼斯和热那亚占领了原属拜占庭的许多领土，在东地中海建立起自己的商业殖民地。这些殖民地后来大多被奥斯曼帝国占领。

资本主义产生和发展的过程，从某种意义上来说，就是实行殖民政策，侵略和掠夺殖民地，征服弱小国家民族的过程，这是由资本增值的本性决定的。早在资本原始积累时期，欧洲一些主要国家如西班牙、葡萄牙、荷兰、英国、法国等，就开始了他们的殖民地事业。新大陆的发现及随之而来的征服，揭开了近代殖民扩张的序幕，在16世纪至19世纪，殖民掠夺是为西方宗主国原始积累服务的。

在新航路被发现后的一百多年里，显赫于16世纪的殖民国家——西班牙和葡萄牙，在亚洲和美洲强占了大量的殖民地，奴役殖民地民族。继而，被称为“海上马车夫”的新兴国家——荷兰，以17世纪最发达资本主义国家的姿态，也加入了抢夺殖民地的行列。接着英法也开始了他们强占殖民地的血腥事业。对此，马克思和恩格斯在《共产党宣言》中曾说过，美洲的发现，绕过非洲的航行，给新兴的资产阶级开辟了新的活动场所。东印度和中国的市场、美洲的殖民地、对殖民地的贸易、交换手段和一般的商品的增加，使商业、航海业和工业空前高涨，因而使正在崩溃的封建社会内部的革命因素迅速发展。这说明了资本主义的产生和发展与实行殖民政策的关系。

西方民族国家实现工业革命后，由于要求更为广阔的市场和原料产地，推动了殖民主义向世界范围的急剧扩张，使得殖民主义世界体系开始形成。产业革命造成了一种和机器生产中心相适应的国际分工产生，它使地球的一部分成为主要从事农业生产地区，另一部分成为主要从事工业的生产地区，大工业国工人的不断过剩，大大促进了国外移民和把外国变成殖民地，变成宗主国的原料产地。移民殖民地肃清了异族人建立起殖民地，类似欧洲移民到北美殖民，而奴役土著殖民地就是建立在奴役殖民地民族的基础上的。一个民族可以在它世世代代居住的领土上被殖民化，也可以被殖民当局从他们传统居住的领土上强迫迁走，在新的领土环境中加以殖民化。

到20世纪初，随着“自由”资本主义向垄断资本主义过渡，西方国家进入帝国主义时期后，就要求有更多的投资场所、市场和原料产地，导致了瓜分世界领土的狂潮，使殖民制度发展成为一个由少数帝国主义主宰世界的更完整的体系。马克思指出，西方资产阶级的海外扩张不仅使商业、航海业和工业空前高涨，因而使正在崩溃的封建社会内部的革命因素迅速发展，而且把一切民族、甚至最野蛮的民族都卷到文明中来。在马克思看来，殖民主义是适应西方资本主义的发展要求而产生，随着资本主义生产方式的演进而发展的。是为资本家剥削国内外各族人民，为资本主义生产方式在全球建立统治地位服务的。据统计，从1876年到1914年，英、法、德、俄、美、日六个帝国主义强国共掠夺了将近2500万平方公里的领土，使它们的殖民地领土从4000万平方公里增加到6500万平方公里。其中英国所占的全部殖民地面积超过本国领土的110多倍；法国超过近3倍；俄国超过3倍多。正如列宁所说，在资本主义各国的殖民政策之下，我们这个行星上未被占据的土地都被霸占完了。世界是第一次被分割完了。除此之外，帝国主义国家还使许多国家变成了处于半殖民地地位的附属国。因此，到了1914年第一次世界大战前夕，几乎整个亚、非大部分地区的人民都被置于殖民统治和奴役之下。

在资本主义血腥、野蛮的殖民过程中，非洲、拉丁美洲和亚洲大部分地区的民族无一例外地被沦为殖民地半殖民地民族。对此，列宁曾明确指出过，资本主义使民族分成了两类，一类是占少数的民族，是压迫别人的实行大国主义的、有全权的和有特权的民族，另一类是占绝大多数的民族，是被压迫的、附属或半附属的和没有平等权利的民族。这就是说，在资本主义上升时期形成资本主义民族的同时，又形成了另一种类型的民族，即殖民地与半殖民地民族。因此，资本主义社会的民族类型不是单一的资本主义民族，而是有两种类型，即除资本主义民族外，还有一个殖民地半殖民地民族。这种情况的出现是由前述资本主义产生和发展的历史决定的。列宁曾对殖民体系做过认真的研究，他认为，帝国主义便是“极少数先进国对世界上大多数居民实行殖民压迫和金融的世界体系”，即宗主国对殖民地实行压迫的世界体系。全世界的国家分为两大基本类型：一方是奴役其他国家的宗主国，另一方是被奴役的，丧失主权的殖民地国家。所谓殖民地国家，指的是丧失政治独立和国家主权的国家。

在西方殖民者入侵亚非拉以前，亚非拉广大地区由于社会经济发展极不平衡而分别处于人类社会发展的不同阶段。有的国家已经进入封建社会后期；有的国家还处于奴隶制向封建制过渡的阶段；有的国家盛行奴隶制；有的却仍处于原始社会阶段。这样，殖民地半殖民地民族形成的过程也就表现出了历史的多样性。有的是从封建社会民族沦为殖民地半殖民地民族，例如印度民族和中国的汉族。从1526年起，印度处于莫卧儿帝国的统治之下，这是一个阶段，民族、宗教、种姓等矛盾重重，四分五裂的封建割据国家，处于国力极度虚弱之际的印度民族，这时是一个还没有真正统一过的封建社会民族。1600年英国东印度公司的建立，标志着英国殖民者闯入了印度。开始，东印度公司只是在印度沿海地区设立商站和代理店，用金银收购印度香料、丝、棉织品等土特产，然后运到欧洲高价出售。从17世纪30年代起，东印度公司凭借暴力，先后侵占了马德拉斯、孟买和加尔各答。英国通过东印度公司经过长期的战争，最后使整个印度变为殖民地，印度民族也就从封建社会民族直接沦为殖民地民族。中华民族是一个古老的封建社会民族，从1840年第一次鸦片战争后的《南京条约》的签订开始，后来又经过中日甲午战争后的《马关条约》的签订，以及八国联军入侵后的《辛丑条约》的签订，整个中国一步一步从封建社会沦为半殖民地半封建社会，中华民族也逐步沦为半殖民地民族。

不同地区、不同社会形态的民族沦为殖民地半殖民地民族的具体过程虽然不同，但由于它们都是在殖民者的入侵和征服下，或沦为殖民地民族，或变成半殖民地民族，因此其社会性质是一致的，要么是殖民地社会，要么就是半殖民地社会。尽管亚非拉广大地区殖民地化或半殖民地化是一个血腥的野蛮的过程，但是作为资本主义发展初期的一种历史现象，这是一种不可改变的历史事实。资本主义社会民族共同体形成并发展成为压迫民族和被压迫民族，即宗主国民族和殖民地半殖民地民族。

就殖民地民族和宗主国民族的经济关系来看，表现为殖民地经济命脉掌握在宗主国的手中，它的经济政策是由外国人掌管的政府为适应宗主国的经济利益而制定的。具体表现在：一是宗主国把殖民地、半殖民地的经济发展，纳入为其自身服务的国际分工体系，造成了这些国家和地区仅能生产少数几种初级产品的单一经济结构；二是宗主国通过不平等条约，在殖民地、半殖民地民族国家获得各种特权，并通过资本输出直接控制这些国家的经济命脉；三是宗主国的掠夺和统治，严重地阻碍了殖民地、半殖民地国家民族工业的发展和资本积累；四是宗主国有意识地保持殖民地国家的前资本主义生产关系，同时又在一定程度上发展了资本主义生产关系，使这些国家的人民遭受资本主义和前资本主义的双重剥削，陷入极端贫困的境地。可见，宗主国的统治，是造成殖民地、半殖民地民族国家贫困落后的总根源。

马克思主义认为，在不同的历史时期，殖民地的作用也有所不同。在资本原始积累时期，从移民垦殖殖民地来看，是为宗主国提供金和银，以便变成货币，再变成资本。这样就能增加原始的货币资本的积累，促使资本主义生产方式的产生。后来这种殖民地成为宗主国输出社会矛盾的场所，奴役土著殖民地则为宗主国提供廉价的粮食和原料。产业革命以后，这种殖民地成为农业国，不仅要为工业国提供农产品，同时也成为宗主国工业品的销售市场。在垄断资本主义阶段，殖民地的作用更加扩大。它依然是宗主国的原料、粮食供应地和工业品的销售市场，除此之外，又增加了新的更重要的作用，即它要为垄断资本主义国家提供超额垄断利润，还要为垄断资本主义国家提供资本输出的场所。所以殖民地具有双重的经济意义：为宗主国制造业提供初级产品和吸收宗主国的“过剩”制成品，因为初级产品的来源和制成品的销售出路正是宗主国经济发展的严重制约条件。这种关系反映在殖民地国家的对外贸易上就是殖民地国家有一个较高的初级产品出口比重和一个较高的制成品进口结构。反过来说，一个对外贸易具有较高的初级产品出口比重和较高的制成品进口比重的国民经济似乎就具有殖民地性质。垄断资本主义国家从商品交换、货币关系、资本输出三个方面，剥削和控制着其殖民地。

那种奴役土著型殖民地在早期都是人口稠密，土地已经得到充分开发和利用，在历史上其中有的国家曾经创造过高度的农业文明。但自从产业革命后，世界经济的形成把它们从闭关自守的状态拉入到国际分工之中，成为为工业国家提供农产品和原材料的殖民地。先进工业国需要它的大量土地产品，从而对殖民地提出大农业生产的要求，而当地存在的却是封建自然经济和个体商品生产，难以满足要求。让殖民地自然分化出大农业生产，又将是一个十分缓慢的过程。这样，以暴力为手段，剥夺大片土地，奴役丧失土地的土著人民从事奴隶般劳动的大农业生产，以种植园为特征的殖民地便产生了。

殖民地民族经济的主要特点是其民族经济发展受到遏制和监管，被迫种植宗主国需要的单一经济作物。有些殖民地矿业高度发达，其他工业发展停滞，甚至连农具和衣物等基本消费品也无法生产。宗主国从殖民地无偿或低价输出产品，甚至因此产生了殖民地通货紧缩，不得不借用别国货币（例如在英属殖民地中通用奥地利的玛丽亚·特蕾西娅银币和西班牙八字银元）的现象。殖民地之间的联系也被阻止，在北美十三州中，从某一殖民地寄往另一殖民地的邮件要先寄回伦敦。

宗主国一般通过不平等的商品交换、不平等的货币制度和资本输出等方式加剧殖民地民族的经济殖民地地位。

宗主国在与殖民地进行的商品交换中，工业制成品与初级产品的比价变动不是有利于后者，而是有利于前者。在贸易进行中，以垄断高价出售其工业制成品，垄断低价收购其所需的初级产品，从而加剧了双方不平等交换的程度。

同样在殖民地内部也存在着某些制约工业化发展的经济因素，从而对外资在殖民地投资设厂失去吸引力，造成在第一次世界大战之前欧洲的工业家和银行家们长期不愿在欠发达的殖民地进行工业方面的投资。殖民地的民族工业发展也是困难重重，举步维艰。民族工业的经营者虽都生活在殖民地社会之中，对当地的市场能够较好的把握。如果他们是小范围的经营，就可免去外资公司所要支付的高额企业管理费用，并可从开拓出来的地区性市场中获得利润。尽管在殖民地内部都有这样的一些民族企业家，他们对许多殖民地的早期工业化发展产生过重要影响。但是，如果他们要想在此基础上进一步发展他们的企业，开发全国性的市场，便将会遇到更甚于外资企业的诸多不利因素。例如殖民当局的压制，外国资本的竞争，地方市场狭小，地方企业生产能力低下、资金缺乏，得不到有效的保护等等，使自身的产品在与外国进口货的竞争中处于不利的地位。在这些因素中，除了一些政治性因素外，直接制约殖民地民族工业发展的因素，便是缺乏足够的、发展现代化工业所需要的资本。

由于大多数殖民地社会发展层次较低，经济基础薄弱，再加上外国殖民者的剥削和掠夺，所以基本上没有足够的财力去发展自己的民族工业。

由于美洲的殖民地独立较早，因此殖民地的历史作用主要体现在非洲和亚洲地区。

1853年，卡尔·马克思在《不列颠在印度统治的未来结果》一文中指出：

> 英国在印度要完成双重使命：一个是破坏性的使命，即消灭亚洲式的社会，另一个是建设性的使命，即在亚洲为西方式的社会奠定物质基础。①

即马克思提出殖民地及殖民主义有“双重使命”，即破坏性使命和建设性使命②，并且两者既有积极作用又有消极作用。殖民地的“破坏性使命”主要表现在对殖民地传统社会经济结构的破坏上，但由于宗主国的政治、经济情况不同，各个殖民地的历史情况、殖民对象、自然生态条件和社会集团的不同，因此殖民

① 《马克思恩格斯选集》第二卷，第70页，人民出版社，1972年。

② 所谓破坏性使命，当然是指对亚洲式也就是前资本主义的旧社会结构的破坏。西方殖民者在进行这些破坏性活动时，给东方殖民地、半殖民地人民带来了空前的灾难。这种灾难和破坏性是多方面的，是最残酷的一幕。所谓建设性使命就在于它实际上对东方社会进行了资本主义的改造。殖民者的统治和剥削，在客观上为殖民地、半殖民地民族国家向西方式的资本主义社会转变创造了客观前提。尤其是资本主义生产方式和思想观念的传播，冲击了这些国家和地区相对落后的政治、经济体制。

地所受的影响在质和量上都有很大的差别。西属美洲殖民地或英属印度殖民地传统民族经济结构的瓦解和破坏是巨大的，但在热带非洲，除占极少面积（法属西非为8%，撒哈拉以南非洲为5%）的经济作物种植地区外，殖民地的绝大多数地区都保持了原始的农业社会结构。此外，宗主国通过向殖民地输出资本、技术进行建设，为其提供了现代化的港口、道路等基础设施，殖民地的商品经济也得到发展，城市化步伐加快，出现了铁路、公路、电讯、电话、医院、学校，把原本落后的殖民地地区带入了市场经济领域。

以英属印度殖民地为例，说明“双重使命”对亚非拉国家社会变迁和社会发展的影响。一是英国从征服孟加拉开始，殖民者就把改造印度原有的社会生产的性质作为其首要任务；二是如果说印度自然经济的解体还只是表明在资本主义“双重使命”作用下，印度社会经济已经开始了朝着适应宗主国需要的方向进行改组的过程，那么当整个印度国民经济命脉都被英国资本所控制，印度国民经济走上了为英国提供农、矿原材料的狭窄道路，则标志着这个改组进程的终结；三是殖民主义也把适合于殖民地管理的一套政治法律系统和制度强加于殖民地各族人民，形成了殖民化的政治。无论是纯粹的殖民统治还是转化形式的殖民统治，都是靠外在暴力维持的，而不是在本国经济发展的基础上形成的。这套政治法律制度的实施范围已经超越了先前殖民地国家所承认的界域。无论是地理界域还是政治界域的划分，都是宗主国殖民政策的产物。而且在殖民地实施的一套政治法律制度，通常是当地传统政治法律制度和欧洲近代政治法律制度的混合。英国在征服印度后建立的土邦制度和产法会议制度，就是两个明显的表现；四是殖民地化过程既然是一种深刻的社会变革，是对社会的总体改造，就必然触及整个社会的文化。

以上情况表明，近代殖民宗主国民族曾经充当了历史发展的不自觉的工具。当然，它的双重历史作用并不是同步进行的。它首先体现出来的是破坏性，而且持续的时间很长，表现也很残酷。它的建设性则往往是在较后的一段历史中才表现出来。一般说来，到19世纪中期以后或更晚一些时间，东方国家才出现民族资本主义，而且是一个渐进的过程，往往不引人注目。然而这种现象恰好说明近代世界终归是要走上资本主义发展道路的。

资本主义确立其统治地位并形成为世界体系的过程，实际上就是西方殖民地民族不断向世界各地侵略、扩张并把一切落后民族和国家变为殖民地半殖民地的过程。这个历史过程不仅对西方资本主义宗主国国家的形成和发展有着重要的意义，而且也引起了东方各国社会的极为深刻的变化。19世纪60—70年代，资本主义世界体系初步形成。伴随着世界体系的初步形成，资本主义列强争夺殖民霸权的斗争也日趋激烈。

四、国际民族经济关系（II）：殖民地与殖民地民族之间的经济关系

殖民地各民族之间的关系主要体现在殖民地各族人民在反帝反殖民地统治的民族解放运动中相互交往的关系上。

第二次世界大战期间，除了被日本占领的东南亚和直接成为交战场所的少数北非殖民地附属国的经济遭到不同程度破坏外，其他殖民地、附属国的经济在战时都有了长足的发展。战时经济的发展，在一定程度上改变了殖民地附属国畸形的经济结构，而市场经济与城市化的发展，削弱了封建或半封建制度的基础，也破坏了宗主国进行殖民统治的基础。同时，战时经济的发展，加强了殖民地附属国内部各族人民之间的相互联系，有利于他们联合起来，共同反对宗主国的殖民统治，并大大增强了他们反对殖

民统治的物质力量。这一切都有利于战后殖民地民族民主革命的发展与胜利。

战时殖民地附属国经济发展的结果，使阶级关系和社会结构都发生了巨大变化。首先是民族资产阶级逐渐形成和壮大。随着经济实力的不断加强，他们要求独立自主的发展民族工商业，摆脱帝国主义的控制。二战以前，除南亚、东南亚和北非少数殖民地外，几乎没有民族资产阶级政党。而战争期间，各国民族资产阶级相继建立了自己的政党和政治团体。战后初期，资产阶级政党或团体更是如雨后春笋般涌现。1947 年，成立了黄金海岸统一大会党，1952 年初，突尼斯的新宪政党已发展到 40 万人。据 1961 年统计，非洲各地共出现了 147 个大大小小的民族主义政党和组织，其中，战前建立的只有 8 个，而 139 个都是在二战期间和战后建立的。列宁认为殖民地政党是殖民地民族资产阶级面对帝国主义的侵略和封建主义的束缚，是“上升的”、“进步的”革命阶级，列宁称之为向上发展的、“能够代表真诚的、战斗的、彻底的民主派的资产阶级”，这些民族资产阶级的政党和团体以实现殖民地自治乃至最终独立为自己的奋斗目标，并在战争进程中逐步掌握了独立运动的领导权。

第二次世界大战中，几乎所有的殖民地、附属国各族人民都加入了反法西斯斗争的行列，他们在人力、物力和财力等各方面为反法西斯战争的胜利做出了巨大贡献。与此同时，成千上万的殖民地各族人民远涉重洋，奔赴欧、亚、非作战，在与其他民族的广泛接触中，耳濡目染，政治觉悟大大提高。[①] 殖民地、附属国中参加过战斗的军人，战后都成为本国民族解放运动的骨干力量。

战前，为使对非洲的殖民统治能长久下去，殖民统治者竭力阻止非洲各族人民同其他民族的交往，乃至非洲内部的交往。然而，二次大战却打破了非洲长期的封闭状态。战争期间，英帝国军队里的非洲人比一战时多几倍，与一战时不同，英国首次在非洲大陆以外使用了殖民地部队，这对于增强殖民地各族人民革命意识影响很大。[②] 印度的民族解放运动尤其受到非洲各族人民的广泛关注，因为战时有许多人到印度，也有许多印度人到非洲。1945 年尼日利亚民族解放运动领导人阿沃洛沃，在谈到印度民族解放运动对非洲的影响时说："印度是被压迫民族的楷模，她为自治政府所作的斗争受到了殖民地人民的敬仰和同情。"非洲民族解放运动组织多仿效印度国民大会的形式，采用"大会"的名称。

总之，第二次世界大战以后，殖民地附属国各族人民看到了自己的力量，提高了民族自信心，对帝国主义的本质有了进一步认识："殖民主义是一个外国强国主要为了自己国家的民族利益

① 黄金海岸民族解放运动领袖克瓦米·恩克努玛写道：参加过 1939 年爆发的世界大战的退伍军人回到了黄金海岸；在他们有机会拿自己的命运同其他国家人民的命运加以比较后，他们就对自己的处境感到不满；任何路线，只要能改善他们的处境，他们就准备采取。人们对英国直到当时为止所采取的殖民政策感到不满，对于英国极力鼓励部落封建主义的间接统治政策尤其感到不满。其次，俄国革命及其后果也发生了重大的影响，它传播了工人的团结、工会运动、自由和独立等思想。在亚洲发生的事件，也促进了非洲人的政治觉醒。

② 津巴布韦民族解放运动领导人 N. 西索尔说：战争期间，非洲人开始与世界各国人民有了实际的来往。在生死搏斗中，他们互相结识。非洲人看到那些自诩文明、爱好和平的白人是怎样残杀别国人民的。这些都使非洲人在心理上发生了革命性的变化。

而用政治上的束缚，使殖民地从属自己的政策。非常重要的是，殖民地附属国逐渐认识到要使社会经济发展进步，首先必须挣脱殖民主义的枷锁，获得政治上的独立。如果说两次世界大战之间殖民地附属国民族解放运动力量还不甚强大，屡遭挫折，那么，二战以后的情形就大不相同。殖民主义者所面对的已不再是过去那种愚昧落后、软弱无力的殖民地及其附属国，而是经过反法西斯战争考验和武装的，具有强烈民族意识和一定物质基础及群众基础的民族解放运动。因此，战后殖民地及其附属国人民的民族解放运动是殖民统治者无法抗拒的，它猛烈冲击着帝国主义殖民体系，震撼着帝国主义殖民统治的基础，成为帝国主义殖民体系全面崩溃的决定性因素。

第二次世界大战结束后，在有利的国际国内环境下，殖民地及其附属国各族人民再也不愿按照旧的方式生活下去，而这时帝国主义的殖民制度也不能再按照旧的统治方式行事。使得从战后初期开始，殖民地及其附属国各族人民的民族解放斗争一浪高过一浪，最终引起了帝国主义殖民体系的崩溃瓦解，使国际政治进一步发生深刻变化。

战后，帝国主义殖民体系的瓦解首先是从亚洲开始的。20世纪40年代后期，中国、朝鲜和越南相继走上社会主义道路，印度尼西亚、印度、巴基斯坦、缅甸、锡兰（后改称斯里兰卡）和菲律宾等实现了民族独立，西亚的约旦、叙利亚、黎巴嫩、伊朗、伊拉克也先后爆发了群众运动，要求英、法撤出这些国家，取消不平等条约。迫于当时形势的压力，英、法先后承认了这些国家的独立。进入20世纪60、70年代，亚洲先后有塞浦路斯、科威特、马尔代夫、也门人民共和国、卡塔尔、巴林、阿拉伯联合酋长国等国家获得独立。这一时期，亚洲的民族解放运动主要表现为印度支那各国人民进行英勇不屈的反美爱国斗争，使美国陷入了战争的泥潭而不能自拔。

亚非会议后，随着各国民族解放运动的高涨，西方帝国主义宗主国在非洲的殖民体系也趋于崩溃。[①] 非洲的民族独立，少数是通过武装斗争形式，多数是采取和平斗争形式取得的。阿尔及利亚、突尼斯、摩洛哥、刚果（后改称扎伊尔）、几内亚比绍、莫桑比克、安哥拉、津巴布韦、马达加斯加、肯尼亚、桑给巴尔（后与坦噶尼喀合并称坦桑尼亚）等都是经过武装斗争而获得独立的。而其他许多国家经过各族人民群众的合法斗争，以宪法改革和议会选举等方式，迫使殖民当局承认实行半自治、自治，直至承认独立。因此，这些国家政治上的独立，在开始时还是不完整、不巩固的。但是，尽管独立的方式、程度有所不同，它毕竟是这些国家人民长期反帝、反殖民地斗争的胜利成果，是对帝国主义的沉重打击，它标志着几个世纪以来非洲各族人民听任西方殖民者宰割的辛酸历史，至此基本结束。

至于拉丁美洲，20世纪50年代末60年代初，以古巴革命为起点，掀起了震动世界的反美风暴。在古巴人民革命斗争的影响下，中美洲危地马拉、尼加拉瓜、海地等国在20世纪60年代初都爆发了反美反独裁政府的武装斗争。20世纪60、70年代，拉丁美洲殖民地各族人民争取民族独立的斗争取得很大的成果，有十多个殖民地相继获得独立。拉丁美洲有30多个国家获得独立。

总之，从二战结束到20世纪70年代中期，亚洲、非洲、拉丁美洲和大洋洲太平洋岛屿共有80多个民族国家摆脱殖民主义统治，获得独立。帝国主义殖民体系终于在殖民地人民民族解放

---

① 1954年，阿尔及利亚人民点燃了武装斗争火炬。接着，苏丹、摩洛哥、突尼斯独立。1957—1958年，撒哈拉以南的加纳和几内亚也相继独立。1960年，有17个国家获得独立，成为举世瞩目的“非洲独立年”。1961—1968年，又有15个国家摆脱殖民统治。20世纪70年代，葡萄牙在非洲的顽固殖民统治被人民武装斗争所摧毁，几内亚比绍、莫桑比克和安哥拉先后独立。1980年，罗得西亚人民又以武装斗争粉碎了殖民统治，成立津巴布韦共和国。

洪流的冲击下彻底崩溃。

帝国主义殖民体系的崩溃是战后时期一个具有世界历史意义的事件，对世界历史整体发展进程具有重大影响。

第一，帝国主义殖民体系的瓦解进一步削弱了帝国主义的力量。殖民地是帝国主义最重要的原料产地、投资场所和销售市场，对殖民地和附属国的大肆掠夺是世界资本主义发展的重要因素之一。殖民主义随着资本主义的发展而发展。殖民地及其附属国是"帝国主义最巨大的后备力量和最重要的实力来源"。帝国主义殖民体系的崩溃，使帝国主义丧失了从前对许多殖民地附属国的政治和经济控制，从而导致了帝国主义的进一步衰落。

第二，帝国主义殖民体系的瓦解，促进了发展中国家的崛起。二战前夕，殖民地及其附属国大多数处在封建、半封建社会，他们面临着两大基本任务，即：民族革命和民主革命的任务，而首要的任务是推翻帝国主义的民族革命，这是因为帝国主义是封建主义的主要支持者，如不推翻帝国主义的统治，就不能消灭封建统治，而封建主义又是帝国主义殖民统治的基础。列宁曾指出，"任何民族运动都只能是资产阶级民主性质的"。在反帝反殖民地的斗争中，许多民族国家将民族革命和民主革命紧密结合起来，如越南、埃及等国。帝国主义殖民体系的瓦解以及战争中殖民地附属国国内封建关系的削弱，为战后殖民地人民进行成功的民族民主革命开辟了道路，从而加速了第三世界国家的崛起。

五、国际民族经济关系（III）：经济发达民族与不发达国家民族的经济关系

当今世界，经济发达民族与不发达民族之间的经济关系主要表现为发达民族国家和不发达民族国家之间的经济关系，这是资

本主义国家经济关系的重要方面。

在19世纪末到第一次世界大战前夕，发达民族国家和不发达民族国家的经济关系表现为先进的帝国主义宗主国与落后的殖民地半殖民地民族之间的经济关系。这种关系的特征突出表现在殖民主义国家依仗武力征服落后国家和地区，把落后国家和地区变为自己的殖民地半殖民地，实行殖民统治，使之成为自己的商品市场、投资场所和原料产地，成为获取高额利润的重要源泉，由此形成了以先进的帝国主义宗主国和落后的殖民地半殖民地为基本内容的资本主义世界体系。

二战后，旧殖民体系分崩离析，原先的殖民地半殖民地民族纷纷取得政治独立，成为主权的民族国家，走上了发展民族经济的道路。但由于绝大多数发展中国家仍处在资本主义世界体系中，殖民时代遗留下来的单一的畸形的经济结构和贫穷落后没有从根本上改变，在经济上对发达国家仍有很大的依附性。所以，在当今的世界体系中，发展中国家一方面作为独立主权民族国家与西方发达资本主义国家发生经济联系，不存在直接的从属关系；但另一方面，在历史上形成的不合理的旧的国际分工格局中，大多数发展中国家与西方发达资本主义国家的经济关系是不平等的，是一种既相互依存又相互矛盾的关系。

西方发达国家资本主义为维护其在世界经济中的既得利益和支配地位，趁发展中国家发展民族经济之机，积极推行新的经济殖民主义政策，即主要通过经济手段，来保持它们在世界资本主义体系中的垄断地位，加强对发展中国家的经济渗透和剥削，以实现不带政治"兼并"的经济"兼并"。因此，这种新殖民主义也可以称作为经济殖民主义。①

① 这种新殖民主义的表现是：一是通过私人对外直接投资，加强发展中国家对自己的直接经济依赖。战前，在资本主义国际分工中，亚非拉国家只是作为

在新的殖民主义政策下，发达资本主义国家与发展中国家之间的关系，绝对是不平等的关系，绝不能把发展中国家目前在生产、技术、贸易和金融等方面，对发达资本主义国家所处的依附地位，与发达资本主义国家由于加强把发展中国家作为自己的商品市场、投资场所和原料产地，从而造成的“依赖”关系等同看待，混淆两者之间的本质区别。在经济全球化的今天，发达资本主义国家与发展中国家之间的经济关系，本质上仍然是控制和被控制、剥削和被剥削的关系。这也是战后发达资本主义民族与不发达民族关系中的本质特征。

所谓“依附”是这样一种状况，即一些国家的经济受制于它所依附的另一国经济的发展和扩张。两个或更多国家的经济之间以及国家的经济与世界贸易之间存在着互相依赖的关系，但是结

帝国主义农、矿产品原料的供应地。战后发达国家私人资本对发展中国家的投资政策发生了变化，突出表现对制造业部门的投资有了明显增长。但是，这也并没有改变发展中国家作为发达国家工业品倾销市场的地位。私人资本把一些劳动和资源密集型工业或环境污染严重的工业，转移到发展中国家。主要是由于当地有丰富的廉价劳动力和自然资源，防止污染费用较低，以及其他各种优惠条件，以降低成本，提高产品在国际市场上的竞争能力，并使发展中国家的经济进一步纳入资本主义国际分工体系中来；二是通过对现代科学技术的垄断，加强发展中国家对自己的技术依赖。跨国公司对科学技术研究与销售的垄断，是发达国家对发展中国家经济控制的另一个重要手段。跨国公司在与发展中国家进行技术贸易时，通常总是把一些先进技术优先转让给它在当地的子公司，而不愿出售给当地企业，以利于子公司能占领当地市场。即使对那些已经扩散的技术，跨国公司在向发展中国家当地企业转让时，不仅要索取高额费用，而且常常拒绝转让制造产品的关键技术，以保持发展中国家在技术上的从属地位；三是通过对国际市场和价格的垄断，加强发展中国家对自己的贸易依赖。如前所述，当代世界市场是被发达国家控制和垄断的市场，发达国家跨国公司通过对市场的垄断，对发展中国家进行严重的不等价交换。它们不仅以垄断高价向发展中国家出口制成品，以垄断低价进口发展中国家的初级产品。而且它们还通过向发展中国家提供援助和贷款形式，以高于世界市场价格推销剩余产品，利用对国际航运和保险等方面的垄断，加强对发展中国家的剥削。

果某些国家（统治国）能够扩展和加强自己，而另外一些国家（依附国）的扩展和自身的加强则仅是前者扩展——对后者的近期发展可以产生积极的或消极的影响——的反映，这种相互依赖关系就呈现依附的形式。不管怎样，依附状况导致依附国处于落后和受统治国剥削这样一种局面。这样，统治国就对依附国拥有技术、贸易、资本和社会政治方面的优势（在不同历史时期拥有上述范围内某些方面的优势），从而使它们得以对依附国强加条件，进行剥削并掠走其国内生产的部分盈余。[①] 因此，依附的基础是国际分工，这种国际分工在使某些国家工业发达的同时，限制了另一些国家的工业发展，使后者受到由世界统治中心控制的增长条件的制约。而国际分工又是资本积累所决定的，少数国家拥有高度集中的资本，控制着世界市场，垄断着储蓄和投资能力，由此形成的国际分工，使少数大资本集团控制生产和通讯的技术，垄断世界市场。大多数国家则只能在它们的统治下，从事原料和农产品生产，并依附于它们。

“依附论”是多斯桑托斯在《帝国主义与依附》中提出来的。多斯桑托斯是以列宁的帝国主义理论为前导的，是帝国主义理论的补充，因此，“依附论”也被称为“新帝国主义理论”。该书分为三部分：“帝国主义的矛盾”，“帝国主义的危机”，“依附与革命”。除列宁之外，多斯桑托斯还明显地受到毛泽东以及保罗·巴兰的影响。此书出版以后，带动了其他学者对依附问题的研究，形成了比较系统的依附理论。

多斯桑托斯的主要贡献，就是提出并论证了依附这个概念，从而充实了帝国主义理论。他指出：

① 多斯桑托斯：《帝国主义与依附》，第 302—303 页，社会科学文献出版社，1999 年。

> 了解依附性，形成概念并对它的结构和历史合法性加以研究，这不仅意味着扩充了帝国主义理论，而且有助于这一理论的提高和更生。①

依附概念的提出，具有明显的方法论意义。不论是马克思对垄断资本的规定，还是列宁对帝国主义的规定，以及巴兰和斯威齐对垄断资本的规定，都是从发达资本主义国家的角度立论的，因而都有一定的片面性。多斯桑托斯从依附国的劳动者角度，论证自己在资本扩张中的地位的感受，无疑会使对帝国主义的特殊经济矛盾的规定全面起来。帝国主义作为特殊阶段资本主义的经济关系，其中一个矛盾就是"统治国"与"依附国"之间的矛盾，从矛盾两方面的对立统一中，才能全面、系统地规定其本质和规律。

多斯桑托斯认为，从殖民地开始，"统治——依附"的国际经济结构就已形成，殖民地国家在政治上独立后，这种结构并没有改变，而是以新的形式表现出来：一是不平等交换，统治国的垄断资本财团控制着市场及运输、销售渠道；二是吞占服务费用，主要是运费、保险费、技术服务费和专利，这实际上是由技术垄断形成的"新地租"；三是资本输出，直接剥削依附国的劳动力和掠夺资源；四是国际"援助"，主要是贷款，依附国以贷款来买统治国的商品，但又不能因这种购买而创造价值，从而背上高额债务负担；五是军事、政治手段的控制。为了摆脱这种依附境地，

> 官僚阶级、失败的民族资产阶级、改良主义的中间

① 多斯桑托斯：《帝国主义与依附》，第298页，社会科学文献出版社，1999年。

> 阶层及其思想家们谋求一条用扩大出口来弥补国际收支赤字的道路，以此代替用诸如延期偿付，革命地改变世界的贸易关系，制止外资利润外流等激进措施来解决外债问题的道路。可见，这是一条更加屈从的道路，一条变本加厉地剥削劳动者以填满外国剥削者腰包的道路。①

这是一条不该走、走不通的道路。依附国只有通过社会主义革命，才能真正自立、自主发展。

除此之外，还有“中心—外围说”。“中心—外围说”是由阿根廷经济学家普雷维什在《外围资本主义》中系统论证的。与多斯桑托斯相比，普雷维什的马克思主义色彩要淡一些，但他在拉美及联合国的工作经历，使他以更大范围认识了发达资本主义国家与落后国家间的矛盾，这是他接受并运用马克思主义政治经济学观点和方法的动因。该书也显然受到《垄断资本》的影响，这从“剩余”概念的使用中就可以看出。

普雷维什是将资本主义世界作为一个总体来规定“中心—外围”的，“外围资本主义”是他对落后的但已实行资本主义制度的国家的界定。这和“依附论”是相呼应的。

在体系上，“剩余”概念是《外围资本主义》的一个重要环节。

> 在我的阐述中剩余具有极为重要的意义。剩余从本质上说是一种结构现象。此外，它也是一种动力现

① 多斯桑托斯：《帝国主义与依附》，第481页，社会科学文献出版社，1999年。

象。[1]

普雷维什认为，中心的、发达的资本主义本质上是向心性的、吸收性的和统治性的。

> 它的扩展是为了利用外围，而不是为了发展外围。世界体系中的矛盾是非常严重的。[2]

而外围国家自身的矛盾又使之不能抵御中心国家的统治，导致经济政治体系的危机，导致通货膨胀，带来各方面严重的后果。

对于“外围”和“中心”，普雷维什是这样规定的：

> 外围资本主义是依照过去的国际分工和比较优势格局所安排的世界体系的组成部分。这是附加的、附属的资本主义，是在先进国家霸权和市场规律统治下从属先进国家利益的资本主义。这些先进国家的资本主义过去实质上是向心性的，现在仍然是这样。它的动力尽管是很重要的，但不足以使得外围能推动自身的发展；外围在适当的时候应当创造自身的动力，打破过去的那种格局。为达此目的，外围必须实行工业化，这就是有意识地当作中心的动力未能自发地导致的事情。[3]

然而，外围国家的工业化说起来容易，做起来难，其一，受

---

① 普雷维什：《外围资本主义》，第10页，商务印书馆，1990年。
② 同上书，第9页。
③ 同上书，第23页。

到世界经济大格局的限制，外围国家的工业化起步晚，技术水平低，只能实行“替代进口”，但这势必因成本高而导致剩余下降，而外围国家中的社会结构，即少数官僚、买办掌握政治和经济大权，

> 剩余的一个重要部分被上层用于模仿中心的消费。在特权消费社会中存在着资本积累潜力的一种巨大浪费。收入被中心过分地榨取也是这方面的浪费。国家过分膨胀也造成这样的浪费。而国家的膨胀也主要是由体系的缺陷引起的。面对劳动力的迅速增加，资本积累就变得不足。体系就这样逐渐把大量群众排斥在外，使他们在社会结构的底部无所事事。①

外围资本主义国家的内部矛盾，使之在面对中心国家时处于绝对的劣势，而其“特权消费社会”又与中心的统治者相勾结，成为他们的代理人，这样，就形成了在资本主义原则下稳定不可改变的“中心——外围”结构。

苏联东欧解体后，由于经济因素在国际关系中的地位和作用愈益突出，地缘政治让位于地缘经济，无论是发达的资本主义国家还是发展中民族国家都力争以更大的力量促进本国的民族经济发展，同时面向世界市场，谋求在世界经济中占有更大的份额，经济全球化和地区化趋势进一步加强。发达民族国家和不发达民族国家的经济关系正在这种新的历史条件下走向21世纪。发达工业国家是世界经济的中心，而欠发达民族国家则处于边缘地位。发达国家是经济全球化的主要推动者，而欠发达民族国家则处于被动地位，是被强大的全球化历史潮流卷进来的。

---

① 普雷维什：《外围资本主义》，第10页，商务印书馆，1990年。

纵观二战后到现在半个世纪的历史，广大发展中民族国家虽然获得了政治独立，但经济力最孱弱，生产力落后，不得不依附于发达国家。南北经济关系是剥削与被剥削、支配与被支配、控制与被控制的关系，国际经济秩序从根本上说是不平等、不合理的。

发达资本主义国家与发展中国家之间发展的不平衡主要反映在人均国民生产总值差距和经济结构的现代化程度上。发展中国家在经济增长速度上快于发达国家，但由于人口压力大，人均增长受到极大限制。发达资本主义国家人均国民生产总值起点较高，由于垄断高科技，与发展中国家之间的收入差距有进一步扩大之势。另外，在经济结构及其发展阶段上，发达资本主义国家的经济进入“后工业化社会”，而在发展中国家中，有很多国家目前还徘徊在从农业国到工业国的过渡阶段。许多发展中国家单一的经济结构没有从根本上改变，以出口少数几种产品作为国民经济发展的支柱。技术水平落后，资金短缺，外债严重，人口增长迅速，国内收入分配极度不均衡。另外，在科学技术的发展和应用上则差距更大，文化教育事业落后。假如不解决这些问题，发展中国家与发达国家的差距将会愈来愈大，将会成为国际政治稳定、世界经济繁荣的最大阻碍。

发展中民族国家为改变其经济不发达的不利处境，加快发展本国民族经济，曾进行了不懈的努力。20 世纪 70 年代初，石油输出国组织曾把石油价格的决定权夺回自己手中，大幅度提高石油价格，西方国家为此受到极大冲击。但到 20 世纪 80 年代，由于石油和其他初级产品价格回落，使得不发达民族国家遭受到巨大损失，许多国家落入债务陷阱，民族经济发展严重受挫，南北差距进一步拉大。20 世纪 90 年代以来，形势有所变化，不发达国家积极总结过去的经验教训，纷纷实行了经济体制改革和结构调整，抑制通货膨胀，大力发展市场经济，促进出口，引进外资等。几年来，上述努力已经取得了一定成效，国民经济开始摆脱困境，快速增长。随着两极格局的结束，亚非拉许多民族国家和地区的武装冲突和局部战争也趋于平息。各个国家以更大的力量和更多的热情集中于发展本国的民族经济。几年来，不发达民族国家的经济增长比发达工业国快一倍以上，人均国内生产总值增长率也明显高于发达国家，扭转了长期以来这方面差距不断扩大的趋势。例如 1995 年分别为 4.1% 和 1.5%，1996 年分别为 4.6%和 1.4%。不发达民族国家的出口增长也比发达国家快得多，其占世界贸易总额的比重也从 20 世纪 80 年代中期的不到 1/4上升到现在的 1/3。过去不发达民族国家只是发达国家的原料供应地，现在，不发达民族国家出口的制成品占其商品出口的比重已达 50%以上。不发达民族国家引进的外国直接投资也迅速增多，目前已占世界对外直接投资的 1/3 以上。许多不发达民族国家的工业化步伐在不断加快，市场在不断拓展。它们正在成为世界经济发展的重要一分子。

发达国家由于国内市场趋于饱和，失业严重，经济增长缓慢，不得不把希望寄托在不发达民族国家。它们的一系列生产部门不断向不发达民族国家转移，对不发达民族国家的市场依赖不断加强。美国已经把 10 个发展速度较快、潜力巨大的不发达民族国家看作是它要大力争取的“新兴大市场”，认为这是美国未来之所向。

不平等、不合理的国际经济秩序依然保持着，没有发生任何根本性变化。西方发达国家通过与不发达民族国家进行不等价交换，对不发达民族国家廉价劳动力进行剥削，收取技术转让费用，以及负债国向它们偿付巨额利息等，每年获得的利润数以千亿美元。这是不发达民族国家由于落后而不得不付出的沉重代价。但不发达民族国家不能闭关自守，它们只能在加强南南合作的同时，发展与发达国家之间的经济贸易关系，以便引进它们所缺乏的资金、技术和经验，促进本国民族经济的发展。其效果如何，则取决于不发达民族国家的主观努力。

尽管近年来不发达民族国家经济增长不断加快，与发达国家的经济差距，在量的方面已经出现缩小趋势。但是，当今西方资本主义国家在高科技产业方面却占有绝对优势。例如在 1995 年世界信息技术市场 5000 亿美元的营业额中，发达工业国家占有 90%。它们的 20 家大信息公司就垄断了世界信息市场的 70%，其中美国又占一半，而不发达民族国家所占份额则是微不足道的。总之，发达资本主义国家经济在质的方面，即其科技含量、集约化程度、生产率、经济结构等方面，与不发达民族国家相比，优势十分突出，并且这方面的差距，还有可能再扩大。

现在不发达民族国家经济尽管走上了振兴之路，但发展是极不平衡的，两极分化现象仍在继续。有的不发达民族国家（主要是东亚国家和地区），多年来经济保持着高速增长。其中亚洲“四小龙”已接近和赶上发达资本主义国家水平。东亚其他国家也在大踏步前进，成就斐然，为世人所称道。近年来，流入不发达民族国家的外国直接投资，约一半投向东亚地区。东亚地区在世界经济增长中起着越来越大的推动作用。东亚不发达民族国家和地区与西方发达资本主义国家之间经济关系的性质开始发生变化。除此之外，拉美、南亚、中东、非洲等地区，也都有一些国家在快速发展，正在或将要成为又一批新兴的工业化国家。

但另一方面，还有为数不少的不发达民族国家[①]，它们至今基本上还是落后的农业国或矿业国，人均国内生产总值低下，甚至只及发达国家 1%。虽然，近年来，这些最不发达民族国家中，有一些也出现“起飞”的迹象，但是由于主客观条件的限

① 主要是被联合国列为“最不发达国家”的那些十分贫困落后的不发达国家，近 20 年来，其数目不仅没有减少，反而增多，目前已有 48 个。

制，发展的道路上仍然困难重重。在全球化日益加快的情况下，这些民族国家有更加被“边缘化”的危险。

六、国际民族经济关系（Ⅳ）：发达国家之间的民族经济关系

宗主国之间的关系主要表现在新老殖民者之间的矛盾与斗争。

西方国家对外侵略扩张，历史悠久。① 其基本特点是：15—16 世纪西班牙和葡萄牙在开辟新航路活动中，建立起近代早期殖民帝国，但两国殖民掠夺的财富没有在自己国家转化为资本，用来发展资本主义，而是花在封建统治阶级的奢侈享乐上，导致两国的衰落；尼德兰革命缔造的荷兰，成为 17 世纪典型的资本主义国家，一度成为垄断海上贸易的霸主，号称“海上马车夫”；继荷兰之后，英国和法国也加入殖民扩张的行列，随着荷兰的战败退出，英国和法国成为殖民扩张的急先锋，并在全球范围内展开激烈的斗争，英国逐渐向殖民霸主的地位迈进。

工业革命使英国等西方国家的殖民扩张变本加厉，工业革命壮大了英国等西方资本主义列强的实力，在工业化的道路上，英国等国国内原料和市场极为有限，它们的矛头便指向了国外。由于政治、经济和军事方面存在的差异，各国扩张的方式和程度也有所不同。

美国是后起的帝国主义国家。随着实力的增长，美国力图建立美利坚帝国，但同时又不能不考虑到帝国主义殖民体系正处于

---

① 主要有 15—16 世纪西班牙和葡萄牙、17 世纪荷兰、18 世纪英国和法国殖民扩张。

日益加深的危机和瓦解状态。因此，美国首先推出新殖民主义，以自己的经济实力为后盾，与英国为首的老牌殖民主义展开了激烈的角逐。而二战对老殖民主义的削弱，为美国的新殖民主义最终取代老殖民主义提供了千载难逢的大好时机。早在二战期间，美国对以英国为代表的旧殖民统治方式，多次进行猛烈抨击，并积极主张战后给殖民地国家以“自治”、“独立”地位。罗斯福就曾谴责英、法等老殖民主义国家，他认为正是由于它们的贪得无厌，使得“印度、非洲以及殖民地化的近东和远东到现在还是那么落后”。共和党著名领袖威尔基在战时曾周游近东、中东各国，进行反殖民主义宣传。他说：“战争将推翻各个帝国和结束某些国家对另一些国家的统治。”美国的目的就是想借英、法等国殖民统治危机四伏的有利时机，依靠美国占压倒优势的经济、军事力量，迫使它们放弃旧的殖民统治。战争期间，法国、荷兰、比利时在德国的占领之下，它们的殖民体系岌岌可危，而美国却乘老殖民主义国家极度虚弱、自顾不暇之机对旧的殖民统治秩序摆开了咄咄逼人的态势，矛头理所当然地对准了大英帝国。

战争期间，美国的新殖民主义与以英国为代表的老殖民主义之间矛盾的焦点，主要集中在《大西洋宪章》的签署及其内容的解释、战后殖民地的国际托管以及帝国特惠制等一系列问题上。美国试图通过“反殖民主义”的宣传，从政治上孤立老殖民主义；在组织上，通过建立国际托管机构接管老殖民主义国家的殖民地；经济上，迫使英法等取消帝国贸易壁垒，同时加紧对它们的殖民地和势力范围进行经济扩张和渗透，从而达到瓦解英法等殖民体系的目的。

战争期间，美国还加紧扩大它在英、法等国殖民地和附属国的直接影响和势力。面对法西斯侵略的威胁，一些英属殖民地、自治领地纷纷向美国寻求庇护，美国也乘机加紧对英帝国殖民体系全面渗透，排挤英国的利益。

美国利用法、荷、比等国被德占领，其殖民统治崩溃之机，迅速填补“权力真空”。1937—1947 年的 10 年间，美国对法属西非的输出额增加了 9 倍，1943—1955 年，对法属非洲殖民地的投资由 1300 万美元增加到 4500 万美元，重点在西非和赤道非洲。在这两个地区战后成立的各种主要矿业公司中，美国股份占有很大的比重。1942—1945 年间，美国从比属刚果进口的总值比在 1936—1938 年间增长了 19 倍。1942 年，美国迫使比利时和英国赋予美国在比属刚果开采全部铀矿的权利。战争期间，美国还向刚果派驻了大批军事人员，并修建了军事基地、机场等设施，通过人数众多的使团和顾问，影响殖民地行政当局的活动，将其纳入美国新殖民主义的控制之下。

由此可以看到，战时美国就对老牌殖民主义国家的殖民地与附属国进行了直接的政治、经济和军事渗透。从美国方面而言，毫无疑义，这完全是为了利用大战提供的机会和帝国主义力量对比的变化，取代老殖民主义国家而建立以新形式出现的殖民统治，将它们的殖民“遗产”纳入美国全球利益的范围。当然我们也应该看到，通过帝国主义国家争夺殖民地的斗争，客观上也带来了有利于战后民族解放运动发展的后果：一方面，殖民地附属国各族人民有可能利用美国和欧洲新老殖民主义国家的矛盾来加快摆脱宗主国的统治与控制，而且由于认识到这种可能性，他们加剧了对宗主国的离心倾向，争取民族独立的愿望更为迫切；另一方面，新老殖民主义者的斗争在一定程度上削弱和破坏了以英帝国为首的旧殖民主义统治体系，使战后初期殖民地解放运动力量相对加强，为殖民地解放运动的发展提供了有利条件。

第二次世界大战后，新老殖民者之间在经济关系上也形成了既相互斗争又相互妥协的态势。这种态势形成的原因是：一方面，战后资本国际化的发展，使发达资本主义国家间的经济联系更加紧密，相互联系和相互依存的程度进一步提高，从而为其相互妥协或相互联合提供了客观经济基础；另一方面，发达资本主义国家的垄断资本为追逐高额垄断利润，又必须在各个领域展开激烈的竞争与斗争。它们之间的矛盾，虽然有时会有所缓和，但不可能消除。再加上战后资本主义经济、政治发展不平衡，美国、西欧、日本为争夺世界霸主地位，已形成了三个经济中心，其斗争就显得更加尖锐、更加激烈。

发达资本主义国家垄断资本的相互妥协表现在：在国外投资方面，战前，英法等主要帝国主义国家对外投资总额的2/3集中在亚、非、拉美等地的殖民地和势力范围；战后则变成国外投资主要是在主要发达国家之间进行。在国际贸易方面，战后发达资本主义国家之间的相互贸易也逐渐占据了世界贸易的首位。

所以，新老殖民者之间的经济斗争主要表现在国际贸易、国际投资和国际货币金融等领域。在国际贸易领域，主要表现在争夺世界市场上，它们不仅把对方的国内市场作为争夺的目标，并发生激烈的贸易大战，其中以日美之间的贸易战最为引人注目；而且还把广大发展中民族国家的市场作为争夺的目标。在国际投资领域，战后初期，美国把大量资本输往西欧和日本。当德、日的经济恢复并发展起来之后，它们又对美国进行投资，到20世纪80年代中期，美国已成为世界上最大的净债务国。在国际货币金融方面，战后初期形成的以美元为中心的世界货币体系在20世纪70年代初崩溃，形成了一个多中心的世界货币体系，因而，新老殖民者之间在这个领域的斗争就更加激烈。

七、国际民族经济关系（V）：不发达国家间的民族经济关系

经济不发达民族之间的关系主要表现在广大发展中民族国家

的相互交往上。

由于广大发展中民族国家的经济大部分处于落后缓慢发展阶段，因此，发展中国家的民族相对于经济发达的民族而言是经济不发达民族。发展中国家主要分布于广大的亚洲、非洲和拉丁美洲地区，既存在着许多历史悠久的古老民族，也有各种不同类型的新兴民族，民族情况异常复杂。为了便于概括，我们将发展中国家划分为几个地区来加以概述。

亚洲是世界上面积最大、人口最多的大洲，而且也是种族最多的一个洲。世界三大人种① 这里都有。亚洲不仅是世界三大宗教的发源地，而且还出现了一些较大的地区性宗教。这些宗教在今天仍然对亚洲各民族的文化精神生活有着不同程度的影响。据统计，亚洲拥有佛教、伊斯兰教、印度教、锡克教、耆那教、道教、神道教、祆教的绝大部分教徒，只有基督教、犹太教虽然产生于亚洲，但现在它们的教徒绝大多数不在亚洲。

非洲约有700多个民族，是世界上民族最多样化的大陆。非洲民族不但数量最多，而且具有突出的差异性、细小性和跨界性等特点。非洲人口的86%以上属于人口上百万的107个大的民

---

① 蒙古人种，即黄种人，主要包括东亚、东南亚的绝大多数民族和南亚的部分民族。如中国各民族（除俄罗斯族、塔吉克族）朝鲜人、蒙古人、泰人、越南人、马来人、菲律宾的大多数民族、印度东北部民族、孟加拉东部民族以及不丹和锡金的民族等。这部分民族在亚洲人数最多，使用的语言主要属汉藏语系。欧罗巴人种，即白种人，主要包括西亚各族和南亚绝大多数民族。如阿拉伯人、伊朗人、土耳其人、阿富汗人，以及印度的多数民族、巴基斯坦各族、孟加拉人、僧加罗人、尼泊尔人等。使用语言主要属印欧语系和闪含语系。赤道人种，即黑色人种，在亚洲人数较少，包括斯里兰卡的土著维达人、安达曼群岛的安达曼人等。其中，安达曼人使用的安达曼语系是唯一只有亚洲才有的语言。此外，还有达罗毗荼各族，如泰米尔人、泰卢固人、图卢人等，属欧罗巴人种与赤道人种的过渡类型，使用达罗毗荼语系的语言；而中亚北部的土库曼人、乌兹别克人等，则属蒙古人种与欧罗巴人种的过渡类型，主要使用阿尔泰语系的语言。

族，而只有不到14%的人口分成了600多个族体。非洲最大的几个民族是：埃及阿拉伯人、豪萨人、约鲁巴人、阿尔及利亚阿拉伯人、富拉尼人、奥罗莫人、摩洛哥人、摩洛哥阿拉伯人、伊博人、安哈拉人和苏丹阿拉伯人等。

按体质特征分类，非洲各族主要有：欧罗巴人种的地中海类型，分布于整个北非直到撒哈拉沙漠的南沿，主要包括阿拉伯人和柏柏尔人，这一种族约占全非人口的25%；赤道人种，又可分为尼格罗类型、尼格利罗类型和科伊桑类型三种，分布于撒哈拉以南广大地区，约占全非人口66%以上，为东、西、南、中非洲36个国家的主要居民；埃塞俄比亚人种，为介于欧罗巴人种与尼格罗人种之间的一种混合类型，主要分布于非洲之角及部分东非地区，其人口约占全非的8%。蒙古人种，主要是在马达加斯加岛上聚居的马尔加什人，人数较少。

非洲的民族语言总数近700种，是世界上语言最多样化的大陆。按目前较流行的分类法，可将非洲语言归纳为4大语系，即非亚语系、尼日尔—称尔多凡语系、尼罗—撒哈拉语系和科伊桑语系。

非洲的民族传统观念也相当浓厚，每个民族都有自己的宗教信仰，有的属于世界性的基督教或伊斯兰教，有的则归于传统信仰。

拉丁美洲① 的种族成分很多，主要有印第安人、白人、黑人、亚洲人和混血种人。拉丁美洲的新兴民族② 包括以下几种类型：以克丘亚人、艾拉马人等为代表的印第安人为主体的民族；以阿根廷人、乌拉圭人为代表的白人为主体的民族；以海地

① 通常人们说的拉丁美洲是指格兰德河以南的美洲地区。

② 拉丁美洲的新兴民族则指的是由印第安土著、欧洲移民、非洲黑人及其他成分混合而成的现代民族。

人、牙买加人为代表的黑人为主体的民族；以墨西哥人、秘鲁人、智利人为代表的印白混血为主的民族；以多米尼加人、古巴人为代表的黑白混血为主的民族和以巴西人、委内瑞拉人等为代表的包括三大人种成分的混血民族。

拉丁美洲众多民族集团所使用的语言也不尽相同，绝大多数现代民族使用的语言属于印欧语系的拉丁语族和日耳曼语族。拉丁语族中又以讲西班牙语的人数为最多，有墨西哥人、古巴人等二十几个民族；只有巴西人讲葡萄牙语。日耳曼语系在拉丁美洲主要是英语，被集中在西印度群岛的一些民族使用。此外，拉丁美洲还有多种印第安语言由非洲土著使用，以及许多其他语言，如日语、德语、希伯来语和汉语等，大多由分布集中于某处的移民集团使用。

拉丁美洲的宗教信仰情况十分复杂。来自欧洲各国的移民主要信仰基督教新教、天主教、犹太教等，而许多印第安人仍信仰各种原始宗教，并且普遍存在着万物有灵观念、巫术观念等。来自亚洲的移民则多信仰佛教、印度教或伊斯兰教。

当今世界上民族多，国家少，普遍存在着民族分布地域与国家疆界不一致的现象。有的是一国多民族，也有的是一个民族分布于多个国家；还有一国之内的主体民族与少数民族之分和国与国之间的跨界民族等问题。世界各国错综复杂的民族分布与构成，是由历史上多次民族迁徙、战争，以及政治和经济因素所造成的。这种现存的民族状况，又因各国不同的民族观念、民族政策而更趋复杂。因而造成包括发展中国家在内的世界各国民族问题都普遍存在并具有相当广泛和重要的影响。发展中国家的民族问题主要有三种层次：

第一层次是发展中民族国家与西方发达国家之间的民族问题。从历史上看，二者的关系是不平等的。发展中民族国家大多数曾沦为西方发达国家的殖民地、半殖民地或附属国，发展中国家的民族属于被压迫民族的阵营，发达国家的民族则属于压迫民族。双方斗争的核心是发展中国家争取民族的独立与解放。二战后的世界格局发生了重大变化，涌现出100多个新兴的民族独立国家，他们成为国际舞台上一支重要的政治力量，此时民族问题中的经济因素逐渐增强。发展中民族国家强烈要求实现南北对话，逐步建立更加公正合理的国际经济新秩序，以更好地发展本国民族经济。

第二层次是发展中国家之间的民族问题。由于发展中民族国家曾长期遭受殖民主义者“分而治之”策略的统治，他们之间也有许多尖锐的矛盾和冲突。但是在赶走殖民主义者和争取民族解放的斗争中，发展中民族国家不断受到教育，逐渐认清了谁是真正的敌人，谁是真正的朋友。战后在国家获得独立后，他们之间逐步增强了团结，形成了声势浩大的第三世界，他们积极要求实现南南合作，以促进共同的民族经济发展。然而由于过去殖民统治在发展中民族国家之间留下的许多隔阂和积怨，以及当前西方大国推行霸权主义和强权政治的压力，给发展中民族国家的团结合作设置了许多障碍。

第三层次是发展中民族国家内部不同民族之间的关系。民族问题在发展中民族国家内部非常敏感，而且涉及到社会生活的各个方面。有时一些民族间的矛盾和摩擦，不仅会导致民族关系紧张，甚至会引发民族利益、民族尊严方面的冲突，而民族间感情一旦破裂，恢复起来就非常不容易。发展中民族国家所走过的道路已经证明：凡是在国内民族问题上处理较好的，其经济发展就比较顺利，人民生活也能有较大程度的改善；反之，凡是在国内民族问题上处理失误的，带来的后果则相当严重，不仅经济难以发展，社会动荡不安，有的甚至爆发战争，国家走到分裂的边缘。

具体来讲，发展中民族国家内部的民族问题在亚洲地区较突出地表现在一些国家中同化与反同化的民族矛盾和因民族语言的使用与地位问题引发的民族间冲突上，以及宗教斗争引发的民族问题。而在非洲地区，由于历史的因素，使得种族主义与种族问题、跨界民族问题、主体民族与其他民族的关系问题等成为热点。拉丁美洲则在后至移民集团问题、土著印第安人和种族问题方面独具特点。

经济不发达民族在历史文化、社会制度、政治经济结构等方面都显示出多样性，但其共同特点有：

第一，生活水平低。发展中民族国家大多数人的生活水平往往很低，主要表现在收入低、住房紧缺、文教卫生条件差、识字率低、婴儿死亡率高、预期寿命低等方面。这些民族国家中普遍存在着贫富悬殊、饥饿、疾病和愚昧现象，已经成为其民族经济发展的严重阻碍。

第二，劳动生产率低。与发达国家相比，发展中民族国家一般拥有数量较多的劳动力，但由于受到的教育和培训有限，其素质较低。同时，又由于物质资本、先进技术和有经验的管理人才严重匮乏，使得发展中民族国家的劳动生产率普遍较低。这既是不发达的基本表现形式，又是造成不发达的重要因素。

第三，“二元结构”矛盾突出。发展中民族国家大多处于由传统社会向现代化过渡的阶段，一般具有一些相对发达的城市和广大落后的农村地区，形成尖锐对立的城乡二元结构，并且明显地表现在社会、经济、文化、道德等各个方面。

第四，经济结构单一，对农业和初级产品出口依赖严重。发展中民族国家几乎有80%的人生活在农村，而发达国家还不到35%，最少的只有4%（美国）。大多数发展中民族国家工业基础薄弱，生产结构片面单一，主要从事某几种农矿原料的生产和出口，其收入是国民收入的主要来源。因此，脆弱的民族经济不得不在世界经济中依附于发达国家，有时还受其支配。

由于发展中民族国家的社会历史和国情不同，奉行的民族经济发展政策差别亦很大，因此，在越来越多的发展中民族国家取得经济成功的同时，也有许多低收入国家的经济仍然停滞不前，发展中民族国家之间也出现了贫富差距进一步拉大的现象。在发展中民族国家中，新兴工业化国家和地区是二战后世界经济增长的新亮点。少数民族国家与地区在一些基本指标上已接近发达国家。

这种世界经济发展不平衡将激化各国之间的矛盾，相互竞争更为激烈，并影响到世界经济政治格局的变化。

尽管发展中民族国家的经济发展也存在不平衡现象，但是，他们共同的愿望就是大力发展民族经济，以尽快摆脱殖民主义的阴影和不发达的困境，真正实现民族经济上的独立，并用经济独立来巩固政治独立的成果。因此，发展民族经济就成为战后发展中国家的共同抉择。

南南合作是战后新兴民族国家为冲破旧的国际经济体系而建立起来的一种新型国际经济关系，是国际新秩序的最有活力的组成部分。南南合作为发展中国家在寻求发展的道路上提供了一种战略手段。在当今世界中，发展中民族国家越来越强烈地意识到团结的重要性。如果仅靠自己的力量，发展中民族国家很难摆脱对发达国家的依赖，很难在与西方的竞争中获得成功，也很难在与组织完善的北方国家谈判中处于有利地位。特别是在当今世界变化的大潮中，已经拥有强大经济实力的发达国家也在朝着经济一体化的方向推进，这就更突出地表明发展中民族国家团结合作的必要性。

首先，南南合作是促进发展中民族国家自身经济发展的一个积极步骤。发展中各国都面临着发展本国民族经济，改善人民物质文化生活的繁重任务，迫切需要一个长期的和平环境，和平稳定是发展中民族国家最大的利益所在。由于社会历史的原因，发展中民族国家之间长期存在着民族矛盾、宗教矛盾和领土纷争，这些矛盾对发展中国家民族经济的发展是极为不利的。而发展中国家通过政治、经济和其他领域的合作，无疑有利于制约战争，维护和平，从而为发展民族经济创造一个良好的国际氛围。

其次，南南合作有利于发展中民族国家建立合理的经济结构，提高民族经济的自立能力。发展中民族国家经济结构的单一性决定了它们对西方国家的依附性，西方国家人为的和非人为的经济压力都会加重它们的经济困难。由于资金、技术、市场的局限，发展中民族国家单枪匹马很难冲出这种困境，致使它们的民族经济发展裹足不前。而发展南南合作，走集体自力更生的道路，则可以使发展中国家发挥各自的优势，发展多样化生产，逐步形成合理的经济结构，推动民族经济的迅速发展。

再次，南南合作有利于增强南方国家的力量，是推进国际经济新秩序建立的动力。南南合作把发展中各国有限的、分散的力量聚合在一起，形成集团的整体优势，从而改变了南北力量的对比，提高了发展中民族国家在南北谈判中的地位，为它们取得谈判斗争的胜利和建立国际经济新秩序创造了条件。而且，南南合作本身也是发展中民族国家之间在独立自主、平等互利基础上的合作，因而它是国际经济新秩序的组成部分。

发展中民族国家开展南南合作，不仅具有政治、经济上的必要性，同时也有其可能性和物质基础。

首先，自然资源的互补性为南南合作提供了物质基础。发展中民族国家拥有丰富的土地资源、森林资源，同时又是石油和各种矿物资源的主要生产者，是咖啡、可可、茶叶、棉花、黄麻、香蕉和油料等经济作物的主要产地。然而，丰富的资源却极不平衡地分布在发展中民族国家的不同地区。这固然有不利的一面，但也同时构成了发展中各国之间自然资源的互补性，为它们相互之间开展贸易和合作提供了有利的物质条件。以东盟为例，印尼、马来西亚、文莱等国石油每年都需要大量外销，而菲律宾、泰国、新加坡90%以上的石油依赖进口；泰国是世界上最大的大米出口国之一，而新加坡的大米则全部依赖进口，因此，东盟内部的联合就显得十分必要。

其次，经济发展的不平衡为南南合作提供了经济条件。发展中民族国家经济发展的程度和水平相差很大，有些国家已完成了工业化的过程，逐步接近西方发达国家的经济水平。而非洲撒哈拉沙漠以南的一些国家仍处于很落后的状态。不仅如此，发展中民族国家在资金、人力、技术等方面的经济条件也有差别。例如，中东尽管拥有大量的石油资源和石油美元，但却缺乏经济发展所必需的劳动力资源；南亚拥有大量的人力资源，却缺乏发展资金；被称为亚洲“四小龙”的新加坡、韩国、中国香港、中国台湾在资金和技术方面占据优势，但自然资源却极为匮乏，这种经济发展的不平衡和差异造成了它们经济结构的互补性，提供了合作的潜在机会。

第三，地域上的接近为南南合作提供了重要条件。发展中民族国家集中在亚非拉三大洲，在地域上互相毗邻，一些地区的交通、水利、通讯等基本建设牵涉好几个国家，只有共同合作，才能完成这些工程。如非洲的塞内加尔河是西非地区主要河流之一，发源于几内亚，流经马里、毛里塔尼亚和塞内加尔三个国家。该河经常旱季无水，雨季又泛滥成灾。因此，对塞内加尔河的治理就需要沿岸国家联合起来，共同规划，协调行动。

第四，经济结构的相似为南南合作提供了可能性。由于国际市场上原料价格长期偏低，北方国家操纵着国际市场的某些原料价格，南方国家在贸易中处于不平等的地位，迫使生产同一出口产品的发展中民族国家，为了维护某种原料的国际市场的合理价格，保护生产国的共同利益，结成某种原料生产国的联盟。如20世纪70年代美国的跨国公司垄断了拉丁美洲国家的香蕉销售，使拉丁美洲香蕉生产国蒙受了很大损失。为此，出口香蕉的哥伦比亚、哥斯达黎加、危地马拉、洪都拉斯、巴拿马、尼加拉瓜和多米尼加等国不得不联合起来于1974年成立了香蕉出口国联盟，迫使香蕉进口国取消关税壁垒，对国内的香蕉出口征收附加税以对抗跨国公司的剥削和垄断。

南南合作的历史可以追溯到20世纪50年代。1955年召开的亚非万隆会议，是具有自我意识的南方登上世界舞台的第一个标志。1961年不结盟运动的成立和1964年77国集团的成立，标志着南方采取集体行动促进其共同利益的开始。此后，发展中国家建立的各种地区性组织、经济合作组织、原料生产和输出国组织以及区域金融组织，把南南合作推向纵深发展。

南南合作至今已走过近40年的历程，建立的区域性经济组织有40余个，加上所有双边和多边的各类经济合作组织达70个之多。在亚洲，约有3/4的国家或地区加入了不同的合作组织；在非洲，除南非及部分岛屿小国外，整个非洲大陆90%以上的国家都纳入各地区的合作组织之中；拉丁美洲更是南南合作开创先河的地区，几乎所有发展中民族国家都参与了一体化的进程。

发展中民族国家经济合作的主要形式有：

第一，贸易领域的合作。针对西方的贸易保护主义，发展中民族国家的一些区域合作组织，在本区域内部或区域之间采取相互减免关税等措施，来促进贸易发展。如西非经济共同体从1976年起就对共同体内进出口工业品按照比成员国现行税率低的“地区合作税”进行征收，代替过去的关税和其他课税。为了发展互惠贸易，许多合作组织还规定了优先满足其成员国利益的措施。如东盟的协议规定，当泰国、菲律宾、新加坡等石油输入国发生石油库存于正常水平30%的紧急状态时，印尼和马来西亚等石油输出国应优先满足它们的石油需求。相反，当国际市场石油供大于求时，三个输入国也应优先购买印尼和马来西亚的石油。另一方面，当印尼、马来西亚、新加坡急于进口稻米时，泰国应优先向成员国供应。

第二，生产领域的合作。发展中民族国家为了建立耗资多、收效慢，而私人企业又无力不愿承建的但对本地区民族经济发展有重要影响的部门或企业，① 加强了相互间的合作。

第三，货币金融领域的合作。为了便于发展中民族国家间贸易和项目合作，各经济共同体还建立了为成员国服务的金融机构。如加勒比共同体和共同市场设有加勒比开发银行，安第斯条约组织设有安第斯开发协会，西非经济共同体的大部分成员国参加了西非国家中央银行，发行统一的货币——非洲法郎。这些机构主要是向其成员国提供贷款和援助。阿拉伯国家和一些货币金融组织还向发展中国家提供低息或优惠贷款，其特点是利息低、周期长，且不附加任何政治和经济条件。此外，发展中民族国家还建立了区域性结算联盟或支付协议，其目的是安排各成员国之间的贸易支付，以便帮助成员国解决外汇短缺的困难。为了能够顺利地组织这种清算安排，许多合作组织还建立了为这种结算服务的货币，如中美洲共同市场于 1962 年设立了“中美洲比索”，西非国家经济共同体建立了“统一货币区”。

第四，科技领域的合作。多年来，发展中民族国家还在技术领域内通过技术转让、出售专利、技术培训、交换科技情报等方式发展互利合作。如菲律宾在农业和基础设施部门先后同 9 个非洲国家签署了技术合作协定；印度在班加罗尔建立了南亚地区技

① 如东盟于 1976 年 2 月至 1980 年 10 月开设了两批政府合作大型项目：第一批包括在印尼和马来西亚各建一个尿素厂，在泰国建立纯碱厂，在菲律宾开设铜加工厂，在新加坡建立柴油机厂；第二批包括设在印尼的耐用外胎厂，马来西亚的金属加工机床厂，菲律宾的造纸厂，新加坡的电子显像管厂，泰国的鱼品罐头厂和化肥厂。

术转让和技术培训中心；南锥体6国[①]签订了农牧业技术合作计划；非洲大湖共同体设立农牧科技资料中心，以扩大成员国之间的农牧业科技与情报的交流。

第五，服务领域的合作。许多国家还为其他发展中民族国家提供技术咨询、银行和保险服务，向其他发展中民族国家派遣工程技术人员、教员、医生、技术顾问等，传授技术或为其服务。如印度就有200家咨询公司，2万多名专家顾问，国外业务占其业务的1/3；再如中东产油国是个巨大的劳务市场，它吸收了大量的外籍劳务人员，其中既有高级专门人才，也有熟练工人和普通工人。劳务输出不仅可为本国创汇，同时也可以促进东道国和本国的技术交流与发展。

近年来，南南合作取得了明显的进展，对国际经济关系产生了引人注目的影响，但在其进程中仍然存在着一些不利的因素：

第一，经济发展的不平衡而导致合作利益的不均等。在经济合作中，发展中民族国家的经济实力和发展水平各不相同，有的国家发展水平较高，技术力量强，产品成本低，质量好，价格便宜，竞争力强，在合作组织中获利较多，这就引起内部贸易的不平衡，导致矛盾产生，影响南南合作的进程。例如，拉美的巴西、墨西哥和阿根廷，三国的国内生产总值占整个拉丁美洲国家生产总值的70%，三国的贸易额占拉丁美洲自由贸易协会内部贸易额的半数以上，这样，集团内部减免税的好处主要为它们所得，而其他合作国则获利较少。从整个发展中民族国家来看，目前这种发展不平衡的趋势进一步扩大，使发展中各国面临着不同的问题和困难，由此产生了不同的利益要求，发展中民族国家作为集团的力量越来越松散，这无疑会在一定范围内和一定程度上限制南南合作的进程。

---

① 南锥体6国包括阿根廷、巴西、智利、巴拉圭、乌拉圭、玻利维亚。

第二，在资金和技术短缺上难以摆脱北方国家的控制。资金和技术短缺已经成为南方国家民族经济发展和联合的最大限制条件。在资本主义世界中，20世纪80年代中期国际金融市场每年有游资6—9千亿美元，每年也有几百万项成熟的技术专利，但几乎全被北方国家控制。研究表明，北方国家控制了世界高新技术的95—99%，南方国家仅掌握了不到5%的份额。南部非洲发展协调会议拟定了106个建设项目，所需资金达23.63亿美元，但来源却主要靠北方国家。而北方只允诺提供6.98亿美元，并且附加若干条件。资金供应大国美国为遏制该组织反对南非的政治倾向，声称希望该组织不要成为政治性的组织，否则就要重新估价；欧共体虽然愿意提供资金，但要求莫桑比克和安哥拉也加入非加太集团，目的是想把该组织的所有成员国均纳入它的势力范围。由于缺乏资金和技术，发展中国家许多合作项目受到影响，致使有些项目至今仍停留在文字和口头上，没有具体实施。

第三，由于经济结构单一或类似造成产品重叠，合作潜力受到极大限制。绝大多数发展中民族国家在对外贸易中仍未打破出口初级产品和进口制成品的传统格局。由于集团内部生产和出口的产品类似，使他们的贸易合作失去意义，并且，类似的产品在国际市场上竞相角逐，更增添了南方国家间的矛盾。如，在东盟内部，除新加坡外，其余均为农业国，农业结构均以种植业为主，除粮食外，其他许多农产品相互竞争，不可能互为补充；在工业方面，工业化目标和工业结构大致相同，均以轻工业为主，机器制造业较为薄弱，彼此也难以互通有无。在自然资源的开发利用方面，除石油和天然气外，其余大同小异。类似的经济结构决定了相似的外贸结构，因而，东盟内部区域市场的容量难以继续扩大，但东盟与北方国家的贸易互补性似乎更强些。类似的情况在其他地区也存在，这就使南南之间横向贸易发展受到了严重的局限，也使其他形式的南南经济联合步履维艰。

第四，由于领土、宗教、种族等矛盾也造成联合发展进程受到阻碍。一些国家由于宗教信仰的不同，历史遗留下来的边界争执、民族纠纷，往往引起冲突，甚至是兵戎相见，严重妨碍了双边或多边关系的发展。严重的边界纠纷一直是影响非洲国家联合进程的重要原因。北非的阿尔及利亚、摩洛哥、突尼斯三国，早在1964年就签署了合作协定，成立马格里布常设协商委员会，但由于政治原因，拖延多年之后才被各国批准。西非国家经济共同体也是由于政治考虑不同，三国对共同体防务互助议定书持反对态度。在南亚，由于政治原因，也由于印巴在克什米尔归属问题上长期有矛盾，印度和孟加拉国在分享恒河水及印度和斯里兰卡在泰米尔人问题上存在分歧和纠纷等，致使南亚成为南方世界区域合作最慢的地区，区域内部经济联合收效甚微。

殖民体系瓦解之后，发展中民族国家在发展民族经济的道路上不断前进，取得了很大成就。但是，长达几个世纪的殖民统治对发展中民族国家造成的损害，诸如社会经济落后、人民生活极为贫困等，是很难在短期内完全改变的。而且战后旧的世界经济秩序并没有被打破，还不时出现发达国家贸易保护主义盛行、世界初级产品价格下降等不利于发展中民族国家的情况，加上发展中民族国家自身的一些主观因素，[①] 使得发展中民族国家在发展民族经济的过程中遇到许多困难和挫折，走了不少弯路。

近年来，发展中民族国家为建立国际经济新秩序，与发达资本主义国家展开了积极的对话，并在资源主权、贸易条件和债务减免等方面取得了一些成果，提高了发展中民族国家在世界经济中的地位。但同时也必须看到，今天大多数发展中民族国家还属于资本主义世界体系，由于国内资本主义发展的薄弱和前资本主义关系的束缚，它们的发展还离不开发达资本主义国家的资金、

① 比如国家决策失误、盲目追求高速度、高积累、闭关自守、重工轻农等。

技术和市场。所有这些，决定了在相当长的历史时期内，现存不平等的民族经济关系和发展中民族国家对发达资本主义国家的经济依附仍将继续下去。因此，广大发展中民族国家争取建立新的国际经济秩序的斗争仍将继续下去。但是，只要发展中民族国家紧密合作，加强团结，采取正确的政策和策略，就一定能够在争取建立新的国际经济秩序中，不断取得新的进展。

实践证明，发展本国民族经济的道路是战后发展中民族国家为了改变自己贫困落后状态和受歧视、受压迫地位的一种必然的和现实的选择。

八、密切交往是民族经济发展的必要条件

交往是一种普遍的社会现象，是社会活动最基本的形式之一。所谓交往，它是人类特有的存在方式和活动方式，是人与人之间发生社会关系的一种中介，是以物质交往为基础的全部经济、政治、思想文化交往的总和。一般来说，交往应当遵循平等、互利、信用的原则。自有人类以来就一直存在交往活动，它同其他社会活动紧密联系在一起，对人类社会生产生活和社会历史发展产生重大影响。社会发展到近代，人们的交往关系发生了重大变化，随着生产力的巨大发展，世界市场的开拓，人们的交往也就越来越向世界扩展，出现了世界性交往活动。马克思恩格斯在《德意志意识形态》一文中，对交往作了广泛的论述。现代科学技术的发展，特别是20世纪80年代以来的高新科技的迅速推广，世界经济出现了“全球化”趋势，世界交往实践便越来越成为人们普遍的、重要的社会实践形式。

交往是人劳动的必要条件。劳动中的分工与协作，只能通过交往来实现。交往还包括劳动产品的交换，劳动服务的交换，以

及劳动者之间与非劳动者的交换，乃至生产物的占有，劳动活动的支配等等各种社会关系。劳动成果的分配和消费，也要由交往来完成。[①] 所以交往连接着人们的生产与消费，沟通着人们的经济往来，是生产得以进行的必要前提准备。通过交往组织起社会再生产的具体过程。

密切交往是经济发展的前提。经济是人的基本社会活动。中国古代思想家从维护集权官僚制度出发，认为经济是“经邦济世”，即集权官僚制的作用。古希腊的色诺芬，从奴隶主意识出发，将经济定义为家务管理，包括奴隶主如何支使奴隶劳动，节约家庭支出等。欧洲近代重商主义者蒙克莱田，从当时封建国王及商人的意识，将色诺芬从“家政”论经济，扩展为“政治经济”，即国家如何管理交换、生产、消费，这是资本主义统治体制下“经济”的含义；到资本主义自由竞争阶段，斯密、萨伊等人，又努力将政府作用排斥于“经济”之外，强调经济就是物质财富的生产、分配、消费；到20世纪30年代，凯恩斯又适应资本主义市场经济的要求，将“总量”引入经济，从而为政府干预、参与全国性的生产、交换、分配和消费提供理论依据。[②] 劳动社会主义者则从劳动者意识出发规定经济，马克思的异化劳动学说和劳动价值论认为劳动创造价值，经济的主体是劳动的人，人对物质财富的生产、消费、交换、分配，是经济的主要内容。经济作为人的社会生活的基本性内容，是社会大系统的基本层次，既有其实在性，也是不同的。经济是人类所特有的社会活动。人的经济，经济的人。人的存在和本质的要素是劳动、需要、交往、意识，其中劳动是核心。人本质的要素都在经济中得以体现，经济是人本质各要素展开的过程。经济中的利益、关

① 刘永佶：《中国经济矛盾论》，第48页，中国经济出版社，2004年。

② 同上书，第46—47页。

系、矛盾，也都可以从人本质各要素的关系中得到说明。交往是人劳动的必要条件。类人猿在转变为人以前，就已经是群体行为的动物，人的劳动创始以后，势必在群体中引起响应，而且相当多的劳动都是由群体协作进行的。劳动中的分工与协作，只能通过交往来实现。交往还包括劳动产品的交换，劳动服务的交换，以及劳动者之间与非劳动者的交换，乃至生产物的占有，劳动活动的支配等等各种社会关系。劳动成果的分配和消费，也要由交往来完成。交换是劳动及其与需要的社会联结。①

密切交往也是民族经济发展的必要前提条件。

首先，民族经济发展必须遵循经济发展的一般规律，必须在相互交往中实现生产、分配、交换和消费，通过交往实现劳动的分工与协作。

其次，各民族经济的发展具有开放性，必须和其他民族密切交往才能实现民族经济的大发展。

例如中国自古以来各民族经济发展一直都是在各民族的密切交往中实现的。从春秋战国时期开始，一直到秦汉时期、魏晋南北朝时期、隋唐时期以及元代、清代等时期发生的南方、北方民族大迁徙、大交流，都使许多一度活跃于历史舞台的古代民族（部族）融入其他民族之中，从而促进相互之间经济发展的互动。再如历史上出现的“互市”或“边境互市”、“和市”、“合市”、“通市”、“榷场”、“榷场贸易”等贸易形式；以及“和亲”、“贡赐”等类型都是各族人民互相交往的历史见证。新中国成立以后，特别是改革开放以后，各民族的交往更加频繁，民族之间已经相互打破民族界限，打破民族间的隔绝状态，进行更深层次的交往和真正的文化沟通。市场经济体制确立后，东西部之间，汉族和少数民族之间以及少数民族之间形成了在平等、团结、互

① 刘永佶：《中国经济矛盾论》，第47—48页，中国经济出版社，2004年。

助、和谐基础上的优势互补，互通有无的社会主义新型民族经济关系。现在少数民族和民族地区已经发生了翻天覆地的变化，经济和文教、科技、卫生、体育等社会事业全面发展，千百年来贫穷落后的生产生活方式发生了根本性改变。如今当中国现代化建设第二步战略目标提前实现，人民生活总体上已进入了小康水平的时候，也包括了大多数民族地区和少数民族人民。

在全球化的今天，世界各国民族经济的发展离不开整个世界经济的发展。尽管在全球化进程中，各民族仍然是地位独立、利益差别的主体；仍然相对独立地发挥作用；民族作为世界格局中的基本力量，其地位一直未变。但民族经济在全球化的浪潮中却是相互渗透、相互依存的。经济全球化是国际分工的扩大和深化的过程，是社会分工在全球范围内的最高形式逐步实现的过程，在这个过程中，民族经济发展实际上既有相互依赖、相互渗透的一面，又有各自经济利益相互独立的一面，各民族经济发展并没有失去独立意义。在经济全球化进程中，我们看到了世界民族交往的增多和由此导致的民族“融合”的趋势，但这个融合主要是民族之间的市场的融合，而绝不是民族、民族经济利益的消失。相反，正是由于各民族间频繁的经济往来，民族之间经济利益的冲突也更加突出。如果说全球经济是一个大系统，经济全球化是这个系统不断发育、不断提高其组织程度的过程，日益显示其作为全球系统的典型特征和全部性质，那么，民族经济利益就是这个大系统的一个个子系统，这一个个的子系统也是不断发育、日益显示其作为区域系统的典型特征和全部性质，这种性质就是民族性和开放性。

由此可见，谋求本民族经济利益的实现是各民族互相交往的的根本动机。在各民族交往中，不管是自觉的还是自发的，是主动的还是被动的，对各民族来说，只有发展本民族经济才是最根本的利益，才是各民族在交往中最根本的动因。

九、民族经济国际交往中的主权和利益冲突

民族经济在国际交往中的主权和利益冲突主要表现在：在全球化的大背景下一方面使得各国经济相互依存与互动加强，各国在发展本国民族经济时，不可避免地被卷入了全球化的浪潮；越来越多的民族国家主动参与全球经济一体化过程；另一方面也使民族国家的主权受到一定程度的冲击。所以相互协调成为当今时代的主旋律。

世界进入 21 世纪后，国际环境已经发生了重大变化。全球化[①] 成为新世纪的最主要特征。全球经济一体化的实质就是世界各国在全球范围内的经济融合。全球经济一体化对世界各国民族经济发展的影响是巨大的。全球化在带给全世界各民族国家发展机遇的同时，也给民族国家的民族凝聚力提出了许多新情况、新问题、新挑战。全球化对民族凝聚力的挑战实质上就是对民族聚合元素的一种瓦解和冲击。

经济全球化实质上是西方发达资本主义国家主导的经济全球化，不发达民族国家在全球化进程中处于弱势地位。同时，经济全球化是以国际市场为纽带，以国际资本流动为动力，以跨国公司的无国界经营为支柱的经济，国际市场的目的是将各国经济活动推向便于获得高额利润的地域，因而，全球化具有极强的地域扩张倾向，往往超越了民族国家的概念，世界经济的发展规律日

① 全球化是指“人类不断跨越民族、国家的地域界限，超越制度、文化的障碍，在全球范围内相互联系和交往，互相影响和融合，使全球形成一个不可分割的有机整体的历史发展进程和趋势”。

益制约着民族经济的发展。

由于世界资源和世界市场的有限性，决定了各民族之间的竞争性。各民族在国际交往中都会为了自己的主权和民族利益而斗争。经济全球化一方面使各民族相互依存度提高，另一方面也使关系到各民族生存和发展的市场竞争更为激烈。发达资本主义国家和不发达民族国家之间，不发达民族国家之间，都会因为民族经济利益而引起利用世界资源的竞争、占领世界市场的竞争。在和平与发展的大环境下，各民族在发展空间上的激烈竞争，是民族经济利益依然存在的最好例证。

第一，从主体上看，民族是构成人类社会的重要主体之一。按照系统论的观点，“构成人类社会的各主体可以划分为个人、家庭、基层组织、行业、阶级及阶层、民族和国家七大层次，依主体的不同，利益可以划分为个人利益、集体利益、地区利益、部门利益、民族利益、阶级利益、社会利益和国家利益”。由此可见，从主体考察，民族经济利益是一种客观存在，只要民族存在，就有该民族赖以生存的经济利益存在，也就是说，作为客体的经济利益与作为主体的民族是相辅相成、不可分割的。

第二，从历史发展的视角看，民族经济利益一方面表现为一个民族国家的经济利益，另一方面表现为一国之内的不同民族经济利益。“在历史的行程中，紧接着一个时代夜幕的是另一个时代的黎明”。城邦国家的理想是帝国，而帝国的噩梦却是民族国家。而今天，民族国家已经覆盖了世界的每一个角落，而这又是史无前例的。总体而言，民族国家的建立旨在排除其他民族的统治，它的基础是新的人类共同体——民族。组成该共同体的人们首先具有共同的民族经济利益，这时该民族的经济利益与该民族国家的经济利益在内涵和外延上是基本一致的。而对于多民族国家而言，则是另一种情形：由于存在着多个不同的民族，因而，国家政权从一定意义上讲是多民族共治政权而不是一个民族的自治政权。因此，各民族除了具有共同的经济利益的表象——国家经济利益之外，还存在着相对独立的各民族经济利益。

第三，国家利益层面中包含着民族经济利益。这种情形在中国表现得最为明显。中国是一个统一的多民族国家，国家利益就是不同民族主体的共同利益，主要表现为“以工人阶级为领导的广大人民的共同利益、根本利益”，这种共同利益以普遍利益的形式出现，它一方面反映着中国社会各种利益主体阶级力量的对比关系，另一方面体现了社会主义法制的公平正义价值，在国家利益中，总包含着各民族的共同利益。

经济全球化是由少数西方发达资本主义国家主导这个事实，客观上决定了国际贸易规则的制定基本是由这些国家按着自己的意愿和利益而构建的。全球化的许多规则往往是这些国家国内规则在国际上的延伸与发展。西方发达资本主义国家凭借自己雄厚的经济实力主宰着世界经济，主宰着经济全球化，同样也主宰着不发达国家的经济命脉，造成当今世界的经济全球化成为发达资本主义国家谋取自身利益的工具。由发达资本主义国家主宰的经济全球化最有利于发达国家实现它们的民族经济利益，不利于广大发展中民族国家民族经济利益的实现。

经济全球化已经成为不以任何人的意志为转移的客观趋势，任何国家都无法回避，各民族国家在参与国际经济交往过程中，必须维护本国民族经济利益，这是每个民族国家团结稳定、自强自立的必然选择，也是为营造一个公平合理、平等互利的国际经济新秩序的必然要求。

中国加入经济全球化已不是一种选择，而是一种客观现实。经济全球化实际上为中华民族实现民族经济振兴提供了一个难得的机遇。事实上，中国已经不失时机地快速融入到经济全球化进程中。在这个过程中，中国已经有效地利用外资，学习国外先进的科学技术和管理经验，从国际分工中获取了一定的利益，从而提高自己的经济技术发展水平。从总体上说，经济全球化为中华民族民族经济的发展提供以下机遇：

一是为中国提供了更多的吸引外资的条件和机会。经济全球化为跨国企业利用最有利的地点和资源，从事生产经营活动提供了最大限度的可能。资金问题是任何不发达民族国家面临的首要问题，中国也不例外。而西方发达资本主义国家企业在"利润最大化"宗旨的驱使下，把资金投向中国，使中国有可能利用外资来建设有中国特色社会主义经济。

二是促进了中国跨国公司的发展，使其在世界市场的竞争力逐渐增强，开拓了国际市场。中国已经有了跨国公司，发展甚为迅速，已从贸易活动深入到国际生产领域和高科技领域，并开始参与国际市场的竞争，向发达国家的跨国公司提出了挑战。中国的海尔集团就是一个最好的成功案例，目前海尔集团产品已经进入欧美、日本等30个多个国家和地区，已经在国际市场上占有一席之地。

三是为中国引进科技和先进的管理经验提供了机遇。

四是促进了生产的全球化，使世界范围的产业结构调整进一步深化，步伐加大，这为中国吸收国外的先进产业提供了可能性。中国可以利用这个良好契机，抓住产业转移的新浪潮，随着新一轮全球科技革命和中国加入WTO的契机，国外的许多大跨国公司纷纷登陆中国，有的跨国公司甚至把自己的生产和科研的主体都搬到中国。中国必须抓住机遇，大力引导，努力协调好外资政策和产业政策等相关关系，加快产业结构的调整步伐。

但全球化也是一把双刃剑，在给中华民族民族经济发展带来机遇的同时，也对中国民族经济的发展提出了严峻挑战。主要表现在以下几个方面：

一是在利用外资的过程中有被外资利用的风险。过分依赖外资，造成外债规模扩大。外资对中国民族经济的发展的确功不可没。但是，在片面追求高增长思维的带动下，将外资促进经济增长的作用扩大化，盲目扩大外资规模，使外资规模猛增，过分依赖外资对经济增长的推动作用，中国经济必然容易受到投资者政策及资本输出国周期波动的影响，从而不利于中国民族经济的稳定增长。

二是在开放国内市场中有失去某些市场的风险。参与经济全球化，开展国际间的贸易往来，各国都遵循着平等互利的原则，这正是 WTO 的游戏规则。中国加入 WTO，参与经济全球化，获得了进入国际市场的绿卡和绿色通道，但同时要放开中国的国内市场，让国外企业在中国享受国民待遇。在获得开拓国际市场资格的同时，中国将进一步向全世界各国打开自己的国门，降低关税，减少非关税壁垒，向国外资本、跨国公司开放更多的投资领域和市场。这预示着更多的外国商品和服务涌入国内，将导致中国国内市场竞争加剧，原有的市场份额面临重新分配。

三是在经济结构调整中有发生产业依附的风险。中国在加入经济全球化的进程中，要积极调整产业结构和促进产业升级，力求在国际分工中逐步取得优势地位。但是，在中国生产技术总体上落后于西方发达国家的条件下，许多地区在调整原有落后产业结构时却存在盲目性，以往引进发达资本主义国家已经成熟的、但对中国来说还是先进的生产技术就行了。殊不知，在这些相对先进的产业中，有不少是发达国家的落后产业、夕阳产业，如果以此为满足，不着眼于高新技术，不着眼于原创、创新，长此以往，将使中国处于国际分工的下游，处于国际产业链条中的中下段。这样，势必造成中国对发达国家的产业依附性。

四是在经济开放中存在经济不安全的风险。中国逐步参与经济全球化的实践已经强有力证明，对外开放是中国民族经济发展的一大动力。对外开放不仅为中国吸引了大量的外资，而且还获得了许多的科学技术和先进的管理经验。但随着中国经济开放程度的逐步提高，维护经济安全的重要性、紧迫性愈益凸显。

总之，参与国际经济往来，不仅给民族经济带来了发展的机遇，同时，也对民族经济利益的实现提出了挑战。机遇与挑战并存。在这种大背景下，我们应该既要坚持民族经济利益的相对独立性又主张民族经济的开放性。

十、民族经济在交往中的融合与发展

民族融合，按照《中国大百科全书·民族卷》的解释，是指全世界民族消亡的途径和方式。指全世界建立共产主义社会以后，民族特征和民族差别逐渐消失，形成为一个没有民族界限的人类整体的历史过程。①

《辞海》认为民族融合一般有两方面含义。一个含义与上述解释相同，指各民族在发展中相互接近、吸收，民族差别逐渐消失，世界各民族形成为一个共同的整体，是历史发展的必然趋势，其结果是民族消亡。第二个含义是指作为一个普遍的历史现象来看，民族融合则是历史上一些民族（或其一部分）自然形成为一体的现象。② 就是各民族经过长期经济文化交往，通过共同的生产生活和通婚结合，最终成为一个民族的历史现象。在这个新民族中，既有可能丧失本民族原有的特征，也有可能保留了一些原来民族的经济文化特征。所以一些学者认为，并不是要等到共产主义社会到来之后才会出现民族融合，民族融合在多民族国家中，是局部的比较常见的历史现象。自然同化可以说是民族融合的一种典型表现。自然同化往往能促进民族融合，民族融合也

① 《中国大百科全书·民族卷》，中国大百科全书出版社，1986年。

② 《辞海》下，上海辞书出版社，1999年。

常常发生在自然同化之中。而强迫同化，虽然也能促进民族的融合，但常常引起被征服民族的反抗，往往没有自然同化所产生的民族融合效果强，影响久远。

以中国历史为例，在中国古代历史上，曾经发生过比印度规模更大的自然同化现象，事实上我们也称之为中国历史上的民族大融合时期。中华古代“华”、“夷”显著区分之后，华夏族经济、文化的发展较为迅速。秦汉以来，汉民族经济、文化发展的成就，受到域内其他各民族的钦慕，因而域内的民族融合，自然地主要体现为“四夷”各族不断地融入到汉民族之中，使汉民族不断补充生机勃勃的新鲜血液。

在民族交往与融合过程中，互补互惠的族际经济交往是民族间的基本的关系和必然联系。各民族之间的交往与融合要受到经济发展规律的支配。以中国农耕民族和游牧民族为例，在历史发展的任何时期，发达的农耕经济，一直对周边地区各族群起着凝聚和核心作用，产生着很强的吸引力和“向心力”。这种农耕文明蕴藏的力量，使许多进入汉区农业社会里的少数民族，不同程度地融入到汉族之中。

历史上中国各民族传统经济区域曾呈现出南北三个发展带和农耕、畜牧两大经济区。从南北方向上看，秦岭—淮河以南是以汉族为主体经营的水田农业发展带，秦岭—淮河以北至秦长城是以汉族为主体经营的旱地农业发展带，而秦长城以北是历史上以北方民族为主体经营的游牧和狩猎经济发展带。从经济区来说，西部和西北部游牧民族活动的中心，是传统的畜牧经济区。黄河中下游和长江中下游及其以南地区，是发达的农耕经济区。农耕民族与游牧民族两种经济类型具有一定的互补性。一般而言，农耕民族以种植业为主，兼养家畜，经

> 济稳定，基本上能够满足自身的生活需要，但也向往游牧民族优质的畜产品。游牧民族在茫茫草原上放牧牛羊，畜群为主要的生产资料，产品相对单一，需要与农耕民族进行频繁的交换，以换取农产品和手工业品，补生活之需。①

由此可以看出，民族经济在交往中融合，在融合中发展。它们是一个互相影响、互相矛盾的过程。

交流与融合是人类不可逆转的历史进程，这一趋势不以任何人的意志为转移，因为这一历史趋势根源于人类文明的内在发展规律，人类文明具有交流融合的属性，人类社会是个不断开放的系统，人类文明发展是个不断融合交流互动的过程。所以民族经济发展离不开国家经济，国家经济发展离不开世界经济发展。

就世界经济而言，它是一个有机的整体，它是世界上各民族、各地区、各个国家在国际分工发展的基础上所形成的经济上互相联系、互相依赖的有机体系。当今世界，没有哪一个国家能够离开国际社会而独立地生存与发展本国的民族经济，任何国家都必须参加并利用国际分工，发展国际之间长期而稳定的经济贸易关系。这是世界生产力发展的客观要求与结果，也完全符合世界各国之间在经济生活上越来越国际化的必然趋势。二战后的实践证明，世界经济与各国民族经济的发展，有赖于国际经济交流与融合，而国际经济交流已经突破了传统方式，增添了新内容。生产力要素在国际间的流动与组合，使国际经济交流从流通领域

① 管彦波：《中国古代史上的民族融合问题》，《中国经济史论坛》，2003 年。

扩展到生产领域，[①] 国际贸易和国际经济合作已成为当今世界国际经济关系的两种重要形态，并且相互之间互相补充、互相促进。

就国民经济发展而言，一国经济的发展离不开世界。任何国家如果不加强国际经济交往，不积极参与国际分工与合作都是不可想像的。发展中国家经济发展如果不与国际经济接轨，不引进发达国家的先进经验、先进技术和资金，要缩短与发达国家的差距是不可能的。中国正反两方面的实践已经充分证明了这一点。正如邓小平同志指出的那样，“现在任何国家要发达起来，闭关自守都不可能。我们吃过这个苦头，我们的老祖宗吃过这个苦头。恐怕明朝明成祖时候，郑和下西洋还算是开放的。明成祖死后，明朝逐渐衰落。以后清朝康乾时代，不能说是开放。如果从明朝中叶算起，到鸦片战争，有三百多年的闭关自守，如果从康熙算起，也有近二百年。长期闭关自守，把中国搞得贫穷落后，愚昧无知。现在的世界是开放的世界。中国在西方国家产业革命以后变得落后了，一个重要原因就是闭关自守”。“根据中国的经验，把自己孤立于世界之外是不利的”。“我们要有计划，有选择地引进资本主义国家的先进技术和其他对我们有益的东西……因为西方发达国家中一切有用的东西是人类文明的共同成果，资本主义可以用，社会主义也可以用”。

因此，在经济全球化的今天，每个民族国家和地区都是其必不可少的一部分。但是，有一点要认清，在全球化的过程中，民族国家的作用不管发生多大变化，它仍然是世界经济的主体。例如，目前，发达国家一方面宣扬贸易自由化，另一方面又搞贸易

---

① 目前，在国际上最常见、最普遍的交流方式，诸如技术转让、生产协作、劳务合作、发展援助、工程承包、联合投资、资金融通、信息服务、管理合作等等，统称为国际经济合作业务。

保护主义，说明民族国家维护本国民族利益的作用并未消失。另一方面，也存在巨大风险和负面影响，发展中民族国家更容易受到外部经济波动和金融危机的影响。发展中民族国家应当积极融入经济全球化进程，利用它所提供的条件发展自己本国的民族经济。同时，要注重国家的经济安全，趋利避害。

第九章　民族经济发展

民族经济，其本质特征具有二重性，即民族因素和经济因素二者融为一体，是一个独立的现实存在，它是民族与经济这两个要素在互动过程中，所形成的具有特殊构造的有机现象。“对于民族而言，民族经济本身是一个独立的存在，具有自己的特殊结构与本质属性；对经济而言，它本身也是一种客观现象，同样具有自己特殊结构与本质属性”。[①] 任何民族都有自己内部的经济联系或共同经济生活，同时，不同民族之间又发生着相互的经济交往即存在着相互影响的经济关系。民族内部与民族外部的这种经济联系或交往关系，不仅是产生民族经济的基础，而且也是所有民族生存、发展和共同繁荣的基础。因此，我们所认知的民族经济发展，既包含民族的发展与进步，也包含民族的经济发展与繁荣。

一、民族的兴衰取决于经济发展

众所周知，民族并不是一有人类就存在的，而是在社会发展到一定历史阶段中形成的。在民族形成之前，人类以集体劳动为联系，以血缘关系为纽带结成氏族、部落，过着集体群居的原始生活。随着社会生产的不断发展，氏族、部落逐步瓦解，民族逐步由氏族、氏族联合体、部落和部落联盟演化、扩张而形成。以

---

① 施正一：《民族经济学导论》，第 38 页，民族出版社，1993 年。

现代人的角度对民族的形成过程进行分析，这是一个充满矛盾的斗争过程，在导致其形成的必要因素中，政治发挥着重要的机制作用，而经济始终是民族存在和发展的基础，民族的兴衰直接受制于经济的发展程度。

作为民族形成和发展的基础，共同的经济生活是把民族结成一个统一整体的基本力量。没有共同的经济生活，民族本身不能存在。一个民族的共同经济生活和该民族的社会生产方式有着密切的联系，但它并非社会生产方式本身，而是指一个民族内部，由于生产分工、产品分配和交换关系的发展，使人与人之间、地区与地区之间在经济上互相依存，从而把人们结合成为一个整体的那种联系。没有共同的经济生活，民族的形成和存在则是不可能的。由于共同经济生活的发展，人们彼此之间的接触日益密切和频繁，原来的部落语言已无法满足人们的交际、交流和从事各种经济活动的需要，于是原先那些比较接近的部落语言就逐步形成一种新的共同的语言，从而为民族的形成创造了语言基础。同时，由于居民人口大量增加，居住的人群日益稠密，也由于生产和经济利益的要求，占有财富和保护财富的要求，人们对内对外都不得不更紧密地团结起来，于是“各亲属部落的融合，从而各个部落领土融合为一个民族的共同领土也就成为必要的了”。[①]这就为民族形成提供了地域条件。由于共同经济生活的建立和发展，作为经济基础之反映的共同文化，也就逐步形成了。

综观人类历史的发展过程，民族是随着氏族、部落的日益瓦解，在人类社会由原始社会进入阶级社会的时期形成的。因此，当民族一经形成和产生，那么建立在这个“共同地域”、“共同经济生活”的“稳定的共同体”的经济条件之上的民族经济也就随之产生。由此可见，民族形成与发展的先决条件是共同的经济生

① 《马克思恩格斯选集》第四卷，第160页，人民出版社，1972年。

活。

民族作为一种社会历史现象是变化和发展的，其发展受到社会经济发展的制约。一般地说来，民族从低级阶段向其高级阶段发展，是其生产方式从落后向先进的发展过程。在民族与地域、文化、经济、政治等诸种关系中，民族与经济的关系最为重要，因为经济发展是民族发展的基本条件。

我们知道，马克思在考察货币转化为资本，资本产生剩余价值，剩余价值再转化为资本，以及商品生产所有权到资本主义占有权等的转化时，都是从纯经济角度进行的。正如恩格斯所说的“全部过程都为纯经济原因所说明，而毫不需要任何掠夺、暴力、国家或其他政治的干预”。① 这说明经济是决定性的，说明“历史过程中的决定性因素归根到底是现实生活的生产和再生产”。②因此，可以推论，经济发展对于民族的产生与发展具有决定性的作用。

如前所述，民族是社会生产力发展到一定水平而产生的，是比氏族和部落更高级、规模更大的社会共同体。任何一个民族都是由一定数量的人口组成的，人的生存离不开物质资料的生产，民族的发展也离不开一定的社会生产。在民族和经济的相互关系中，经济是矛盾的主要方面，它对民族的发展具有决定性影响。集中体现为：第一，经济是社会生活的基础，而影响民族发展的其他因素如政治、道德、宗教、地理环境等等归根到底是受经济发展水平制约的。比如原始民族中的大自然崇拜、动物崇拜等，实际上是古代社会狭隘的生产关系和低下的生产力的反映，正是在这个意义上，马克思主义认为：一切观念形态“归根结底都是从他们的经济生活条件，从他们的生产方式和产品交换方式中引

① 《马克思恩格斯选集》第三卷，第 203 页，人民出版社，1972 年。

② 马克思、恩格斯：《〈资本论〉书信集》，第 499 页，人民出版社，1976 年。

导出来”。[1] 唯物史观最核心的一个思想，就是把一切社会意识形态归结于它的现实基础，即经济条件的反映。第二，经济条件是民族发展的决定性条件。民族形成以来经历了不同的社会经济形态，而不同的社会形态又是由不同的社会生产方式决定的；随着社会生产力的不断发展，民族也在不断发展，到了社会主义社会它就走上了全盛的发展阶段。人类之所以分成许多不同的民族，是因为生产力和科学发展水平还不够高，还不足以克服社会和自然条件的局限性所造成的差异，这是一个极其漫长的过程。第三，民族发展规律要受社会基本经济规律所支配；社会基本经济规律决定社会生产发展的一切主要方面和一切主要过程及其根本方向。正确认识和掌握社会基本经济规律，可以促进社会生产的不断发展，从而实现各民族的共同繁荣。可见，民族的产生与发展以至民族的最终消亡，是不以个人意志为转移的社会过程，是社会生产力发展的必然结果。

在民族发展与经济发展的相互关系中，经济发展是决定民族兴衰的基本条件。但是，不能单纯地强调经济的影响力，必须同样重视民族因素对经济发展所具有的巨大制约力。

民族不论大小，都是由一定数量的人口所组成。按照马克思主义的观点，人是生产者和消费者的统一。这一观点概括了人作为经济活动主体、作为经济要素的基本点。人首先是生产者，是一切社会财富的创造者，人的生存不能离开物质资料的生产，民族的生存也不能离开一定的社会生产。一个民族必须首先作为生产者从事物质生产活动解决基本生存，才能谈得上从事其他社会活动。人作为经济活动的主体，必须进行消费才能从事再生产。所以，生产和消费是人在经济活动中的二重属性，二者互相依存、互相转化，通过人这个主体联结在一起。正因如此，民族因

① 《马克思恩格斯全集》第21卷，第548页，人民出版社，1985年。

素在经济生活中占有主体地位，对于经济的发展具有不可估量的作用。具体而言，作为经济行为的主体，民族因素是劳动力的来源，是经济要素和经济关系的承担者，民族素质的高低、民族同化和民族融合的发展程度必然会给经济发展以一定的影响，对社会经济发展起到促进或延缓作用。

二、民族经济发展的根据在于能否确立提高劳动者社会地位的制度

社会制度就是社会经济、政治制度的总和。社会作为“人们交互作用的产物”①，是以共同的物质生产活动为基础而相互联系的人们的共同体。在它按其自身固有规律而发展变化的过程中，形成与一定生产力发展程度相适应的经济制度，以及作为经济内在机制的制度。

社会制度的基本是经济制度。这里的经济制度，不是单纯地指一定社会各经济部门或一个方面的具体制度，如工业经济制度、农业经济制度等，而是主要指人类社会发展一定阶段生产关系的总和，如资本主义生产关系的总和构成资本主义的经济制度，社会主义生产关系的总和构成社会主义的经济制度。马克思主义认为，一定社会的经济制度构成一定社会的经济基础，并规定其政治制度和人们的社会认识。正如列宁所说：“人的认识反映不依赖于它所存在的自然界，也就是反映发展着的物质；同样，人的社会认识（就是哲学、宗教、政治等各种不同的观点和学说）也反映社会的经济制度。政治制度是经济基础的上层建筑

① 《马克思恩格斯选集》第四卷，第320页，人民出版社，1972年。

……马克思认为经济制度是政治上层建筑借以树立起来的基础”。①

社会制度的变革需要通过社会革命实现。社会生产力是不断发展的，发展到一定阶段便同原有的生产关系发生冲突，这时就要求变革旧的社会制度，首先是变革旧的生产关系，以适应生产力发展的需要。但是，在阶级社会里，旧的统治阶级总是千方百计地维护旧制度，以保护有利于他们的旧的生产关系，因此，社会制度的变革必须通过社会革命才能实现。这就是，代表新的生产关系的阶级，团结那些在旧制度下被压迫的劳动群众，战胜腐朽的社会阶级力量，摧毁旧的社会制度，创立新的社会制度。

在生产关系不断适应生产力发展的历史进程中，广大的劳动者始终是先进生产力的代表，因此，劳动者社会地位的提高集中体现了整个社会制度的进步；民族经济发展既是社会制度进步的根基，又以劳动者社会地位的提高为标志。

民族经济与社会制度之间的关系，可以概述为：民族经济决定社会制度，社会制度影响民族经济，民族经济发展与社会制度是相辅相成的关系。

从生产力的发展变化是一切社会变迁的基本因素这一角度看，民族经济发展的一定水平是一定社会制度赖以存在的根基。民族经济的发展水平决定其社会制度的性质，各个民族具有怎样的生产力水平，就有与其相适合的社会制度。当这种生产力发展到一定阶段时，便同它们一直在其中活动的现存生产关系发生冲突，从而引起生产关系的变革；随着生产关系的改变，必将或快或缓地推动政治的变革。原始社会生产力的典型表现是石器的使用，由于使用的工具异常简陋，单个人的力量不足以自卫和谋生，于是几十个人结成一群，相互协作，共同劳动，平均分配。

---

① 《列宁选集》第二卷，第443页，人民出版社，1972年。

当生产力发展到以使用金属工具为主的时候，原始公社就解体了。生产力和分工的发展以及由此引发的商业繁荣和城乡分离、体脑对立，使生产关系和生产力的矛盾日益加剧，奴隶制生产关系终于成为生产力发展的桎梏。中国公元前5世纪，在诸侯争霸的混战中，封建制代替了奴隶制。两河流域和印度等其他奴隶制国家，也以与中国类似的方式和过程，从奴隶社会发展为封建社会。铁制工具在农业以及手工业上的应用使封建制生产关系在适应以个体生产和手工工具为特征的社会生产力的过程中建立起来。以个体生产和手工工具为基础的封建制生产方式，是与技术水平低下的农业、手工业生产和不发达的商品经济相适应的。随着生产力进一步发展而出现的商品生产、商品流通的不断增长和国内外市场的迅速扩张，为封建制度的解体创造了条件。这种解体过程在不同民族和国家有着不同的经历，其中以西欧国家最为典型。在14—15世纪，欧洲地中海沿岸一些工商业发达的城市已经稀疏地出现了资本主义萌芽。15世纪末，新大陆的发现、世界市场的形成，极大地刺激了欧洲资本主义的发展。16世纪进入工场手工业时代。17世纪和18世纪，英、法先后实现了资产阶级革命，建立起资本主义制度。在资本主义制度诞生后的数百年间，社会生产力主要出现过三次飞跃，经历了三次科学技术上的革命：18—19世纪以蒸汽机为主要标志的第一次科技革命，曾使工场手工业从缓慢的发展中解放出来，出现了社会大生产的狂飙时期，确立了资本主义制度；19世纪末20世纪初，以电动机为主要标志的第二次科技革命，曾使各个发达国家在向垄断资本主义的过渡中，出现了前所未有的经济高潮，帝国主义终于形成；“二战”后，以原子能、电子计算机和自动化技术的发展为主要标志的第三次科技革命，使主要资本主义国家的生产出现了更为迅速的发展，导致整个产业结构的巨大变化，为新的社会制度的产生准备了新的物质技术条件。

从政治反作用于经济基础的角度看，社会制度影响着民族经济的发展。当社会制度同经济发展水平相适应时，它能够促进民族经济的发展，当社会制度落后于经济发展的要求时，便会阻碍民族经济的发展。例如，现在看来是极端残暴和十分荒谬的奴隶制度，在当时代替原始公社制度却是人类社会发展的一个进步。这是因为战争中的俘虏不再被杀掉而用来从事劳动，大量的生产资料和奴隶集中于奴隶制国家或个别奴隶主手里，减少了对劳动力的破坏，可以大规模地利用简单劳动协作，促进农业、手工业和商业的发展以及社会经济、科学、文化、艺术的发展。“只有奴隶制才使农业和工业之间的更大规模的分工成为可能，从而为古代文化的繁荣，即为希腊文化创造了条件。没有奴隶制，就没有希腊国家，就没有希腊的艺术和科学；没有奴隶制，就没有罗马帝国。没有希腊文化和罗马帝国所奠基的基础，也就没有现代的欧洲”。[①] 因适应以个体生产和手工工具为特征的社会生产力而建立起来的封建社会制度，有利于发挥在小块土地上的小农业和个体手工业的积极作用，但是，当社会生产力进一步发展的时候，又最终成为生产力发展的桎梏，被更进步的资本主义制度所代替。封建社会的解体，使资本主义的生产要求得到解放，极大地提高了生产的技术水平和劳动生产率，使生产力以前所未闻的速度和规模迅速发展起来。“资产阶级在它的不到一百年的阶级统治中所创造的生产力，比过去一切世代创造的全部生产力还要多，还要大”。[②]

从民族经济发展与社会制度优化相互之间的关系来看，二者是相辅相成的。世界主要资本主义国家制度的发展历史充分地证明了这一点。在封建社会后期，手工业和商业的发展以及世界市

---

① 《马克思恩格斯选集》第三卷，第220页，人民出版社，1972年。
② 同上书，第256页。

场的开拓，有力地推动了社会生产力的发展，威尼斯、热那亚、佛罗伦萨等地中海沿岸的一些发达城市，于14—15世纪时在纺织、采矿、冶铁等行业中出现了资本主义萌芽。新兴资产阶级和资产阶级化的贵族在加紧进行资本原始积累的过程中，为了冲破封建制生产关系及其政治机制对生产力发展的束缚，扫除资本主义发展道路上的障碍，进行了资产阶级革命。资产阶级革命的胜利，宣告了新的政治制度和经济制度的诞生。因为这种社会制度是与当时社会生产力性质相适应的，所以大大地促进了资本主义经济的发展。从18世纪30年代起到19世纪下半叶，英、美、法、德、日等国，先后开始并完成了产业革命，实现了手工劳动到机器大生产的过渡。资本主义工业化的过程，绝不仅仅是生产技术方面的变革，而且也是社会经济制度方面的变革，它不仅使资本主义社会的生产力以前所未有的速度和规模飞跃发展，为资本主义制度建立了强大的物质技术基础，同时也使人与人之间的阶级结构发生了剧烈的变化，培育出资本主义制度的掘墓人。伴随生产社会化的发展而日益壮大和成熟起来的无产阶级，迟早将在自己的革命政党领导下，经过革命斗争，在全世界范围内消灭资本主义制度，建立共产主义制度。尽管这个过程可能是很曲折的。

在中国这样一个幅员辽阔的多民族大家庭里，历史上就存在着地区间发展不平衡和民族间发展不平衡，因而社会经济制度错综复杂。中华人民共和国成立之前，中国少数民族的社会经济制度都程度不同地处于资本主义之前的社会阶段，在所有制方面，还存在着原始公社制度的残余、奴隶制、封建领主制和地主制以及资本主义生产关系的萌芽。随着新中国的成立和社会主义制度的建立，各民族分别跨越一个或几个社会形态，直接进入了社会主义社会发展阶段。

社会主义制度消除了压迫和剥削，劳动者社会地位得到空前提高，为各民族的充分发展、施展才干提供了广阔的天地和优越的条件。民族平等团结互助和各民族共同繁荣的民族政策，增进了各民族的团结与进步。各民族在政治上、经济上、文化上的全面发展以及民族特征的保持和融合，无不体现了社会主义制度的优越性。

民族经济发展的主体是各民族的劳动者，确立提高劳动者社会地位的制度是民族经济发展的基本前提。“改革”与“发展”是当今中国经济社会的关键词。改革包含改变之意，但改变并不等于改革。改革是由新生的革新势力的壮大而形成的对旧势力的斗争，并由此而改变社会关系和制度、体制的过程。改革是有阶级性、方向性的，是向前的。这个方向就是人性的升华。具体到今天的民族经济发展，其经济改革的主体，只能是劳动者，而改革的方向，则是作为主体的劳动者社会地位和素质技能的提高。这是人性升华的需求，也是中国各民族兴旺发达的要求。

发展包含增长之意，但增长并不等于发展。从改革与发展的统一性来规定发展，发展是改革成就的体现，其主体也是劳动者。劳动者社会地位和素质技能的提高，是改革的成就，也是发展的标志。发展也应体现于经济增长的指标上，但必须明确增长了的经济指标的结构，以及增长了的财富的归属。如果增长的经济指标是合理的，即主干性结构是健康的高新技术行业，而其所有权和控制权掌握在劳动者及其代表手里，就是民族经济的发展。反之，结构不合理的经济指标之增长，只能是一种病态或畸形的增长；增加了的财富大部分归少数非劳动者的人所有，并以此来增强其对劳动者的控制，这样的财富增长并不是真正意义的经济发展。简言之，民族经济发展是以劳动者地位和素质技能提高为主体内容的，物质财富与经济指标的增长，只有从属于这个主体内容，才是发展的体现；反之，则不然。

以中国的经济改革为例，是在已经确立的初级公有制基础上展开的，是公有制摆脱其初级阶段的局限，克服其缺陷，向更高阶段的演进和发展。

劳动者争取成为社会主体的变革运动，是劳动者以其提高了的素质技能联合起来，在争取劳动力和生产资料的所有权的同时，规定并制约生产力的发展。民族经济的发展作为这个变革运动的成就，是实现劳动者社会主体地位并由此提高其素质技能的必要条件。劳动者的利益是决定性的，劳动力的使用与劳动者素质技能的提高内在统一。也就是说，作为社会主体的劳动者会决定其劳动力的使用方向，制约产业和行业结构，限制和取消无益或有害于劳动者素质技能的行业，将劳动力和生产资料用于再生产和提高劳动者素质技能的行业，由此形成良性循环。劳动者的社会主体地位也因此而巩固。

由初级公有制主导的民族经济，局限在于劳动者素质技能相对低下，其缺陷则是劳动者的社会主体地位虽有原则规定，但并没有完全落实于权利体系上，这既是较低素质技能的表现，也是残存的行政集权体制作用的结果。民族经济发展过程中的改革，是劳动者提高其社会地位和素质技能总要求的集合，也是人性升华的大趋势。初级公有制的局限和缺陷，只有通过改革才能突破和克服，其要点，就是明确和强化劳动者的劳动力和对共同占有的生产资料所有权，在提高其社会责任感和劳动主动性的同时，提高素质技能。

民族经济发展的根本在于明确其主体是各民族劳动者。民族地区改革的对象，是存留于现代经济制度和体制中的旧势力，即依赖行政集权体制取得并固守既得利益、反对民主法制的社会势力，其集中的代表就是官僚资本。也正是这股势力，将自己视为其“改革”的主体，将劳动者视为“改革”的对象。

如今存在着两种根本对立的改革观，一是要提高劳动者社会地位和素质技能，二是要维护少数非劳动者的既得利益，并进一步扩大和强化其权势。前者要求突破和改造行政集权体制，后者是固守集权，进而实行专制，对劳动群众所要求的扩大经济、政治权利的思想和行为，以各种方式予以压制。后一种改革观并不反对提高劳动者的技能素质，但阻抑其文化精神素质的提高，更反对提高劳动者的权利。这个观念认为公有制的根本缺陷，就在于劳动者的权利太多，太爱闹事，从而懒惰，不服从管制，是“养懒汉”的制度。只有削弱劳动者的权利，才好管制，才能迫使这些“资源”发挥作用。

不可否认，第二种改革观所导引的“改革”，在短期内也可能取得一定的经济增长，但不能发展经济，更不能促使公有制向更高阶段的转化。其结果只能是使少数既得利益者在获得更大利益的同时，为进一步巩固其权势而削弱劳动者权利，从而导致劳动者素质技能的下降，经济结构更加不合理，日益成为依附“中心”国家的“外围”。

只有第一种改革观才是真正的劳动社会主义的改革观。各民族劳动者是民族经济发展的社会主体，也是推进民族经济发展的根据所在。任何民族的强盛和发展，均取决于劳动者素质技能的提高。而要提高劳动者素质技能，唯一的途径，就是确立其社会主体地位。世界上，不同国家和地区的民族经济发展历史都证明了这一点。因而，如何进一步消除束缚劳动者素质技能提高的制度和体制因素，扩大和强化劳动者的权利，并建立由劳动者的所有权所派生的民主权对公有制经济的全面控制，也即完善民主法制，就成为民族经济发展及其经济改革的主体内容。

三、变革经济制度，改革经济体制是民族经济发展的必由之途

经济制度是一定社会占统治地位的生产关系的总和，它规定

着该社会再生产的基本原则，反映着该社会生产关系的性质，是该社会的基本制度。经济体制是一定经济制度所采取的具体组织形式和管理体系，是生产关系的具体实现形式，它反映社会经济在组织生产、交换、分配和消费过程中采取的资源配置方式。经济体制是一种社会形态中不同阶段上特殊经济关系性质的规定。经济制度是一般，是总体，经济体制则是特殊，是阶段；一般具体化于特殊之中，总体展开于阶段中，经济体制是经济制度的具体存在，是经济制度的展开与阶段性形式。

一种经济制度存在的时间往往是很长的，各个经济制度在其存在的漫长历史时期，都分成若干阶段，这是由具体的劳动者素质技能及其生产力水平与经济关系决定的。在这些不同的历史阶段，经济制度的一般都是存在的，但要具体化于经济体制的特殊之中；各经济体制又必须在其特殊中体现制度的一般。经济体制的特殊性，是区别于同一制度下其他经济体制，而非与经济制度的一般性相对立。

中国的民族经济改革已经经历了二十多年，主要有以下基本内容：

第一，以产权制度改革和产权关系调整为核心和主线。改革者也许并没有意识到最初的、以“放权让利”为内容的改革就是产权改革，当时也没有产权理论作为指导。但是，这场改革实质上就是权利关系的调整。这种选择也许是制度变迁的内在力量的推动和人们的本能选择。无论是农村改革，还是城市的改革，或者二者相关的改革，都是以责、权、利关系及其制度的调整为核心和主线。农村的改革主要包括：家庭联产承包责任制度的推行，农产品流通体制改革，乡镇企业的建立、发展和改革，在家庭联产承包制基础上的股份合作制改革，农业产业化等。考察这一过程，我们发现每一步改革的实质都是“产权制度改革”或“产权关系的调整”。国有企业改革实际上从一开始就是产权制度改革，因为放权让利、利改税、承包经营责任制、租赁经营责任制、股份制等改革，本质上都是调整企业和政府的产权关系。公司治理结构的改革，实质也是企业的利益相关者责、权、利的界定和调整。

第二，以旧制度最薄弱或新制度需求最强烈的环节——农业制度为突破口。从总体上说，和全国经济体制改革一样，民族地区经济体制改革最早也是从农村的土地产权制度和生产组织制度开始的。为什么制度变迁首先发生在农村？我们认为这是适应现实需要而做出的选择。农产品的统购统销制度、价格剪刀差以及户籍管理制度，使农民蒙受了巨大的利益损失。政社合一的人民公社制度名为集体经济，实际并没有保障农民的权利。与城市的集体和国有经济不同的是，国家对农村的集体经济基本上“管而不包”。这样农村改革的机会成本很低，农村对新制度的需求也就更加强烈。因此，农村相对于城市而言，旧的制度更容易打破，新的制度更容易产生，自发的制度变迁发生之后，更能够得到政府的迅速认可和支持。

第三，允许旧体制外生产新体制，即体制增量调整与体制存量调整并行，而且以前者促进后者。民族地区经济体制，在旧体制的根本性变革难度较大的情况下，确实很大程度上是依靠增量改革、体制外突破来改革经济体制的结构和促动旧体制的变革，这是渐进式改革的主要经验之一，应该予以充分肯定。但是，不能因此而认为民族地区经济的持续增长靠的就是非国有经济的发展。无论体制改革还是经济增长，都是“两条腿”走路。公有制经济（包括集体经济和国有经济）的体制，一直都在改革，甚至比非公有制经济的出现要早。对集体农业经济体制和国有企业的改革，包括对土地制度的改革，都在 20 世纪 70 年代末就开始了。而且，在强调体制外改革的积极作用的同时，决不应当忽视国有经济在改革和发展中的巨大作用。与非国有经济相比，国有经济市场化的速度较慢，这固然不利于市场化的进程，但是可以使大量经济资源特别是关系国民经济命脉的部门处于政府直接控制之下，这不仅有利于维护社会政治和经济的稳定，有利于控制转轨过程中的各种矛盾，而且能够在市场机制很不完善的情况下，通过政府的调节弥补市场的不足，克服市场的缺陷，充分发挥政府导向的作用，保证国民经济的正常运转。国有经济实际上也为民族地区经济体制的渐进式改革和非公有经济的发展承担着成本。我们假设：国有经济体制一开始就彻底变革，那么，非公有制经济能否发展到现在的水平？民族地区的经济体制改革能否顺利？这些问题的答案可能要改变。

第四，包括政府在内的多元主体联合创新体制，政府扮演重要角色。民族地区经济体制变迁过程中的初始主体可能存在比较大的差别，但是在制度的设计和变迁过程中，是多元主体联合创新体制，并不断进行着角色的转换。其中，政府作为多元主体中的一员在体制创新中发挥着重要的作用，扮演着重要的角色。

以农村改革为例。前面已经分析，农村经济体制变迁包括许多方面，其中最主要的是家庭联产承包责任制、股份合作制和与农业产业化相适应的正在进行的制度创新三个阶段。每个阶段都有不同主体扮演不同角色，起着不同作用，不同阶段的角色及其作用又是有所变化的。政府虽然不是在每一项改革或改革的每一个环节上都充当主角或领导者，但是，它作为重要的制度变迁主体的作用是不可否认的。

家庭承包责任制作为制度创新在很短时间里向全国推广，则属于新制度的扩散。在这一过程中，中央政府是最重要的主体。它对家庭联产承包责任制的认可、支持极大地打消了广大农民和民族地区地方政府的顾虑，使新制度以极快的速度扩散。当然，最基本、最重要的事实是：这一变革除了触犯了少数人的既得利益外，于农民、于中央和地方政府、于城市居民都是有益的，所以大家都是从自身利益出发支持改革的。

家庭联产责任制也有局限性。还是农民自己在实践中于20世纪80年代中后期自然地创造了一种扬弃家庭联产承包责任制、适应生产规模进一步扩大的制度形式——股份合作制。毫无疑问，广大农民自己是主角，他们是制度的设计者和实施者。无论是中央政府还是地方政府，基本上是认可、顺应、引导。

随着农业产业化的发展，与之相适应的制度创新，在20世纪90年代中期又拉开了帷幕。农民现在已经意识到家庭小规模经营对他们的种种不利。因此，农民们自己又在探索，他们仍然是创新的主角。

乡镇企业的发展既是农村的产业革命，又导致了整个农村经济体制的重要创新——可以与农业中的家庭承包责任制相提并论的制度创新。在这一创新过程的不同阶段，创新的不同主体及其相互关系是有所变化的。几乎在家庭承包制刚刚全面实施的同时，"社队企业"开始实行承包制，即由公社、大队包给一些"能人"。这些"能人"都是农民，是农民中的"基层干部"或原来就是"社队企业"的经营者。第一步制度创新，是由"基层干部"唱主角，集体代表——公社、大队、生产队与地方政府、中央政府、广大农民共同参与，几乎没有反对的主体，因为它对任何一个群体或阶层或国家，都是有益无害的。中央政府、地方政府显然支持，但不是创新的发动者和领导者，不是主角。

20世纪80年代中期，已经有些大胆的农民开始投资办企业了。有些是单独办、家庭办，有些是农户合伙办，这就使乡镇企业自身的组织也出现了新形式——家庭企业和合伙企业，非公有的乡镇企业取得了超常发展，农民自己仍然是创新的主角。政府，特别是中央政府起了一个"放"或"允许"的作用，即所谓"给政策"，例如国务院1984年的4号文件认可、允许个体或联合投资。当然，"放"本身也是一种对创新的"参与"，它与阻挠或观望是不同的，与一般的“支持”也不一样。从这个意义上说，政府也是这一制度创新的重要主体。

20世纪90年代以来，乡镇企业进行了更深层次的体制创新，目标是与现代市场经济接轨，其最大的特点就是政府特别是县以上的政府基本上退出了“制度创新主体”行列。因为经过第一、二步政府“放”以后，乡镇企业走上了自我发展、自我创新的道路。在政府跟乡镇企业没有产权关系，乡镇企业也不再需要政府“放”什么权、给什么政策的情况下，政府面对乡镇企业的制度创新，就显得没有什么可为了。进入90年代以来，乡镇企业从合伙制到股份合作制，甚至有些向有限责任公司、股份有限公司、集团化的演变，都是乡镇企业、乡镇企业的投资者和广大农民自己的事情，他们顺应市场、产业变化的需要，很自然地完成了一次又一次产权关系和企业内部组织结构的创新。这是由他们的产权及由此决定的经济地位和经济利益关系决定的，他们有产权，从而有谈判实力，能够左右制度变迁的方向，而且也必须进行左右，以维护其产权收益。

关于国有企业至今为止的制度创新，尽管地方政府、企业及企业员工等主体在不同阶段的作用在变化，但是中央政府除了创新初期很短时期外，一直都是创新的主角，一直都是它主导，它决定创新的方向和方式，并组织试点和推广。

第五，从制度变迁的规律和国情及区情实际出发，选择渐进式改革的方式或道路。对于体制转轨，理论上存在多种途径或方式，在实践中，也有多种方式。人们把20世纪开始、持续至今还没有完成的许多国家的改革，大体上划分为两种方式：渐进式改革和激进式改革或“休克式疗法”。从改革的效果来看，比较多的人认为，以中国为代表的渐进式改革更加成功，其主要标志是，在市场化改革推进过程中，经济快速发展，连续20年经济平均以近两位数的速度增长；与此同时，物价上涨率限制在公众可以承受的范围内，从1979年至1999年，社会零售物价上涨率平均为6．6%（居民消费价格上涨率从1985年至1999年平均为8．9%），没有到两位数，从而没有危及经济稳定和社会稳定。由于经济快速发展，物价上涨率总的来说处于居民可承受的范围内，人民的收入和生活水平普遍有较大提高，得到改革的实惠。

所谓渐进式改革是指在根本经济制度不发生较大变化的情况下，对经济发展过程中限制或阻碍经济发展的经济体制进行逐渐的改革。渐进式改革体现在许多方面：从农村改革开始，然后扩展到城市；先着力发展比较适应市场经济的非国有制经济，而后重点推进国有经济的改革；先发展商品市场，然后着重发展生产要素市场；价格改革先调后放，调放结合，并逐步同国际市场价格相联系；生产、流通、价格等都出现计划内外双轨制，然后向市场单轨制过渡；经济特区、沿海城市改革开放先行一步，逐步向内地推开，实现全方位开放等等。在改革推进的方法上，也是这样。先是摸着石头过河，走一步看一步，然后随着经验的积累，逐步实行相互协调、相互配套的整体推进；还有是先易后难，先改革那些比较容易改的领域，最后搞攻坚战——推进国有企业改革。

国有企业与高度集中的计划经济体制有着密切关系。由于国有企业产权改革牵涉到国家财政收入的稳定、社会成员的就业与福利保障，所以一直是经济改革中最为复杂、最为困难的改革。为了保持社会稳定，避免对企业的迅速改革可能导致的生产下降，失去社会大众对制度变迁的支持，同时又要提高企业经营效率，企业制度的变迁实际上是通过体制外变迁和体制内发展相结合的道路来推进的。也就是前面分析的“两条腿”走路。

当然，我们只能说，从目前的情况看，渐进式改革比较成功，但它同样有其局限性，而且，我们也不能认为或断定激进式改革就不成功或不能成功，一切有待更长时期的时间去检验。不同地区在不同时期的制度变迁所面临的环境和约束条件不同，改革道路的选择也可能不同。

中国20多年的经济改革，对于中华民族的振兴和民族经济的发展发挥了重要的历史性作用，但仍然存在着一些问题，主要表现在：

第一，对收入分配制度和收入分配状况重视不够，造成的后果将是深刻而长期的。在进行农村经济体制改革和国有企业改革的同时，也在收入分配领域进行着相应的改革，提出了“按劳分配为主，其他分配方式并存”、“按劳分配和按要素分配”相结合，“效率优先，兼顾公平”的收入分配政策，但实际情况是，居民收入分配差距不断拉大。根据世界银行的测算，1978年我国人均收入的基尼系数是0.33，这说明我国当时属于个人收入差距比较小的国家；而到1995年基尼系数已达到0.445，1998年上升到0.456，不仅超过了国际上公认的中等合理差距水平，而且超过了美国1990年家庭收入0.43的基尼系数。从城乡收入差距来看，根据国家统计部门的调查，1978年，城乡居民收入比率为2.36:1，1985年为1.72:1，1999年为2.65:1；从这三个比值上可以看出，1978年至1999年我国城乡居民收入差距呈现出先缩小后又扩大的趋势。从地区收入差距来看，1980年东部地区职工的收入要低于西部地区，中部地区的收入水平最低。大约到1989年前后，东西部地区的职工收入基本持平。进入20世纪90年代后，收入差距逐渐拉开，到1997年东西部地区的职工收入比达到1.4:1；农村收入差距则从1980年的1.46:1扩大到1997年的2.5:1。从行业收入差距来看，据统计，1978年收入最高的行业是电力、煤气和水生产供应业，职工月平均工资为850元，收入最低的行业为社会服务业，职工月平均工资为392元，二者绝对差距是458元，相对差距为2.17:1；到1998年，收入最高的行业为金融保险业，职工年均收入为10，633元，收入最低的行业为农林业，职工年均工资为4，528元，二者绝对差距为6，015元，相对差距扩大到2.35∶1。从社会各个阶层的收入差距来看，据温州的一项调查，在一般的私营企业中，企业主的年收入为一般职工的21倍，在具有百万资产以上的私营企业中，业主的年收入为一般职工的79倍。而据湖北省统计局、劳动厅、计委联合调查组对湖北省50家停产半停产企业的1258名职工的调查显示，他们的平均月工资只有66元，仅相当于私营企业主月生活费1827.56元的3.6%。

目前收入差距不断拉大已经导致了严重而长期的社会经济问题。例如，有效需求不足，其原因虽然有许多种，但是大多数居民收入低、收入分配不合理是主要的原因之一。多数居民虽然有强烈的需求冲动，但是没有购买力，无法形成有效需求。收入差距的拉大在短期内难以消除，而且随着我国按劳分配和按要素分配政策的实施，这种收入差距还会有进一步拉大的趋势。而民族地区作为全国相对落后的地区，收入差距更是惊人，如果不进行改革，势必会影响民族团结，乃至影响整个中国的稳定和发展。

第二，政治体制改革滞后于经济体制改革，导致经济体制改革有时难以突破。改革开放以来，民族地区在进行经济体制改革的同时也在进行着政治体制改革。但是从现实中可以看出，后者是滞后于前者的。当经济体制改革过程中遇到难以解决的问题时才考虑进行政治体制改革，而且往往是推而不动或大推小动，甚至越改越令人不满意，例如，机构改革，越改越臃肿。可以说，政治体制改革的严重滞后，成为经济体制改革的阻力。

第三，对技术创新与制度创新的互动关系重视不够，技术创新落后于制度创新。这里所谓的“技术创新”是指直接生产领域的技术发明、创新、运用，不是科学家的实验室或档案柜里的“科研成果”。改革开放以来，农村经济体制改革和国有企业改革不断进行，可以说制度创新是明显的。但是，技术创新相对于制度创新是严重滞后的。技术创新滞后于制度创新的后果就是当制度创新所带来的效率完全发挥出来之后，经济发展的动力就趋于消失。

从农村经济体制改革的进程来看，从1978年开始的农民自发改革，到1984年家庭联产承包责任制的全面推行，农业技术基本上没有创新，甚至在倒退。即使到现在，农业技术也没有太大的、普遍的进展。国有企业主要强调进行经营管理体制和产权改革，技术领域的改革和创新、设备的更新和改造、员工的技术培训等，都没有明显的进步。在调查研究中也发现，同一个地区的不同企业在面临相同的制度环境和市场环境下，在制度变迁发生后，虽然在短期内都促进了企业效益的明显好转，但是过几年后，却出现了企业效益的明显差异。其中一个根本的原因就在于技术进步的作用。这也说明了技术创新在制度创新后对经济增长的重要作用。

当然，制度创新与技术创新是互动的，技术创新的相对滞后，也与制度有关，这说明制度安排对技术创新、推广和运用没有足够的激励。因此，我们应该从技术创新的相对不足反思我们的制度创新。

第四，渐进式改革的累计成本或后摊成本成为进一步改革的阻力。我国的经济体制改革是从易到难，特别是针对国有企业的改革。目前国有企业改革已经进入攻坚阶段，这实际上是渐进式改革的累计成本所导致的。渐进式改革强调在不改变宪法、坚持社会主义基本制度的前提下进行改革。从另一角度来看，制度的适应性总是有限的，任何一种制度只能适应特定的环境，而且这种适应也只能是短期的、相对的，不完全适应则是绝对的。例如，价格双轨制是渐进式改革的主要表现之一，但是价格双轨制所带来的“腐败”问题，可以看作是渐进式改革的累计成本；在旧体制外生长出新体制，旧体制的改革则逐步进行，这种渐进性确实既依靠新体制的外力推动旧体制变革，又不至于使因旧体制的突然崩溃而导致巨大的社会震荡。但是，它却产生了新旧体制之间的摩擦和摩擦成本，而且，对旧体制内公有经济形成巨大冲击，使其境况相对恶化，导致旧体制改革的难度越来越大。目前国有企业的效益不断下降已经成为一个不争的事实，国有企业大量下岗职工的存在，在一定程度上都反映了渐进式改革的后摊成本越来越大，成为进一步改革的巨大阻力。

中国经济体制改革历程证明，只有变革不适应生产力发展的旧有经济体制，才能形成民族经济发展的新动力；同时，依然存在着的一系列严重问题，又深刻地揭示出民族经济要取得突破性进展，就必须进行新一轮的经济制度变革。简而言之，无论是追溯历史，还是展望未来，改革经济体制都是民族经济发展的必由之路。

四、更新观念是民族经济发展的必要内容

大力发展民族经济是解决民族问题的根本，更新观念是民族经济发展的必要内容。要想经济发展、人民群众生活改善，不可能任由民众长期处于落后愚昧状态。如果说偏僻的地理位置、恶劣的自然因素可以在一定程度上制约民族经济的发展，那么落后的思想观念和经济行为，则加剧了自然环境对民族经济发展的影响。较之于外部条件，陈旧的观念比“穷山恶水”更为可怕。这其中既涉及政府官员观念的陈腐，也包含劳动者观念的落后。

官员观念的陈腐主要有以下几个方面的表现：一、升官发财

的旧思想。有些地方的政府官员身居要职，但是整天是忙忙碌碌，应酬不断、大吃大喝、不得要领。以权谋私、贪污腐化的现象层出不穷。二、唯我独尊。最大的失误是决策失误，最大的浪费是决策浪费。部分地方和单位都是一个人说了算，听不得专家和群众甚至是副职的不同意见。在这种思想下，大多数一把手用人不是看谁有能力和实干，而是看谁亲近他，谁对他“忠心”。官场上流行有一句话“态度决定一切”，就是这种思想的反映。这使得大多数人不是想着如何多干事，而是如何在一把手面前表现自己。部分地方的一把手尤其喜欢听“小报告”，以求维持自己的官位，一个实干的人往往会有两个人在监督和评论，整体工作效率很低。三、不重实际、好大喜功。用人是领导者工作方式的风向标。一些地方用人机制落后，使用人才不唯实干，不讲成效，图表面，做表面文章，不重实干。相当部分地方的部门和单位规划和工作只求花架子，以领导满意为第一标准。四、守旧自满。满足于现状，满足于不出乱子，对人才从小的角度去观察，吹毛求疵，选择部门领导干部着重于能说会道的小聪明，根本不从宏观思维方面着眼。

劳动者观念的落后，归纳起来，突出表现在以下几个方面：第一，自给自足的小农经济意识。尤其在那些交通落后、信息闭塞的老少边山穷地区的农村，依然以家庭为生产和消费的基本单位，以传统经营方式进行生产，产品的自给率高而商品率低。农民的现代化意识薄弱，制约贫困农村由自然经济向商品经济、由传统农业的小生产向现代农业的专业化大生产的转变。第二，落后保守的小生产观念。目光短浅、思想狭隘，缺乏创新精神和创业勇气，在生产技术、投资决策、新产品开发等方面缺乏必要的主动性；传统的生产局限在狭小的范围内，缺乏以市场为导向、以效益为目标的经营观念，制约了贫困落后地区的市场发育和可持续发展。第三，温饱即安。以自然环境恶劣的民族地区为例，闭塞的交通和信息、狭小的活动半径、低下的生产力水平和劳动生产率极大地抑制了群众的消费欲望，很容易促成“温饱即安”的心态。有相当一部分农民满足于“吃得好，穿得暖，有零钱”，把“盖新房、娶新娘、吃细粮”作为最大目标追求。这种狭隘性束缚了人们的进取心，制约着民族经济的不断开拓与发展。

造成上述观念的根源就在于官文化和小农意识。官文化是集权官僚制的指导思想，是以官僚地主阶级的统治意识驾驭民众的文化体系。官文化由春秋时孔丘创始，战国时孟珂、荀况弘扬并发展，至汉武帝刘彻采纳董仲舒“罢黜百家，独尊儒术”的建议而确立，经三国、两晋、南北朝而至隋唐的保持，在宋明全盛，由清而衰落，并传统于现代。作为官文化基本理论的儒家道统，以天命论为哲学前提，并以“中庸之道”为方法论原则，以“仁”和“理”分别为创始与全盛阶段的核心范畴，围绕这两个核心有一系列的主体范畴和辅助范畴，全面系统地论证了集权官僚制的理论根据及其内容。

官文化的基本是突出“官本位”，官是社会主体，官位是主体之关节，官僚系统的金字塔形机制是治民的，也是约束官的。各层官员要认清其本位，并明白上下左右的关系，各尽其力、司其职，是集权官僚制得以统治社会的根本。而各级官员及其幕僚，又以官位为生命，集权官僚制是他们的安身立命，除了做官，他事不会的官，其利益就在于维护和巩固此制度。制度生官，官护制度，官文化就是官僚阶级总体意识及其个体意识的统一。

由官本位而生“官至尚”，这是官的价值观，也是官的思想、道德之根据。官是优于、高于民的，是特殊的种群。但官又不像领主那样是世袭的，不是靠血统，而是靠“本事”，靠“功名”而得“利禄”的，这样，官的至尚就在于官职和官位。“升官发财”，是合二而一的事。官大一级压死人，官位就是价值，官位就是权利，求官跑官之风，延续至今。

在官文化中官位是动态的，要通过后天努力，知书达礼，文德武功，才能做官升官。“学而优则仕”，做官只“学”还是不够的，必须去求、去钻营、去逢迎；而当了官，又要会“做”，要处理好上下左右的关系；有了这样的根基，就可以由“做”而“升”，取得更大的利益，甚至光宗耀祖，封妻荫子，方显“官至尚”之价值。

与官文化相对立但不对抗的是小农意识，这是官文化统治的结果，是官文化在民众意识中的体现，又是官文化存在和延续的条件。概括起来，小农意识有如下要点：

第一，勤俭持家。小农经济是以国家控制的土地所有权派生的占有权，及地主的土地占有权派生的使用权为其存在根据的，其单位就是家庭。农民的“家经济”，是以所占有或租来使用的小块土地为主要生产资料，以个体劳动耕作这小块土地，以维持家庭成员的基本消费和简单再生产。除天灾人祸外，其生产物大体上是稳定的，而所交税、租也相对固定。因此，要生活得好一些，唯有加大劳动量的投入，提高生产技术，以求多些收成，这就是“勤”；同时要节制消费，精打细算，才能维持家人的生活，这就是“俭”。勤俭持家，就成为两千多年来小农意识中的基本观念，农民之间的价值批判，即其价值观，乃至道德，都贯穿着“勤俭”二字。这种观念同样在小手工业者和小商人那里固守着。也正是这“勤俭持家”观念，维持着小农经济，进而为集权官僚制提供必要的剩余产品。

第二，安分守己。在集权官僚制强大而系统的政治、军事、经济、文化统治下，被隔被阻的小而分散的农民和其他劳动者，没有任何政治权利，为了生存，维持小的“家经济”，必须认知本分，即在社会中的地位，遵从集权官僚制对自己的界定，忍受来自官府和地主的压迫，服从其支配。“安分”，不仅是要被动地认可，而且是从内心满足、愿意。“守己”，即在安分的基础上，自觉地控制言行，不议论政治，不说与自己本分无关的话，不做与自己本分无关的事情。

第三，自私自利。小农意识是以“家”为中心，家庭成员的价值观、思想、道德，都是由这个中心而生，并围绕这个中心的。孝、悌、慈、贞、睦等观念，集中表现了这一点。由于“家经济”的封闭性，也就产生了以“家”为单位的自私自利观念。“各人自扫门前雪，不管他人瓦上霜”，是自私自利观念的突出表现，也是小农经济中农民和其他劳动者自我保护的需要。自私自利是勤俭持家和安分守己的集合。而这也正是集权官僚制和官文化统治的需要与结果——不要求民的社会责任感，以防止其联合为社会势力。小农把“活着”作为私利的基本，在此边际之上，他们委屈、忍耐、屈服。

第四，“只反贪官，不反皇帝”。这是小农意识在极端情况下，不能再“安分守己”地活下去，不得不铤而走险，起而反抗时的基本思想。这种反抗在局部是相当多的，有时还会演成全国大势，以致改朝换代。“反贪官”是由于贪官和地主直接侵害农民土地占有权，对贪官污吏的仇恨积累起来，在农民实在生活不下去时就会爆发。而“反贪官”也是集权官僚制的自律。农民“反贪官”是在集权官僚制容许的范围。“不反皇帝”不仅是其观念局限性的表现，同时也是造反领导者和组织者策略上的考虑。真正成为大势力的农民起义，其领导者已非地道的农民，而是中小官吏或儒士，他们是有政治抱负的，“不反皇帝”可为自己留条后路。

第五，平均主义等级观。农村社会生活也有一些家族性、村社性公共事务，在这方面，农民信守因小农经济而生的平均主义，又认可官文化的等级观。几乎平等的个体体力劳动及素质技能，以及均配土地制度，特别是废除“长子继承制”后的“诸子析分家产”制，加之儒家宣扬的“不患寡，患不均”，在农民中形成了平均主义观念，而严密、系统的集权官僚制及官文化，又要求农民认可、遵从等级观——这是官本位的折射。

官文化和小农意识都具有封闭性和保守性，虽然其内容不断充实，但至今本质未变。官文化仍在坚持并维护集权专制，仍在滋生着、助长着官场腐败，仍在坚定不移地反对民主，抑制自由；小农意识则仍在自私自利中安分守己和勤俭持家，仍在祈盼明君清官为自己“做主”，仍在认可统治等级官的同时坚持平均主义。可以说，官文化和小农思想是造成民族观念落后的根本原因。要更新观念就必须批判官文化，否定旧有劳动者的小农意识。

对官文化的批判，要站在现代中国劳动者的立场上，以社会主义为原则，强化社会主义民主法制，以民主的权威克服官的“权威”。同时，要用社会主义文化导引劳动者，促使劳动者主体意识的形成，从而否定小农意识。然而，官文化和小农意识是历史的总体存在，对它们的批判和否定不可能一蹴而就。

作为民族经济发展的必要内容，更新观念必须先破而后立，即破除旧观念，确立新观念。一是确立科学观念。江泽民同志指出：“我们要坚持用科学思想，科学精神武装全党同志和全国人民，努力提高全社会的科学文化水平。一个社会如果愚昧迷信盛行，科技创新不仅难以产生，就是产生了也可能被忽视、被扼杀，难以对经济和社会发展发挥作用。”① 因此，发展民族经济必须引导人们确立科学的世界观和人生观，用科学的世界观和方法论去认识世界，破除封建迷信和盲目崇拜，为科学知识的普及和科学技术的推广创造前提条件。实践证明，马克思主义的科学世界观，是我们战胜一切敌人和一切艰难险阻的强大思想武器。进行辩证唯物主义和历史唯物主义教育，要在各民族人民中始终不渝地坚持下去。其次，要坚持不懈地在各民族劳动者中普及科

① 《江泽民论有中国特色社会主义》（专题摘要），第268页。

学知识，提倡科学方法，弘扬科学精神，推广科学技术。要加强全民族基础教育和职业教育，普及科学知识，尤其要加强对青少年的科学教育，使他们从小就养成科学观念，逐步培养起科学精神。第三，加大科学技术的学习、应用和推广普及的力度。邓小平同志指出："经济发展得快一点，必须依靠科技和教育。"① 科学技术的学习、应用和推广普及，必然会加快民族经济的发展。只要劳动者从科学技术进步中能够获得更多的利益，就能够认识到科学的伟大力量，"形成学科学、用科学、爱科学、讲科学的社会风气和民族精神，创造与社会主义现代化进程相适应的社会精神文明。"②

二是确立市场观念。尽管从整体水平而言，中国的民族经济发展已经进入工业化中期阶段，民族经济发展的主导产业已由农业转变为非农产业，但是，地区发展的不平衡性依然极其严重，一部分欠发达地区的经济基础仍然是农业，而且仍然是传统农业，其产品的一部分或绝大部分都用于自给自足而不能成为商品走向市场，极大影响了这些地区的经济发展。因此，强化市场观念的需要十分紧迫。江泽民同志指出："要使我国经济富有活力和效率，必须充分发挥市场机制的作用，这是改革开放以来所积累的经验。"③ 充分发挥市场在国家宏观调控下对资源配置方面的基础性作用，瞄准市场，以市场去推动农业产业结构的调整，以市场去引导生产，是经济较发达地区摸索出来的深化农村改革的成功路子和经验，也是符合欠发达地区的发展实际的。

三是确立竞争观念。有竞争才能有活力，竞争就意味着优胜

---

① 《邓小平文选》第三卷，第377页。

② 《江泽民在接见全国科普工作会议代表时的讲话》，人民日报，1996年2月10日。

③ 《江泽民论有中国特色社会主义》（专题摘要），第75页。

劣汰，竞争能促进事物的发展和变化。在国家宏观调控下，经济竞争能促进资源的优化配置、节约成本减少消耗、提高效率。竞争观念能帮助人们有效克服因循守旧、不思进取，小富则安甚至不富也安以及等、靠、要的观念。竞争才能创新。经济上的竞争有低成本竞争和差异型竞争。低成本竞争，是利用资源、劳动力等的成本去竞争，其优势是资金、技术要求相对较低；其缺点是由于门槛较低容易进入造成低水平的竞争，难以形成可持续发展的优势。差异型竞争，是通过独特而又优异的使用价值即产品的性能、可靠度和服务的满意度以提高附加值去竞争。这种竞争虽然资金、技术要求较高，但却是实现可持续发展的有效途径。从欠发达地区的经济发展状况来看，普遍竞争能力较弱，即使有竞争，也基本上是低水平竞争，有的地方甚至只用资源优势去竞争，这对可持续发展是非常不利的。因此，必须强化竞争观念，用竞争机制去推动农村劳动力的转移，推动资源开发与利用的集中，形成规模经济，提升竞争实力。

四是确立效益观念。从一般意义上讲，效益是人们从事某种活动所得到的有益结果。它既可用劳动成果与劳动消耗的比值去表示，也可用产出与投入的比值去表示。以尽可能少的投入去获得尽可能多的产出，取得最好的效益，是人类活动的主要目的之一。效益包括社会效益、经济效益、生态环境效益。江泽民同志指出："正确处理速度和效益的关系，必须更新发展思路，实现经济增长方式从粗放型向集约型的转变。这种转变的基本要求是，从主要依靠增加投入、铺新摊子、追求数量，转到主要依靠科技进步和提高劳动者素质上来，转到以经济效益为中心的轨道上来。"① 中国共产党的十六届四中、五中全会，则进一步强调了在社会主义建设中树立科学发展观的战略构想。因此，只有确

① 《江泽民论有中国特色社会主义》(专题摘要)，第97页。

立和强化效益观念，在保证公平的原则下，有效利用各种资源，推动节约化生产和经营，提高劳动生产率，将资源优势转化为经济优势，才能真正加速民族经济更快更健康发展。

五是确立开放观念。交通不便，经济文化相对落后，渠道不畅使信息匮乏，处于相对封闭之中，这是造成欠发达地区因循守旧、生产方式落后的重要原因之一。因为封闭落后，较好的区位优势、环境优势、资源优势因不能得到很好地开发利用而不能转化为产业优势和经济优势。因此，极需确立和强化开放观念。实践证明，哪个地方经济发展能尽快地“引进来”和“走出去”，那里就能早开发、快发展。

任何伟大的创业实践，都离不开伟大的创业勇气和创新精神。民族经济发展在新的历史时期要创造新的辉煌，就必须对思想观念进行彻底的更新。

五、民族经济发展中的自主与开放

民族经济对外开放的内容是两个要素，一是实力，二是制度。实力与综合竞争力有相同之处，其主体由各民族劳动者素质技能构成，表现为技术水平、生产力、资金与资源、产业结构、产品结构等；制度则是对劳动者社会地位的规定，是社会关系的法律形式，表现为所有制的权利体系及经济体制、结构与运行机制、企业经营管理等。实力与制度的统一，构成当地的经济总体。对外开放包括经济与政治、文化三个环节，在开放中实力和制度集中表现为自主权，可以说没有自主权就没有真正意义上的开放。

自主权是一个地区实力和制度的集中体现，也是其对外开放的根本利益的集合。作为主体的民族，有自己的利益和意志。其利益要求与国外交往，学习借鉴他们先进的技术；其意志又要求民族保持自己的主体性，通过学习借鉴而激发创造力——这又是民族利益的根据。只有在对外开放中坚持自主权，才能使对外开放成为民族经济发展的必要条件。中国与外国一个多世纪的经济交往，为具体的民族地区对外开放提供了足够的经验教训，总结这些经验教训，改进对外经济交往的目的、原则、策略，是民族经济发展的重要内容。在此基础上，自主积极地参与国际经济交往，使对外经济关系成为民族地区经济结构中的必要环节，并由此而促进民族经济的发展。

处理好民族经济发展中自主与开放的关系，首先要明确对外开放的目的、原则、策略。自主权是民族主体性的集合，是它对外开放的依据和出发点。对外经济交往，就是在确定民族自主权的前提下，为了劳动者利益和意志的对外经济交往。只有这样，才能明确目的、原则和策略。

民族经济发展进程中的对外开放，是为了确保劳动者的主体地位和提高并发挥其素质、技能，改革发展公有制经济和计划市场体制，创建内生拓展经济结构及法制主导的运行机制，革新企业经营管理，自主积极地与外国展开经济交往为目的。归结起来，也就是将对外经济交往作为解决民族经济发展问题，壮大公有制经济，抑制乃至消除官僚资本，促进小农经济改造，实现工业化的手段之一，同时将对外经济交往作为民族经济结构的必要一环。

目的决定并展开为原则。根据民族经济结构调整和企业经营的需要，有选择地与相关国家及其公司进行商品和技术的交往，既出口具有民族特色的优势产品和技术，又要取长补短，从外国进口民族经济发展所缺的产品和技术。在对外经济交往过程中，坚持自主权，尊重并平等对待由不同民族构成的国家和企业，同时与文化和政治的交往相配合。

鉴于中国已加入世界贸易组织，因此必须遵守其总的规则，讲求信用。其规则虽然存在许多对中国不利的条款，但它依然可以为我所用，这就需要在策略层面上的认真研究和坚持原则的同时灵活机动处理。

策略是原则的运作体现。对外开放之“外”是相对于民族经济而言的，外国是个总体，又是若干个体。在规定目的和原则时，要多考虑“外国经济”的总体；在探讨策略时，则应多注意其个体，即各个国家的特点。在策略层面及更具体的对外经济交往中，要具体分析各国乃至各个公司的特点，同时要研究各国之间的关系，利用其矛盾。对外开放的策略，要立足于知己知彼。首先是知己，即对民族经济结构及其发展具有明确的认知，并清楚优势和劣势；进而是对外国经济制度、体制及结构的具体了解，由此制定民族经济发展总体策略和分行业的对外开放策略。

对外开放应该服从于民族经济发展。在当今经济全球化进程中，发展中国家的民族经济仍处于弱势，很有可能在大资本财团及其政府的经济、政治、军事、文化压力与国内官僚资本势力的呼应中，沦为“外围”国家，依附于大资本财团，在由其控制的世界经济布局中扮演一个无足轻重的角色，任由其摆布。对于中国的民族经济发展，如果没有社会主义导引的革命，没有以公有制为主体的工业化，那么作为外国大资本财团的“外围”，其发展过程中虽可以成就若干富豪，若干官僚利益集团，但最广大的民众仍处于落后的小农经济。

因此，我们必须坚持公有制为主体，这是中华民族自立于世界的根据，是民族自主权的保证，也是广大劳动群众提高素质、技能和社会地位的唯一形式。对外经济交往，不是少数富豪、某个官僚利益集团的“开放”，而是民族地区全体劳动者的对外联系。只有公有制才能保证最大限度的“开放”。公有制为主体的对外开放，不是为了适应外国大资本财团的需要而改变民族地区的社会制度和经济结构，而是适应公有制及以其为主的经济结构的发展，进行对外开放。

有一种观念，认为对外开放就是为民族经济发展寻找产品及生产这些产品的劳动力市场，对外经济交往的唯一原则，就是“利润最大化”。但对处于弱势的民族地区经济来说，这个教条不仅无可取之处，而且有极大危害。

应该明确，对外开放绝非仅仅是外贸企业的事，不能以外贸额及其利润来判断。民族经济发展更不能是为外贸服务的。“出口导向型”经济结构给 20 世纪的拉丁美洲造成的灾难，我们必须汲取历史教训。中国要推进民族经济的发展，就应以自主权来参与国际间的经济交往，不能将经济主干交给某外国大资本财团掌控。要以公有制来凝聚劳动者，使其在合理的体制和结构中逐步提高并发挥素质技能。对外开放要有助于劳动者素质技能的提高和发展，这是唯一评判对外交往政策的标准。

对外开放的实质是劳动者素质技能的发挥与提高的国际经济交往，但由于资本统治和其他各种形式的阶级统治，使交往的主体从劳动者变成了大资本财团和各式统治集团，它们将劳动者排斥于国际经济交往之外，交往的只是它们之间财产和势力的较量，争夺的是利润，是它们的利益。而且，公有制经济也不可能因与外国大资本财团交往，就改变自身性质与交往目的，为此，只能在适应对方的同时，明确和坚定自己的目的和原则，在以灵活的策略取得受大资本财团控制的技术资料和技术产品之后，以最快捷的方式交由劳动者借鉴、研究，促进其素质技能的提高，并提供相应的资金和其他条件，使之得以发挥。

发展民族经济之所以要与外国进行经济交往，就在于我所缺他所有。这是商品交换的一般，也是国际经济关系的基础。现代的国际经济交往，除了商品贸易之外，更有资本输出和技术贸易。处于弱势的民族经济发展之所缺，主要是现代工业技术。至于消费品，则国内生产大体可以满足需要，而且，随着生产技术的提高，消费品的增长将更快。此外，还有一些自然资源，如石油、铁矿砂等亦需进口。

研究当今中国对外经济交往的状况就可以发现，其主要目标并未放在引进他所有而我所无的技术上，而是放在消费性的工业品上。当然，外国大垄断资本财团并不会轻易地将其掌控的先进技术卖给中国，它们在世界经济中的垄断地位，就在于控制了这些先进技术。它们所出卖的，主要是其产品，或技术作为资本投资中国——但要对其技术严加保密。它们也会出卖一些技术专利，不过都是在其本国过时的技术，而且是绝对的垄断性高价。由此可见，民族经济发展要实现工业化，绝不能将希望寄托在引进外国先进技术上，只能依靠能够调动本地区劳动者主动性和创造性的制度上。在此基础上，也应该积极地学习、借鉴外国的先进技术，这种学习主要是通过教育和培训。我们完全可以强化教育和培训从外国先进技术的基础学起，通过提高劳动者素质技能来吸收、改造、创造本国的技术。因此，在将对外经济交往的主要目标放在引进技术的同时，必须真正的把发展教育和培训，作为民族经济发展的根本。

对于中国这样的大国来说，在举全国之力组建主干行业的进程中，根据自己的需要购买相关专利以为补充和借鉴是必要的。问题的关键在于选购，更在于买回专利后的应用。对于所要购买的技术和设备，必须做好使用的准备，更要强化应用技术人员的培训，使之尽快进入生产。在此基础上，加强对这些技术的研究，发现其逻辑的演进趋势，进行创造性的革新。

此外，对于中国经济发展所必需的设备和生产资料类产品，暂时我们不能生产或不能满足需要的，也可以从外国进口，但同时要加快本国产品的生产和研制，绝不能形成对外国产品的依赖。至于某些自然资源，中国储量小，或者开采成本高于从外国进口，则不应限制。

中国的对外经济交往，不仅是进口，还有出口，现在我们的出口主要是劳动密集型的初级产品和生活日用品，其价格极低，容易受到其他落后国家的竞争。对此，必须认真分析检讨，不能每年以增加多少出口总额而自负。同时要在调整产业结构时，有步骤地缩小这类出口产品的生产企业，使之转产后纳入国内扩大再生产。再就是扩展贸易伙伴，不能只将眼光盯在美、日，而应放之四海，力求扩大我们的工业品，特别是高技术附加值产品的出口。由此保证有必要的外汇可以进口技术设备和生产资料。

只要对外开放就会有外资引进问题。对于一个自主的地区来说，如何对待外来资本，也是一个需要慎重且辩证思考的大问题。外资的进入会刺激民族经济的发展，而且会带来较先进的工业技术行业，并解决部分就业问题。这对于相对落后的地区来说．无疑是有益的。因此，不应片面地排斥资本的输入。但是，外来资本绝非是为了帮助落后地区实现“工业化”或“现代化”的，它的目的很清楚，也很简单，那就是获取超额利润。

引进外资，对于完善民族经济的工业体系，加速工业化，可以起到一定补充作用，但若处理不当，又会排挤、摧毁民族企业。为此，必须要有选择和限制地引进外资，对此，应区分几种情况，分别对待。

其一，在民族经济发展中尚未形成高新技术行业的情况下，外国资本直接将其技术带入办企业，这类行业已相当少。外国资本为保持其领先和垄断地位，也很少到国外投资，或者其对投资环境的要求很高。对这类行业的投资，应当欢迎，而且努力为之提供必要的办企业的条件。

其二，已建成企业，但技术水平较低的行业，这种情况比较突出，如汽车行业。在这种情况下，引进世界上大企业的投资(主要是技术专利)，对于提高本行业的技术水平，提高职工技能素质，都是有利的。为此，有选择地与外国公司合资在短期内是可取的。与此同时，应注意保留中国已有的品牌，有组织地在借鉴外国技术的过程中，革新和研创中国的汽车技术，由此促进民族地区行业的发展。

其三，已形成一定规模的行业，但技术水平与先进国家有差距，而且经营管理状态不佳，如制药、化学和生物制品、能源加工、电气、电子、摩托车等行业，在这些行业引进外国资本，一是有助于提升技术水平，二是可以通过外资企业的竞争，刺激本国企业的经营管理。所谓的“鲶鱼效应”在这些行业最为明显。但也应注意所引外资的规模及其投资的范围。比较好的方式是合资，投资也可行。

其四，非主干性行业，而且国内企业已经饱和，甚至过剩，且技术含量不高，如食品加工、洗涤剂、饮料、服装、自行车、酒类等。这类行业一般投资较小，获利较快，国外或境外的资本家往往钟情于在大陆投资，主要是利用廉价劳动力，获取高额利润。对此，应采取严格的限制，已经涌入的外资企业，也要通过扶植发展国内企业，逐步使其所占市场份额缩小，以至排挤出去。

其五，服务业中的各行业，如快餐、旅游、商业、娱乐等，这也都是获利大而快的行业，而且几乎没有什么新技术含量。外国资本之所以青睐这些行业，原因在于中国有广阔的市场，加之劳动力价格低，且中国企业设备陈旧，经营管理不善，它们一投入就占据优势地位，例如快餐业中的麦当劳和肯德基。对此，必须深刻反思，绝不能因以引进外资的“政绩”，拱手将本地企业完全能够胜任的行业，交由外资垄断。而在对其加以限制的同时，努力改进本地区企业的经营管理，发挥我们的优势与之竞争。

其六，金融业，这是特殊的服务行业，对它的引进政府比较慎重，因为弄不好就会导致大的混乱，甚至造成金融和经济危机。还应该更慎重，但同时也应有限制地加以利用。对于外国的金融资本企业，加以分析和选择，绝不能任其操纵中国的金融。

其七，房地产业，这是近年发展最快的行业，也是产生腐败、权钱交易的重灾区。外来资本，特别是港台资本尤其热衷此行业，在这个行业中，严格说尚不存在正常的竞争，大量外资涌入房地产业，加剧了腐败。中国房地产业之混乱，已到了非治理不可的程度，外资企业当然也在治理范围之内。

引进外资作为对外经济交往的重要方面，必须在明确目的和坚持原则的前提下，采取切实可行的策略，绝对不能不加选择，不加限制地盲目引进。对于盲目引进造成的不良结果，应及时出台相应对策，依据法制有效地治理。

对外开放中竞争与保护并举。对于仍处弱势的民族经济来说，既不能不加入“经济全球化”，又要在这过程中发展自己，这是相当困难的。比如拉丁美洲诸国，它们在大资本财团为其制定的制度下与大资本财团竞争，结果只能是弱者愈弱，强者愈强。可见，发展民族经济绝不能走拉丁美洲之路。社会主义制度是民族经济独立自主的基础，也是参与“经济全球化”，并与大资本财团展开竞争的根据。

但只有优越的制度，并不等于就有了竞争的实力，制度只是有效发展并凝聚竞争力，是从弱势走向强势的社会形式。对外开放当然要面对竞争，也要展开竞争，但同时也要对民族企业从制度上进行必要的国家保护。竞争是强势地区的企业对弱势地区企业的垄断，也是对其强势的保护；保护则是以国家政权组织并展开的弱势企业对强势国家企业的竞争。竞争与保护都是手段，是维护和促进民族经济发展的手段。民族经济的对外开放，必须辩证地灵活地使用这两个手段，而且在近期应以保护为主。

保护并不是禁止竞争，更不是以一国之法律、政策取代国际间的竞争规则，而是由国家机构有计划地组织企业的对外竞争，这样，就可以将个体企业的弱势构成总体性的相对强势。从对外经济关系的竞争中，也显示出公有制经济，特别是国有企业的优势。为此，在改革和完善公有制经济以计划市场体制和法制主导机制调整经济结构基础上，由国家机构和行业协会等计划和协调保护政策。

贸易保护不是不要竞争，而是有组织地进行竞争。从总体论，欠发达的民族经济是国际经济关系中的弱势，但并不等于处处都弱，永远地弱下去。任何国家和地区的民族经济发展都拥有一定的优势产业，对于这类优势产业，要不断地扩大优势，通过国际竞争发展它，并占据国际市场。以优势产业参与竞争，所得利润，一是发展本产业，二是可以拿出一部分扶植弱势产业。当然，对弱势产业的扶植，主要应根据国有企业占有权行使和执行机构的计划进行，此外，就是在财政、金融等方面对合作和私有企业的有条件支持。公有制制企业特别是国有企业在国际竞争中的优势，必须充分地发挥。为了参与国际竞争，企业就要有相对雄厚的技术人才和资金设备。此外，参与国际竞争，必须突出重点，集中发展，组建强势企业。一定要消除为了“创汇”指标，就不惜血本地动员企业蜂拥竞争的混乱。

对于目前相对弱势的产业，如飞机制造、汽车、精密仪器、电气、电子、通讯、化学和生物制品等，必须在大力组建和发展的同时，选择其中较强的企业，支持其参与国际竞争，即使短期内获利不大，甚至有所亏损，也可以取得经验，提高技术，积累资本。绝不能将这些支撑民族经济发展的主干产业让给外国企业，只是在为外国企业代理、销售中，从中国消费者手里赚小钱而大利润归外国企业。

同时，强化对外开放的法制规范是推进民族经济发展的必要之举。经济交往，不论是商品交换，还是技术交易、劳动服务等，都是以相应的权利为依据，是在法制保护下的权利主体或行使者（含机构）相互间的协商的过程。对于国内经济交往的权利关系及其转换，各国都有相应的法律规定。国际间的经济交往也是权利关系的转换，但这不仅要受本国法律的制约，还要受对方国家法律的制约，以及国际法的制约。这样就使对外开放的法制规范呈现出复杂性。

法制对对外关系的规范，主要涉及对外交往企业的经营权和占有权，以及行使行政权的政府。民族地区对外经济交往是以企业为单位的。不论生产企业或服务企业，还是专营对外贸易的企业，都是以企业经营权来与外国企业发生关系，由经营权的行使者与外国企业经营者或代理商打交道。在目前情况下，单一所有者的私有资本企业很少有实力与外国企业进行经济交往，能够进行这种对外经济交往的，主要是国有企业、合作企业、股份制私有企业。这些企业的权利关系，都比单一所有者的私有资本企业复杂得多，其所有权、占有权、经营权是由不同的所有权主体及占有权行使机构、经营权行使者掌握和行使的。对外经济交往的主体，应是所有权主体，他们的利益如何在对外经济交往中得到保证，同时又能充分调动经营者及占有权行使机构负责人的积极性，就是法制规范的主要内容。为此，必须以对企业内部权利关系的明确法律规定为基础，由立法机构专门就对外经济交往的权利关系做出具体规定。

对外经济交往还要涉及国与国的关系。国家是本国企业对外经济交往的总代表。国家对对外经济关系的管理和干预，是双重的，一是针对本国与外国发生经济关系的企业的，二是针对国外与我发生经济关系的企业。前者既有立法、执法、司法等机构的参与，又有政府的政策及具体的工商、税务、环境保护、卫生检疫、海关等管理。后者以政府管理为主，辅之以执法和司法机构对外国企业的违法行为的处理，以及调节、处理与国内企业发生的法律纠纷。

六、民族经济发展与民族特点的保持和传承

民族特点集中体现于民族文化传统。任何民族在其经济发展的进程中要保持和传承自己的民族特点，首先要保持和传承自己独特的文化。民族文化的各个方面并非一成不变，而是与时俱进的。它不是生命已经消亡的木乃伊，而是至今仍在深刻影响着每个国家或各个民族发展的精神因素。尤其是在中国这样一个多民族的国家里，观念更新、知识更新、方法更新的呼声不绝于耳。在八面来风的震撼中，在经济社会的转轨时期，民族文化与民族经济的关系值得探究，它直接关系着民族经济发展与民族特点的保持和传承。

民族不论大小，任何一个民族都有本民族鲜明的特点，有其深厚的文化传统。各民族的文化千姿百态，包罗的文化现象复杂多样。在我们看来，民族文化主要包括以下六个方面：一、衣食住行方面的生活文化；二、婚姻家庭和人生的礼仪文化；三、民族传承文化，包括民间文学艺术、民间歌舞、民间游乐等；四、科技工艺文化；五、信仰、巫术文化；六、节日文化。

民族文化在门类划分、地域分布、层面结构、项目内容等方面都具有多样性。除此之外，民族文化还具有以下几个突出特点：第一，民俗性：民族文化在各民族社会生活中占有相当大的比重，往往以千姿百态的民俗展现出来。这种民俗性以非主流文化形态而存在，但仍在相当程度上对社会规范起着制约的作用。第二，凝聚性：民族文化对于各民族共同的心理素质起着重要的维系作用。第三、稳定性：民族文化是在各民族历史发展过程中逐渐形成的，具有相对稳定性。一个民族社会中政治、经济变化无疑影响文化的变迁，但它还是显现出相对稳定的表现形态。第

四，变异性：任何一个民族的文化都不是一成不变的，特别是在由传统社会向现代社会转型的过程中，文化变迁是不以个人的主观意志为转移的。然而，以民俗负载的非主流文化又大都具有它的稳定性。①

一切文化都是建立在一定的经济基础之上的。那么，作为民族特点的载体，民族传统文化的保持和传承与民族经济发展的关系是冲突？还是契合？

有的学者指出，民族经济发展中的现代化就是包括一定的经济结构、政治结构和文化结构变化在内，走向工业化新文明的过程。工业文明是与农业文明相对立的。因此，当中国的历史走向工业化进程时，中国传统文化与中国现代化的要求就发生了尖锐的冲突。这些冲突的主要表现是：一、传统的垂直隶属型社会结构与现代网络型社会结构的冲突；二、传统的贵贱等级原则和人身依附原则与现代平等自由原则的冲突；三、法制社会需求和人治传统的冲突；四、现代民主制度与传统家长宗法制度的冲突；五、现代人个性全面发展与传统的共性至上的集团原则的冲突；六、创新需求和保守心理的冲突；七、开放与封闭的矛盾冲突；八、竞争原则与中庸信条的矛盾冲突等等。

相反的观点则认为，传统文化与民族经济现代化是一致的。比如中国近代以来的落后，乃至我们当代社会生活中很多阻碍经济文化发展的因素，其罪责不在中国传统文化，中国落后的诸种主要原因，都与中国传统文化无关。恰恰相反，正是因为中国传统文化的优秀精华被一次又一次地摧残，才导致了中国现在的落后局面。要扭转落后局面，推进现代化的进程，当务之急是清理、改造、弘扬中国优秀的传统文化。所谓新儒家学派就是持此立论。

---

① 参见施正一主编：《广义民族学》，第498页，光明日报出版社，1992年。

实际上，就文化传统与民族经济现代化的关系而言，或者说就文化传统在民族经济发展中的作用而言，它既有与现代化相冲突的一面，又有与之相契合的一面。这种两重性，是由传统文化基本精神包含的两重性决定的。

每种民族文化，相对于世界民族之林而言，既具有自己民族文化传统精神的个性，也具有世界文化精神的共性。无个性，就失去了自身存在的价值和意义。在世界民族精神系统中，民族精神各具特色，竞放异彩。民族文化，是推动民族经济发展的历史根据和动力，全盘否定民族文化传统，也就是民族文化的毁灭，民族特点的毁灭，根本不可能引导民族经济发展；而民族文化的历史发展又以民族经济的发展为基础，是与它赖以产生的过去全部传统的物质成果和文明成果分不开的，是对民族文化的批判继承、变革和在更高阶段上的综合与创新。

在民族文化和民族经济现代化的关系上，既要从联系中把握其本质的区别，又必须从本质区别中把握其历史的联系，其关系是双向的。一方面，现代化是民族文化发展的历史趋势，对现代化发展的超前认识必须以民族文化发展的线索和规律性为依据和前提；另一方面，必须立足于现代化的基本要求，才能把握、解剖和认识民族文化发展的规律和精髓。这两个过程方向相反，而实际相辅相成，形成对立统一的矛盾运动。在这一矛盾运动中，对现代化的解剖是对文化传统解剖的一把钥匙。文化传统中表露的现代化的新因素和继承关系，也只有在现代化已经被解剖被认识之后才能理解。现代化的社会实践是检验和评价文化传统的标准，是文化传统与现代化的结合点。

不同国家的现代化道路，必须具有国别特色，这是毫无疑问的。这就需要找到各国文化传统与现代化的契合点。例如中国的现代化既不是欧美模式，也不是日本模式，而是中国式的现代化。

综观中国和日本、新加坡、韩国、朝鲜等东亚国家和地区的现代化过程，充分说明：它们都是从各自的社会实践需要出发，在创建和发展现代化工商业、科学技术、文化教育、政治民主的基础上，对包括儒学在内的文化传统进行了反思、研究、审查、检验、批判、继承、消化、改造，去其不适应于现代化的糟粕，吸取其适应现代经济发展的精华，使之得到创造性的转化、转型、发展和本质的变化，成为现代化新文化的有机组成部分，从而不同情况地不同程度地对现代化经济的发展起着促进作用。这里基本上存在着两条现代化的道路，这就是社会主义现代化的道路和资本主义现代化的道路。比如中国，是从自己的社会主义现代化建设的社会实践出发，以马克思主义为指导，把马克思主义的普遍真理和中国的社会主义现代化建设的具体实践相结合，批判地审查、检验、消化、继承、改造、转化和发扬优秀的文化传统，从而把优秀的文化传统从根本上改造成为社会主义现代化新文化的有机整体的养料和组成部分，使其发生本质上的改变，而和原来的形态有着本质的区别。尤其是在改革开放的新形势下，要建设与具有中国特色的社会主义现代化相适应的新文化，就必须打破妨碍文化发展的封闭状态，在继承和发扬我国优秀的民族文化的基础上，大胆地、大量地吸收和引进世界文化中的先进成果，开创出一种光辉灿烂的具有中国特色的社会主义新文化。

资本主义现代化的道路，例如日本，就是从资本主义现代化建设的社会实践出发，发展资本主义现代化的工商业和农业，发展现代化的科学技术，发展资本主义现代化的经济制度、政治民主制度、法律体系和文化教育事业，发展资本主义现代化的社会意识形态。在这个过程中以资本主义现代化建设的社会实践为标准去批判地审查、检验、继承、改造、转化和发扬其优秀的文化传统，克服其不适应资本主义现代化的部分，提取其适应资本主义现代化的因素，使之创造性地发生本质的变化，转型为资本主义现代化新文化的养料和有机组成部分，从而在资本主义生产方式、社会制度、社会意识形态的范围内，对调节人与人之间的关系，对经济的发展，对文化教育的发展等等，都发挥了一定的积极作用和影响。“日本是亚洲第一个实现了资本主义现代化的国家。在谈到日本现代化取得成功的经验时，不能不触及日本的文化传统问题。日本在古代曾大力学习中国文化、消化中国文化，使之成为自身文化传统的构成要素。在近代，又大力向西方学习，使西方文化融入日本民族文化之中。经过‘和汉融合’、‘和洋融合’的整合，构成了日本的文化传统——杂种文化”①。

实践表明，发展有民族特点的经济必须以民族文化为依据，而要以民族文化传统为转型的依据，就必须对它进行分析。分析才有根基，才有特色，也才能在分析基础上，有目的、有选择地摄入外来文化，构建一种以文化传统为依据的新文化。为此，文化传统就有一个自身变革与完善的问题。解决这一问题的主要途径就是不断吸取外来文化中的优秀成分，保持民族文化的旺盛活力，使之生生不息。

西方发达国家的实践已经证明，在以工业化为标志的现代化进程中，随着社会经济发展的深刻变化，整个民族也会发生极大的变化。马克思、恩格斯在《共产党宣言》中对此就曾作过详细而生动的描述。随着大机器工业的发展，“古老的民族工业被消灭了，并且每天都还在被消灭。它们被新的工业排挤掉了，新的工业的建立已经成为一切文明民族的生命攸关的问题”。世界各国的民族经济发展历史表明，在民族经济走向现代化的过程中，有些民族连同其民族文化的确得到了较好的保存和发展（例如，前述所及的日本大和民族及其文化），而有些民族及其文化则被

① 张立文、町田三郎：《传统文化与东亚社会》，中国人民大学出版社，1992年。

异化甚至被消灭了。印第安文化就是一个典型例证。

在美国这个物质文明十分发达的国家，现代商业文明虽然浸入了文化的各个层次并成为文化发展的主流，但早期的印第安文化，作为这个社会的土著文化，却一直有着很强的生命力。作为一个民族，印第安人在过去的两百多年中饱经沧桑，顽强地生存繁衍着。生活在这片“新大陆”的原住民，他们所创立的印第安文化及其以后的历史命运，已成为当今的美国乃至整个世界不应忽视的重要内容。连现在一般的美国人都承认，不写印第安的历史，美国历史就无从落笔，不谈印第安文化，美国当代文化就缺少雄厚根基。然而，这种古老的民族文化却被后来出现的工业化浪潮以及与之相伴的工业文明冲掉了。

因此，任何以工业化为名而破坏民族文化，以经济发展现代化为名而否定民族特点的行为和观念都是极不可取的，甚至危害着民族经济的正常发展。民族经济发展的现代化理应在不同时期选择适合当地情况的发展模式，生产力的发展阶段不可逾越，但是发展生产力的方式及相应的文明阶段是可以逾越的。世界上一些发达地区经济发展的实践也证明，留住文化，就等于留住了历史，就等于留住了一个民族存在的根基；消灭了文化，就等于消灭了民族存在的根基，就等于消灭了这个民族。民族经济的现代化发展模式必须从民族的实际出发，在非标准化、个性化、特色化上下工夫，使现代化与民族文化的发扬光大紧密结合，相互促进，共同繁荣；使优秀的民族特点在民族经济迈向现代化的发展进程中得以保持与传承。

第十章　现代经济大趋势中民族经济发展的共性与特性

本章从全球经济整体中考察民族经济发展。当今全球经济是资本关系主导的工业化，各民族经济体的发展面临两大趋势：一是工业化，二是社会主义运动。工业化是现代民族经济发展的普遍趋势，是共性；另一方面，处于工业化不同阶段的民族经济发展面对资本统治形成不同的民族命运，是特性。要改变民族命运，只有提高劳动者社会地位和素质技能，选择社会主义是世界各民族经济发展的共同趋势，决定着世界一切民族的共同命运。

一、资本全球化主导的现代工业化

工业化是生产方式由农业向工业的转变过程，是人类劳动的又一次质的飞跃，也是劳动者的素质技能的提升。前资本主义的民族经济，其生产方式主要是采集渔猎、游牧与农业，资本主义的发展在生产方式上实现了一次革命，把农业转变为工业，经济史上称为“工业革命”。西欧作为资本主义发源地，也是第一批民族国家形成的地区，那里首先完成了工业革命。以工业生产方式为基础，西欧建成了世界上最先进的民族经济。

作为生产方式的变革过程，工业化不仅发生在一个民族经济内部，同时也是世界一切民族经济发展的共同趋势。继英法之后，是美德工业化，再是日本、俄国和中国的工业化，东亚和拉美新兴工业化国家以及世界其他地区的发展中国家工业化则发生于二战殖民体系崩溃之后。

工业化仅仅是生产方式变革的一个内容，生产方式不仅包括人与自然之间的物质变换方式，也包括人与人之间的物质变换方式；不仅包括劳动的自然形式，也包括劳动的社会形式。马克思以商品生产劳动二重性学说和资本主义生产过程是劳动过程和价值增值过程统一的思想把握了资本主义生产方式的特性。在生产方式的现代变革中，与工业化同时发生的是资本化，一切前资本主义的劳动方式在工业劳动面前被迅速荡涤，一切前资本主义的经济关系也受到资本关系的改造。与机织布取代土布，火车取代马车同时出现的是借贷资本取代了高利贷和资本主义，货币地租取代封建劳役地租与实物地租。

资本关系主导工业化，工业化又支持了资本化。工业化是资本的生产力基础，资本化是工业化的生产关系形式。生产方式的变革是生产力与生产关系矛盾运动的展开。

大工业对自然力的征服表现在：对原料的需求空前增加、把自然科学并入生产过程、机器的出现与使用、分工日益细密与协作的发展、大量的产品和广阔的市场需求。工业生产力本质上是革命的，它不可能以民族国家为活动舞台，而是以世界为自己活动范围。

另一方面，资本关系的本质在于追求价值增值，在于奴役雇佣劳动者。资本的增值本性决定了它的扩张性。历史上的奴隶制与封建制都带有封闭性，都是地域性的经济体。而资本的扩张性注定了它是作为世界体系而出现的，资本全球化是资本关系的全球化。第一批完成了工业化的资本主义民族经济，是资本全球化的出发点，在全球化的过程中，落后民族经济不是被“中心国”按照自己的面貌被改造，而是按“中心国”的需要被改造。在殖民体系中，先进的民族经济体是宗主国，落后的民族经济体成了殖民地。先进与落后区别标准正是由工业化和资本化共同设定的。

资本关系的全球扩张使民族经济三元化：先进的资本主义民族经济、落后的资本主义民族经济、不进行工业化的前资本主义民族经济。第二种与第三种的区别在于：落后的民族经济还是接受了工业化，但工业化即将启动或刚刚启动而远未完成，而不进行工业化的民族经济是自绝于工业化。如果说，先进的民族经济构成“中心国”，落后的民族经济构成“外围国”，而不进行工业化的民族则成为“边缘国”。资本的扩张不独是工业生产力的扩张，亦是市场的扩张，且是资本主义剥削和压迫的扩张。资本全球化之所以不能一帆风顺，因为它带给世界其他民族的不是繁荣和自由，而是土著民族的被毁灭、被奴役与被掠夺。

随着资本的扩张，其自身内在矛盾也发展起来。资产阶级革命时高扬的自由、平等与博爱原则在资本主义生产方式确立以后荡然无存，资本所有者与雇佣劳动者之间的矛盾开始成为社会主要矛盾，资本积累的固有矛盾导致两极分化。无产阶级的阶级意识开始形成，无产阶级的阶级利益逐步成为整个人类利益的焦点，人类解放的历史担当者竟然是这个被锁链束缚着的一无所有的阶级，无产阶级也只有解放一切被压迫民族，才能最终解放自己。社会主义是无产阶级的利益和阶级意识的概括，被压迫民族的解放是由被压迫的阶级实际担负的，因而，社会主义与民族主义是统一的。

资本的扩张所遇到的挑战，一是社会主义势力，二是民族主义势力。落后民族是战胜不了先进民族的，但是能够置资本主义于死地的只能是社会主义。落后民族的民族解放运动必须接受社会主义的指导，社会主义运动也必须将民族解放运动作为自己的重要组成部分。整个20世纪的历史，从肯定意义上讲，是社会主义的兴起成为民族解放运动能够摧毁资本主义殖民体系的关键；从否定意义上讲，是社会主义的垮台为资本全球化提供了契机。

资本从其产生那一天起，就开始全球扩张，但始终未能征服全球，它遇到了社会主义与民族主义联手抵抗，只是到了社会主义国家因自身内在缺陷而崩溃后，资本全球化才开始了大踏步地向前推进，落后民族以及原社会主义民族国家才重新被“外围化”和“边缘化”。这就表明，全球化的本质是资本关系的全球化，只有在阻击资本关系的力量被清除后才得以展开。

一些“自由派”学者却不这么看问题，他们把全球化称为“经济全球化”，而不称为“资本全球化”，异口同声地将“经济全球化”说成是高新技术的全球化，是均等机会、自由竞争、效率、市场的全球化。只看到市场交换的表面形式的平等，没有看到实质内容的不平等。在这种观点看来，廉价劳动力不是中国经济的劣势，在全球化中反而是经济优势；全球化是高新技术的引进，至于自主创新则是次要的；全球化是资本的自由流动，是利用外资的机遇，仿佛自己从不会被外资利用；全球化最大好处被说成是各国市场相互开放，却忘记了实力不济的民族只有向跨国公司开放国内市场，而能出口的不过是廉价的原料和劳动密集型的初级产品。这种全球化的观点实际上是垄断资本的利益所在。垄断资本在向全球扩展其统治的时候就是以“自由贸易”、“自由竞争”为口号的斯密的“看不见的手”，李嘉图的“比较优势理论”，罗斯托的“经济成长阶段论”都是其理论依据。

“自由派”关于“经济全球化”的优点可概括为四个方面：一是全球化实现资源和要素的优化组合，它的结果不是零和，而是双赢；二是全球化形成全球统一的贸易和金融规则，每个民族国家的政府都必须遵守共同规则，国内经济制度与体制必须与国际接轨；三是世界贸易组织提出了革命性的四项原则，即非歧视性、互惠性、公共性、透明性；四是信息帝国主义不可能存在，因为信息不可能独占，而是共享、均等，信息流动无国界无阶级。总之，全球化是历史进步，不是反动。

但是，资本关系的扩展才是全球化的本质。垄断资本财团坚持不懈发动“经济全球化”，目的还在于利润，在于资本增值，在于通过资本关系控制更多人的意识和行为。“经济全球化”进程中，落后民族中会出现一些小资本，但它不构成对国外垄断资本财团的竞争威胁，反而从事技术过时的行业，并推销国际资本的产品或为之提供初级产品服务。至于在这些国家培植一些官僚资本，那也不过是国际垄断资本的买办。国际大资本财团宣扬的“民主自由”不过是口头上的，就其本性讲，大资本财团是专制的，其在国内就深受民主政治之苦，当然特别不愿意在落后民族那里再遭遇民主。至于落后民族自由派人士以“民主自由”欢迎外来资本以求经济繁荣，不过是天真的想法，这在拉美和苏联、东欧地区都得到了验证。

当今世界工业化是资本全球化主导的，资本全球化绝不会形成什么双赢、互惠、共享、均等的世界，只能带来南北差距、两极分化、侵略扩张、资源环境破坏、霸权主义与恐怖主义，这是由资本增值和扩张本性决定的。资本关系只是工业化初级阶段人类发展所采取的一种经济关系，能够取代这种经济关系的只能是社会主义，社会主义仍以工业化为其生产力基础，但却是工业化发展更高阶段的产物。

二、工业化是现代化民族经济发展的普遍趋势

工业化最初是从西欧开始的，英国是人类历史上第一个世界工厂，也是最早的民族经济体之一。自西欧工业化发轫至今，工业化已成为现代化民族经济发展的普遍趋势。

生产方式从农业转变为工业，需要这样一些条件：资金的积累，劳动力供应，原料供应，技术革命，庞大的市场需求等。西欧在经历资本原始积累后，这些条件逐步成熟起来，产生了第一批工业化民族经济。

工业生产与农业分散的小规模生产不同，生产资料和劳动力的集中使用需要一定的预付资本；在生产过程中，半成品和成品库存与周转还需要一定的周转资金；在产品销售过程中同样需要大量资金。西欧在资本原始积累过程中通过圈地运动对农民和其他小生产者的掠夺、殖民战争、海盗、贩运非洲黑人、侵吞公有土地等积累了原始资本，这是能够从事工业生产的资金条件。

工业生产不是个体小生产，而是社会化大生产，需要劳动者的协作才能进行的，大量自由劳动力的出现及向工厂的集中是工业化的主体条件。英国自 15 世纪到 18 世纪的圈地运动，在数百年里造成大量自耕农的破产。失去土地的农民成为城市流民，在一定的条件下，这些自由劳动力就能为工业发展所利用。

工业生产最初是以工场手工业，后来是以机器工业为基础发展起来的。工业生产，尤其高速运转的机器工业需要庞大的原材料供应。这与农业不同，农业生产的主要劳动对象是土地，这是固定的。工业生产对原料的需求最初是由农产品后来是由矿产品来满足的。英国工业化最初从纺织业开始，其原料一开始是本国农业提供的羊毛，后来依赖北美和印度的棉花供应。南北战争后北美棉花向英国输出的中断曾引发英国对外资本输出。早期工业化国家有全球农业为原料基地，不像后来的民族经济，要把农业与工业关系作为工业化道路的核心问题来对待。

工业生产过程是人类对自然力的驯服过程，自然界大量的因果联系已被广泛认识，并转变为被生产目的设定的因果联系，这个过程的核心之点是科学被并入生产过程。科学技术的革命一方面表现为大量新技术的出现，另方面表现为生产工具、机器的发明和创造。西欧近代出现的科技革命既是社会生产方式变革促动的，又成为生产方式变革的一个内容。科技革命最初以工具机和蒸汽机为标志，其后以电力广泛运用为标志，再后来以原子能和电子技术为标志，历经三次浪潮。

工业生产的产品是批量的。与农业生产只有到秋季才有收成不同，工业生产一年四季都有产品，不分昼夜从生产线终端涌流的社会财富，只有以庞大的市场需求支撑，工业生产才可能持续。有无市场需求是工业生产方式能否建立的社会条件。早期西欧民族国家，作为第一批开始工业化的国家有着全球等待开拓的国际市场，从商品输出到资本输出，从单纯的商业战争到全球殖民体系的建立，把落后民族经济按发达民族经济的要求改造成原料产地和产品销售地，是第一批工业化民族必须做也实际做到的。

最早具备这些条件的国家是英国。作为一个岛国，英国封建主义比大陆薄弱得多，加之长期玫瑰战争削弱了内部封建势力，早在12世纪左右货币地租就取代劳役地租与实物地租而形成普遍现象；14世纪末期，英国农奴制实际上已经解体，大多数人口是自由的自耕农，14世纪中叶欧洲流行的黑死病导致人口骤减及后半期一连串农民战争，到15世纪中叶，赋役几乎全部不存在了，农民大量拥有自己的土地，成为支付较轻货币地租的独立的所谓“约曼”阶层，即富裕的自耕农；正是这些人把毛纺织业作为其收入丰厚的副业来源而开创了大量的具有资本主义性质的近代工场手工业；毛纺织业的兴隆引起羊毛价格的腾贵，引发了长达三个世纪的圈地运动。经过数世纪经济演变，英国成为第一个世界工厂。

紧随其后的是法国。法国大革命后才建立起广泛的自由的小农经济。拿破仑战争结束后，法国经济异常脆弱，不得不奉行17世纪柯尔培尔重商主义政策，依靠高关税壁垒，推行保护主义，发展经济和贸易。这种政策在国内市场上不仅使粮价腾贵，而且使工业原料（棉花、羊毛、铁等）和燃料（煤炭）的价格上涨，给大地主和工业资产阶级上层带来巨额利润，却侵害了工商业资产阶级的利益；它抬高了生产价格，增加了法国商品在国外销售的困难。与此同时，国内交通闭塞，市场不发达。1815 年维也纳会议废除奴隶贸易，给马赛和旺代船主的利益造成损失，海上交通与贸易的吸引力也大不如前。复辟时期法国仍保持古老陈旧的工业机构，与旧制度无甚差异。各省议会向查理十世提议恢复享有特权的行会组织，这些行会在旧制度下严重束缚了经济的发展。不少锻炉和高炉因木炭和矿石缺乏，每年只开炉几个星期，铸工和锻工中的能手只得背井离乡，另谋生计。

18 世纪末开始的法国工业革命，在复辟时期继续前进了一步。工业生产所使用的原料增加了，雇佣的工人、使用的纺机、织机，纺织品的产值都大为增长。技术的进步促进了工业生产的发展。1818 年仿效英国用焦炭炼生铁和熟铁，1825 年法国生铁三分之一是用焦炭熔炼的；丝绸业采用了布列顿所改进的甲卡提花机；1824 年戈达尔发明精梳短毛织机；梅西埃在卢维为织机制造出金属立柱，较原来木制更坚固轻便。不过，法国工业动力是水力发动机，干旱与冰冻季节无法开动。蒸汽机为数很少。法国工业化比英国慢得多。在法国得到长足发展的，只有印刷术和奢侈品制造。

法国工业化缓慢的原因是分散程度日趋严重的小农所有制在法国占有优势。这样的小农所有制阻碍着人口的迅速增加，并使很大一部分人口滞留在农业里。其次，在当时的法国，与家庭中、小作坊中的劳动相联系的工场手工业生产组织，同集中的手工工场和大工厂相比，在数量上占优势。乡村的劳动力很便宜，这就促使许多手工工场主向乡村工匠订货。政府实行保护主义关税政策，使法国工业品丧失竞争能力。由于销路不足，银行家不敢冒险投资手工业。实业家担心不景气，政府机关也不希望增加工厂工人的数目。宗旨就是少生产，依靠关税保护，只求满足国内有限的需求。在这种情势下，工业革命的进展很缓慢。

直到19世纪40年代，法国工业革命才能取得重要进展。农业受分散小农经济限制，延缓了资本主义化进程，但如果从圣马罗到日内瓦划一直线，富庶的东北，在国家的商业农业部资助下，或由资本雄厚的大农场主经营的农场成为占支配地位的农业经营方式。而工业发展相当快，煤炭业、铁矿开采、纺织、蒸汽机的运用、交通运输业的发展，尤其“铁路热”刺激了重工业的发展，对逐步消除各地区的隔绝状态，促进国内统一市场的形成，起了积极作用。

到了50至60年代，工业部门最为突出。60年代，法国生铁与钢的产量仅次于英国，居世界第二位。作为工业发展标志之一的蒸汽机使用不断增加。工业进步还表现在生产部门的迅速集中，1864年，法国冶金工业巨头建立了“冶金工业公会”。交通运输业的进步是第二帝国时期经济变化的另一特征，以首都巴黎为中心初步建成了一个全国铁路网。海运方面，轮船替代帆船，商船队总吨位仅次于英国。银行与财政蓬勃发展，为工业发展提供了金融支持。与此同时，贸易进步颇为可观，工业品成为主要出口产品，进口则主要为原料。在工业化基础上，城市化兴起高潮，农村的现代化也从此开始。种种经济成就表明，第二帝国时期（1852—1870），法国完成了工业化，成为又一个工业民族。

北美在近代是英国的殖民地。独立战争为北美独立发展民族工业创造了政治前提。美国工业化所需的资金、技术和熟练劳动力是移民从旧大陆带过来的，马克思写道：“在那里资产阶级社会不是在封建制度的基础上发展起来的，而是从自身开始的；在那里，它不是表现为一个长达数百年的运动的遗留下来的结果，而是表现为一个新的运动的起点；在那里，国家和一切以往的国家的形成不同，从一开始就从属于资产阶级社会，从属于这个社会的生产，并且从未能用某种自我目的掩饰起来；最后，在那里，资产阶级社会本身把旧大陆的生产力和新大陆的巨大的自然疆域结合起来，以空前的规模和空前自由地发展着，在制服自然力方面远远超过了以往的一切成就；并且最后，在那里，资产阶级社会本身的对立仅仅表现为隐约不明的因素。”① 美国工业化所遇到的主要障碍有三个：一是劳动力的缺乏，二是原料供应的短缺，三是市场被外国产品占领。

独立后的美国经济分为两大板块，北方工业资本主义经济和南方种植园奴隶制经济。南方种植园主不仅以奴隶制限制了自由劳动力的形成，造成北方工业劳动力供应的短缺，而且种植园主把南方生产的棉花供应英国纺织工业，所需工业品又从英国进口。这样，北方工业发展既失去原料（主要是棉花供应），也丧失了国内市场。美国工业化的三个障碍集中在南方种植园奴隶制经济上。一场战争不可避免。

南北战争为北方资本主义工业化发展清扫了道路。南方黑人奴隶的解放使北方工业获得了劳动力供应，北美的棉花不再输出英国，而是供应自身工业化的需要。通过贸易保护主义政策，英国工业品竞争受到抑制，国内市场为本国工业品提供了需求。总之，南北战争后，美国工业化迅速发展，像纽约和芝加哥作为工业城市开始繁荣起来。

德国和日本工业化起步晚，正因此而走了一条独特的道路。在体制上，与英法美相比更加注重依赖政府的力量来推动工业化，因为后起资本主义国家在短期内难以形成足以和先进国一较高下的工业力量，国家保护、扶持是必要的。在资金积累上，或者依赖国家财政，或者依赖战争赔款，而这都离不开政府的作

① 《马克思恩格斯全集》，第46卷（上），第4页，人民出版社，1980年。

用。在工业化重点选择上，德日不约而同选择了军事工业，这是因为，如果也像英法美以轻纺工业为工业化重点，必然在原料供应和市场需求上与先进国展开竞争。而发展军事工业为战争打下基础，通过战争去积累资本、掠夺原料和占领市场，才能为后起国家工业化开辟一条新路。德日两国是两次世界大战的发源国绝非偶然。不惜通过世界战争实现工业化，这从反面也说明工业化对民族经济的极端重要性。

俄国、中国的工业化走的是社会主义道路，"苏联模式"工业化道路的主要特点有：以行政集权体制举全国之力发展工业；以国有企业为建设重点，以公有制为工业化的生产关系形式；从重化工业开始，在短期内迅速建立较完整的现代工业体系，为工业化发展和国防巩固奠定基础；重点从农业中积累资金，通过价格剪刀差积累剩余产品，工业的发展总是伴随着农业的停滞；重生产和积累，轻视消费，这是依赖内部力量实现工业化的重要特征；工业化的速度是生死攸关的，因为俄国、中国作为社会主义国家，建政初期受帝国主义封锁包围，不可能像英法用数百年时间去实现工业化，事实上，俄国、中国都是用短短的二十年时间基本建立起现代工业体系的。

尽管苏联模式存在这样那样的问题，但在如此短暂时期内、在如此落后的国度中、几乎完全依赖自身力量、面临惊人的外部压力下实现了工业化，把落后的俄国变成世界超级大国，把"一穷二白"的中国转变成拥有"两弹一星"的工业体系完整的国家，这是工业化史上绝无仅有的奇迹。社会主义民族如何工业化，迄今为止还没有第二种模式。

二战结束后，世界范围内殖民体系崩溃，随着政治上"新兴独立民族国家"的出现，民族经济工业化进入高潮时代。亚、非、拉美第三世界国家纷纷开始工业化，充分显示出工业化成为民族经济的普遍趋势。但是，半个多世纪以来，新兴民族经济工业化较为有成就的主要有印度、东亚“四小龙”和拉美部分国家。

独立前的印度是英国的殖民地，保持着由英国殖民者扶植起来的封建生产关系，是英国的商品、原料市场和投资场所。独立后，印度通过“混合经济”，实行有限的土改，贯彻“绿色革命”，努力发展民族工业。

印度工业化遵循尼赫鲁所设计的发展战略，即通过“混合经济”建立“社会主义类型”的工业体系，国家资本、私人资本共同发展。在“混合经济”中，国家资本随着大型国有企业的建立而迅速增加，私人资本和外资的地位在相当长时间内是下降的。1956年在现代工业投资中国家资本仅占2.4%，私人资本占61.6%，外资占36%，到70年代中后期，相应的数字为43%、39%和18%。国有经济集中于基础设施、基础工业、国防工业、银行保险、交通运输、采矿选矿等国家经济命脉行业。私人财团在2亿卢布的有近200家，最大的是塔塔和比拉两大私人垄断财团。印度已建成以重工业为中心、轻工业与农业并举的国民经济体系。现有工业包括钢铁、机械、电力、化工等数十个部门，能够制造飞机、远洋巨轮、汽车，建立了核电站，发射了自己设计制造的通讯卫星，并具备了制造核武器的能力，科技人员仅次于美、俄，居世界第三位。

东亚“四小龙”作为新兴工业化国家和地区，其工业化模式基本一致，主要特点：以出口为导向；产业结构以轻工业为主但注重产业升级；资金以外资为主；走资本主义道路；注重政府干预；建立大企业集团为主干的企业结构。

例如韩国。60年代以来一直走的是外向型经济发展道路。提出“输出是国力的综合尺度，是经济自主的活路”，以出口带动工业结构变化，所有产业都按出口第一原则运转。出口增加1个百分点，刺激经济增长0.1个百分点。韩国对本国工业市场给予一定保护。1993年韩国出口小汽车63.9万辆，进口不足2000辆，向欧洲出口10万辆，进口仅363辆。韩国工业化在“一五”时期大力发展轻纺工业，“二五”开始建立钢铁、机械、石化等工业，“三五”“四五”基本完成重化工业化。1973年确定重化工业方针时，重化产品在出口中仅占8.3亿美元，1981年达到100亿美元，超过了轻工产品。在40种主要机械产品中，家电及一般电子元器件已达到日本水平，运输车辆、农机、发电机与日本相差五年，只有飞机、大型计算机尚有10年差距，各工业部门的技术含量不断提高。

韩国利用外资起了非常重要作用。受日本统治影响，韩国对外商办厂心存戒意，采取了“重借贷、轻直接投资”的态度。80年代随民族经济控制外资能力的增强，才开始转向“重直接投资”的做法。在外资使用上，政府贷款的79.2%、商业贷款的42.5%投向基础设施。敢于把外资用于基础设施，为将来发展奠定基础，是韩国利用外资的一大特色。在外商直接投资方面，韩国的选择性方向性很强，制造业部门开放率已达90%，但除高技术产业外，一般不享受优惠。

大企业集团在韩国工业中起着举足轻重的作用。1961年工业中只有大企业141家，每家工人99名，1984年普查时，有大企业1128家，每家工人977人，销售额超过1亿美元的公司129家。尽管大企业数目只占企业数目的2.6%，却提供工业产值的65%，出口的75%，就业岗位的45%。韩国大企业发展非常迅速，80年代末有11家韩国公司被列入世界500强，现代、大宇、乐喜金星、三星四大家族握有国民生产总值的15%，是名副其实的跨国公司。

韩国政府对工业化高度干预，实行“有指导的资本主义”。一是国家制定工业化计划，确立重点倾斜投资的重点产业；二是国家在完善经济立法方面做了大量工作；三是利用多种手段干预经济，控制工业化进程。

独立后的拉美国家也开始了民族工业化发展。开创了“拉美模式”，主要特点有：以资本主义主导工业化；工业结构单一，主要依赖采矿业，如石油；实行赤字财政；高度依赖外债作为工业化资金来源；通货膨胀与两极分化严重；城市化快于工业化。

例如墨西哥，从1821年独立到本世纪初，墨西哥工业化并未启动，反而将一半国土割让给北方强邻。20世纪初墨西哥统治者认为只有大量吸收外资才可能实现民族经济工业化，因而为外资进入提供种种优惠。此间工业化有一定发展，但本国的采矿、石油、电力、铁路运输、金融信贷等命脉部门掌握在外国资本，尤其美国资本手中，扼制了墨西哥民族资本和民族工业的发展。

1934年，具有激进民族主义倾向的卡德纳斯总统开始了广泛而深刻的社会经济改革：实行土改，把从外国租让者手中收回的土地无偿分给无地农户；没收外国公司归国有来限制外国资本，扶植民族工业，收回石油公司17家之多；大力发展国家资本主义，建立国营的石油、电力、钢铁等部门。这些措施启动了墨西哥工业化进程。

战后墨西哥工业化经历了1946—1956年快速发展阶段，1957—1970年稳定发展阶段，1971—1982年不稳定发展阶段；1983年后的调整阶段。第一阶段优先发展农业和制造业，以大力兴办中小企业推行进口替代战略，工业发展较快，政府投资兴建了钢铁、机器制造业，扶植了中小民族企业在食品、轻纺、化学部门的发展。但由于公共投资过大造成财政赤字，通货膨胀与社会贫困严重。第二阶段工业保持高速增长，物价稳定，财政收支良好，国际收支基本平衡，出现“墨西哥奇迹”。这一阶段工业化推行了耐用消费品、中间产品和部分生产资料的进口替代战略，汽车、石化、电子工业相继建立并迅速发展。第三阶段国际收支恶化、经济增长动力单一（石油）、债务积累、通货膨胀严重。1979—1981年，经济发展速度高达8.3%，但工业结构畸轻畸重日趋严重，以牺牲其他部门发展石油工业造成经济过分依赖国际石油市场的供求和石油进口国的经济增长，民族经济独立性受到严重损害。为了开发石油和发展石油工业，举借外债到1982年8月高达810亿美元，居发展国之首，爆发了债务危机，经济过热也导致严重通胀。1982年物价几乎上涨1倍。1983年后步入艰难的调整时期。"拉美模式"最大弊病是易于走上"依附性"发展道路。经济结构畸形、债务严重、社会贫困、依赖国际市场等是依附性民族经济的典型特征。

由上可见，无论先进的民族或是落后民族，无论走资本主义或是社会主义道路，无论是依赖市场或是倚重政府，无论是快速或是慢速，工业化成为一切民族经济发展的普遍趋势。

三、现代工业化的实质是劳动者素质技能的提高与发挥

工业化作为生产方式的变革，不是物质生产力的进步，而是劳动者素质技能的提升与发挥。劳动者的发展既是劳动发展和生产方式转变的条件，又是其结果。

劳动者是劳动的主体，生产资料是劳动的条件，劳动是劳动者的生命过程，产品是劳动的成果。在把追求财富作为目的的资产阶级眼里，劳动者和生产资料都是作为资源被配置的，劳动过程本身不过是劳动者自我异化的过程，因此劳动是不幸的，离开劳动倒是一种幸福。追求财富的增长导致劳动者和劳动过程本身处于隶属地位；而当我们把劳动者确立为民族经济的主体时，就应当把劳动过程及其产品置于劳动者发展目的之下，从而使劳动

过程真正成为人的生命过程，使劳动成果成为劳动者素质技能与个性的表达。马克思就此指出："一个种的全部特性、种的类特性就在于生命活动的性质，而人的类特性恰恰就是自由的自觉的活动。"[①] 马克思指示了一条研究劳动者的思路，即从劳动的性质去研究劳动者。

劳动者素质技能的高低表现为将自在因果性转变为合目的性劳动的能力。

对劳动的抽象考察，关键在于把握目的性和因果性之间既相区别又相联系的辩证统一。目的性依存于主体人，在人之外并不存在什么天命、上帝和绝对精神的目的，确立这一点是马克思和卢卡奇的功绩。[②] 人所以靠劳动，不像动物那样靠本能活动去满足自己需要，不仅是因为人有需要，更因为人有意识。单纯肉体的需要如果也能称之为需要的话，那么在人那里这种需要是他能意识到的，是他想要的，而不是单纯的"匮乏"。这种需要的满足只有通过劳动把自己这种意识到的需要作为目的，并设定在自然因果性联系上，使自在的因果性联系转变为被设定的因果联系，这种设定的因果性过程就是劳动过程。

---

① 马克思：《1844年经济学哲学手稿》，《马克思恩格斯全集》第42卷，第96页，人民出版社，1979年。

② 在谈到人的劳动目的性与因果性关系时马克思比较了人的劳动与蜜蜂的活动，认为二者的区别在于目的性。卢卡奇则指出："从马克思对达尔文的态度可以清楚地看到，除了劳动（人类实践）之外，马克思否认有任何目的论存在。因此，马克思对劳动目的论的认识所以超过了甚至像亚里士多德和黑格尔那样伟大的先哲们就这个问题所提出的解决办法，乃是因为对马克思来说，劳动并不是一般意义上的目的论的诸多表现形式之一，而是唯一可以从本体论上证明目的论设定乃是物质现实的一个现实要素的场合。"《关于社会存在本体论》下卷，第12—13页，重庆出版社，1993年。

自然因果性对于人的目的来讲保持着自在性和独立性。[①]“天行有常，不为尧存，不为桀亡”，“天不为人之恶寒也辍冬，地不为人之恶辽远也辍广”[②]。但是这种“天有常道，地有常数”不是不可利用的，人可以“应之”，“应之以治则吉，应之以乱则凶”[③]。人和动物的区别不仅在于人对需要有意识，而且在于人对于自然因果性也有意识、有认识，不独如此，人还不停留于这种认识水平，而是实践地将自在因果性转变为被设定的因果性，这就是劳动。无论认识自然因果性还是使自然因果性转变为被设定的因果性，这都是一件历史的事情。不同历史阶段就是由认识水平和设定水平划定的；但是，不管因果性是否被设定，它总是对目的性保持一种自在性。自然因果性被设定的水平，迄今为止经历了几个大的时期：采集渔猎时代，农业时代和工业时代。被设定的因果性与自在因果性的最大不同在于人的目的性被设定，借助因果性自在的作用实现人的目的。人的劳动就是创造一种条件，俾自在因果性朝着有利于人的目的实现的方向发挥作用。

对劳动过程的这种本质把握，为我们洞察劳动主体即劳动者的发展提供了钥匙。劳动过程一方面需要劳动者认识自然因果性，另一方面要求劳动者能够设定自然因果性，前者对劳动者提出认识能力要求，后者提出实践能力要求。从劳动者来看，劳动发展到什么阶段和水平，也就是劳动者认识能力和实践能力发展

---

① 列宁说：“必然性变成自由时并没有消失。”《哲学笔记》，第171页，人民出版社，1956年。

② 《荀子·天论》。

③ 《荀子·天论》。

到什么水平。[①] 我们把这两种能力合称为劳动者的素质技能。劳动者的发展首先表现为素质技能的提高。

劳动者素质技能提高与劳动发展是同一过程的两个方面，前者表现在主体上，后者表现劳动过程中，当然也表现在作为结果的劳动产品上。自然因果性与人的目的性之间这种既相独立又相联系构成劳动的内在矛盾，因而也是构成劳动发展和劳动者素质技能提高的内在动力，或者干脆不如说，这一对矛盾运动的展开表现为一部劳动发展史，一部劳动者发展史。

矛盾的两个方面从来是不平衡的，目的性总是处于这一矛盾的主要方面，而因果性总是处于次要方面，劳动发展表现为因果性日益在更大范围更深层次上被目的性所设定，以至于前人所想的东西（目的），后世几乎总能实现（被设定）；而因果性作为自在因果性总是不断地被转变为"被设定"的因果性。在这个过程中，劳动者日益成为自然的主人，从单纯的采集渔猎自然界已有的产品，到深入产品生产过程的农业劳动，从对农业生产过程的简单设定，到工业时代对生产全过程的监控，人越来越在更大的程度上驾驭自然过程。那种离开人的劳动发展的片面"环保"论，等于取消劳动的发展。环境破坏、资源枯竭，这不是在历史上任何一个阶段都会出现的现象，它是工业生产时代的产物，是劳动高度发展的产物，需要在劳动进一步发展中才能解决；但解决了一个问题，又会产生新的问题，从而推动劳动不断发展。

劳动者素质、技能的发挥使劳动日益支配整个生产过程。劳动与生产是两个不同的概念。劳动是人以自身的活动引起自然界

---

① 按照卢卡奇的说法，在一切实践中，劳动是最基本的实践，一切实践活动以劳动为基础而发展起来，并且以劳动的目的论设定为原型。他说："我们有理由把劳动看成是每一社会实践、每一积极社会行动的模式。"《关于社会存在本体论》下卷，第50页，重庆出版社1993年。

向着符合人的需要的方向发生变化，生产是通过人的劳动创造出能够满足人的需要的产品的过程。生产过程包含了劳动过程；劳动过程是生产中的决定性环节，但劳动不等于生产，劳动只构成生产的一个环节，[①] 此外还有自然起作用的时间和为了保证生产过程正常进行而必不可少的生产资料的储备时间。在农业生产中，劳动和生产不仅在时间上和空间上是分离的，而且在概念上也是有区别的。

生产发展史事实上就是一个劳动过程日益充满生产过程的历史。在采集渔猎的远古时代，被采集的动植物在尚未被采集以前有一个自在生长过程，这是它们在能够被采集之前的必不可少的自然起作用的时间，采集和渔猎作为真正的劳动过程不过是这个自然起作用时间结束后的延续阶段。农业是继采集渔猎之后生产发展的第二个阶段，这个阶段的特点是，在动植物尚未进入自然起作用阶段之前就有一个劳动过程。例如对于作物，就有一个播种环节，然后才是自然起作用的时间，并且在整个自然起作用时间里还间杂着有劳动投入，如追肥、除草、浇水、间苗等等，在自然起作用的时间结束后，接着是一个收获劳动过程。和采集渔猎阶段相比，农业生产过程中劳动时间大大充满整个生产过程，尤其在生产的开始和结尾部分都是劳动过程，而采集渔猎劳动只存在于生产过程的结尾。至于现代工业生产，劳动几乎填满了整个生产过程。生产的每个环节几乎都是劳动。一些本来是自然起作用的时间，在工业生产中都通过催化剂、激素的作用而大为缩短，这个自然起作用的时间被严格控制着。[②]

① 马克思："生产时间当然包括劳动过程期间，但劳动过程期间并不包括全部生产时间。"《资本论》第二卷，第 138 页，人民出版社，1975 年。

② 杨思远：《中国农民工的政治经济学考察》，第 41—43 页，中国经济出版社，2005 年。

人类劳动日益充满整个生产过程，也就是在越来越大的程度上控制着自然起作用的过程。自然因果性联系也就在越来越大的规模上转变成被目的性设定的因果性，自然界就越来越成为“对人说来的生成过程”。[①] 作为这个生产过程的迄今最高阶段的工业，马克思称之为“是一本打开了的关于人的本质力量的书”[②]。在这本打开的书中，作为人的本质力量的劳动充满了工业生产的几乎每一页。

“整个所谓世界历史不外乎是人通过人的劳动而诞生的过程”[③]。人的发展以劳动为基础，劳动发展到什么程度，也就是人发展到什么程度。农业劳动远未像工业劳动那样，支配着整个生产过程，作为目的设定的劳动，在农业生产中起着微弱作用，人还匍匐于大自然的威力之下，这对劳动者素质技能的要求既不同于原始的采集劳动，也不同于现代的工业劳动。

采集渔猎劳动，由于不关心被采集的动植物对象如何来到人们的面前，因而对整个动植物的培植、繁殖和生长过程可以一概不问，所需要的只是搞清楚什么样的动植物可以食用以及如何食用，像神农尝百草的神话透露出来的正是通过“尝”去发现植物的种种使用价值。农业生产就不同了，知晓植物的使用价值是生产的前提，但它决不限于这方面的知识，要把植物变成作物生产出来，还要洞悉这种植物的培养和生长方面的知识。不仅要了解植物的习性，还要了解气候与季节变化，识别土壤的结构与适于何种植物的栽培。这些是农业生产对农民提出的认识能力的要求。中国农民在几千年农业生产中成功地回答了这个问题，其成

① 马克思：《1844年经济学哲学手稿》，《马克思恩格斯全集》第42卷，第131页，人民出版社，1979年。

② 同上书，第127页。

③ 同上书，第131页。

果主要集中于农家的天时观、地利观与人力观。

工业生产对劳动者素质技能的要求远高于农业生产。科学取代了经验，技术取代了手艺；顺应自然让位于征服自然，严重的环境问题是与现代工人改造自然的能力的提高相适应的，是典型的“前进中的问题”；工厂化协作代替了田间地头的个人劳作，由此产生了新的集体力量；日入而息的时间被轮班制改造成劳动时间；秋天才有收获让位于流水生产线终端不分四季无论昼夜财富的涌流；昔日一小块土地就能让农民脸朝黄土背朝天世世代代洒下汗水泪水和热血，今天工人把世界各地的原料、燃料、设备、技术置于自己劳动范围内；悠闲散漫的性格被高度组织性纪律性所取代，时间就是金钱，快节奏取代了“急什么”，计件工资使每个工人都产生了比那个揠苗助长的农人更为急切的心情，农业生产时代的大笑话成了工业生产时代的大实话；如此等等，显示出工人是劳动者素质技能发展的一个新阶段。工业劳动者的素质技能达到了一个农业劳动者无法企及的高度。

劳动者素质技能的提升是劳动者社会地位提高的基础。劳动者的发展经历了这样几个阶段：原始人——奴隶——农奴——农民——工人，最终达到自由人。在不同阶段，劳动者素质技能所决定的社会地位是不一样的。

奴隶制取代原始社会，奴隶的社会地位就比原始人高。有人可能会说，相对原始人来讲，奴隶丧失了人身自由，连生命权也掌握在奴隶主手里，怎么能说从原始人到奴隶是劳动者社会地位的提高呢？回答这个问题涉及奴隶来源问题。奴隶最初来源于部落间战争所产生的战俘，战俘起初是作为食物被杀死吃掉的；随着原始人素质技能的提高，生产的产品出现了剩余，战俘就会被保存下来作为奴隶。在原始社会是人吃人，在奴隶社会是人吃人的剩余产品。和作为战俘被吃掉相比，奴隶的社会地位大为提高了，生命权得到保障。这个不杀地位的得来不是战胜者的恩典，而是劳动者生产能力达到了能够提供剩余产品的高度。可见，不是任何人都能够当奴隶的，能否提供剩余产品是个标准。对于那些能够适时保存战俘的部落来说，在战争中逐渐壮大起来，并过渡到奴隶制社会。

封建制下的农奴，和奴隶相比其社会地位又一次获得了提升。农奴有自己的家庭，有小块土地的使用权，农奴还有一定的人身自由，奴隶则完全没有人身自由。由于较高的经济和社会地位，农奴生产积极性比奴隶要高得多，农奴的素质技能也有较大提高。

在欧洲中世纪封建制度解体以后，曾经产生过农民阶级，但总体来看，农民在欧洲未获得充分发展。英国按照马克思的说法在 14 世纪产生了小农，法国革命后小农有广泛的存在，但时间较短。随着圈地运动而来的是英国农民转变为近代雇佣工人，法国小农也随着资本主义农场的普及而破产，转变为雇佣工人。德国封建制度解体和资本主义发展较晚，农奴几乎没有经过农民就过渡到雇佣工人。至于俄国，直到 1861 年农奴制改革才解放了农奴。所以，总体来看，农民在欧洲作为一个阶级没有获得充分发展。这个阶级只有在中国才获得典型存在。

劳动者的发展并未停留在农民阶段，但是，进一步的发展首先不是在中国而是在西欧出现了。英国在封建制解体过程中产生的个体农民在资本主义原始积累时期，经过流民这种过渡形式很快发展到近代的雇佣工人。工人是迄今为止在世界范围内劳动者发展的最高阶段。和农民相比，受资本雇佣的工人第一次获得了劳动力所有权，并在和资本所有权交换中使劳动力成为商品，劳动者首次获得人身自由。劳动力所有权的存在使得劳动者体力与智力发展以劳动力价值形式得到保证。提高了素质技能的工人阶级创造出现代工业文明，以此为基础，工人运动的兴起逐步把劳动者“社会主体地位”的确立作为斗争的目标，从而为劳动者结束人类“史前时期”，进入全面自由发展开辟了道路。

四、不进行工业化的民族经济必然衰亡

所谓“不进行工业化”是指在一部分国家已经完成工业化且工业化作为一种普遍趋势在全球扩展时，一些民族并不理会或者虽然注意到但未实际启动工业化进程的现象。工业化既然是一种普遍发展趋势，毫无疑问，“不进行工业化”的民族经济在全球不占重要地位。我们只能在非洲大陆，南美的丛林以及亚洲一些偏远山区能够找得到这样自绝于工业化的民族经济。

经济是人以劳动有意识地在交往中满足需要的社会过程。人本质四要素劳动、需要、交往、意识在经济活动中得到充分体现并有机运用。劳动是经济过程的主要内容，劳动的动因是需要，即人的生命力所体现的生理及心理欲求，劳动作为人类所特有的行为方式，它满足着人不能从适应自然中所得到满足的需要。改变了的需要又要求劳动的改进，改进了的劳动又刺激和改变需要，由此形成不断的发展进程。

工业化是人类生产方式由农业向工业的转变，是人类劳动的一次巨大进步，它标志着人在征服自然力方面以远高于农业阶段所达到的发展水平而形成的质的飞跃。人类的一切进步建立在劳动进步基础上。不进行工业化，无异于外在于劳动发展，劳动得不到质的飞跃的民族经济，毫无疑问会逐步衰亡。

就像大多数民族已经从采集渔猎时代进入了农业时代，一小部分民族仍停留在采集渔猎经济而最终衰亡一样，当工业化成为世界各民族普遍发展趋势，自绝于工业化等于民族自杀。劳动的发展是分阶段的，同一阶段的劳动水平虽有高低之别，但具有同质性。例如，一切民族如果都停留在农业劳动时代，尽管劳动水

平有不同，但不会产出“球籍”问题。更进一步，如果全球只是很少几个国家完成工业化，且未开始大规模向全球扩展，那时，如果恪守农业劳动，也不会有亡族灭种之忧。但是，今天不是工业化初期，而是世界工业化后期了，不发展工业的民族，没有民族工业的经济体实属鲜见时，“不进行工业化”的民族经济的衰亡是必然的。

1971年，美国经济史学家格里列希斯在《杂交玉米和创新经济学》中对技术创新扩散的S形曲线的分析适合于描述工业化在全球的扩展。

格里列希斯认为，技术创新的扩散过程分为三个阶段：（1）扩散初期一般速度较慢；（2）随着时间推移，扩散速度不断加快、直到高峰；（3）高峰之后，速度逐步放慢，最终达于水平。整个过程呈S形增长曲线。如果用 $x(t)$ 表示技术创新后潜在采用者比例，他们已经在时间 t 采用这项创新，那么扩散速度是 $dx(t)/dt$ 。这一扩散速率将预期与采用者的部分 $x(t)$ 和潜在剩余采用者的部分 $[1-x(t)]$ 均成正比：

$$dx(t)/dt = \beta x(t)[1-x(t)]$$

在此，β 是一个常数，对上式微分可得到

$$x(t) = 1/[1+\exp(-d-\beta t)]$$

根据S形曲线方程，其中扩散速度先上升，到拐点后下降，在方程中d决定扩散曲线开始上升的点，β 是曲线上升的斜率，是扩散速度的常数。

世界工业化扩散在20世纪越过d点，进入高潮，现在已近于拐点，扩展速度开始放慢。世界上主要发达民族经济和发展中的民族经济均已经完成或正在工业化，在工业化这样一个扩展阶段，“不进行工业化”的民族经济已经难于找到知音了。

面对工业化的浪潮，何以有如此不智的民族自绝于工业化呢？原因主要有：（1）工业化浪潮出现时，一些民族在社会发展

阶段上远远落后于其他民族，停留在原始氏族–部族社会，根本无法应对工业化挑战。如我国西南地区的傈僳、佤、景颇、独龙、怒、布朗、基诺族、和僜人和苦聪人，东北地区的鄂伦春、鄂温克、赫哲族，中南地区一部分黎族以及台湾一部分高山族，解放前还存在着落后的原始公社制度残余。劳动者的发展有一个过程，在一定的素质技能不具备时，不可能独立发展工业。（2）受奴隶制、封建制生产关系束缚，不能发展工业生产的民族。工业生产方式所需要的生产关系是资本主义，“蒸汽磨产生的是工业资本家为首的社会”。一些民族的奴隶制、封建制不能得到社会改造，无以进行工业化。（3）先进工业民族对落后民族的毁灭性屠杀、掠夺，造成一些落后民族跑进深山密林，与外界隔绝。（4）在多民族国家里，由于主体民族及政府错误政策导致一些少数民族丧失了发展工业化的能力与条件。

非洲主要受上述（2）（3）两个原因的影响，致使一些民族经济“不进行工业化”。非洲不少民族在发展阶段停留在前资本主义时期，落后的制度未得到社会改造，社会等级森严，贫富分化严重，有的停留于原始公社时期，且不说发展工业，就是见到一两样工业品也会顶礼膜拜，视作神物。历史上，非洲人口被殖民主义者大量贩运到美洲，在挑起土著黑人之间战争以获得奴隶及贩运途中造成大量黑人死亡。在一个世纪时间里，非洲人口减少1亿。殖民主义时代，非洲成为西欧先进工业国殖民地。二战结束后，非洲虽然政治独立，但独立后经济结构单一，被纳入传统宗主国的新殖民体系中，靠生产一两种原料为主要经济来源。由于被作为原料生产基地，粮食种植面积让位于经济作物种植，造成非洲粮食短缺，每年有数千万人口面临饥馑的威胁。

拉美国家历史上同样受到殖民者的野蛮征服与屠杀。据西班牙巴托洛梅·德拉斯·卡萨斯神父《西印度毁灭述略》一书记载，16世纪西班牙在西印度毁灭了印第安社会。其所毁灭的地区有：

西班牙岛、圣胡安岛、牙买加岛、古巴岛、大陆、尼加拉瓜省、新西班牙、危地马拉省区、帕努科、哈利斯科、尤卡坦王国、圣马尔塔省区、卡塔赫纳省区、珍珠海岸、帕里亚海岸、特立尼达岛、尤亚帕理河地区、委内瑞拉王国、佛罗里达各省、拉普拉塔河地区，秘鲁诸王国及新格拉纳达王国等。西班牙的种族灭绝行为，造成印第安人的毁灭，少数印第安人跑进深山河谷，永世不再出来。

巴西政府支持亚马逊地区掠夺性开发提供了因政策失误而导致少数民族丧失工业化能力的例子。随着20世纪初大量伐木者、采橡胶者、淘金者、垦荒者涌入这一地区，从1900—1957年有87个印第安人部落灭绝了。亚诺马米人就是其一，他们失去了生存的土地，人口急剧减少，不可能有什么工业化建设了。菲律宾国土开发中，也给土著民族造成严峻的生态和社会压力，部落纷纷解体，经济贫困、政治上丧失自治权、社会失序、文化消亡。

不论何种原因导致民族经济“不进行工业化”，其后果都极为严重，不仅民族经济衰亡，民族本身的存在也成为问题。

五、在工业化中落后的民族经济只能居依附地位

依附理论是20世纪60年代初至70年代中期在拉丁美洲产生并发展起来的，研究当代资本主义积累运动在不发达国家的特殊表现形式的一种理论。这种理论从资本主义体系的外围国家角度研究帝国主义，认为帝国主义现象包括互相联系、互为条件的两个方面：向外扩张的经济中心和作为扩张对象的附属国。传统的帝国主义理论只研究了第一个方面，依附理论则侧重研究后一

个方面。依附论把依附现象放到帝国主义理论的总框架中来考察，又把它作为帝国主义总进程中的一个特殊现象来研究。

依附理论产生的历史背景正是先进工业国的多国公司的扩张与拉美落后民族工业化进程的汇合。二战后，特别是50年代末至60年代初，资本主义逐步由金融垄断资本主义过渡到了以多国公司为支柱的跨国垄断资本主义时期，帝国主义基本特征发生了重要的变化。中心国在外围国的直接投资具有特别重要的意义，殖民地半殖民地国家获得政治独立后，工业化进程由自主的民族主义发展阶段过渡到以外资为动力的依附性发展阶段，社会经济向依附性结构变化导致政治上民族主义时代的终结和官僚权威主义时代的开始。这一切新现象是传统理论解释不了的，依附性理论由此而生。

依附论旨在捍卫和发展马克思主义关于帝国主义的理论，依附论者运用马克思主义基本方法对跨国公司扩张和新的依附形式进行了分析，增强了马克思主义理论对新的历史现实的解释能力，对依附性生产和积累机制及社会政治结构的分析也为70年代拉美新权威主义和80年代拉美债务危机的严峻现实所证实。

依附论对依附概念和依附新形式作出了创造性的理论贡献。在工业化中落后的民族经济只能居依附地位，依附论对此作了最好的论述。

关于依附概念，依附论认为，依附不是单纯的某种落后概念，作为“不发达”的依附经济，是世界形势发展的产物。

> 依附概念不允许把不发达当作尚不属于资本主义的某种落后结构的现象加以分析。依附的概念从一开始就使我们克服了这种源于对问题采取反历史的观点，因为正如我们说过的那样，不发达是世界形势发展的产物，

是资本主义在世界范围扩张的结果。[①]

依附是指某些国家的经济受到其他国家经济发展和扩张制约的状况。当某些国家可以在自我推动下进行扩张、而另一些国家只是作为这种扩张的反映而获得发展时，两个以上国家的经济、各国经济与世界贸易之间的相互依存关系总是具有依附的形式；依附关系制约一国内部的经济结构，而各民族经济的结构性条件又决定这种依附性结构的运行；打破依附状态唯一办法是改变内部结构，而不是将内部结构与外部影响隔绝开来。

依附论的可贵之处在于，看到了工业化落后是依附性结构的基础，在找寻打破依附状态的途径时不是选择外在于工业化的道路，这就避免了民族经济的衰亡。

关于依附形式，依附论概括为三种，历史上存在过殖民地依附和工业-金融依附两种形式。殖民地依附的特点是商业资本和金融资本同殖民主义政府结成联盟，通过在殖民地占有土地、矿山和劳动力来主宰欧洲国家与殖民地之间的经济关系。工业-金融依附是19世纪末形成的，其特点在于帝国主义霸权中心的大资本统治通过在附属国原料和农产品生产中的投资进行扩张，以满足霸权中心的消费需求，在附属国形成面向出口或外向型生产结构。

二战结束后出现了第三种依附形式，即工业-技术依附，其特点是多国公司开始在不发达国家与国内市场相联系的工业部门投资。依附形式不仅制约着不发达国家的国际关系，而且也制约着各国的内部结构：生产的目的、资本积累的形式、再生产和社会政治结构。

---

① 特奥托尼奥·多斯桑托斯：《帝国主义与依附》，第300页，社会科学文献出版社，1999年。

在新依附形式下，工业发展受到国际商品和资本市场的各种制约：新投资的可能性取决于存在一个创汇以购买工业部门所需原材料的出口部门；工业发展受到国际收支波动的严重制约，国际收支由于依附本身的原因而趋于出现逆差；工业发展受帝国主义中心技术垄断的决定性制约。

依附性结构对不发达国家生产结构的影响表现为：(1) 生产体系的建立必须保留传统的出口部门，建立一个符合多国公司利益而不是国内发展需要的生产结构和技术结构，霸权经济中技术和经济－金融高度集约的生产部门向外围的转移，造成了极度不平衡的生产结构、收入的高度集中、设备能力利用不足、集中在大城市的现有市场的集约使用；(2) 资本积累的独有特点是扩大国内工资差别和在国外购买机器设备与工业原材料；(3) 这种生产体系限制了国内市场的发展，传统部门与现代部门的并存以及工业部门资本密集型技术对劳动力吸纳不足，一方面可以提高剥削程度，保持低工资水平，限制购买力的增长，另一方面没有创造与人口增长相一致的就业机会，新的收入来源受到限制。这两种制约因素严重影响了国内消费市场的扩大，而外资利润汇出又减少了国内创造的部分经济价值。

再生产不仅是物质资料的再生产，也是生产关系的再生产。依附性再生产的本质是再生产出依附关系。这个依附关系要求工业落后民族必须只发展某些经济部门，必须在不平等的条件下进行交换，必须在自己国家内部同国际资本在不平等的条件下进行竞争，必须强制推行对劳动力的超级剥削关系，以便将剩余价值在国内国外统治者之间进行分配。一旦再生产出这种依附性生产体系和依附性国际关系，依附性资本主义便再生产出阻碍其在国内和国际上处于有利地位的各种因素，并在国内再生产落后、贫困和社会边缘化。发展只使很有限的部门受益，经济的继续增长在国内市场和国外市场遇到无法克服的内部障碍，并导致国际收支逆差不断积累，从而生产更多的依附和更多的超级剥削。

依附理论分析了流通领域的两种剥削机制：国际商品市场的垄断价格和在运费、保险费、商标、专利等劳务支付方面的垄断价格，也分析了生产领域对国际劳动力的直接剥夺机制，即利润汇出。这些机制在国际收支上的反映是巨额逆差，作为弥补逆差而提供的外债和外援又成为依附的积累机制。

关于发展道路的选择，依附论认为有两种发展模式：一是以多国公司为主角的新的国际分工模式；二是在资本主义国际体系范围内以国家为中心的国家资本主义模式。无论哪种模式，依附发展必然导致出现一个深刻的政治冲突和军事冲突及社会矛盾激化的长期过程，因而主张通过人民革命在社会主义条件下寻求发展。

六、工业化先进民族经济发展的前途在于否定资本统治制度

资本统治制度是工业化先进民族主要的经济制度。这种制度建立在资本所有权和劳动力所有权两个基本权利上。资本雇佣劳动制是经历长期经济发展和矛盾斗争逐步形成的。历史上，资本雇佣劳动制取代封建领主制是社会发展的重大进步。这种进步性不仅在于为工业化提供了制度条件，也在于使劳动者的素质技能和社会地位获得了一次提升。

首先，资本掌握在少数人手里，资本增值成了经济活动的唯一动机，而无止境的资本增值注定要使资本所有者从商业资本转到产业资本，从国内市场扩展到国际市场，这为工业生产方式的发展和机器体系的出现准备了社会条件。

其次，生产方式工业化使劳动从农业劳动转变为工业劳动，

劳动者的素质技能由此获得了一次质的飞跃。表现在：工业劳动的对象不再仅仅是土地，而是一切自然物和劳动产品；工业劳动的过程主要不是靠经验，而是靠科学；工业劳动不再是个体劳动，而是集体协作劳动，每个人处于分工体系中的某一工种，甚至某一操作，从而大大提高劳动者的专业劳动能力；工业劳动因协作还产生集体力，这是劳动者整体能力的增长；工业劳动产品的大批量和为社会生产，大大提高了劳动的社会性，扩展了劳动者的社会视野，劳动工具日益机械化、自动化。

最后，资本统治制度以劳动力为基础，赋予劳动者以劳动力所有权，这是封建农奴永不可企及的权利，是劳动者社会地位的提高。正是仰赖劳动力所有权，工人可以自由出卖自己，而不必终身依赖于某一个主人；正是劳动力所有权使工人可以获得劳动力特殊商品的价值或价格，即工资，从而保证了训练有素的劳动力生产与再生产的需要；正是以劳动力所有权为依据，劳动者得以组织工会，建立政党，与资产阶级展开权利与权利的斗争，开启并推动了资本主义社会内部民主运动进程。

先进民族经济之先进，恰恰根源于劳动者素质技能与社会地位的提升，从历史上看。这种提高恰恰是资本雇佣关系历史合理性之所在。但是，曾经如此，并不等于而今亦然。资本增值的本性，从其产生那天起，每个毛孔就滴着肮脏的血。资本统治把一切都变成增值的工具和手段，人也毫不例外地接受物的统治。

工业化本来是生产方式的巨大进步，是劳动者素质技能提高的表现，但在资本制度下，一切都异化了。劳动对象的扩大，本来反映了工人改造自然能力增强、范围扩大了，现在却成了破坏资源、恶化环境能力的增强；劳动工具的机械化使劳动者成为片面的工人，成为机器的一部分；劳动工具自动化在资本统治下不是使人的劳动减轻了，而是忍受失业的压力增大了；劳动过程的科学化和技术化使工业从形式上隶属资本转变成对资本的实际隶属；集体力的增强成了资本增值的新源泉；日益增加的财富与工人的贫困形成了强烈反差；便宜的劳动力对工人的劣势竟然转化为对资本家竞争的优势。

劳动的异化必然造成社会各方面以及整个文明的异化。越是工业化先进的民族，杀人产业越繁荣。美国的军火财团与石油财团发动的侵略伊拉克战争，是资本统治下先进工业民族异化的最好证明。军火资本刻画资本本性可谓入木。杀人产业的资本所有者把工业文明最尖端的科学、技术用于杀人，由杀人而获取“最大化”利润。世界和平与资本全球化如同冰炭。资本的扩张必然伴随对资源的掠夺、市场的开发、廉价劳动力的剥削，这就是工业化在资本统治下的功业。只要遇到阻碍，资本就会用尽一切手段加以清除，收买那些反动的统治势力，诸如封建领主、专制官僚，这些势力曾经是西方资产阶级革命的对象，资本增值要求其在本国推翻这些势力，但在国际上，却要保护并利用这些反动势力，以为代理人，而当这些代理人被革命所冲击时，大资本财团又会以武力助其镇压革命。

资本所有权控制了“人格化”的资本所有者，并结成了以资本所有权为基础的系统权利体系，构成资本统治的制度。这个制度像一张巨网，将全人类网罗其中，使全人类成为资本增值的工具。20世纪的历史，虽然有诸多形式上的变化，但资本全球化的绳索不仅从军事、经济、政治制度，而且从文化上将人类束缚起来。甚至连其语言，也随资本扩张而成为世界最高的“文化”。

资本主导的工业化将征服自然的能力转变成自然对人的报复能力，把发展起来的人的社会关系转变成统治人的社会罗网。我们丝毫不否认人类在资本统治制度下取得进步，民主、自由、福利、人权等，都是人性升华的体现。但是这些成就的根据，不是资本的统治，而是对资本统治的斗争，即社会主义运动的成就。正是社会主义运动，争得并保证了劳动者的劳动力所有权及民主权，从而为其素质技能的提高与发挥创造了必要条件。劳动者素质技能的提高与发挥，形成了现代的科学技术、生产力。现代人可以引为自豪的文明成果，都是社会主义运动，即联合起来的劳动者在争取其经济和政治权利斗争中创造的。现代劳动者的聪明才智所以高于前人，正是其社会地位提高的表现。劳动者素质技能的提高是与其社会地位提高成正比的。

否定资本统治制度不是某个圣贤的个人理想，而是工业化先进民族的内在经济矛盾的社会解决方式。资本统治制度内在经济矛盾的依据在于两个所有权。资本所有权是以资本形式存在的生产资料所有权，同时也包括用于购买劳动力使用权的货币资本的所有权。劳动力所有权归劳动者，这是劳动者在资本主义制度社会地位的界定。劳动力所有权是从属于资本所有权的。劳动力作为劳动者个人的劳动能力，只有在与生产资料的结合中，即在劳动过程中才能发挥作用。在资本雇佣劳动制下，劳动者不可能拥有大工业的机器设备，他们要生活就得劳动，就只有出卖劳动力的使用权给资本所有者。虽然劳动力使用权的买卖过程，要遵循等价交换原则，而且是自由的交易，但不出卖劳动力使用权就没有生活资料的劳动者，必然在出卖时处于不利地位，这不仅表现于劳动力使用权的价格上，而且表现于劳动力的使用过程中。既然劳动力的使用权已经卖给了资本所有者，那么，如何使用，使用的时间和强度，都取决于买者。但卖者出卖的并不是一件物品，而是他人身中体现的劳动力，也就是说，其人身也要随劳动力的出卖而由买者支配。这样，他的人身权利就与劳动力的所有权相冲突，为了捍卫人身权利和劳动力所有权，必然与资本所有者产生矛盾。

资本所有权的确立过程是与资产阶级形成过程相一致的。重商主义时期的市民阶层，其资本所有权并未得到法律规定和保护。随着资本积累，市民阶级不断迫使封建国王承认其对资本的所有权和相应的政治权利。这是一个漫长的斗争过程，经过不断的较量，包括武装革命和议会斗争，资产阶级在西方各国夺取了政权，并以法律的形式最终将资本的所有权确立下来，并以法制予以保证。资产阶级宪法中“神圣不可侵犯”的私有财产，主要就是指资本所有权。

资本所有权的确立，是资本雇佣劳动关系形成的主要内容，与之相应的劳动力所有权的确立要晚一些。在同封建势力斗争中，劳动者是资产阶级的同盟军。劳动者参加资产阶级主导的革命，首要摆脱农奴的身份，争得自由，进而是对土地的所有权。在斗争的这一阶段，资本所有权与劳动力所有权并没有发生实际的矛盾。法国大革命中的土地改革，正是农奴对人身自由和土地所有权要求的体现。几乎欧洲各国，都在资产阶级革命中解放农奴和实施土地改革，从而在封建领主制和资本雇佣劳动制之间，出现了短暂的小农经济，即马克思所说的“以个人自己的劳动为基础的私有制”，它的意义在于为农奴向雇佣劳动者转化提供了中间环节。小农的人身自由及由此派生的劳动力所有权，在个体小农经济中是以掩蔽的形式存在的。当工业化生产方式形成后，个体劳动让位于工业联合劳动，掩蔽的劳动力所有权在出卖劳动力时显现出来。马克思劳动价值论的依据正是这种劳动力所有权。在工业生产方式中，资本所有权与劳动力所有权开始发生矛盾，昔日的同盟军变成了敌人。

19世纪中后期，资本所有者在产业革命中已经确立了政治上的主导权。此时，雇佣劳动者争取劳动力所有权的斗争也不断高涨，在联合起来的劳动者斗争面前，终于迫使资产阶级做出让步，承认了劳动力所有权，各国劳动法、工厂法都对此有所规定。从此，资本统治制度才真正确立。雇佣劳动者依据劳动力所有权与资本所有者的斗争成为资本统治制度内在矛盾，也是先进工业民族经济的主要矛盾，是先进工业化民族经济发展的内在根据。

七、工业化落后民族经济发展的出路在于加速度提高劳动者社会地位和素质技能

长久以来，无论西方经济学或是苏联政治经济学，一个共同点在于把经济发展归结到生产力的进步，再进一步简单化为 GDP 的增长，经济发展战略目标的确立就是 GDP 指标的翻番。两种经济学尽管是在相互对立中发展的，但在经济发展根本目的上却惊人一致，这已经预示着后来的苏联解体。既然发展目的一样，别的没有什么不可以不一样。两种经济学该共同追求物的增长，不是说它们完全不涉及人，只是在西方经济学那里，人是被作为资源来配置的，正像奴隶被当作会说话的工具一样；而在苏联政治经济学那里，人也单纯是个消费者，只有"日益增长的物质和文化需要"，人自身的能力的发挥与发展被置之脑后。

脱离人的主体性，将生产力与生产关系作为演绎历史的基本矛盾是苏联教科书的传统。其中，将生产力又分为劳动者、劳动工具和劳动对象三要素，把社会发展归结为"物质生产力"。这种物化生产力，明显地排斥生产力的主体是人。正是对生产力的物质化，排斥其主体性，才导致片面地与资本主义国家竞比物质生产力的各项指标，进而压制人权和人的自由，在贬低劳动者社会地位的同时，阻碍了素质技能的提高，而这些才是发展生产力的根本。

生产力作为一个社会范畴，其主体是人，是劳动者，是劳动者素质技能的总体表现。劳动者的技能高低，又取决于人性升华及人格、价值、权利、自由。劳动者的社会地位，是其素质技能的社会形式，它在总体上，就表现为生产关系。

正像不存在非人的生产关系一样，也不存在作为主体人之外的生产力。生产力只有通过对人本质的规定，并经过人性、人格、人的价值、人权、自由等范畴中介才能加以规定。经济矛盾是人的矛盾，经济发展是经济矛盾的表现，本质上是人的发展，因此，必须以劳动者为主体对经济矛盾进行规定，而这只能从劳动者的素质技能和社会地位中去认识。

劳动者素质技能，是人本质核心要素的存在形式。从本质论，只有具备劳动能力，并发挥这个能力于劳动的人，才是符合人本质的，或者说具备人本质的人。有劳动能力但不从事劳动，而将这种能力变成剥削、劫掠、压迫，甚至杀戮他人，从本质上说，已属非人。因此，当我们论及劳动者的素质技能时，就是在论述人类的素质技能，只有这种素质技能的发挥，才形成生产力。而那些非人的，或丧失了人本质的暴力和欺骗者的素质技能，不仅不形成生产力，还会形成破坏力。

有一种说法，称“生产力是人与自然的关系”，“生产关系是人与人的关系”，几成定理。生产力是力，是个体人劳动力的社会集合，或劳动力在社会生产中的体现。劳动，固然要由作为主体的劳动者与自然物发生关系，但这种关系并不是劳动者与自然物平列“共同劳动”，或共同形成生产力。把劳动与土地当作财富之父母，是不贴切的。自然物和经劳动改造的物都有力学意义上的力与能，人的劳动就是要发掘、调动、利用这种力与能，但不能生造出这种力与能。人的劳动力只在人自身，即其素质技能所形成的劳动力和改造、利用自然力的技巧。生产力是人的劳动力，并非自然力。

人的素质是由身体素质、技能素质和文化精神素质三方面构成的。其中，身体素质是基础，它包括人的生理构成的各项指标、健康状况、寿命、体能等；技术素质是主体，包括人的受教育程度、知识、各方面的技能；文化精神素质是主导，包括价值观、思想、道德、意志、精神状态等。从生产劳动论，自身素质和技能素质是主要的，它们体现着人的体力和脑力所综合的劳动力，不论复杂或简单的劳动，都是体力和脑力的结合，或是身体素质和技能的共同作用。身体素质是有限度的，人的体力又受身体素质的制约，而技能素质则是可以无限提升的，劳动力的提高，主要表现在技能素质的提升上，也正因此，我们在论劳动力和生产力时，不仅要强调人的素质是根据，还要突出技能的作用，由此得出“素质技能”的概念。

如果单纯从劳动力论，似乎文化精神素质不起作用，或不包括在劳动论之内，但人之所以为人，就在于文化精神素质的主导和支配，价值观、思想、道德、意志、精神状态等，对于身体素质和技能素质的形成和运用，起着导引作用。更为重要的是，在协作、交换及生产关系各环节，文化精神素质的作用更为重要，是生产关系制约生产力的关键。而生产力作为劳动者素质、技能的综合运用，又是经文化精神素质表现于生产关系的。

工具、劳动对象等，可以统称为生产资料，即劳动的物质条件，其中有自然的，也有人为的，它们是生产中必不可少的条件，但并不因此它们就成为生产的主体，也不是生产力的内在要素。阶级社会中，非劳动的统治者依据暴力和欺骗，掌握了生产资料的所有权，并由此而支配劳动者的劳动，占有其劳动成果。只有生产资料的所有者才会把生产资料也宣布为生产力的要素，先进的工具、设备是先进的生产力，并参与价值创造与分配。

生产力是劳动者素质技能的社会表现，生产关系则是劳动者社会地位的形式。任何社会生产，都是以劳动者为主体的，是他们劳动力的发挥过程。劳动者的素质技能是生产的根据，是生产力的内容。但其素质技能的提高与发挥，又要受社会制度和结构的制约。这种关系，是我们认识社会基本矛盾及其具体化的各种矛盾时，首先要予以注意的。

社会制度和结构的基本点，是权利，在经济上，就是劳动力和生产资料的所有权。有无这两个所有权，是劳动者经济地位的标志。而由所有权派生的民主权，又是劳动者政治地位的标志。劳动者的所有权和民主权是其人格的社会界定，也是其价值的标志和条件，又是其自由的体现。只有具备这两种权利，劳动者才真正从生产的主体变为社会的主体。而自人类形成所有权及其所有制以来，大多数劳动者就没有完全地拥有劳动力所有权和生产资料所有权，因此，也没有完全的民主权，劳动者的社会地位是根据劳动者的所有权拥有程度及与之相应的民主权来确定的。

生产关系的形成，是以劳动者的素质技能及其表现的生产力为基础的，也是针对从劳动者素质技能的形成、提高、发展，即表现为生产力过程中人与人的关系，以及生产资料这个必要条件的归属，对生产过程的支配，进而产品在什么程度上为劳动者占有和消费，以至再形成劳动者素质技能这全过程的。劳动者的所有权和民主权拥有程度，即其社会地位的高低，是与其素质技能的形成与发挥成正比的。素质技能是社会地位的基础，社会地位又是素质技能形成和发挥的形式。

生产力的发展要求和促进生产关系的变革，从主体人的角度就是劳动者素质技能的提高使其要求并争取社会地位的提高，即扩大和强化劳动者的所有权和民主权程度，由此增加其自由度，并为其创造和实现更多价值，以保证其人格。从历史上看，已有几次大的生产关系变革，都是以劳动者素质技能提高为依据的变革势力奋斗的结果，而变革后所形成的生产关系，又会在一定时间为劳动者素质技能的提高提供比较适宜的条件。

工业化落后的民族经济，其根源在于劳动者素质技能低下，而这又导致劳动者社会地位的低下。在工业化成为世界各民族经济发展普遍趋势的条件下，工业化落后的民族要赶上先进民族，出路在于加速度提高劳动者社会地位和素质技能。所谓“加速度”是指超越生产方式正常发展对劳动者提出的跨越生产方式发展阶段的要求。比如，劳动者从奴隶不经过农奴和农民直接发展到工人，就是一种“加速度”发展。

如果仔细考察一下，落后民族通过提高劳动者社会地位和素质、技能是完全能实现民族经济跨越式发展的。当今世界上工业化先进的民族经济，其生产关系都是资本主义性质的，劳动者拥有了劳动力所有权和由此派生的不完全的民主权表现劳动者社会地位已较农奴和小农经济下的个体农民为高，但是，在资本关系下，劳动者是生产的主体却并未成为社会的主体，因而劳动者素质、技能发挥与发展深受资本关系的制约。面对这样的工业化先进民族，落后民族的赶超不可能选择比资本关系更为落后的前资本主义经济制度，因为采取前资本主义经济制度正是已经导致民族经济的落后的根子；也不能选择资本主义制度，因为那在理论上最多是打个平手，在实际上则形成依附性民族经济；而只能选择社会主义制度，在这种制度下，劳动者社会地位远高于资本主义，因而能促进劳动者素质技能更快更大地发挥与发展，从而超越先进民族经济的发展水平。所以，选择社会主义是工业化落后民族经济实现跨越发展的唯一出路。

八、社会主义：现代世界各民族经济发展的共同趋势

主义是有思想、有意识的人对自身生命活动的思考，是人对社会总体矛盾的认识以及解决矛盾而形成的对未来的理念与信仰。不同的人、不同的阶级有不同的主义。有的人在生命之外去找寻指引人生的主义，图腾、诸神、上帝、天命与财富是历史上人类几种主要信仰的对象。财富的拜物教是资本主义的意识形

态，与之对立，社会主义开创了新的信仰对象，那就是劳动。

社会主义是劳动者的意识形态，是劳动者利益和意识的概括，是联合起来的劳动者在争取社会主体地位和素质技能提高的斗争中形成和发展起来的。社会主义的主体是劳动者。和其他主义从劳动之外找寻信仰对象不同，社会主义从人自身生命活动出发确立信仰。

经济活动是人生最基本的实践活动，是人最基本的存在方式。经济活动是人有意识地在交往中以劳动满足需要的行为。经济是人的经济，而不是物的经济。经济的改革与发展是人自身的发展，人的这种发展一方面体现为劳动者素质技能的提升，另一方面体现为劳动者社会地位的提高。从原始人到奴隶，从奴隶到农奴，从农民到工人，是劳动者发展经历的几个重要阶段，原始人、奴隶、农奴、农民、农民工、工人这些范畴，是劳动者素质技能与社会地位的具体的历史的统一。

在前资本主义时期，由于工业生产方式尚未建立，人在自然面前总体来讲还处于微弱地位，还不能征服自然，匍匐于自然力统治之下的人把象征自然力的各种图腾、诸神、上帝与天命作为崇拜的对象。例如，游牧民族就把草原上最难以征服的狼作为图腾，而农耕的汉族则把支配人的命运的龙作为图腾，马克思在谈到希腊神话时说：

> 大家知道，希腊神话不只是希腊艺术的武库，而且是它的土壤。成为希腊人的幻想的基础，从而成为希腊神话的基础的那种对自然的观点和对社会的观点，能够同自动纺机、铁道、机车和电报并存吗？在罗伯茨公司面前，武尔坎又在哪里？在避雷针面前，丘比特又在哪里？在动产信用公司面前，海尔梅斯又在哪里？任何神话都是用想象和借助想象以征服自然力，支配自然力，

> 把自然力加以形象化；因而，随着这些自然力之实际上被支配，神话也就消失了。[①]

自然力对人意识的这种统治，在阶级社会中得到加强。诸神是奴隶主阶级的意识，上帝是封建主阶级的意识，天命是官僚地主阶级的意识。这些意识之所以在不同历史阶段上占统治地位，是因为它们是统治阶级的意识。前于资本主义社会，劳动者处于被统治地位，他们虽然是生产的主体，却不是社会的主体。作为被统治者，他们没有自己本阶级的意识，即使是该历史阶段最为发展的劳动者——农民所形成的小农意识，也不是一种阶级意识，而是个体意识。

因而，前于资本主义社会的主导意识，一方面是自然力统治的结果，另一方面是阶级统治的结果。

财富至上和拜物主义是资本主义时期的主导意识，也是占统治地位的资本家阶级的阶级意识。资本主义生产方式完成了工业化后，机器大生产征服了自然力，资产阶级在不到一百年时间里创造了比此前一切社会创造的生产力总和还要大。社会财富有如呼唤法术一样从社会劳动中涌流。“这种发展排斥一切神话地对待自然的态度和一切把自然神话的态度；并因而要求艺术家具备一种与神话无关的幻想”[②]。但是，在资本主义社会，一切劳动产品都采取商品形式，商品拜物教支配着每一个人。资本把追求价值作为唯一目的，又把商品拜物教发展到资本拜物教，这就是资本主义。当工业生产征服了自然力，人不再受自然力统治后，人受人的统治因为变成唯一束缚人发展的力量而变得更为触目，也更为荒唐。

---

①② 马克思：《〈政治经济学批判〉导言》，《马克思恩格斯选集》，第二卷，第113页，人民出版社，1972年。

社会主义是随着资本主义一同发展起来的。只有在资本主义时期，劳动者才形成了自己本阶级的意识，即社会主义。社会主义是劳动阶级利益与意识的概括。在资本主义社会，劳动的异化使劳动者降低到物的地位，不仅造成了产品的异化、劳动过程的异化、也造成了人类的异化和人与人关系的异化。

> 劳动对工人说来是外在的东西，也就是说，不属于他的本质的东西；因此，他在自己的劳动中不是肯定自己，而是否定自己，不是感到幸福，而是感到不幸；不是自由地发挥自己的体力和智力，而是使自己的肉体受折磨、精神遭摧毁。因此，工人只有在劳动之外才感到自由，而在劳动中则感到不自在，他在不劳动时觉得舒畅，而在劳动时就觉得不舒畅。因此，他的劳动不是自愿的劳动，而是被迫的强制劳动。因而，它不是满足劳动的需要，而只是满足劳动需要以外的需要的一种手段。①

劳动的异化，就是人本质的异化，也是人性的扭曲，马克思将资本主义社会称为人类发展“史前时期”的最后一个社会形态，是社会生产过程的最后一个“对抗形式”。在资本主义社会，劳动者的利益就在于克服劳动异化，在于对资本统治的否定，这种否定就是“共产主义”。

> 共产主义是私有财产即人的自我异化的积极扬弃，因而是通过人并且为了人而对人的本质的真正占有；因

---

① 马克思：《1844年经济学哲学手稿》，《马克思恩格斯全集》第42卷，第93—94页，人民出版社，1979年。

> 此，它是人向自身、向社会的（即人的）人的复归，这种复归是完全的自觉的而且保存了以往发展的全部财富的。这种共产主义，作为完成了的自然主义，等于人道主义，而作为完成了的人道主义，等于自然主义，它是人和自然界之间、人与人之间的矛盾的真正解决，是存在和本质、对象化和自我确证、自由和必然、个体和人类之间的斗争的真正解决。它是历史之谜的解答，而且知道自己就是这种解答。①

社会主义从理论到运动及其制度化，宗旨只有一个：劳动解放。劳动解放的首要方面，就是克服、解脱社会关系强化给劳动者的束缚，使劳动这个人本质中的核心要素成为真正人的需要，使劳动者成为社会的主体，从而把人自身素质、技能的提升作为劳动的目的，而不是追求生产力和物质财富的增加。

20世纪，社会主义从理论到运动，从运动到制度取得了重大成就，也带来了沉痛的教训。总体来看，资本主义与社会主义、劳动异化与劳动解放的矛盾依然是当今世界的主要矛盾，且资本主义还处于主要矛盾的主要方面。但是，无论是改良的西方社会民主主义，还是革命的东方社会主义始终是资本主义的克星。20世纪末发生的变化表明，东西方社会主义势力之间是唇齿关系，而不是敌对关系。只要加强劳动者之间的联合，革新社会主义理论和制度，21世纪社会主义必将再次兴盛。

世界各民族经济大致可分为三种类型：落后的资本主义民族经济、发达的资本主义民族经济、社会主义民族经济，社会主义是这几种不同性质的民族经济发展的共同趋势。

---

① 马克思：《1844年经济学哲学手稿》，《马克思恩格斯全集》第42卷，第120页，人民出版社，1979年。

落后的资本主义民族经济发展，无非三条道路：以前资本主义主导经济发展，以资本主义主导经济发展，以社会主义主导经济发展。以前资本主义主导民族经济发展，已经证明是导致这些民族经济落后的主要原因，是导致依附性发展的内在根据；以资本主义主导经济发展，充其量是与已经成为先进的民族经济看齐，而不可能超越它，何况，目前的依附性发展表明，走资本主义道路只能作为中心国的外围存在，不可能成为中心国一员；只有社会主义道路，才是落后民族经济实现跨越式发展的不二选择。

发达的资本主义民族经济的内在矛盾早已发生了重大变化，主要矛盾由资产阶级和劳动阶级联合对抗封建势力的矛盾，转变成资本统治与劳动者争取民主自由的矛盾。整个20世纪资本主义发展史就是这个主要矛盾的演变史，资本主义社会内部的一切进步现象都是劳动者在社会主义旗帜下争取民主自由的斗争及其胜利的成果，而与资本残酷统治无涉。尽管在这个主要矛盾中，社会主义势力还处于次要的方面，但是，社会主义力量的壮大和扩展是随同资本主义发展和全球化相并行的，不管是通过暴力革命，还是通过议会斗争，或者二者相互配合，社会主义必将成为发达民族经济内在矛盾得以解决的唯一出路。

社会主义民族经济也只有在坚持和革新社会主义条件下才能求得发展。中国社会主义不是在对抗资本主义，而是在对抗集权官僚主义的革命中发展起来的。反对封建主义，在西方建立了资本主义，在中国建立了集权官僚主义。秦始皇“废封建、立郡县”以集权官僚制度取代了周代“封土建国”的封建制度。中国革命以内反集权官僚主义，外御帝国主义为对象。中国革命的胜利创立了社会主义制度，即初级公有制经济制度和初级民主制政治制度，从而使劳动者结束了异化劳动统治，获得了解放，成为社会的主体。

在初级公有制和民主制的指导下，中国劳动者素质技能和社会地位有了较为迅速的提高，工业化取得了前所未有的成就，为劳动者素质技能的发挥和发展提供了前提；劳动者所享有的终身就业、福利分房、免费教育、公费医疗、养老保障等经济、政治权利，即使发达资本主义国家的工人也无出其右者，显示了劳动者社会主体地位。但是，由于初级公有制和初级民主制自身存在严重的缺陷，劳动者的发展受到了限制，不得不进行经济政治改革。

初级公有制的主要缺陷在于作为公共占有权的行使机构行使了所有权，造成所有权主体的虚位。公有制按照马克思的设想是指“在协作和对土地及靠劳动本身生产的生产资料的共同占有的基础上，重新建立个人所有制”。[①] 就是说，公有制 = 个人所有 + 公共占有。个体劳动者是生产资料所有权主体，但在社会化大生产条件下，个体所有的生产资料只有在共同占有的基础上才能形成现实的生产。初级公有制中，无论是国有制或是集体所有制，一个主要缺陷是公共占有机构行使所有权，从而形成公共占有机构的集权，劳动者个人所有权被否定了。此外，初级公有制也不承认劳动者个人的劳动力所有权。民主制是公有制的内在政治机制，民主制的基础是公有制中的劳动者个人所有权，初级公有制否定了劳动者个人所有权，也就阻碍了民主制自身的完善。初级民主制的主要缺陷在于民主政治制度与行政集权体制的矛盾。行政集权体制正是以生产资料公共占有机构行使劳动者个人所有权为经济基础的，也就是说，国家所有而不是全民所有、集体所有而不是劳动者个人所有是行政集权的前提。一方的集权是另一方的失权，公共占有机构所集之权正是劳动者个人所失之所有权。

---

① 马克思：《资本论》，第一卷，第 832 页，人民出版社，1975 年。

初级公有制与初级民主制共同构成初级社会主义制度，这种制度的变革在逻辑上讲有两个方向，一是通过发展公有制和加强民主制通向真正的社会主义。二是在行政集权体制下滋生一个集权官僚阶级从而通向官僚资本主义。逻辑上的这两个方向在20世纪末的历史上所选择的恰恰是后一个方向，这是20世纪社会主义运动史上最沉痛的教训。

社会主义不是一个无关痛痒，可有可无的修饰语，而是劳动者的利益之所在。当一些人以资本主义来主导中国经济改革和发展时，劳动者的利益就遭受重大打击。劳动者的利益无非表现在社会地位与素质技能上。从社会地位来讲，资本主义的改革就是要把劳动者资源化，把劳动力商品化，从而受资本的雇佣。这种改革使终身就业权被当作铁饭碗砸掉，福利分房被住宅商品化取消，免费教育被教育商品化而免掉，公费医疗被医疗改革所废除，如此等等。从素质技能上讲，资本主义主导的改革，把人物化是对人的素质技能的根本性否定。劳动力商品化，就业由资本增值决定，根据资本的欲望大小而扩张、收缩。于是，农村产生了大量“剩余”劳动力，城市产生了“下岗”工人。现有劳动力不能得到发挥，更谈不到素质技能的提高。在资本主导下的改革，必然沦为国际资本的附庸，成为外围国家和世界打工厂。一些人居然把廉价劳动力的劣势当中国经济的优势，这绝非偶然。一个没有自主知识产权，没有创新技术为核心竞争力的企业，根本谈不上劳动者素质技能的提高。一些人之所以把社会主义当作一个可有可无的修饰语，恰恰是同他们把资本主义当作一个无可或缺的选择相表里。

中国社会主义革新事业已历经28年，反思改革，一个核心的问题是：中国经济改革和发展的主义究竟是什么？科学发展观正是在这一背景下产生的。是GDP崇拜，还是以人为本？是效率优先，还是注重社会公平与正义？是一味引进技术，还是强调自主创新？是建设小农经济，还是建设社会主义新农村？是两极分化，还是构建和谐社会？是追求粗放经济，还是走可持续发展道路？是城乡对立发展，还是统筹城乡发展？我们面临着一个新的起点，一个转折点，那就是认真总结 20 世纪社会主义运动的经验，特别是苏联解体的沉痛教训，创新社会主义理论，革新社会主义制度，这是中华民族经济现代化的内在要求。

第十一章　中华民族经济的现代化

中华民族是在长期的历史发展中，通过民族交往和民族融合逐步形成的相互依存、有着内在联系的中国各民族的总称。包括定居于中国领土内的所有中国人，即包括当代的和在历史上曾经存在过而现在已经消失的民族，同时还包括居住在国外的华人、华侨。与通常所说的民族概念不同，中华民族是由多民族组成的“民族集合体”，同时又有明确的地域范围，《唐律疏议》中提到：“中华者，中国也。亲被王教，自属中国，衣冠威仪，习俗孝悌，居身礼义，故谓之中华。”此外，中华民族还包含着特定的政治含义和丰富的文化内涵。中华各民族在缔造共同历史的同时，也创造了辉煌的人类文明，但在近代经济现代化的进程中，内忧外患使中华民族落伍了。实现经济现代化是当代中华民族的共同任务和历史使命。

一、中华民族是历史形成的经济、政治、文化统一体

关于中华民族形成的特色，费孝通先生指出：

> 在相当早的时期，距今3000年前，在黄河中游出现了一个由若干民族集团汇集和逐步融合的核心，被称为华夏，像滚雪球一样地越滚越大，把周围的异族吸收进了这个核心。它在拥有黄河和长江中下游的东亚平原

> 之后，被其他民族称为汉族。汉族继续不断吸收其他民族的成分而日益壮大，而且渗入其他民族的聚居区，构成起着凝聚和联系作用的网络，奠定了以这个疆域内许多民族联合成的不可分割的统一体的基础，成为一个自在的民族实体，经过民族自觉而称为中华民族。[①]

因此，中国多民族国家的形成与世界其他国家不同，是各民族共同开拓、共同缔造的经济、政治和文化统一体。中华民族是发源于中华大地的各民族在长期的接触、斗争、融合、认同的过程中逐步形成的，各民族的相互吸收融合，形成了中华民族不同民族间你中有我、我中有你的紧密关系。自秦汉以来，各民族经历了统一与分裂的多次反复，并在这一过程中推动着多民族国家的更加巩固和完善。任何一个民族的统治者统一了中国，都大量吸收境内其他民族的文明成果，吸收其他民族参与国家管理，并以维护国家统一为己任。

中国辽阔的疆域是各民族共同开拓的。黄河流域和长江流域是中国古代文明的发祥地，从夏、商、周到秦汉的漫长历史时期，这里生活着华夏、苗蛮、百越等民族。分布在东北和北方的肃慎、东胡、无桓、鲜卑、扶余、鬼方、狄、匈奴等民族，分别或共同开发了今黑龙江、吉林、辽宁和蒙古草原，以及华北北部的广大地区。西域的乌孙、月氏、塞种和龟兹、于阗、鄯善等“城郭国”诸族开发了今新疆及以西的广大地区。西北部和西部的戎、羌、氐等族开发了今青藏高原的广大地区。西南夷开发了今川、滇、黔地区，百越诸族开发了今广西、广东以及福建、浙江等广大地区。东南部的徐夷、淮夷等东夷诸族开发了今江淮流

① 费孝通主编：《中华民族多元一体格局》（修订本），第4页，中央民族大学出版社，1999年。

域的广大地区。对这一时期的民族分布，后人简括为“东夷、西戎、北氐、南蛮”。此后的时间里相继又有吐蕃、突厥、回鹘(即回纥)、鞑靼、契丹、党项、女真、蒙古、朝鲜等民族登上开发祖国的历史舞台。[①]

秦汉是统一多民族国家形成的开端。这一时期，华夏在大一统的历史条件下形成为汉族，成为此后历史上稳固的凝聚核心，第一次实现了中国历史上南北农牧诸民族的统一。中央集权和郡县制度的确立，奠定了统一多民族国家的疆域基础。正如任继愈先生所指出的：

> 秦汉开创了支配中国两千年大一统的政治格局。此后，统一成为主流，被认为是正常的，分裂被认为是不正常的。[②]

历史上不断的民族迁徙和民族融合形成了中国民族分布大杂居、小聚居的基本格局。各民族在开疆拓土、发展经济的同时，经济上的互补、文化上的交流、政治上的交往不断增强。此外，各民族在形成和发展中相互吸纳，族源上存在着密切的关系。如藏族和羌族以及南方大多数民族有一定的联系；鲜卑族、羌族与吐谷浑族、党项族有更直接的关系；维吾尔族与撒拉族、裕固族以及历史上的突厥族等有一定联系；回族以及蒙古族与东乡族、保安族在族源上也有密切关系；南方各民族之间在族体上的融化至今仍继续着。[③]

---

① 《中国大百科全书·民族卷》，第573—574页，中国大百科全书出版社，1986年。

② 《中国共产党关于民族问题的基本观点和政策》，第48页，民族出版社，2002年。

③ 杨建新：《中国少数民族通论》，第159页，民族出版社，2005年。

秦汉以来的两千多年中，特别是经过汉、唐、元、明、清各朝的发展，中华民族的团结和统一不断巩固。在漫长的历史发展中，统一约占三分之二以上的时间，分裂割据不到三分之一的时间，且越到后期分裂的时间越短。元、明、清三朝的统一局面连续了 600 多年。从政权更替看，正如施正一教授总结的：

> 一千年来由汉族建立的中央政权是 310 多年，由少数民族建立的中央政权是 350 多年，割据分立的局面也是 300 多年；近五百年中由汉族建立的中央政权是 230 多年，少数民族建立的中央政权是 260 多年。

通观中国历史，我们可以发现：

> (1) 在几千年的历史中，国家的统一是占主要的，割据分立是占第二位的；(2) 即使在割据时期，割据者从来也没有把自己异化于中国之外；(3) 从全程看，开始时汉族掌握中央政权的时间较长，少数民族掌握中央政权的时间较短；但越往后则相反，前者在缩短，后者在加长；(4) 在国家的政治生活中，不管哪个民族占据主导地位，但汉族是主体民族没有变，各民族维护疆土的统一也没有变；(5) 一切分裂国家、勾结外敌（例如勾结倭寇）的活动，都要受到反对和镇压。[①]

在抵御外来入侵和民族危难的关键时刻，中华民族都能达到空前的团结和统一，从第一次鸦片战争到抗日战争，各民族一致

---

① 施正一：《迎接第七个辉煌时代——中华民族的伟大复兴与民族学科的最新发展》，《中央民族大学学报》，2005 年第 3 期。

对外，并肩作战，为维护国家主权和领土完整做出了重要贡献。

长期以来，各民族在经济上形成了相互补充、相互依赖、互相促进的共生关系，这种经济上的内在联系，表现为互市、通贡、和亲、迁徙等，甚至边疆地区和中原地区之间的许多战争、游牧民族的南下也都是在当时历史条件下，各民族经济联系的不同表现。[①] 在中国，农牧交错带大多是民族交错分布、多元文化交汇的地方，游牧民族与农耕民族间的产品交换自古就没有中断过。由于牧区生产结构相对简单，一部分需求很难靠自身来满足，必须与外界进行交换，如对粮食、茶叶、蔬菜、盐、布匹等的需求要靠农区提供，农区也需要牧区的牲畜、皮毛等，从而建立起了较稳定的交换关系。古代西域地区的一些农作物如玉米、高粱、棉花和果、菜也相继传入内地，有些少数民族古代的手工业，如采矿、纺织、金玉器具的制作等对中原地区的汉族产生了较大的影响。而中原先进的农耕和手工业技术也不断向周边地区传播和扩散。到了近代，各民族间的经济联系更加密切，交换关系进一步加强，内地特别是城镇大量吸收民族地区的畜产品、土特产品和其他原料，少数民族地区所需的一些生产和生活必需品，则由内地组织供应。

中华文化同样具有多元一体的特征，各种文化相互影响、相互融合、平等共处。在语言文字的形成中各民族相互影响和吸收，有共性也有差异，如蒙古文是在回鹘字母基础上形成的，满文则是在蒙古文基础上创制的。目前，汉语文是中国大多数民族通用的语言，从甲骨文开始已有几千年的历史，少数民族大多有自己的语言，还有 20 多个民族有文字，有的民族使用几种文字。在宗教信仰方面，在中国各民族发展过程中，没有形成统一的宗教，更没有形成所谓的“国教”，而是多种宗教信仰并存，相互

① 杨建新：《中国少数民族通论》，第 191 页，民族出版社，2005 年。

尊重，和平相处。此外，在衣食住行等方面，都带有明显的民族及区域特色，不同的自然环境和生产方式，形成了不同的物质和精神文化。这些绚丽多彩的民族文化，是中华民族文化现代化的基础和重要元素。

> 中国的传统文化是在中国特殊的环境下形成的。这种特殊的环境，自然是把它同世界其他国家、地区与民族相比较而显示出的那些它特有的条件。例如，中国的地质、地貌与地理环境的特殊构造，不仅决定了中国生产力与生产方式发展的基础，形成了北方地域的牧业经济形态，在中部与东部的南方地区的农耕经济形态，西部地域的山地经济形态，和沿海疆域的渔业经济形态，而且也影响了民族形成与发展的不同过程及其不同文化表现形态，故而有牧业民族与文化，农业民族与文化，山地民族与文化。海洋民族与文化等等。复杂的生态环境与不同的生产类型，决定了多元民族文化的形成与发展。又如，中国的社会构造在其长期发展过程中，早在远古时代就开始形成了以中央集权为核心的统一的多民族国家，由于社会多次反复的交错运动，形成了大杂居小聚居的民族分布格局，因而各民族的传统文化也就处在相互交流与共同发展的历史长河中，既保留了各民族、各地区的文化形态的特性，又形成了包容着各民族、各地区的多元文化形态的共性，也就是中国各民族所共有的多元综合体的中华民族宏观文化形态。
>
> 自然生态环境在很大程度上影响着人们的生产与生活方式，因而在民族文化的形成与发展过程中起着很大的作用。之所以出现狩猎民族文化、牧业民族文化、山地民族文化、农业民族文化、渔业民族文化种种，并在

此基础上还派生出各种民族表现形式的次生文化，就是因为它们生活于不同的生态环境之中。生态环境变化了，民族文化的表现形式自然也会发生变化，但它们内涵的精华部分是会保存于传统文化之中的。[①]

二、中华民族经济中的多民族成分

多元一体是中国民族结构的基本特征，多元一体不仅包含了中国民族发展的历史过程，同时也包含现实状态。首先，在中华民族的一体格局下，中国有 56 个民族，是一个统一的多民族国家；其次，各民族由于历史发展条件、社会经济发展结构和特征等方面的差异，在发展水平、经济结构、生计方式等方面存在着多种形态。经济上的多形态主要包括两个方面的内容，一是经济类型的多形态，二是发展阶段的多形态，本章主要讨论前者，即中华民族经济类型的多元性。

经济类型主要是产业类型，以及由产业类型影响和决定的生计方式类型，而不同的产业和生计方式类型又孕育了与其相联系的文化类型。由于地理分布的南北及东西差异，加上地形地势的影响，同一产业在不同的民族或地区表现出不同的特点，而生产力发展的不同阶段又决定了生产方式和生产工具的多样性。因此，经济类型显然不同于社会经济形态，社会形态划分的基础是生产力发展水平及与之相对应的生产关系，同一经济类型可能由于其发展阶段的相异而分处于不同的社会经济形态之中。经济类

① 施正一著：《施正一文集》，第 801—820 页、第 804 页，中国社会科学出版社，2001 年。

型分析离不开一定的社会经济形态，或者说，经济类型的分层是以经济形态为基础的。显然，两者存在着根本的区别，划分经济形态的主要根据是生产力和生产关系，因此有先进和落后之分，而经济类型则不同，经济类型本身没有先进与落后之分，只有与其发展阶段相对应的社会经济形态结合起来分析时，才能判断一种经济类型的发展水平，发展程度主要看其内部及与外部的分工与交换、生产工具、生产的组织形式等，即与一定的生产力或生产关系相联系。

从中国民族分布的地域格局看，在长期的历史发展过程中，形成了

> 汉族主要居住在农业地区，除了西北和西南外，可以说凡是宜耕的平原几乎全是汉族的聚居区。同时在少数民族地区的交通要道和商业据点一般都有汉人长期定居。
>
> 少数民族聚居地区占全国面积一半以上，主要是高原、山地和草场，所以少数民族中有很大一部分人从事牧业，和汉族主要从事农业形成不同的经济类型。中国的五大牧区均在少数民族地区，从事游牧业的人都是少数民族。①

在当时的条件下，高原山区及干旱、半干旱地区大多不适宜发展以粮食生产为主的种植业，即使有，也主要分布在有限的河谷地带或小块山间平地上。在大部分地区，种植业都不是当地居民从事的唯一产业，他们或从事单纯的游牧业，或以畜牧业为

---

① 费孝通主编：《中华民族多元一体格局》（修订本），第32页，中央民族大学出版社，1999年。

主，兼营农业，或以农业为主，兼营畜牧业。经济类型与民族本身没有天然的关系，而是民族的生存和繁衍环境决定了其经济类型，正如同一个民族，长期生活在平原地区就从事种植业生产，而生活在高原就从事畜牧业生产。

迄今为止，中国历史上出现的经济类型主要有农耕经济、畜牧经济、渔猎经济、工商业经济、服务经济等。其中前三者存在的历史最长，其形成和发展以相应的自然地理环境为基础，在长期的历史发展过程中逐步形成的。其中，自然条件起着决定性的作用，即自然条件决定了民族的生产和生计方式类型，进而决定了文化类型和民族特点。马克思指出：

> 不同的公社在各自的自然环境中，找到不同的生产资料和不同的生活资料，因此，他们的生产方式、生活方式和产品，也就各不相同。①

历史上这些经济类型又以一定的民族共同体为基础，如分布在平原坝区的汉族和部分少数民族以农耕经济为主要生计方式，分布在北方及西北草原的蒙古、藏、哈萨克等民族以畜牧业为主要生计方式，而分布在东北的鄂伦春、鄂温克、赫哲等民族以渔猎经济为主，还有一些民族以某一生计方式为主，兼营其他经济，有9个少数民族在经营种植业的同时兼营草原畜牧业。

人类学者根据“控能能力”把民族经济发展按进化阶段划分为狩猎—采集经济、威斯顿经济、游牧经济、农业经济和工业经济五大类型。并据此对新中国成立之初各民族的经济类型进行了划分，认为处于农业经济类型的民族主要有：汉族、布依族、傣族、水族、白族、阿昌族、土家族、回族、维吾尔族、撒拉族、

---

① 马克思：《资本论》，第一卷，第355页，人民出版社，1975年。

壮族、朝鲜族、保安族、京族、俄罗斯等。同时部分蒙古族、柯尔克孜族、东乡族、满族、锡伯族、裕固族、毛南族和仫佬族也从事农业生产，这些民族的主体是从事畜牧业经济。而处于威斯顿经济类型的民族有畲族、瑶族、苗族、黎族、仫佬族、景颇族、傈僳族、哈尼族、毛南族、仡佬族、拉祜族、基诺族、怒族、佤族、布朗族、德昂族、门巴族、满族和锡伯族。[①] 威斯顿经济与农业经济的生计方式有许多共同点，但生产手段和对自然及环境的驾驭能力不同，即存在“控能能力”的“等级”差异。这里所谓的“控能能力”实际上就是我们通常所说的生产力水平。

生产力的进步引起各种经济类型生产方式的变化，同时出现了新的经济部门，不同部门或经济类型在国民经济中的地位和比重也在发生着变化。近代以来，工业经济从无到有、从小到大，已经发展成为中国经济的主体，各民族都不同程度地参与到工业化进程中。中国工业化的进程开始于近代，快速发展是在20世纪50年代以后，工业化的任务还没有完成。近年随着发展观的进步，提出走新型工业化道路，新型工业化的特点一是可持续发展，二是信息化与工业化相互促进。服务业是随着工业化的发展而发展起来的，工业化带来的生产分工和人口积聚，需要服务业从其他部门独立出来，提供专门服务。中国服务业的快速发展是在20世纪80年代以后，现在其产值比重已经超过农牧业。根据经济普查数据，2004年三次产业的比重是13.1%：46.2%：40.7%。

从经济结构演进的历史看，其基本规律是采集、渔猎——农牧业——工业——服务业。在经济发展的初期或低级阶段，畜牧

---

① 参见杨庭硕、罗康隆、潘盛之：《民族文化与生境》，第91—95页，贵州人民出版社，1992年。

业、渔猎业和农业在国民经济中居于主导地位。随着经济发展和技术进步，工商业逐渐从农牧业分离出来，成为独立的经济部门，由于它们受自然环境的影响和制约较少，主要受到资本、技术、经济发展水平和阶段的影响，劳动生产率快速提高，并成为主导部门，具体表现在产值比重和劳动者比重两个方面。目前服务业在发达国家经济结构中所占比重最高，发展中国家则大多处于工业化进程之中。比重的变化并不意味着农牧业的衰退和萎缩，它们也在随着其他产业的发展而发展。在工业和服务业快速发展的同时，农牧业的生产方式和技术条件也会发生变化，但仍然是国民经济的重要组成部分。

以上主要是从经济类型的角度分析了中华民族经济的多元性，在存在多种经济类型的同时，不同地区不同民族由于自然条件差异、经济社会发展不平衡，存在着多种生产方式，同时代表着历史上不同时期的生产力发展水平。这里所说的生产方式是一个技术概念，包括生产技术、生产的组织形式、生产中要素比等，而不是政治经济学中所说的包括生产力和生产关系两个方面的社会生产方式。从发展阶段看，由于各地区、各民族社会经济发展不平衡，生产力结构表现为多元性，到20世纪50年代乃至80年代，从最原始的刀耕火种到现代工业技术，都可以在中国找到其典型形态。同时因特定的自然条件和历史传承，也使经济发展表现出显著的地区和民族差异，具有多元性的特点，如耕作技术、民族手工艺品、民族医药等。在现代化和工业化的过程中，使目前多形或多元的社会生产方式逐步发生变革。由于地区、民族间生产力发展水平方面的差距趋于缩小，生产方式的差异也必将逐步缩小甚至消失。如在农业生产领域，随着现代机械、生物技术的广泛应用，一些具有民族或地方特色的生产工具和生产方法将逐渐消失。当然，一些与特定的自然地理条件相联系的传统生产方式，在与现代生产力相结合的同时，还会保持相应的特色。也就是说，作为一种经济类型，它们会继续存在，但其生产方式必然会发生变化。

三、中华民族经济历史上的先进与现代的落后

中华民族有几千年的文明史，并在相当长的时期内处于世界领先地位，举世闻名的四大发明——指南针、造纸术、印刷术和火药，是中华民族最早发明的，养蚕、丝织、种茶、制瓷等也均为中华民族首创。到19世纪初期，中国在经济、科技、文化等方面一直处于世界领先地位，为人类文明做出了杰出贡献。1820年在世界GDP总量中，法英美分别仅占5.4%、5.2%和1.8%，中国占到28.7%，印度为16%。[①] 根据德国学者弗兰克的研究，在16—18世纪，

> 作为中央之国的中国，不仅是在东西纳贡贸易体系的中心，而且在整个世界经济中即使不是中心，也占据支配地位。按照我在第3章中的统计，表明中国在世界经济中的这种位置和角色的现象之一是它吸引和吞噬了大约世界生产的白银货币的一半；这一统计还力图表明，这些白银是如何促成了16世纪到18世纪明清两代的经济和人口的迅速扩张与增长。正如第4章论证的，这一切之所以能够发生，直接源于中国经济和中国人民在世界市场上所具有的异乎寻常的巨大的和不断增长的

① 中国社会科学院研究室编：《世界沧桑150年——〈共产党宣言〉发表以来世界发生的主要变化》，第23页，社会科学文献出版社，2002年。

生产能力、技术、生产效率、竞争力、出口能力。[①]

在中国各地发现的新石器文化遗址有7000多处，年代从公元前6000年起延续到公元前2000年。从有关考古发掘可以判定，当时农业有了一定的发展，家畜饲养已经开始，还有陶器彩绘、织物和饰品等，都表明中国是世界文明的最早发祥地之一。在后来几个世纪的发展中，随着中华民族的逐渐形成，统一多民族国家的版图不断扩大，地区、民族间的政治、经济、文化交流进一步增强。期间经历了"文景之治"、"贞观之治"、"大元帝国"、"康乾盛世"等令中华民族至今引以自豪的发展阶段。生产技术方面，中国的农耕、建筑、纺织、活字印刷、航海技术，以及天文、历算、医药等，在资本主义工业化之前一直处于世界领先地位；文学艺术方面，著名的如战国时期的"百家争鸣"，"唐诗"、"宋词"、"元曲"，以及四大古典名著，现存于世的绘画艺术如敦煌莫高窟、云冈石窟、龙门石窟等，都是文化繁荣的重要象征；此外，古代中国在军事理论和战术，国家管理和政治制度等方面，都有丰富的积累。当时的中国是世界经济文化中心之一，是周边国家乃至欧洲人游学学习的向往之地。时至今日，我们仍可以在很多国家看到中华文化的印记。也就是说，在农耕文明阶段，中华民族始终走在世界前列。

中国整体的落后始于近代。19世纪初开始，清王朝政治日趋腐败，财政支绌，军备废弛，国势衰退。与此同时，欧美资本主义进入快速发展时期，各国相继完成工业革命，技术上机器生产代替手工劳动，制度上资本雇佣劳动制取代了封建领主制。为了寻找新的市场和原料供应地，各资本主义国家开始了资本全球扩张，幅员辽阔的中国自然成为各列强争夺的对象。资本主义工

① 弗兰克：《白银资本》，第19—20页，中央编译出版社，2001年。

业化的大规模推进和疯狂的殖民扩张，改变了原有的国际政治经济格局，中国在世界经济中的地位迅速下降。1840年的鸦片战争，是中国社会全面快速衰退的转折点，从1840年到1949年，外国殖民主义、帝国主义先后发动了六次大规模的侵华战争，中华民族陷入了屈辱和贫穷落后的境地。政治上，中国由一个独立自主、统一的封建国家，沦落为半殖民地半封建国家；经济上，乡村衰败，民不聊生，民族工业受到外国资本和官僚资本的挤压，空间狭小，畸形发展，阻滞了中国工业化进程和资本主义的发展。这一时期，中国与发达资本主义的差距快速扩大。

经过一个多世纪的内忧外患和艰苦卓绝的努力，中华民族在20世纪中期实现了主权完整和国家统一，开始了社会主义现代化和工业化进程。社会主义为中华民族的发展和再次崛起提供了条件，也曾引领中国在较短的时间内建立起了相对完整的工业体系。但由于对社会主义的片面理解和经济工作中的失误，中国又一次错过了20世纪60年代以后的一段发展机遇，与世界经济先进国家的差距再一次拉大。二战以后相当长的一段时间，国际环境相对平稳，没有发生大规模的直接武力冲突，各国经济重建和复苏引起世界经济的快速增长。同时，这一时期，技术进步的速度明显加快，对经济增长的贡献率提高，经济结构不断升级。中国经济的落后，不仅表现在总量指标上，更主要表现在劳动者素质技能，以及一些社会发展指标上。作为社会主义现代化建设主体的各阶层劳动者，他们的生产生活条件需要进一步改善，自我发展能力需要提高，劳动者的权利需要保障，使其成为社会主义现代化建设的生产主体、管理主体和利益主体。

中华民族虽历经磨难，但顽强延续发展到今天，民族精神功不可没。在文明形成的历史时期，西亚、北非、东南欧、古印度河、中国、中南美洲这六大原创文明，先后普遍面临着影响全面、决定命运的三大危机：民族部落内部矛盾引发的战乱危机——人与自然关系方面生态剧变的危机——外敌入侵的民族生存危机。其他五大原创文明，无一例外地由于未能很好地处理上述三大危机，而发生中断或断裂，而沦为“失落的文明”、“湮灭的文明”。唯有中华文明，靠着相对独立的生态地理系统，加之形成之中的中华民族精神，先后顺利地战胜三大危机，开创了世界文明史上独一无二的多元一体、连续进化的综合创新模式。①

这是中国现代化建设的重要历史遗产，也是激励中华民族再创辉煌的精神遗产。

四、主权完整和自主发展是中华民族经济现代化的根本保证

主权属于法学和政治学的概念，具有严格的法理涵义。《辞海》中对主权的解释是：“国家对内高于一切和对外保持独立自主的固有权力。它是同社会分化为阶级和国家的出现同时产生的。互相尊重国家主权和主权平等是国际法的基本原则之一。”主权与国家如影相随，国家主权包括许多具体内容，如领土主权、政治主权、经济主权、文化主权、军事主权等。主权完整是一个国家立足世界的根本，也是独立发展的基础。自古以来没有哪个国家能在主权不完整的情况下实现独立自主的发展。远的不

① 王东：《中华民族为什么历经磨难而不衰》，《北京日报》，2003 年 5 月 12 日。

说，就是近代以来，广大殖民地附属国被迫让渡国家主权，成为西方资本主义国家的商品销售市场和廉价原料、劳动力供应地，国民经济主要满足外国资本的需要，生产畸形发展，不可能形成独立完整的国民经济体系。广大劳动者成为外国资本的奴役，受到残酷剥削。现代一些发展中国家通过依附于某个大国，实现了经济的较快发展，但失去了对国内外事务行使独立主权的权力，成为大国的附庸，也往往成为大国之间政治、经济角逐的牺牲品。1997 年部分亚洲国家发生金融危机后，西方资本主导的国际货币基金组织对这些国家指手画脚，威胁不接受它们的“指导”就不提供经济援助。

前文谈到，自 18 世纪中后期开始，清王朝在政治、经济等方面走上衰败的道路。但鸦片战争前，中国还是一个独立、统一的中央集权的封建国家，农业和家庭手工业相结合的自给自足的自然经济，在社会经济中居于统治地位。在资本主义萌芽出现较早的丝织、棉纺织、陶瓷、冶炼、造纸等部门，出现了具有资本 主义因素的工场手工业。如果没有外国资本帝国主义的入侵，中国社会将按照历史轨迹缓慢向前发展，进入资本主义。鸦片战争不仅改变了中国社会的性质，而且扭曲了发展的历史轨迹。通过一系列不平等条约，中国被迫割地赔款、出让主权，自主发展更无从谈起。近代以来，很多仁人志士励精图治，为中华民族的现代化摇旗呐喊、前赴后继。但在列强入侵、山河破碎、吏治昏聩、经济凋敝的条件下，现代化只能是一种理想。当时中国社会的主要矛盾决定了首先要争取主权完整，结束外国势力对国家主权的占领和分割，为自主发展和现代化扫清障碍。这一过程整整持续了一个多世纪，进一步拉大了与世界其他国家的发展差距。

中国的现代化建设必须坚持主权完整和独立自主的原则。关于独立自主发展目前有两种不同的观点。有一种观点认为，在当前经济全球化的背景下，不应再强调和突出“民族经济”，而应是“世界经济”或“全球经济”，中国应全面开放，融入世界经济之中，只有融入世界经济才能加快发展；另一种观点认为，融入国际社会的结果，只能是损害民族利益，把国家引向灾难的深渊。[①] 其实，强调自主发展并不意味着拒绝开放和国际合作，国家间的分工、贸易和合作是社会生产力发展的必然结果。但在国家作为主权单位和利益代表而存在的前提下，谈“合作”或“分工”比“融入”更准确。非要谈“融入”的话，其前提是国家经济安全，国际竞争力的提升，以及中华民族的可持续发展。即“融入”的结果不是自我的逐渐消失，而是更加强大。在资本主导的格局下，全球化的利益分配是不均衡的。发达国家是经济全球化过程中国际经济制度和规则的主要制定者，是国际经济组织的操纵者。控制国际经济制度安排，拥有世界经济规则的制定权，就等于实现了交易成本和资源成本的双重下降，再加上技术差距的内在刺激，使国际资本能够利用全球的资源和市场，实现它们的经济政治利益。正如西方学者所说：

> 对于欠发达国家里的许多人来说，全球信息社会意味着从最需要资源的人那里掠夺基本资源的另一种方式。
>
> 现代流动性的出席和传统规范的缺位，撕裂了传统家庭、亲缘和邻里关系。代之以一种无常感、迷失感和个人多多少少只能依靠自己的感觉。[②]

---

① 左大培：《混乱的经济学》，第413页，石油工业出版社，2002年。

② 大卫·莱昂：《后现代性》，转引自CCTV《中国经济大讲堂》节目组编：《中国经济大讲堂》，第98页，辽宁人民出版社，2006年。

国际经济交往的内容，是两个要素，一是实力，二是制度。这二者是国内经济矛盾总体集合的外在表现。实力与综合国力、综合竞争力有相同之处，其主体由本国劳动者素质技能构成，表现为技术水平、生产力、资金与资源、产业结构、产品结构，以及人口、国土面积、地理位置、自然条件等；制度则是对劳动者社会地位的规定，是社会关系的法律形式，表现为所有制的权利体系及经济体制、结构与运行机制、企业经营管理等。实力与制度的统一，构成一国的经济总体。各国之间的交往，包括经济与政治、文化，在交往中实力和制度集中表现为主权。

中国20世纪80年代以来的对外经济关系，力图淡化意识形态色彩，努力扩展与外国，特别是发达资本主义国家的经济交往。其目的是通过对外经济交往，促进本国经济增长。但在如何看待经济实力，以及实力与制度的关系上，却有所偏颇。目的上的偏颇，表现在原则上，就有为经济交往而交往的倾向，对维护和发展制度的忽视，甚至导致为适应对外交往的需要而改变根本制度的可能。中国是主权国家，它对外经济交往的目的当然要根据本国经济发展的需要来规定。也就是根据中国经济结构调整和企业经营的需要，有选择地与相关国家及其公司进行商品和技术的交往，既出口我们的优势产品和技术，又要取长补短，从国外进口我们所缺的产品和技术。

中国加入WTO以来的大量事实说明，现代世界还远远没有达到“大同”的阶段，世界经济一体化的过程，同时是国家乃至各利益集团相互博弈的过程。由于急功近利，没有致力于自主开发，中国在很多领域受制于人，大的如汽车、飞机，小的如打火机、手机。有关资料显示，在国际市场上一台产自中国的DVD最低价格29美元，由于企业缺乏核心技术，每生产一台DVD要交专利费 20 美元，出口的纯利润只有 1.5 美元。[①] 很多产品由于没有自主知识产权，国内企业一方面要交纳巨额的专利费，一方面尽可能压低工人工资，再把产品廉价卖到国际市场。在一些人为该不该成为"世界工厂"争论不休的时候，中国已经成为国际资本的最大剥削对象。随着外资的大举进入，一些民族品牌和"老字号"短短十几年内销声匿迹。大量事实证明，只有不断自主创新、自主发展才能平等地参与国际经济合作，维护本国劳动者利益。中国是一个发展中大国，在积极参与国际经济分工和合作的同时，构筑国民经济安全体系，提高自主创新和独立发展能力，是中华民族发展的长远利益所在。尤其是事关国家经济安全的产业和战略性物资的生产，要给予相应的保护，维持一定的生产规模，减少对国际市场的依赖。如农业，虽然农业在国民经济中的比重快速下降，但在中国，农业首先关乎 13 亿人的吃饭问题，粮食始终是一个事关国家稳定，经济发展和人民生存的大问题，是国家安全的最大利益所在；其次，农业关乎几亿农民的生计，事关国家稳定和社会和谐。即使随着工业化和城镇化，农业和农村人口大量减少，但农业仍然是劳动力就业的主要部门之一，是他们的生存之源。据推测，2030 年我国人口将达到 16 亿，城市化水平将约为 60%，届时农村人口为 6.4 亿，其中劳动力为 3.2 亿。[②]

五、社会主义是中华民族经济现代化的指导

关于现代化的含义和标准一直没有形成统一的认识，而且在

① CCTV《中国经济大讲堂》节目组编：《中国经济大讲堂》，第 23 页，辽宁人民出版社，2006 年。

② 宋圭武、范鹏：《对中国"三农"问题的若干思考》，中国经济学教育科研网，2004 年 2 月 13 日。

经济社会发展的不同阶段，现代化的标准也不尽相同，如当今的现代化就应包含信息化的内容。一般认为，现代化首先是生产方式和生产手段的现代化，同时还包括一系列社会发展指标，如人口的平均预期寿命、社会成员的平均受教育程度、城市化水平、人们的思维方式和习惯的变化以及衣食住行等生活方式的变化等，还包括法律和政治制度的演进等制度目标。即经济现代化、社会现代化和人的现代化。按照目前通行的观点，西方发达资本主义国家已实现了现代化，而大部分发展中国家还处于现代化的进程之中。处于现代化进程中的广大发展中国家，正在经历着文化价值观念的不断修订、权利和利益分配的不断调整，社会组织的不断转型等触及社会深层结构的剧烈变革。[①] 关于现代化的指标评价体系，较为著名的有美国社会学家英格尔斯的一套评价体系，确定了 10 个方面的量化指标：人均收入每年在 3000 美元以上；农业产值在国内生产总值中占 12%—15%；非农人口占 70% 以上；服务业的产值占国内生产总值的 45%以上；城市人口占总人口的 50%上；80% 以上的人口识字率；受高等教育的青年占适龄组青年总数的 30%—35%；平均寿命在 60 岁以上；至少每 800 人有一名医生。

研究者们试图为现代化建立一套普遍适用的指标体系，并确立以西方国家为蓝本的现代化模式，使之具有普遍意义和指导性。应该说现代化具有基本的内涵和规定性，如工业化和城镇化水平，但现代化不存在统一的模式，也不存在一成不变的指标体系，现代化是有国度性和民族性的。

> 没有两个社会以同一种方式实现现代化——没有两个社会拥有相同的资源和技术、相同的传统制度遗产、

---

① 马戎：《民族与社会发展》，第 66 页，民族出版社，2001 年。

处在发展的相同阶段以及具有同样的领导体制模式或同样的现代化政策[①]

从根本上看，现代化是历史的进步，是社会生产力发展的结果。西方现代化指标更强调物质内容，但现代化的主体不是物，物质是为人服务的，是由人来开发和驾驭的，现代化的核心是人，具体指各个阶层的劳动者。现代化是由劳动者推动的，又是为劳动者服务的。因此，社会主义现代化建设应以劳动者素质技能的全面提高为最终目标，而劳动者素质技能的全面提高又是实现现代化的根本保证。

中国现代化的启蒙可以追溯到近代，但真正大规模的现代化是在 20 世纪 50 年代以后。1964 年 12 月，周恩来代表中国政府正式宣布：

今后发展国民经济的主要任务，总的来说，就是要在不太长的历史时期内，把我国建设成为一个具有现代农业、现代工业、现代国防和现代科学技术的社会主义强国，赶上和超过世界先进水平。[②]

1975 年重申了 20 世纪末实现四个现代化的目标，80 年代提出的“三步走”战略目标中，又进一步指出，在 21 世纪中叶基本实现现代化。即目前还没有达到现代化的阶段，虽然在某些领域和地区基本实现了现代化，但离社会经济的全面现代化，还有一段很长的距离。

中国的现代化面临着特定的国内外环境。首先，中国要实现的是社会主义现代化，从根本目标上与西方国家的现代化不同，西方国家的现代化是私有制为基础的资本主义现代化，其发展建

① ［美］C.E. 布莱克：《现代化的动力》，第 87 页，浙江人民出版社，1989 年。
② 《周恩来选集》（下卷），第 439 页，人民出版社，1975 年。

立在对内榨取剩余价值，对外掠夺殖民地。中国社会主义现代化的主体是各民族劳动者，主题是劳动者素质技能的全面提高。其次，中国现代化面临的国际背景是发达国家主导的经济全球化，表现为资本的国际化、市场的国际化和生产的国际化，各国之间的经济联系和交往日益密切，但在制定国际经济运行规则即制度设计中，发达国家和发展中国家所扮演的角色是不同的，发达国家是现行国际经济制度和规则的主导者，是国际经济组织的操纵者，发展中国家处于边缘地位。在积极参与经济全球化进程的同时，中国必须走独立自主的具有中国特色的现代化之路。同时合理利用国外的资本、技术，借鉴它们的经验，为我所用。再次，可持续发展的现代化，可持续发展是对传统工业化和现代化道路的反思和扬弃，传统工业化创造了空前的物质财富，但资源的耗竭和环境的破坏也是空前的。可持续发展在现阶段主要关注环境和资源的可持续利用，但其核心是人类的可持续发展和繁衍，包括不同种族、不同文化的可持续发展。最后，各民族共同发展繁荣的现代化，平等团结、共同发展、共同繁荣是中国民族关系的重要特征，国家现代化与民族现代化在单一民族国家是一体的，但在多民族国家则存在着差异。国家现代化是各民族的共同愿望，但各民族具有相对独立的发展诉求和经济利益，国家现代化必须加快民族现代化的进程，使各民族共享现代化的利益，同时选择符合民族历史文化传承的现代化道路。

经济现代化必须与社会现代化、民族现代化相统一，现代化不是“一元化”，更不可能是“美国化”。现代化在具有共同物质基础的同时，承认“多元性”、“国度性”和“民族性”。中国的现代化是社会主义指导下的现代化，是满足最广大劳动者的需要，并维护其利益。劳动者作为社会主义现代化的主体，在满足他们的物质和精神需要的同时，还应提高其各方面素质，增强自我发展及管理社会经济活动的能力，成为现代化的推动者和引领者。社会主义现代化不能简单地套用“公平”与“效率”概念，不能用所谓的“效率”牺牲绝大部分社会成员的利益，尤其是广大劳动者的利益，片面“效率”指导下的现代化是少数人的现代化，在现代化的初期更是如此。当然这里也不是强调原始意义上的绝对公平，而是在按劳分配基础上的公平分配，公平地享有公共资源和发展利益。中国的现代化是中国传统文化基础上的现代化，是中国社会的延续和发展，而不是外来文化的简单嫁接。中国民族结构的多元一体特征，决定了在实现社会主义现代化这一共同目标下，现代化的内容和模式是多种多样的。在现代化进程中，多元的民族经济、文化相互影响、相互促进，各民族劳动者的素质技能得到全面提高，形成和谐的社会主义民族关系。

六、工业化是现代中华民族经济现代化的根本任务

工业化是现代化的重要内容和途径，是现代化的物质基础。对于工业化的定义，学术界有不同的看法。张培刚教授把工业化定义为“国民经济中一系列基要的生产函数（或生产要素组合方式）连续发生由低级到高级的突破性变化（或变革）的过程。”根据以上定义，他把工业化的特征概括为以下几个方面：(1) 工业化首要的和最本质的是以机器生产代替手工生产，是一场生产技术的革命，从而也是社会生产力突破性的变革。同时，它还包括着生产组织和国民经济结构各层次的相应调整和变动。(2) 它包括了工业本身和农业在内的整个国民经济的机械化和现代化。(3) 从理论上和历史经验看，工业化必然促进农业生产技术的革新和农业产量的增多。工业化首先表现为生产技术和社会生产力的变革，然后表现为由此引起的国民经济结构的调整和变动，最

终必然表现为人们的思想观念和文化素质上的变化，在一定情况下，它将会导致整个经济体制或社会制度的变革。[①] 钱纳里认为："从历史上看，工业化体制是发展的中心内容。"汤姆·肯普的结论是"越来越多的经济学家和经济史学家，正在对工业化这一形成现代世界所必经的过程进行研究。人们普遍认为，工业化是能使世界上一些贫穷落后的地区转变为先进国家的主要手段，也就是走向'增长'（意指人均收入的增加）和'发展'（意指全面的经济结构的改变）的关键"。

工业化是一个动态概念，从发展阶段上可以把工业化分为早期、中期和后期几个阶段。从技术角度看，在工业化的不同阶段，起主导作用的技术在发生更替，从最初的机械革命到动力革命，再到信息革命，每一次技术革命都引起生产力的突破性发展，进而把工业化推进到一个新的水平和阶段。从地域发展看，工业化迄今经历了三次发展高潮，从18世纪中后期英国工业革命开始到19世纪中叶为第一次高潮，中心区域在西欧；从19世纪后半期到20世纪初为第二次高潮，中心区域由西欧向东欧、北美以至南美扩散，东亚的日本也在这时获得成功；从二战后50年代到80年代，掀起了工业化的第三次浪潮，中心区域在东亚，同时扩散到世界各地。[②] 由于世界各国进入和完成工业化的时间先后不同，面临的发展环境不同，工业化的内容和任务也在发生着变化。如当今大部分发展中国家的工业化不仅要与信息化同步推进，而且必须走可持续发展的道路，同时工业化的主导产业也与早期工业化国家不同。

衡量一个国家是否完成工业化，国际上有不同的结构性指标

① 张培刚主编：《新发展经济学》，第100—104页，河南人民出版社，1992年。

② 罗荣渠：《东亚崛起的现代历史意义和21世纪前景》，《新华文摘》，1992年第6期。

体系，但以下几个是较为常用的指标：（1）人均收入水平（GDP）。美国经济学家钱纳里等认为：初级阶段为1200—2400美元，中级阶段为2400—4800美元，高级阶段为4800—9000美元；（2）农业产值占GDP的比重必须降到15%以下；（3）农业就业人数占全部就业人数的比重降到20%以下；（4）城镇人口上升到60%以上。

西方发达资本主义国家的工业化起步于18世纪60年代的工业革命，完成于19世纪末20世纪初。这一时期经济发展的主要特点是在工业革命和技术革命的推动下，主要资本主义国家的工业生产和交通运输业获得了迅猛发展，同时带来了国民经济的高速增长和国民经济部门结构的变化。从国民经济的部门结构看，农业在国民经济中的产值和劳动力比重大幅度下降，工业比重超过农业成为国民经济的主导部门，并建立了较为完整的工业经济体系，服务业也得到快速发展。对资本主义的工业化，马克思恩格斯有一段生动的描述：

> 资产阶级在它不到100年的阶级统治中所创造的生产力，比过去一切时代创造的全部生产力都要多，还要大。自然力的征服，机器的采用，化学在工业和农业中的应用，整个大陆的开垦，河川的通航，仿佛用法术从地下呼唤出来的大量人口——过去哪一个世纪能够料想到有这样的生产力潜伏在社会劳动里呢？①

资本主义工业化是一场同时向纵深发展和在国际上横向扩散的运动。工业化的纵深发展表现为：生产技术不断完善，工业部

① 马克思、恩格斯：《马克思恩格斯选集》第一卷，第256页，人民出版社，1972年。

门日益增多，劳动组织和管理方法更加科学化；工业化的扩散是指工业技术在国家间的移动，即先进技术不断从技术发明国或首先应用地区移向其他国家。①

工业化是人类历史的进步，是分工的深化和生产力的发展。工业化在创造巨大的物质文明的同时，也创造了与之相对应的精神文明。工业化发端于西欧，从技术角度看，是机械劳动替代手工劳动；从社会形态看，是资本主义对封建主义的胜利，资本所有者替代土地所有者，成为社会的主导。资本主义工业化从一开始就是资本对劳动的剥削，从最初的“羊吃人”到后来的“血汗工资制”，剩余价值是劳动者创造的，但被资本所有者无偿占有。资本主义工业化发展到一定阶段，由于生产能力的提高，出现了大量的过剩产品，需要寻找新的产品销售市场和廉价原料、劳动力，资本开始全球扩张，在世界范围内生产和占有剩余价值，经济全球化是其必然结果。

社会主义工业化的进程晚于欧美资本主义国家，原苏联是第一个开始社会主义工业化的国家。俄国工业化虽然在 19 世纪就已起步，并在纺织等部门建立了资本主义工业企业，但到十月革命前俄国还是一个只有中等资本主义发展水平的国家。农业在国民经济中占据优势，工业产量比欧美国家落后很多。1925 年的工农业总产值中，农业占 2/3，工业只占 1/3。在工业总产值中，消费品占 67%，重工业部门落后，机器制造业、电力工业、冶金工业和燃料工业十分薄弱，汽车制造和航空工业尚未建立。②苏维埃政权建立以后，面临着实现国家工业化的艰巨任务。1925 年 12 月召开的联共（布）第十四次代表大会，确定实现国家工

① 宋则行、樊亢主编：《世界经济史》（上卷），第 298—299 页，经济科学出版社，1994 年。

② 高德步：《世界经济通史》（下卷），第 199 页，高等教育出版社，2005 年。

业化的方针。通过采取一系列措施，苏联在较短的时间内建立起了强大的工业经济体系，工业技术装备水平甚至超过欧美。苏联工业化中一直把重工业作为重点发展的部门，走的是优先发展重工业的工业化之路，忽视了消费品工业的发展，轻重工业比例失衡。同时由于官僚主义的盛行，劳动者的权利没有得到充分的保障。

中国工业化的起步晚于欧美，大约在20世纪初。中国最初的工业化是局部的工业化，具体表现在地区和产业两个方面。早期的工业主要集中在东部沿海一带，西部地区近代工业犹如星星之火，分布在少数城市和交通便利的地区；从工业结构看，纺织、食品加工、采矿等是工业的主体，工业门类较为单一。在半殖民地半封建的中国社会，工业发展缓慢，没有成为社会经济发展的支柱产业，而是处于自然经济的“汪洋大海”之中。当时，工人阶级作为一个阶层不仅人数少，而且组织化程度不高，还不足以成为中国社会的中坚力量。中国大规模的工业化开始于20世纪50年代，基于当时的国际环境，以及快速实现工业化的良好愿望，选择了优先发展重工业的工业化模式，工业布局东多西少的格局得到调整，奠定了工业化的基础。这一时期由于忽视农业和轻工业的发展，造成消费品短缺，人民生活水平提高缓慢。从20世纪80年代开始，国家对农业、轻工业特别是消费品工业、能源、原材料供应、交通运输等产业给予重点扶持。轻重工业结构从1978年的43.1：56.9到1990年的49.4：50.6，经济结构趋于合理。人民生活水平大幅度提高，消费品供给充足。并于90年代中期出现了买方市场，经济结构调整进入一个新的阶段。

目前理论界比较一致的观点认为，中国还没有完成工业化的任务，处于工业化中期。从产值比重看，中国基本达到了工业化的要求；从人口就业结构看，仍有60%多的劳动力滞留在农业和农村，工业化的发展需要大量转移农村剩余劳动力；虽然形成了门类齐全的工业体系，但在自主技术创新方面与世界先进水平存在着差距。人口大国和农民大国这一特定国情影响着中国工业化的发展，农村剩余劳动力向工业转移将是一个持续的过程，这一过程不仅是职业技能的转换，也是生产生活方式的转换。中国未来工业化的重要任务是完成大批劳动者从农民到产业工人的转换，适应身份转换的要求，需要对他们进行相应的职业技能培训，需要劳动者素质技能的全面提高。今后一段时间，随着工业化进程的快速推进，对劳动者的培训及其素质技能的全面提高是一项重大工程，它不仅影响着工业化速度的快慢，也决定着工业化的利益分配，也是判定是否坚持社会主义工业化的根本原则。工业化的不同阶段对劳动者素质技能的要求也是不同的，新型工业化的发展，需要更多掌握现代科学技术的高技能的复杂劳动者，而不是简单的体力劳动者，需要具备符合现代技术发展的职业技能。

新型工业化是针对传统工业化而言的，是在新的历史条件下中国工业化道路的必然选择。传统工业化大幅度提高了劳动生产率，创造了空前的物质财富，极大地丰富了人们的物质生活。这种工业化模式是以资源的高投入和高消耗为支撑的，其结果是在满足现代人需要的同时，危及到后人的生存和发展，影响到环境和人类自身的可持续。不可再生资源的快速耗竭，物种的消失，环境破坏促使人们对传统工业化道路进行反思。西方国家的工业化以消耗全球资源为基础，以发展中国家环境破坏为代价。20世纪中国的工业化，基本是粗放的工业化，是一种高投入高产出的工业化。在人均资源有限的情况下，为了中国经济和中华民族的可持续发展，中国必须走新型工业化道路。

新型工业化的另一层含义是新技术革命条件下的工业化，即相对于以机械化取代手工劳动为标志的工业化过程而言的。新技术产业是以信息技术产业为龙头的产业群，包括生物技术、新能源、新材料技术、海洋技术、空间技术等为核心的新的产业群落。其中以信息技术和信息产业的发展最为迅速。信息技术产业不仅带动和创造出一批高新技术产业，改造了传统产业，还促进了高附加值、高效率的服务业，如网络服务、影视传媒、金融服务等行业的发展。信息化对传统工业化的生产活动、管理模式都产生重大影响。中国工业化的时代特点决定了工业化与信息化同步发展，相互促进。

总之，新型工业化不是传统工业化的简单重复，必须超越传统工业化，与新的时代发展要求相适应，并与现代化过程更加紧密关联的过程。新型工业化不仅要强调经济增长，更需要强调增长的方式，即能够保持经济和社会持续发展的增长方式。

七、城市化是中华民族经济现代化的必然趋势

城市化是现代化的另一个重要标志，是人类社会生产力不断发展和劳动地域分工不断深化及其在空间的转移和运动过程。城市化经历了准备、初始和高速发展的几个阶段。在人类历史上，先有城市，后有城市化，城市历史比城市化历史久远。最早的城市迄今有6000多年，城市化开始于18世纪中叶的工业革命，只有200多年的历史。发达国家的城市化水平大都达到了70%以上，发展中国家的城市化程度则要低得多，两者相差30个百分点左右。[①] 从目前国内外的有关研究情况看，主要从静态和动态两方面理解城市化。从静态看，城市化发展水平的衡量标准是非农业人口（或城镇人口）占总人口的比重，这一比重越高，说明城市化水平就越高。从动态看，城市化是一个过程，是随着工业

① 杨智：《世界城市化的四大基本规律》，《江汉论坛》，2001年第7期。

化而出现的农村人口向城市的转移，是非农产业不断壮大和发展的过程。城市化的过程同时也是从传统农业社会向现代工业社会的转变过程。

城市化与工业化存在着互动关系。随着大工业体系的形成，使原有的分散的手工业生产和以农业为主的乡村经济发生了巨大的变化，人类的生产和居住活动不断向城市集中，而城市生产活动的集聚和人口的增加，城市基础设施的兴建和功能的不断完善，以及集聚功能的不断强化，反过来又促进了工业化的发展。因此，当今世界，城市化水平高的国家都是工业化水平高的国家。

从世界各国的情况看，城市化有多种不同的模式，城市的结构和体系也各不相同。有些国家以特大型城市为主，这些特大型城市集中了大部分的人口和经济活动，城市功能和产业门类齐全；有些国家则以中小城市为主，规模在30到50万人左右，但城市的密集度较高，地区布局较为合理，每个城市都有自己的特色和主导产业；还有一些国家在历史发展过程中形成了大、中、小不同层次的城市体系，不同规模的城市间结构相对比较合理。

中国几千年前就出现了城镇，在夏、商、周三代以前就有关于城的记载。古代城池的主要用途是防御和治水，《礼记·礼运》中云“城郭沟池以为固”；《吴越春秋》称“鲧筑城以卫君，造郭以守民，此城郭之始也”。从春秋战国开始，出现了大量新兴城市，不仅数量增加，而且规模扩大。根据起源和发展道路，中国封建城市大致有三种类型：郡县城市、工商业城市和交通城市。[①] 古代丝绸之路上的城镇为东西方经济文化交流发挥了重要作用，还有近代的沿海地区，如上海及长三角地区等。但这些还不能称之为城镇化，具体表现在人口、产业结构等方面。中国城

① 高德步：《世界经济通史》（上卷），第217页，高等教育出版社，2005年。

镇化的起步和快速发展是在1949年以后，尤其是20世纪80年代以后。从时间顺序来看，城市化在经历了50年代健康发展期和60－70年代的畸形发展期后，从80年代起进入快速发展期。大体可以分为以下几个阶段：①

1949—1959年：围绕着694个重点建设项目，采取了“重点建设、稳步前进”的发展方针，新建了6个城市，大规模扩建了20个城市，一般扩建了74个城市。这一阶段城市人口迅速增加，全国城市人口由1949年的5765万人增加到1957年的9949万人，增加了72.58%，农村人口则由48402万人增加至54704万人，仅增加13.02%，城市人口的增加速度大大高于农村人口。城市化的发展推动着整个国家经济发展，钢铁、煤炭、电力、棉花、粮食等产量都超过了历史最高水平，兴起的一批工业城市逐渐发展成为区域经济中心。

1958—1978年：在“大跃进”运动时期，大量农村人口进入城市，造成城市人口增长过快，与国民经济的发展不相适应，出现农产品短缺，最后迫使城市大规模精简职工和城市人口，城市化进入停滞期。1966年以后受到政治因素的影响，一度使城市化进程出现倒退，高度集中的计划经济体制下，国家制定的“控制大城市”发展策略，长期执行城乡户籍管理制度，阻碍了人口流动，把占总人口80%的农村人口束缚在土地上，其对城市化进程产生了不利影响，这一阶段也加剧了中国工业化和城市化不同步性，形成了严重的“二元经济”。

1978年至今：这一时期农业和农村经济的发展为城市化的快速发展创造了物质条件，而乡镇企业的崛起和发展促进农村人口向城镇流动，加快了城市化进程。全国县改市和乡改镇的数目

---

① 张辉：《中国城市化进入第四波浪潮》，《小康》，http：//www.sina.com.cn 2005/10/25。

增多，也使城市人口猛增，新设城镇不仅使城镇土地规模扩大，而且原有居住其上的农村人口也同时改变了性质，变成了城市人口。城市经济体制改革和经济结构的调整，以及全国城市经济开发区不断增多，使城市人口和城市面积大幅度增加，是城市化水平提高最快的时期。

长期以来，中国走的是城乡分离的城市化道路，国家在集中各种资源加快工业发展的同时，对人口的城乡流动进行严格控制，通过户籍制度把绝大部分人口束缚在农村和农业，从而最大限度地降低了工业化的成本，而让“三农”承担了主要的成本，这种成本既有有形的资源转移，也有通过不合理的价格体系实现的价值转移，同时没有出现大部分发展中国家城市化过程中的城市贫民区。但这种工业化的结果出现了严重的城乡“二元结构”，这种“二元结构”同时表现在经济、社会及制度层面。

在社会及制度层面，长期以来，通过户籍制度把国民分为市民和农民，这不是简单的职业划分，同时意味着身份的不同，市民具有更稳定的收入，享受更多的公共产品和社会保障服务。而且这种身份是代际传递的，市民的子女一出生就是市民，农民的子女要变为市民只有通过招工、升学等有限的途径，而不可能自由选择。即使是在允许农村劳动力向城市流动后的 20 多年中，他们也只是“农民工”而已，与城市产业工人属于不同的社会阶层，具有不同的社会地位。他们在为城市发展、为市民生活创造价值、提供服务的同时，却得不到更多的尊重，享受不到应有的公共服务，收入也远远低于城市其他劳动者。根据“三农”问题专家陆学艺的计算，在有些特大城市，一位农民工一年平均创造 2.5 万元 GDP，自己却只能拿到 8000 元左右。① 另据全国总工会不完全统计，到 2004 年 11 月中旬，全国进城务工的农民工被拖

① 《中国新闻周刊》，2005 年 4 月 7 日。

欠的工资约有1000亿元。为了索要农民工的1000亿元欠薪，整个社会至少要付出3000亿元的成本。而据国家统计局公布，2004年全国农民工月平均收入539元，而同期城镇工人是1335元，也就是说，因为雇佣农民工，雇主每人每月可以节省796元。全国因雇佣农民工而节省的开支相当于当年GDP的8.5%，这大体相当于中国当年经济增长的速度，这还不包括福利、保险的节省。多年来，我们看到了城镇社会通过农产品价格“剪刀差”的方式，从乡村社会抽取生产资料，从而完成了保证中国工业化加速的原始积累，却很少有人正视来自城镇化的更隐性的事实：当年富力强的农村青壮年带着不同的光荣与梦想，走进城镇的时候，他们被作为可以“无限供给的廉价劳动力”，置于“优胜劣汰”的市场资源配置体系中。现行的农民工制度保证了城镇接受着“优质资源”，却把付出血汗不再有“劳动价值”的伤残病弱者剔出城镇。同时也把抚育子女、赡养老人等社会负担抛给了乡村。①

在经济发展方面，城乡之间不仅表现为产业结构的不同，而且还表现在生产技术和经济发展水平的差距，从事农业的边际劳动报酬远远低于工业。城乡之间在生产力发展、收入水平、对国民经济增长的贡献率等方面的差距日益扩大。同时两者在要素转移、产品交换等方面缺乏直接的联系，形成了两个相对独立的经济运行和社会发展系统，使农村、农业和农民游离于工业化和城市化过程之外。20世纪80年代之后，虽然城乡之间的要素流动和商品交换日益活跃，规模不断扩大，但发展差距却在不断扩大。

从总体看，中国城市化进程落后于工业化进程，城市化的总

① 《中国未来20年的深刻变革：3亿农民非农化之路》，《新华网》，2005年11月22日。

体水平不高，还有 60%多的人口居住和生活在农村，主要从事农业生产，而且农业劳动生产率低，60%的农业劳动者只生产不足 15%的国民生产总值。未来几十年，中国城市化的任务十分艰巨。20 世纪 80 年代开始，对中国的城市化道路的讨论，形成了以下几种观点：一是以发展大城市为主，通过生产要素和经济活动的积聚，发挥大城市的辐射和规模效益；二是以发展中等城市为主，借鉴发达国家城市化的经验，认为应避免大城市化模式带来的“城市病”，把发展人口在 30—50 万的中型城市作为主要目标；三是综合城市化道路，在现有城市布局基础上，稳定大城市，发展中小城市，形成一个大中小相结合的城市体系。

城市化发展受到一系列因素的影响，这些因素既包括经济方面，也包括文化、制度等方面。其中，区位、人口、资本、技术是基本要素，此外还包括历史、文化、制度等非经济因素，这些因素都对城市化模式或路径产生影响。城市有不同的等级，不同的等级意味着不同的分工。大城市尤其是特大城市国际交易成本比较低，它的主要作用是国际交易的平台；中等规模的城市是区域交易中心，在区域经济发展中起领头羊的作用；小城市是周边集镇的交易平台，集镇又是周边农村农副产品的交易平台和服务体系。城镇化不能只注重大城市的发展，一定要实现大中小城市与小城镇协调发展，这是由中国的国情和所处的经济社会发展阶段决定的。大城市的发展，在产业结构上需要与周边中小城市和小城镇互补。要把大中小城市与小城镇发展同解决农村富余劳动力问题相结合，才能积极有效地推进城镇化，实现城市繁荣带动农村发展，城乡共同富裕的目标。[①]

中国地域辽阔，区域间差异大，城市化发展有了一定的基

① 张鸿雁、陈俊峰：《中国民族地区城市化发展战略与对策创新》，《社会科学》，2004 年第 6 期。

础。城市化战略在现有基础上，应根据不同地区的特点，确定城市化模式。在东部城镇化率高，人口密集、自然环境好的地区重点加强城市群或城市带建设，这些城市不仅能吸收本地区的农村剩余劳动力，还要吸收来自边远地区农村剩余劳动力，像珠江、长江三角洲、环渤海湾城市圈等。中部地区人口密度高，农业精耕细作，农村剩余劳动力多，城镇化有一定规模和基础，适合发展大中小城市协调配套、功能互补的城市体系。在西部地区，除像西安、兰州、南宁、柳州、昆明、成都、重庆等城市外，其他城市的规模扩张大多受到水、土等自然条件的制约，其最佳规模不能与东中部地区相比，同时还要看这些城市增长中吸纳人口及就业的能力。西部地区大城市的发展显然受到区位和自然条件的制约，其数量不会多，规模也不会太大。中型城市是西部地区城市化的重点，通过生产要素和经济活动的适度集中，提高规模效益，或以特定资源为依托，形成具有竞争优势的特色城市。而在人口密度低的牧区、山区则适合发展小城镇，降低基础设施建设成本，提高利用率。

针对中国农村人口比重高，现有城市吸纳能力有限，推动农村城镇化的一个重要目标就是剩余劳动力的就地转移。显然这是农村城镇化的重要任务，也是由中国的国情决定的。但这种就地转移是有条件的，也不是所有地区都具备农村劳动力就地转移的条件，否则也不会出现年复一年的“民工潮”，在西南及部分西北少数民族地区，城镇对劳动力的吸纳能力在一定时期内不会有大幅度的提高，异地转移仍是主要途径。也就是说，各地城镇化的发展不可能是均衡的，人口向大城市和经济中心集中是经济发展的基本规律。

对传统城市化，陆学艺教授有一个形象的说法：“中国城市化就是要了你的土地，要了你的树、你的粮食却不要你的人，中国的城市化一直很粗暴地把农民排除在外面。”在一些地区，城市化不但没有改善当地农民的生产生活条件，反而失去了生存资料，变成了“种田无地，就业无岗，低保无份”的三无公民。农村土地征用过程中这种情况屡见不鲜，如果处理不好，就会导致社会的不稳定。有关资料显示，每年失地农民数量超过100万，征收土地的收益分配，农民仅获5%－10%。① 城镇化过程中，必须坚持城镇化的主体是人，城镇化的目标也是为了解决人的发展问题，即坚持“以人为本”的原则，而不能把城镇化仅仅作为经济目标，它同时也是社会发展目标。城镇化同时是劳动者身份转换的过程，即大量劳动者由农民到市民的转换，不仅其生产资料、生产对象发生了根本的变化，生活方式也与农村不同。在身份转换的同时，需要树立与工业文明发展要求相适应的价值观，除了生产生活方式的转变，更主要是价值观念、职业精神以及技能的转变。

八、中华民族经济发展中各民族的和谐互动

从中华民族形成的历史过程看，经历了无数次的兴衰嬗替、迁徙融会、分化整合，并在中原地区相对发达的农耕文化吸引下逐步凝聚在一起，各民族政治上认同，经济上密切联系，文化上相互交流，最终形成了你中有我，我中有你，聚居杂处的格局。随着平等、团结、互助的社会主义新型民族关系的确立，民族间经济上的互助合作进一步增强，并提出了“汉族离不开少数民族，少数民族离不开汉族”的思想。50多年社会主义建设的实践证明，各民族间不仅事实上存在着“两个离不开”的关系，在实践中也很好地贯彻了这一思想。巩固和发展平等、团结、互助

① 《新华网》，2006年3月9日。

的社会主义民族关系对构建社会主义和谐社会具有举足轻重的作用。关于平等、团结、互助的和谐民族关系，郝时远研究员作了全面的总结：

> 平等，是民族关系和谐的基础。各民族不分大小、不分历史长短、不分先进落后一律平等，是我国解决民族问题的基本立场。平等，不仅是政治上的平等，而且也是经济、文化和社会生活方面的全面平等，共同发展、共同繁荣就是实践全面平等的基本观点。对一个地域分布、自然环境、历史基础、发展水平等条件大为不同的多民族国家来说，建立在平等基础上的各民族“共同”，并不是、也不可能是齐头并进的发展。我国的国情特点，只能采取有条件快速发展的地区先发展，通过国家统筹、协调和地区间的支援、合作，带动欠发达地区发展。我国在东部率先发展，进而实施西部大开发战略，加快少数民族和民族地区经济社会的发展，消除历史遗留的发展差距、缩小现实扩大的发展差距，就是对各民族、各地区共同发展要求的统筹兼顾，也是实现全面平等、社会公正的必由之路。
>
> 团结，是民族关系和谐的保障。多民族国家内部的各民族团结，是国家层面中华民族凝聚力的基础，也是衡量社会和谐程度最重要的指标之一。团结的基础是平等，团结的前提是根本利益的一致性，这包含了各个民族自身发展的特殊利益要求，不仅需要各民族相互尊重和理解，也需要法律和政策的保障。少数民族作为我国社会结构中的特殊利益群体，在实现其利益要求方面受到自身条件和区域经济文化发展水平等多方面的制约，因此产生的矛盾是影响民族团结最广泛、最普遍的原

因。同时，在我国的民族问题中，也存在民族分裂主义、宗教极端势力和国际恐怖势力的影响，这些影响的一个重要方面就是利用那些最广泛、最普遍的问题制造舆论、蛊惑人心、煽动不满、挑起事端。因此，抵御这些外部影响，从根本上说就是通过加快发展，解决好共同团结奋斗、共同繁荣发展的问题。

互助，是民族关系和谐的动力。各民族共同团结奋斗、共同繁荣发展是通过互助实现的。互助是民族关系充满活力的表现，其特点是各民族之间互动关系的日益密切和相互依存。汉族离不开少数民族，少数民族离不开汉族，少数民族之间也相互离不开。我国各民族之间结成的“三个离不开”关系，既不是历史上的朝贡封赏关系，也不是现实中“等、靠、要”的依赖关系，而是互助关系。互助关系的基础是平等、保障是团结、目的是共同繁荣发展。各民族之间的互助不仅仅是靠经济数据之类的指标来衡量，而是要从国家统一的全局利益和构建和谐社会不可或缺的文化多样化、生态多样性、资源多样性等方面去认识。多样性的互动交流是激发创造力的源泉，我国民族多样性的结构是国家发展、社会进步的重要资源，也是构建社会主义和谐社会需要激发全社会创造活力的重要条件。①

各民族之间平等相待是实现民族团结的基础，而各民族之间的团结是形成各民族互助关系的保证。尽管少数民族在总体上处于经济文化发展缓慢的社会阶段，相对先进的汉族在各民族互助

① 郝时远：《构建和谐社会与民族关系》，《中国社会科学院院报》，2005年5月13日。

关系中在经济文化发展方面具有优势，并给予少数民族更多的帮助，但互助是双向的。[①] 具体表现在以下几个方面。

政治方面。中国各民族历来有在政治上团结协助、互相帮助的传统，这种优秀传统随着社会主义新型民族关系的确立，得到了进一步的发扬。在新中国成立之初，国家选派大批内地汉族干部支援边疆民族地区，帮助当地少数民族建立人民政权，进行民主改革和社会主义改造，使少数民族跨越了不同历史阶段走上了社会主义道路。少数民族在得到帮助，获得政治平等权利的同时，也在政治上极大地支持了国家的建设。正如毛泽东主席所说：

> 少数民族在政治上很大地帮助了汉族，他们加入了中华民族这个大家庭，就在政治上帮助了汉族。[②]

此外，各民族为维护国家安全和主权完整做出了重要贡献。中国2.2万公里的边境线，有1.9万在少数民族地区，这里居住生活着30多个少数民族，人口占边境总人口的近一半。边境地区既是捍卫国家主权和领土完整的前沿阵地，也是维护国家安全的第一道防线。边境地区的发展首先服从国家安全和对外政策的需要，在不同时期都受到一定影响。特别是在20世纪90年代以来，民族问题成为国际政治生活中最引人注目的现象之一，不断出现的民族矛盾和冲突，对世界格局的转换和国际关系的重组产生了巨大的冲击和深远的影响。对多民族国家来说则是一个现实

---

① 国家民族事务委员会编：《中国共产党关于民族问题的基本观点和政策》，第112—113页，民族出版社，2002年。

② 国家民族事务委员会政策研究室编：《中国共产党主要领导人论民族问题》，第113页，民族出版社，1994年。

而严峻的挑战。这种挑战表现在政治上，民族问题的不断发展和加剧，危及有关国家的稳定甚至主权和领土的完整；从经济方面看，民族问题的激化导致政局动荡，严重影响了一些多民族国家的经济发展。在纷繁复杂的国际背景下，中国不仅没有受到大的冲击和影响，反而民族团结、社会稳定，经济发展。

经济方面。中国民族人口的分布具有"大杂居，小聚居"的特征，但从总体分布格局看，少数民族人口的绝大部分分布在西部地区，这是历史形成的，东西部之间的经济关系在一定程度上反映了少数民族与汉族的经济关系。东西部之间在经济发展基础和阶段、要素禀赋等方面存在着差异性，同时又有互补性。在要素禀赋方面，东西部之间有很强的互补性，东部地区具有资金、技术、人才优势，西部地区具有资源优势。西部为东部加工工业的发展乃至人民生活提供了大量资源，如煤、电、气，农畜产品等，目前正在实施的"西电东送"、"西气东输"，满足了东部地区对能源的需求，北京四分之一的电来自内蒙古，上海居民用上了新疆的天然气。东部在资金、技术、人才等方面也给予西部大力支持，国家和东部地区的支援，加快了西部地区工业化进程，各项社会事业快速发展。在产业结构方面，东西部之间的互补性也很强，东部地区工业门类齐全，以加工工业为主，西部地区资源性产业比重高，长期以来为东部加工工业的发展提供能源、原材料。在国家通过低价统一调拨的条件下，西部无形中大力支援了国家建设。

文化方面。文化多元性是中华民族多元一体的重要表现。不同的民族具有不同的历史、不同的语言文化，从而使中华文化绚丽多姿、多彩纷呈。同时不同文化间相互吸收、相互促进，和谐共处。但由于历史的原因，少数民族在教育、科学文化等方面总体上落后于汉族。新中国成立后，国家通过一系列措施，加快少数民族及民族地区的文化发展。通过创办各级各类学校，大力培养少数民族人才，并在入学、就业等方面给予特殊照顾。党和政府历来尊重少数民族的风俗习惯、宗教信仰和语言文化。

环境方面。少数民族聚居的内蒙古高原、青藏高原是中国重要的生态屏障，其植被状况对东北平原、华北平原、淮海平原和长江黄河流域地表水、地下水资源的丰歉，以及风、旱、涝、水土流失等灾害的发生有着重大的影响。三大河流长江、黄河、澜沧江均发源于青藏高原，这里是世界海拔最高、面积最大的高原湿地生态系统，对中国和亚洲的气候环境有着重要影响，被称为“亚洲水塔”。青藏高原的环境状况直接影响着这些河流下游的水量和水质，20世纪末出现的几次干旱和洪涝灾害都与上游草地环境长期不合理利用而遭受破坏有关。从某种程度上说，这些地区对国民经济全局的环境利益大于生产和经济利益。

随着经济发展和人员流动，民族间的文化交流与理解日益增强。20世纪80年代以来，在过去有组织人员流动的基础上，东西部之间人员的自发流动明显增多，即使在偏远的少数民族地区也可以见到温州商人的身影，闻到川菜的麻辣香味。同时，大批少数民族青年走出大山，到城市和东部地区学习和工作，少数民族的文化得到传播。城市成为多元文化交汇的地方，成为各民族的共同家园。

第十二章　中国少数民族经济发展

中国自古就是一个统一的多部落、多民族构成的国家。数千年来，曾有许多部落和部落联盟活跃在各个时期的历史舞台上。经过长期的分化、融合和发展变化，最终形成今天汉族和55个少数民族并存的局面。55个少数民族，是中华民族不可分割、血肉相融的组成部分，对中国少数民族经济进行研究，是中国民族经济学的重要研究内容之一。

一、中国少数民族经济的规定与分布

中国的少数民族，是历史上存在的处于不同发展阶段上的不同部落，以及初具民族形式的部落联合体，在近代由“中华民国”和中华人民共和国从法律上确认后，得到法定地位的。《中华人民共和国宪法》规定：“中华人民共和国是全国各族人民共同缔造的统一的多民族国家”，并且“保障各少数民族的合法的权利和利益”。

“少数民族”一词，在国际社会中并没有共识性的认识，使用也不统一，但在我国，它具有确定的含义，专指除汉族以外的55个民族。

迄今为止，我国民族结构经民族识别而确认的共56个，即汉、蒙古、回、藏、维吾尔、苗、彝、壮、布依、朝鲜、满、侗、瑶、白、土家、哈尼、哈萨克、傣、黎、傈僳、佤、畲、高山、拉祜、水、东乡、纳西、景颇、柯尔克孜、土、达斡尔、仫佬、羌、布朗、撒拉、毛南、仡佬、锡伯、阿昌、普米、塔吉克、怒、乌孜别克、俄罗斯、鄂温克、德昂、保安、裕固、京、塔塔尔、独龙、鄂伦春、赫哲、门巴、珞巴、基诺等民族。在这56个已识别民族中，除汉族之外的其他55个民族统称为“中国少数民族”。

“中国少数民族”中的“少数”，仅仅是一个相对的称谓，它意味着相对于汉族人口而言，这些民族的人数相对较少，并不包含任何民族歧视的含义。据2000年第五次全国人口普查主要数据第一号公报，31个省、自治区、直辖市和现役军人的人口中，汉族人口为115940万人，占总人口的91.59%；各少数民族人口为10643万人，占总人口的8.41%。同1990年第四次全国人口普查相比，汉族人口增加了11692万人，增长了11.22%；各少数民族人口增加了1523万人，增长了16.70%。中国少数民族人口虽然在近十年增长较快，但从绝对数量上看，依然与汉族人口相差悬殊，从总体上处于“少数”。中国少数民族人口数量的不平衡，不仅体现在与汉族人口的相互关系中，而且在各少数民族之间也有明显的体现，中国少数民族不仅存在人口超过1000万的壮族，而且不乏人口在1万以下的门巴族、鄂伦春族、高山族、珞巴族等等这样的人口较少的民族。

中国的55个少数民族和汉族，不论人口多少，都是中华民族必要的构成要素，中华民族就是各民族单元在长期的发展和相互交往的过程中逐渐形成的整体认同和不可分割的民族整体。在《中华民族多元一体格局》一书中，费孝通教授曾指出，中华民族“所包括的五十多个民族单位是多元，中华民族是一体”。“多元一体”，是对中华民族与56个民族单元相互关系的准确概括，它既表明中华民族是在56个民族单元的基础上形成的中国人的总体民族存在，是在语言、文化、心理素质、经济、政治等方面具有鲜明的共同特征，并与其他国家民族具有明显区别的多民族共同体；同时，又表明了包括汉族和55个少数民族在内的56个民族单元都是中华民族的平等的、有机的构成要素。

中国少数民族，在中华民族的社会经济发展中，做出了卓越的贡献。各少数民族与汉族同胞携手奋进、共同努力、勤奋耕耘，共同缔造了中华民族的现代文明。中华民族经济，也就是对汉族和55个少数民族的经济问题的概括和总结。

在中国的社会经济发展史上，首次提出“少数民族经济”的是毛泽东主席。1954年，毛泽东同志在《关于中华民族共和国宪章草案》中提出“少数民族经济特点”；1955年，毛泽东同志又在《农业合作化的一场辩论和当前的阶级斗争》一文中，进一步明确指出“我们的国民经济没有少数民族的经济是不行的”。从20世纪50年代起，“少数民族经济”一直是我国政府制定政策法规和国家领导人正式讲话中特指少数民族经济问题时的规范用语。

中国少数民族经济，是指在中国处于少数人口的55个民族的社会生产和经济生活，是对除了汉族以外的中国各民族的生产、交换、分配、消费等经济活动和在这些过程中结成的生产关系的高度概括。

中国少数民族经济与汉族经济有密切的关系。一方面，由于中国少数民族与汉族都是中华民族的构成要素，共同生活在中国这个疆域之内，拥有共同的社会制度、传统文化、政治体制、总体经济发展背景，因此其经济在劳动者素质技能、社会地位以及更为具体的生产力、生产关系等等方面具有很多的共同性、相似性；另一方面，由于各民族在发展过程中逐渐形成各具特色的文化传统、生活习惯，并具有不同的经济发展起点、地理分布区域，又使得中国少数民族经济具有很多与汉族经济不同的特征，甚至在各个少数民族内部，也由于上述因素的存在而使其经济互有差别。同一性与差别性的共存，使中国少数民族经济与汉族经济处于对立统一的辩证关系之中。同时，中国少数民族经济与中国经济或者说中华民族经济的关系，则可以概括为特殊和一般的关系，其中，中国少数民族经济与汉族经济，都属于特殊的层次；中国经济或者说中华民族经济，则作为少数民族经济与汉族经济的总体性存在，处于一般的层面，其内容是基于少数民族经济与汉族经济之上的对二者的概括和抽象。合理地区分中国少数民族经济与中国经济和汉族经济的关系，是理解和研究中国少数民族经济的必要前提。

中国少数民族经济的存在形式，总是不能离开具体的空间状态的，也就是说，少数民族经济总是要通过具体民族的具体活动区域去落实和展现的。在长期的历史发展过程中，中国各民族逐渐形成彼此杂居、在部分地区又相对聚居的分布格局。

首先，少数民族人口虽少，却广泛分布在国界线以内的各个地区。目前，中国有155个民族自治地方，其中自治区5个，自治州30个、自治县（旗）120个，合计面积达613.33万平方公里，占全国面积的63.89%[①]，遍及河北、内蒙古、辽宁、吉林、黑龙江、浙江、湖北、湖南、广东、广西、海南、四川、贵州、云南、西藏、甘肃、青海、宁夏、新疆等19个省、自治区。自治区内的自治民族人数仅仅占全国内该民族单元的较少份额，例如西藏自治区的藏族只占全国藏族总人口的1/3，聚居在宁夏回族自治区的回族只占回族总人口的1/6，其余5/6的回族人口分布在全国97.3%的县市。各民族的居住区域并非区划整齐、界限分明的，而是交错杂居的。从中国26个省、自治区（海南省和4个直辖市未计算）的世居民族情况看，10个以上民族居住的有6个省、自治区，5—9个民族的有17个省、自治区，2—4个民族的有3个省、自治区，全国70%左右的市县里有两个以上的民族共同居住。

① 国家民族事务委员会经济发展司、国家统计局国民经济综合统计司：《中国民族统计年鉴（2004）》，第43页，民族出版社，2004年。

中国少数民族人口，在总体分散、交错杂居的同时，其分布又具有相对集中的特征。目前总的来看，少数民族相对集中的地区，主要是内陆边陲或高原山区，也就是我们现在所说的西部地区（国务院在西部大开发战略中所指的“西部”包括新疆、内蒙古、西藏、青海、宁夏、甘肃、陕西、四川、贵州、云南、重庆、广西）。西部地区的民族自治地方面积达595.37万平方公里，分别占全国和西部地区面积的62.02%和89.94%。我国的内蒙古、新疆、西藏、广西、宁夏5大民族自治区全部位于西部地区，云南、贵州和青海是享受自治区待遇的多民族省，以上8省区占西部12省区总面积的82.74%。四川、甘肃、重庆和陕西也居住着相当数量的少数民族，如四川是我国最大的彝族聚居区和唯一的羌族聚居区。我国30个民族自治州中的27个，120个自治县（旗）中的83个分布在西部地区。人口在百万以上的少数民族除朝鲜族和满族外，均主要分布在西部地区。在55个少数民族中，除高山、黎、畲、朝鲜等几个民族外，均可在西部地区找到其聚居地①。根据第五次全国人口普查资料，在全国10643万人的少数民族中，分布在西部的人口达7654万人，占全国少数民族总人口的71.92%。西部地区，是中国少数民族的主要聚集地。20世纪末西部大开发战略被提出后，有学者直指西部大开发的实质就是少数民族经济的发展问题，姑且不论这种说法是否确切，它突出表达出中国少数民族经济在中国西部经济开发中的重要地位和作用。

我国各民族彼此杂居却又相对聚居的分布格局，是由我国的历史发展状况决定的。中国两千多年的集权官僚制的大一统，虽然容许边疆地区部落封建领主制或农奴制的存在，即实行“一国

① 施正一总主编，黄健英著：《起飞——西部民族地区大开发的新思维》，第54—55页，民族出版社，2003年版。

两制”或“一国三制”，但总体上的政治、军事控制却不放松，并以此采取屯田、移民等政策，使汉族民众遍布边疆，形成了汉族以内地为中心，分散于全国，而少数民族分别以边疆为聚居区，相互交错居住的分布格局。新中国成立后，因参军、上学、工作调动、外出务工、经商等各种原因，又引起各民族人口的个别流动，但是中国各民族的上述分布格局并没有被打破。

由于各民族的彼此杂居，单纯由某一少数民族为主体的少数民族地区经济已经消失，由此形成了少数民族人的经济与少数民族地区的经济的明显区别，对此，应该从理论上予以界定。

少数民族人的经济，是指由少数民族成员所从事的经济活动，这是狭义的少数民族经济。少数民族地区的经济，则是指以少数民族人口为主的地区的经济，它包括少数民族人的经济，也包括居住在少数民族地区的汉族人的经济，这是广义的少数民族经济。少数民族人的经济和少数民族地区的经济二者的统一，就构成了中国少数民族经济。

中国少数民族经济，是中国经济的必要内容。中国经济的发展，不能脱离中国少数民族经济孤立地谈起。经过多年来各民族的携手合作，我国少数民族经济已经取得了卓越的发展成就，但同时，少数民族经济发展不平衡的问题依然存在，它制约着我国民族经济的发展，并成为我国少数民族经济研究的现实起点。

二、中国少数民族经济发展的差异

中国少数民族经济发展的差异，是现阶段民族经济研究中的热点问题。由于社会发育程度和生产力发展水平不同，不同民族和地区之间的经济发展速度与水平长期处在不平衡的状态，这种状态在数量和程度上的不断累积，形成中国少数民族经济发展的差异性特征。

少数民族经济发展的差异，在历史上就是明显的。中国历代集权官僚制王朝，只注重在政治上的大一统，不重视，也没有能力促进边疆地区少数民族部落经济、文化的发展，因此，就出现了“一国两制”，甚至“一国三制”的情况。毛泽东指出：

少数民族在政治、经济、文化上都有自己的特点。少数民族经济的特点是什么？比如第五条讲中华人民共和国的生产资料所有制现在有四种，实际上我们少数民族地区现在还有别种的所有制。现在是不是还有原始公社所有制呢？在有些少数民族地区中恐怕是有的。我国也还有奴隶主所有制，也还有封建主所有制。

这段话是在1954年讲的，当时新中国成立不久，对少数民族的制度改造刚刚起步，各少数民族的制度差异依然显著。

中国自秦汉开始，就废除了封建领主制，实行集权官僚制，由此也使汉民族率先形成。这个制度，一方面不断扩展，并融合了众多的部落加入汉族，另一方面又在边疆地区遇到当地部落的抵抗。历代王朝为了大一统的政治格局，容许其武力影响不足的边远部落延续其自身的社会经济制度。之所以如此，还与这些部落的自然条件不适应推广小农经济有关。

这样，到新中国成立时，就有毛泽东所说的仍实行多种社会经济制度的少数民族经济。大体说来，壮、白、羌、布依、回、满、土家、朝鲜等30多个少数民族，部分蒙古族、维吾尔族的人口，已经在明清时代就转化为集权官僚制，并实行和汉族一样的小农经济。而藏族、傣族、维吾尔族和蒙古族的一部分，大约400多万人口，还保留着封建领主制。彝族、佤族、傈僳族等约100万人口，仍实行农奴制。景颇、独龙、黎、高山等族约60万人口，还保留着原始氏族制。

新中国成立后，在中国共产党及其领导的政府的组织下，不同的社会经济制度在短期内被改造为统一的社会主义制度，这是一个历史的进步，但少数民族的生产力水平，却难以形成“一步跨千年”的飞跃。

少数民族生产力水平的差异，在地区结构上表现得相当突出。新中国成立初期，无论是现代工业、现代交通运输业以及农业商品经济较发达地区，都集中在汉族聚居的东部沿海，内地仅在铁路深入或有可通大型轮船的水运干线的地方，出现个别的工矿点或局部的农业商品化地区。少数民族地区的经济基础十分薄弱，生产力水平低下，原始的、个体的、自然的小农（牧）经济铺天盖地。各少数民族之间，与汉族地区接壤的回、满、壮、白、傣、维吾尔、蒙古等民族聚居地区，经济较为发达；而居住在偏远、交通比较闭塞的草原、平坝地区的蒙古、维吾尔、藏、回、哈尼、阿昌、哈萨克等民族，生产力发展水平更为低下；至于居住在边缘地区的瑶、苗、回、土家等民族，由于自然条件恶劣，经济更加落后，连简单再生产都难以维持。到1949年，民族自治地方工农业总产值只有36.6亿元，其中农业总产值31.2亿元，工业总产值5.4亿元，分别只占同期全国总量的7.8%、9.6%和3.8%[①]。少数民族地区的工业基础相当不发达。1949年，在全国375家注册的工厂中，沿海五省共占去85%，少数民族地区的工业企业屈指可数。

为了扶助少数民族的经济发展，中国共产党通过制定民族政策，开展民族互助，以及在各方面给予少数民族一定的照顾，使少数民族经济得到快速发展。不论在工农业总产值、人均国民生产总值、农村居民家庭人均纯收入等总量、个量指标上，还是在

---

① 黄健英主编：《论第三次飞跃——中国少数民族地区通向市场经济之路》，中央民族大学出版社1996年版，第121页。

产业结构、就业结构等结构指标上，少数民族经济都获得显著的提高和改善。但同时，少数民族经济与汉族经济相比，以及少数民族内部不同民族之间相比，其经济发展差距依然存在，而且这一差距在近二十年有不断扩大的趋势。

少数民族经济发展，从而其经济发展差异程度的变化，建国后主要受制于地理环境、国家政策，特别是劳动者素质技能等方面的影响。

由于历史原因，我国大多数少数民族生活在西部高原的高寒山区和沙漠地区，以及自然环境十分恶劣的地方，恶劣的自然和地理条件，极大地增加了少数民族劳动者发展经济的难度。我国西部民族地区集中了三大连片贫困地带。高山峡谷、荒漠、石山、高寒，以及我国的几个大的地震带、风暴、冰雹、雪灾带基本都集中在民族地区的区域范围内。海拔在2000米以上的地区——青藏、黄土、云贵、内蒙古高原也主要集中在民族地区，山地面积占民族地区行政区划的70%以上，远远高于全国平均水平。由于山高坡陡，河流切割，地质面貌十分复杂，一方面西部地区的自然资源十分丰富，是全国资源最富集的地区，另一方面又使得生态极其脆弱，气候多变，水土流失，地力衰退，土地贫瘠，自然灾害发生频仍，极不利于在少数民族经济结构中占有重要地位的农牧经济、农村经济的发展。同时，由于地理条件较差，西部交通困难，公路覆盖率低，公路等级不高，可通过能力差，区际交通尤其困难，市场交易成本往往比东部地区高出十几倍，甚至几十倍。此外，西部规模小、密度低、相隔距离遥远的聚落空间分布，也是不利于市场经济的发展和区域规模经济的提高的。例如，新疆各地市距离首府乌鲁木齐平均695公里，比北京至河南省省会郑州的距离还要远6公里，空间阻隔导致西部地区城乡聚落之间的交易效率非常低[1]。以上种种，都制约了中国少数民族的经济发展，导致少数民族难以迅速弥合发展差距。

在国家政策方面，我国虽在新中国成立后一直实行民族扶助政策，但外控型的经济扶植，以及国家政策的不连贯，导致少数民族的经济发展差异并没有消减。我国对少数民族的经济扶助是在全国推进工业化的大环境下进行的。“一五”至“四五”期间，我国基于优先发展重工业战略和相对均衡发展以及备战的考虑，通过将大量资金、设备、产业工人、工程技术人员等等随工程迁往内地，在中西部地区包括少数民族地区建立了一大批大中型工业企业。这些企业的建立和发展，大多并不依赖本地的少数民族劳动者，而是通过从东部地区大量调入劳动力的方式进行的，这就使少数民族地区的工业化建设对少数民族劳动者素质技能的提高和带动作用大打折扣，并由此使少数民族之后的内生发展能力受到限制。而且，这一时期建立的企业，大多属于采掘工业和能源原材料工业，其产业链条的加工部分一般被甩在区外。虽然这样的产业布局在当时极大地提高了少数民族地区的生产力水平，使西部地区工业静态不平衡差有了大幅下降，从 1957 年的 46.58 缩小到了 70 年代中期的 36.04[2]，但是，由于加工层次低，与当地农牧业经济的关联度小，这一产业布局缺乏对当地经济的扩散和带动效应。从 20 世纪 70 年代后期开始，特别是进入 80 年代以来，我国产业政策发展重心调整为与人民生活密切相关的轻工业，这就使以加工工业见长的东部地区得以迅速发展，而以能源和原材料工业为主的中西部地区丧失了产业优势。同时，为加快沿海地区的改革开放步伐，中央政府在对外开放程度、市场机制

① 庄万禄：《民族经济学》，第 92 页，四川民族出版社，2003 年。

② 李竹青、那日主编：《中国少数民族经济概论》，第 165 页，中央民族大学出版社，1998 年。

导入强度等等方面均为东部地区发展提供了宽松的政策条件，并利用价格剪刀差从西部为东部地区发展积累了相当数量的建设资金，促进东部地区建立高新技术产业，实现产业结构升级。这些，都在极大地提高东部地区经济增长能力的同时相对扩大了东西部差距，使少数民族地区与东部地区之间在工农业总产值、社会技术水平、财政自足能力等等方面的差距出现了全面扩大的态势，中西部与东部地区的静态不平衡差进一步扩大，仅从1980年到1989年十年间，就由33.80扩大到了39.20①。

如果说地理环境、国家政策，是导致少数民族经济差异长期存在的重要原因，那么劳动者素质技能相对低下，则是形成这一问题的根源。

劳动者素质技能，是制约少数民族经济发展的最为重要的方面。经济发展，说到底，就是具有一定素质技能的劳动者以一定的方式结合在一起，利用劳动资料改造劳动对象，创造使用价值和社会价值的过程。在经济发展过程中，劳动者作为经济活动主体，是经济发展水平和速度的决定因素。拥有高素质劳动者的民族，能够更为有效地改善不利于劳动者发展的社会、经济条件和自然环境，创造性地形成劳动者之间的有机组合，并将复杂程度更高、质更大的劳动凝结在商品中，使单位劳动具有更高的生产效率。在人类社会进入现代文明阶段，劳动者素质技能对经济发展的推动作用越来越大。

劳动者素质技能的提升，一方面是历史积淀的结果，另一方面则是劳动者在经济发展的过程中、在各种社会经济矛盾的解决过程中锻炼形成的。也就是说，劳动者的素质技能与经济发展之间，具有相互促进的关系。经济发展水平越高、强度越大，劳动

① 李竹青、那日主编：《中国少数民族经济概论》，第165页，中央民族大学出版社，1998年。

者的素质技能水平往往也越高，这一点在东部地区和西部地区的经济发展中突出地表现出来。当前中国少数民族经济发展差距，其根源，或者说这一差距长期难以扭转的根本原因，就在于少数民族的劳动者由于各种历史的、现实的原因，其身体素质、技能素质、精神文化素质在某些方面存在着不尽如人意的地方。对此，我国研究少数民族经济问题的学者从多个方面、以多种角度进行了广泛而深入的探讨。例如，有的学者根据调查研究指出："在大部分少数民族地区，尤其是民族贫困地区，经济的发展受文化素质的制约较大。"[①] 也有学者将制约西部民族地区经济发展的人的因素归纳为劳动者整体素质不高、存量不足、结构不合理、流失和浪费严重等几个方面[②]。此类研究，都对于促进少数民族经济发展，产生了重要和积极的影响。

中国少数民族经济发展的差异，总体来说，是在多种因素的合力作用下形成的，在短期难以消解。然而，消除差距、实现共同富裕，又是我国法律所规定的少数民族劳动者的基本权利，是少数民族劳动者的利益所在。差异和差距，是在历史的发展过程中形成的，其解决，则必须在未来的发展过程中实现，这就需要进一步明确少数民族经济发展的主体、主义、主题，在充分调动劳动者自主性、主动性、积极性、创造性的基础上，促进少数民族经济的快速发展。

---

① 马立三：《平等与发展》，第 201 页，民族出版社，1998 年。

② 黄健英著：《起飞——西部民族地区大开发的新思维》，第 146—156 页，民族出版社，2003 年。

三、中国少数民族经济发展应以劳动者为主体

发展，是任何民族经济生活的主旋律。对于经济状况长期相对落后的中国少数民族来说，其经济发展的渴求更加强烈。追求民族经济的快速发展与腾飞，也由此成为中国少数民族经济研究中最为重要的一项课题。

从总的社会关系和社会过程来说，发展，是主体在主义的指导下，针对发展的主题内容所进行的社会变革过程。这一过程总的方向是趋前的、向上的，是有利于劳动者的解放和自由发展的。发展的结果，总会表现在具体的指标上。在经济生活中，这一指标主要体现为生产力指标，也就是物的增长指标。对于这一指标，在社会发展过程中，人们不断扩充其内容，但总的来说，发展，就是劳动者主体在一定的社会关系中，发挥自己的素质技能所形成的社会生产能力及其他相关方面的增长和提升。

在这个过程中，劳动者是主体，社会生产力及其他相关方面是主体发展的结果或者说表现。只有劳动者自身素质技能的提高，才能带动社会生产力等各种因素的增长；如果脱离开劳动者自身的解放和自由发展，那么生产力的提升，既不可能实现，也是毫无意义的。

中国少数民族经济的发展，也要遵循社会经济发展的一般规律，在明确劳动者是经济发展主体的基础上，有效地提高劳动者的素质技能，由此形成包括生产力在内的各种因素的增长和提升。

然而，在中国少数民族的现实经济发展过程中，或者由于理论上的模糊，或者由于实践中对增长的片面追求，出现了只见物不见人、在过度强调生产力发展的同时却忽视劳动者主体性的问

题。对此，有学者曾指出：

> 少数民族经济发展很轻易地被理解为以资源配置、投入产出、福利增加等为基本内容的物的变化过程。即使世界银行的专家们对经济发展概念的觉醒，以教育、医疗卫生、环境保护与物质消费一起构成生活水平的持续提高去定义经济发展，甚至把平等、自由也纳入其中，但仍隐约可见物质在经济发展中的作用和地位，这也是观念的惯性使然。在少数民族经济的发展中，物质的丰裕对少数民族生存质量的基础性影响是显而易见的。但不应当只见物不见人，或把物与人摆在相互对峙的过程中[①]。

“只见物不见人，或把物与人摆在相互对峙的过程中”，只会导致社会经济丧失活力，发展成为泡影。生产力无非是劳动者素质技能的社会表现。全部生产和经济活动，都是以劳动者为主体，由劳动者运用劳动工具作用于劳动对象的社会过程。脱离劳动者这个生产的主动因素，不谈劳动者的主体性、不致力于劳动者素质技能的提高，生产力的发展、物的增长不过是镜中之月，可望而不可即。

对于中国少数民族经济研究来说，明确劳动者在经济发展中的主体性，是社会主义民族经济学的基础。建国以来，中央政府为改善我国少数民族地区的经济贫困和落后状况，曾经对少数民族地区通过财政拨款、政策扶持等各种方式给予了长期的开发和增长援助，这些，对于少数民族地区启动经济发展引擎确实起到了重要的作用，但是，外部“输血”式的推动，并不能代替来自少数民族劳动者素质技能提高的“造血”式的发展。中国少数民

① 龙远蔚、吴兴旺、杜发春等：《中国少数民族经济研究导论》，第 61 页，民族出版社，2004 年。

族地区的经济发展实践已经表明，外部的助推力虽然对少数民族经济发展来说必不可少，但经济的持续、稳定、长期发展，必须依赖于少数民族劳动者自身素质技能的提高。在经济发展过程中，我们已经看到许多反证，例如我国东部地区的鄂伦春族、部分游猎的鄂温克人和赫哲族，在新中国成立前主要以渔猎经济为主，尚未完全定居下来。建国后，为了实现这部分人的定居和发展，国家为他们解决生产、生活用具，投资新建房屋、医院、学校等基础设施，使他们获得其他族群无法企及的优越的物质条件。但就在这样的条件下，由于劳动者的素质技能没有得到相应的提高，他们的发展问题一直没能得到圆满的解决。有个案研究表明，某地鄂温克族猎民的定居点虽然就物质条件而言已经建成了北方少有的现代化城镇，但是生活在当地的鄂温克族猎民在观念与行为方面却没有因此而现代化，类似案例还有很多，云南金平县拉祜族（苦聪人），自 1957 年被找寻出林定居后，物质上得到了政府包括基础设施、耕牛、种子、粮食、衣被等方面的大量援助，并长期享受免交公粮、不售余粮的特殊政策照顾，以及医疗、教育等方面的优待，1991—1993 年，仅边境建设事业费、民族机动金就投入了 60.75 万元，用于建设小学、小水电和补助农户建新房、购买耕牛等，但是拉祜族劳动者由于不适应现代生活，其经济发展却明显落后于当地的壮、傣等民族，甚至部分苦聪人又重返森林过起了游耕生活，如该县者米拉祜族乡的六六新寨，1990—1993 年间有 12 户人家搬回了原始森林，1994 年者米拉祜乡有 38 户农民重返老林，当地政府把他们找回来后，1995 年上半年又有 26 户人家人去房空。①

应该说，仅仅给予经济增长的外部支持，不能形成少数民族

① 龙远蔚、吴兴旺、杜发春等：《中国少数民族经济研究导论》，第 66—67 页，民族出版社，2004 年。

劳动者发展的内在潜力，是不可能形成中国少数民族经济的良性发展的。

中国少数民族的经济发展问题，必须在明确劳动者的主体性的基础上，通过提高劳动者的素质技能实现。

劳动者的素质技能包括身体素质、技能素质和文化精神素质三个方面。新中国成立后，经由少数民族劳动者的艰苦奋斗和我国民族政策的正确引导，我国少数民族劳动者的素质技能已经从整体上有了显著提高，例如我国55个少数民族的劳动者普遍出现了人口死亡率降低、平均寿命增加、人民生活水平质量提高、文盲半文盲率下降、商品意识增强等等变化和进步。但同时，如果横向地在中国各民族之间进行比较，会发现中国少数民族劳动者的素质技能还存在着参差不齐和在总体上与汉族存在差距的问题。

当前，中国少数民族劳动者在素质技能方面存在的问题主要表现为以下几个方面：

第一，身体素质较差。我国少数民族人口大多数生活于偏远的边疆，自然环境艰苦，经济发展落后，营养、医疗卫生条件较差，加上早婚、近亲结婚、生育水平高等传统习俗的影响，导致民族地区人口的身体素质一般比全国平均水平低。比如集中体现人口生活质量的重要指标“0岁婴儿死亡率”，根据第四次全国人口普查数据计算，我国只有汉族和朝鲜族两个民族的0岁婴儿死亡率低于汉族和全国平均水平；婴儿死亡率在50‰以上的有藏、维吾尔、苗、彝、布依、侗、傣、黎、傈僳、水、东乡、纳西、景颇、柯尔克孜、土、撒拉、仫佬、阿昌、普米、怒、保安、京、独龙、门巴、基诺等30个民族，其中在100‰以上的还有哈尼、布朗、塔吉克、德昂和珞巴等族。当然也有低于20‰

以下的，如满、达斡尔、锡伯、裕固等族①。而另一项反映人口身体素质的重要指标“平均寿命”则显示，我国少数民族平均寿命在70岁以上的仅有回、满、畲、高山、仫佬、锡伯、乌孜别克和京8个民族，而不足60岁的还有傈僳、佤、拉祜、景颇、布朗、怒、鄂伦春、德昂、独龙、门巴、珞巴和哈尼12个民族。以上数据表明，我国少数民族人口的身体素质水平较低，这除先天遗传的原因外，主要是由后天不良的营养、抚育、医疗卫生条件和生活环境状况导致的。

第二，文化程度不高，技能结构不合理。据我国第四次人口普查和1996年人口抽样调查显示，我国西部民族地区文盲半文盲比重大，人口受教育程度普遍较低。例如1996年文盲半文盲人口占15岁及其以上比例，全国为17.8%，而西藏高达61.13%，青海为42.14%，贵州为30.18%，云南为28.48%，宁夏为25.02%。其中女性人口平均受教育程度更低，全国男性受教育程度为7.5年，全国女性受教育程度为6.1年，而西藏女性受教育程度仅为2.6年，青海为4.0年，贵州为4.6年，云南为4.8年。与此相应，我国少数民族高学历、高技术的劳动者所占比重低，1998年我国高等学校在校生数占全国总人口的0.27%，东部占0.39%，中部占0.24%，西部仅占0.16%。1999年，全国平均每万人拥有科学家、工程师的人数为11.2人，北京、上海分别为120.7人、71.8人，而西部10省区除陕西外，全都低于全国平均水平，其中西藏仅为1.1人，贵州、云南也仅为5.4和5.1人，不到全国平均水平的一半。1996年全国第一产业劳动力占总劳动人口的比重为50.5%，而广西、青海的第一产业劳动力比重都在60%以上，贵州、云南、西藏则都超过了70%。

① 张天路：《中国少数民族人口问题研究》，http://www.cpirc.org.cn，2006年3月20日访问。

受此制约，我国少数民族地区普遍存在普通型人才较多，专业型人才少、懂行政管理人才较多，会经济管理人才少、具备传统知识的人才较多，具备新型知识人才少的问题。

第三，文化精神素质有待提高。不同的社会制度在短期内的被改造，是一个历史的进步，但旧制度的文化传统还会滞后一段时期，影响着少数民族人的观念及其经济。我国少数民族劳动者，由于长期形成的风俗习惯、社会心理、语言文字、价值观念等的影响，在文化精神方面存在着一些与社会主义工业文明不相适应的方面。有学者概括精神贫困的主要特征是：听天由命的人生观、得过且过的生活观、重农抑商的生产观、温饱第一的消费观、共产平均的分配观、崇拜鬼神的文化观、重义轻利的伦理观、终守故土的乡土观、多子多福的生育观等①。这些文化特征，在少数民族人口中都不同程度地存在着。以上文化特征，基本形成于农业文明时期，而与工业文明自主、积极、平等、合作、竞争的价值观相矛盾，它们一方面导致部分少数民族劳动者自主意识不够，安于现状，依赖性强，追求自我发展的积极性和进取精神不足；另一方面，则导致部分少数民族劳动者缺乏平等意识和权利意识，而且在努力参与商品经济、融入工业文明的过程中，出现很多不经济和违反规律的经济现象和经济行为。

总体而论，少数民族地区劳动者由于在素质技能方面存在着以上问题，长期以来不能有效地促进社会经济的发展，并在部分地区陷入产出水平低、收入水平低、消费水平低、家庭教育水平低、劳动生产率低、产出水平低的恶性循环，只能在低水平上实现社会再生产过程。这些，都是与发展民族经济的要求不相适应的。

---

① 穆光宗：《人口素质与脱贫致富的关系》，载冯立天主编：《中国人口生活质量研究》，第303页，北京经济学院出版社，1992年。

少数民族经济的发展，必须以提高经济主体——劳动者的素质技能为出发点，在社会主义的思想指导下，确立劳动者的社会主体地位，并以此为根据，通过教育、培训、文化交流、医疗、体育、社会保障等多种手段，全面提升劳动者的身体素质、技能素质和文化精神素质，尽早实现民族经济的腾飞。

四、社会主义是中国少数民族经济发展的指导思想

中国少数民族的经济发展，必须以社会主义作为指导思想。社会主义，是概括劳动者的总体意识形成的社会思想、观念，具体讲，就是从劳动者的立场、以劳动为根据，通过确立劳动者的社会主体地位来提高劳动者的素质技能，促进其自由发展的社会总体思想。

通过落实劳动者的各项权利确立劳动者的社会主体地位，是社会主义的根本点，也是少数民族劳动者素质技能得以提高的重要前提和保障。

劳动者的社会地位，是其素质技能的社会形式，二者辩证统一。一定的素质技能，总是与劳动者一定的社会地位相适应的，劳动者素质技能提高，必然会要求提升其社会地位；同时，劳动者社会地位的提升，也会有力地促进其素质技能的提高，带动社会生产力的快速发展。

在我国少数民族发展史上，长期处于原始民族社会和阶级社会中的劳动者，虽然是经济主体或者说是生产主体，但始终不能成为社会主体。社会地位的低下，严重制约了少数民族劳动者素质技能的提高。例如，我国建国前在四川、云南交界的大、小凉山彝族地区，有约 100 多万的人口完整地保留着奴隶占有制度，

整个社会按照生产资料占有状况以及在生产中的地位和血缘关系，严格划分为兹莫、诺伙、曲诺、阿加、呷西五个等级。其中阿加和呷西都属于从事生产的奴隶阶级，毫无人身自由，也无自己的婚权和对自己子女的亲权。处于社会最底层的呷西，更是被彻底剥夺了财产所有权。阿加和呷西终年如同牲畜一样，在奴隶主的监督下，从事繁重的家务劳动和田间劳动。由于缺乏人身自由和基本的人身权利，在奴隶主的强制之下从事生产活动，阿加和呷西完全缺乏生产的积极性和主动性，偷懒、消极怠工，乃至破坏生产工具是其抵制奴隶主剥削的主要的自发经济行为，在此之外，更无动力去为满足奴隶主的特权需要而提高自身的素质技能。

劳动者提高自身素质技能的自主意识，是在争取和提升自身社会地位的过程中形成并展现出来的。奴隶基于对自身生产生活方式的不满，致力于通过提高素质技能改变其社会地位，由此引发了人类社会从奴隶制向封建领主制的过渡。封建领主制下的农奴，由于具有小块土地的使用权和生产物的部分受益权，具有更强烈的提高自身素质技能、改善生活水平的内在要求，相比奴隶制下的奴隶能够创造出更高的社会生产力；而集权官僚制下劳动者素质技能的再次提升，则在于农民进一步提高了自身的社会地位，拥有了相对自由的人身权和对小块土地的占有权和使用权。进而，资本主义社会的劳动者，因为争取到了彻底的人身权和以此为基础的劳动力所有权，能够与资本所有者依据平等的所有权原则进行交换，其素质技能状况得到了更大程度的改善。

人类社会的演进史，总体来说，就是劳动者通过提高素质技能，提升其社会地位，进而通过提升社会地位，进一步发展其素质技能的过程。在不同的社会形态，由于劳动者的社会地位从而素质技能水平存在差异，社会经济发展能力相差悬殊。我国各少数民族在新中国成立前社会生产力的巨大差异，就是其处于从原始氏族公社制到集权官僚制等不同社会形态下劳动者素质技能发展不平衡的结果。

劳动者提高其素质技能的内在要求，源于人本质的发展和人性升华。少数民族劳动者虽然在新中国成立前处于不同的社会发展阶段，但是其要求自由发展的内在要求却是一致的。也正因此，在中国从近代到现代的艰难转化中，虽然出现了延续已有制度、强化集权官僚制、发展资本主义等等多种思想和主张，中国少数民族劳动者与汉族同胞最终还是选择了社会主义，在中国共产党的领导下，与汉族劳动者形成了统一的变革势力，成为变革的主力军。

中国少数民族劳动者与汉族劳动者共同参与的社会主义革命，是基于劳动者的利益和意识的伟大社会运动，通过革命所建立的社会主义制度，是中国汉族和各少数民族劳动者利益和意志的集中体现。

以社会主义为指导变革少数民族经济社会制度首先体现在民族地区的民主改革和社会主义改造上。少数民族地区社会改革，其本质是确立劳动者的社会主体地位，以便在新的社会地位上促进劳动者素质技能的提高。不进行社会改革，少数民族地区的奴隶制、农奴制和集权官僚制就不可能废除，劳动者就不能获得解放。同样，不进行社会改革，民族地区经济的快速发展就不可能顺利进行。

民主改革是新民主主义革命在民族地区的继续。民主改革的性质是废除前资本主义即奴隶制、封建农奴制及集权官僚制的剥削制度，建立劳动者个体私有制，实现“耕者有其田”，以促进社会生产的发展。由于民族地区情况复杂，各具特点，党和国家在民主改革中区别不同地区、不同民族，采取不同方式慎重稳进地推动改革。把强力改革与“和平改革”、农区改革与牧区改革相区别。对民族地区宗教寺庙封建剥削制度改革，则明确区分两类不同性质的矛盾，既坚持废除寺庙封建剥削制度，又坚持执行宗教信仰自由政策和保护寺庙建筑与宗教历史文物。

在民主改革的基础上，少数民族地区开展了社会主义改造。社会主义改造在少数民族地区主要是对农业和牧业进行改造。农业的社会主义改造就是引导和领导少数民族农民开展农业合作化运动，用社会主义的集体所有制代替个体劳动者私人所有制。对畜牧业的社会主义改造涉及蒙古、藏、哈萨克、柯尔克孜、塔吉克、裕固族等。牧区社会主义改造，包括对牧民个别经济的改造和对牧主私有经济改造两个方面。前者是引导牧民通过互助合作建立牧业生产互助组和牧业生产合作社；后者是消灭牧主经济剥削制度，变牧主私有制为社会主义公有制。

少数民族地区的社会改革中，民主改革主要是解放劳动者，社会主义改造主要是通过建立公有制的经济基础确立劳动者的社会主体地位。

劳动者的社会主体地位，是通过经济变革确立起来的，在此基础上，还必须通过法律规定予以明确规定和保障。

权利，是地位的根据。个体人在社会中的利益和地位，是由其拥有的权利来体现的。在社会主义制度下，劳动者的基本权利，是劳动力所有权，它归劳动者个人所有。劳动力所有权派生的对生产资料的所有权，也归劳动者个人所有。但在社会化大生产条件下，劳动者并不能像小生产者那样独立地运用生产资料进行社会生产，而必须在机器化大生产的基础上以分工和协作形成劳动力和生产资料的联合占有及共同使用，也即要在劳动力和生产资料归劳动者个人所有的基础上分别派生出占有权，交由由所有权主体选举并控制的国家机构行使。从这个权利体系上看，社会主义公有制，也就是在劳动者的个人所有基础上的“公共占有制”。“公有制”中的“有”，是“占有”，而非“所有”。社会主义公有制，也就是以劳动者的所有权派生占有权、再由占有权派生经营权、使用权形成的一套权利体系。这套权利体系由于劳动者享有所有权，而且以劳动者的所有权通过民主机制控制其他各项权利，由此使劳动者的社会主体地位得以落实和保证。

然而，对社会主义权利关系的认识不是指日完成的，它需要不断的实践探索和反思抽象。在中国刚刚建立社会主义制度时，我国并没有关于公有制权利关系的成熟思想。特别是由于从前资本主义形态过渡到社会主义，这使我国对在资本关系下形成并发挥重要作用的劳动力所有权认识不清，并导致我国对由劳动力所有权派生的劳动者对生产资料的个人所有权的认识也存在误区。长期以来，我国不是从“个人所有、公共占有”的角度对社会主义公有制进行界定，而是从公共占有权的角度对公有制下的所有权进行规定，形成生产资料共同所有的认识，使得社会主义权利体系表现出极强的“初级”色彩，形成我国社会主义权利关系上的较大缺陷。

权利认识和规定上的缺陷，是我国依然处于社会主义初级阶段的反映，它是由我国的历史和现实的矛盾状况决定的，在建国初期具有其必然性，这是对于我国社会主义制度建立初期权利关系的一个基本判断。同时，我们说，虽然存在权利关系上的模糊和混乱，但建国初以宪法规定的劳动者的权利主体身份，又使劳动者的社会主体地位得到了切实的法律保证，并为权利关系的调整和完善提供了法权上的依据。

建国后我国颁布的《中华人民共和国宪法》及其历次修正案都明确规定：

> 中华人民共和国的一切权力属于人民。人民行使国家权力的机关是全国人民代表大会和地方各级人民代表大会。人民依照法律规定，通过各种途径和形式，管理国家事务，管理经济和文化事业，管理社会事务。

依照《宪法》的原则规定，包括少数民族和汉族在内的56个民族的劳动者都是中华民族的权力主体，平等地享有经济政治权利。全体劳动者脱离了数千年的制度束缚，拥有“中华人民共和国的一切权力”，第一次在国家政权的保证下完成了生产主体与社会主体的统一。这，是我国建立起社会主义制度的重要标志，也是少数民族劳动者素质技能提高的重要保证。

以《宪法》规定少数民族劳动者成为社会主体，消除了少数民族劳动者与汉族劳动者在社会形态上的差距。不论少数民族劳动者在新中国成立前处于从原始氏族公社制到集权官僚制的哪一种社会形态，他们在新中国成立后都与汉族劳动者一起步入了社会主义，在总体一致的经济制度和经济体制下共同致力于提高自身的素质技能，促进个体和总体的自由发展。社会形态的迅速跨越和社会主体地位的确立，对少数民族劳动者的激励作用是巨大的。少数民族劳动者在建国后积极拥护和参与土地改革、合作化运动及之后的社会主义现代化建设，与少数民族劳动者拥有社会主体权利是密切相关的。

其次，少数民族劳动者成为社会主体，为少数民族经济的相对独立存在和平等发展提供了必要的社会条件。

我国从社会主义制度建立时起，就通过颁布《中华人民共和国宪法》、《中华人民共和国民族区域自治法》和其他各项法律，使少数民族在法律上得到确定和保护，并使少数民族经济的相对独立性及其在中国经济中的地位有了法律依据。值得注意的是，我国法律在规定少数民族经济人的经济权利的同时，又规定了少数民族地区的经济地位，例如颁布《中华人民共和国民族区域自治法》明确规定了少数民族自治区域的经济权利和经济地位，进一步保证了在某一少数民族自治区域的汉族和其他少数民族劳动者的平等经济权利。

平等经济权利，是少数民族劳动者在成为社会主体后其民族权利关系的一项重大转变。在我国的民族发展史上，民族压迫和剥削制度以及各民族事实上的不平等长期存在。新中国成立后，通过立法规定少数民族与汉族劳动者平等的政治经济权利，少数民族的平等社会地位有了切实的法权保证。从建国初始，我国就通过直接颁布法律政策等方式，规定各民族的平等地位。例如，我国在1949年的《共同纲领》中明确指出："中华人民共和国境内的各民族一律平等"。1954年颁布的《中华人民共和国宪法》再次明确规定：

中华人民共和国各民族一律平等。国家保障各少数民族的合法的权利和利益，维护和发展各民族的平等、团结、互助关系。禁止对任何民族的歧视和压迫，禁止破坏民族团结和制造民族分裂的行为……在维护民族团结的斗争中，要反对大民族主义，主要是大汉族主义，也要反对地方民族主义。国家尽一切努力，促进全国各民族的共同繁荣。

以上，使我国少数民族劳动者的平等经济权利和社会地位直接获得了法权保障。

再次，少数民族劳动者成为社会主体，为其基于个人发展的民族总体发展提供了良好的制度环境。

社会主体地位，是少数民族劳动者个体自由发展的必要前提和保障。在前社会主义时期，少数民族劳动者的素质技能虽然也在提高，但其自身的发展是以累积阶级压迫，增加统治阶级的利益和加强统治阶级的剥削手段为前提的，这使少数民族劳动者提高自身素质技能的意志和能力受到极大限制。只有在成为社会主体后，少数民族劳动者素质技能的提高才成为其自身自由发展的手段；而且，通过掌握社会经济发展的主导权，少数民族劳动者能够自主地决策自身的发展方向、方式和方法，由此能够获得巨大的发展动力和能力，迅速提高自身的素质技能。

少数民族劳动者个体素质技能的提高，是其民族总体发展的内容和依据。在社会主义制度下，个体与总体不再处于对抗的状态，而是处于内在统一的关系中。劳动者个体的自由发展，是民族经济总体充满活力的内在条件；民族经济的繁荣，就是劳动者在社会主义分工、协作的关系中自由发展的必然结果。同时，总体的民族经济的发展，又会形成更为有利的社会环境，进一步促进劳动者的全面发展。

最后，少数民族劳动者成为社会主体，能够进一步密切民族间的经济交往，促进各民族的互助合作。

民族经济交往，在阶级社会中，受阶级关系的影响，处于不平等和相对隔绝的状态。在社会主义的思想指导下，通过明确各民族劳动者一致的社会主体地位，并落实其平等的政治经济权利，民族之间的经济交往获得了实质性的发展。经济交往的规模越来越大、程度越来越高，56个民族的经济已经内在地融为一体，任何一个民族的经济发展都作为内生变量影响着其他民族。在这种情况下，各民族经济发展与整个中华民族的经济发展高度相关，任一民族的发展都必须通过各民族的共同发展实现；同时，任一民族的高速发展，也必将带动其他民族，形成各民族共同发展的良性格局。

民族经济交往的密切，民族经济关联度的提高，进一步要求各民族劳动者相互扶持，互助合作。在这方面，我国社会主义思想发挥着重要的指导作用。在其引导下，我国将“民族团结、互助”定为民族纲领基本原则的重要内容，并在宪法和其他相关法律中对各民族的团结、互助、合作进行了明文规定，以此有力地促进了中国少数民族经济以及整个中华民族经济的发展。

总体而言，以社会主义为指导思想，确立劳动者的社会主体地位，是中国少数民族人民摆脱旧制度束缚，提高和发挥素质技能，提高生产力的唯一途径。当然社会主义制度的建立，并不意味着消除了矛盾。由于处于社会主义初级阶段，行政集权体制仍然存在，我国依然会面临官僚资本复活并成为社会主要矛盾主要方面的危险，同时，少数民族之间及其与汉族间的差距和摩擦在一定时期内仍会存在，但是，少数民族劳动者的发展，只有在确立其社会主体地位的基础上才能实现。中国少数民族的经济发展，必须以社会主义为指导思想，以此为基础，发展主体，实现主题。

五、中国少数民族经济的主题是人的现代化主导的可持续发展的全面工业化

主题是主体所要论证、解决的主要问题。发展中国少数民族经济，除了要明确发展的主体、主义外，还要进一步明确主题。中国少数民族经济的主题是：人的现代化主导的可持续发展的全面工业化。

全面工业化，是现代民族经济发展的普遍趋势，也是中国少数民族摆脱落后的唯一选择。少数民族经济的落后，在现代主要是指在工业生产方式，特别是工业技术上的滞后。从整个世界范围来看，当身处西方发达国家的民族凭借资本关系启动第一次科技革命，一举进入机器化时代，以工业文明取代农业文明时，中国的大多数少数民族依然处于畜牧和农耕时期。20 世纪中叶，西方发达民族经由第二、三次科技革命，工业技术出现由低到高的演进，工业生产方式经由电器化发展到自动化，达到工业化的高级阶段时，中国少数民族则刚刚在中国共产党的带领下走上工业化的道路。

工业化，对于少数民族劳动者来说，意义重大。一个民族的

形成和发展，经济是首要的和基本的原因。经济的发展程度，直接关系民族的兴衰。对在工业化大潮中落后的民族来说，经济的民族性和民族的经济发展与关系的矛盾尤其重要，这些民族的劳动者，不仅意识到民族性在他们的经济生活中普遍地存在，也深切地感受到民族经济发展与经济关系的矛盾对他们的影响。具有自主意识的劳动者，在争取自由发展的过程中，需要对这些问题的理性认知。总体的矛盾需要总体的力量解决，对劳动者社会主体地位的确认，是少数民族经济发展的制度性保证，而以民族地区劳动者总体利益为核心的工业化建设，则是少数民族劳动者素质技能提高的必要内容。在新的历史时期，中国少数民族劳动者必须顺应工业文明的时代潮流，以自身的社会主体地位为根据，提高自身的素质技能，尽快实现民族经济的全面工业化。

少数民族经济的工业化，是中国经济整体工业化的一部分。我国在建国初期，即明确了工业化任务。1953 年 12 月 28 日，中共中央批准并转发了中央宣传部编写的《为动员一切力量把我国建设成为一个伟大的社会主义国家而奋斗——关于党在过渡时期总路线的学习和宣传提纲》。1954 年 2 月中共七届四中全会通过决议，正式批准了过渡时期总路线，并于同年 9 月载入《中华人民共和国宪法》。过渡时期总路线的内容是：在一个相当长的时期内，逐步实现国家的社会主义工业化，并逐步实现国家对农业、手工业和资本主义工商业的社会主义改造（简称“一化三改造”）。所谓“国家的社会主义工业化”，就是明确以社会主义为中国工业化的主义，由此建立我国强大的工业体系，从而使我国可以制造各种必要的工业装备，使现代化工业能够领导整个国民经济而在工农业总值中占绝对优势，使社会主义工业成为我国唯一的工业。这就是说，中国社会主义工业化是指大力发展社会主义工业，使我国的国民经济从以手工劳动为主的技术基础转向以机器大生产为主的技术基础上来，使我国由落后的农业国变为先进的工业国。

在国家工业化战略的指导下，我国通过直接投资、政策倾斜等方式，在少数民族地区展开了大规模的工业化建设。“一五”建设和“三线建设”，西南的云、贵、川和西北的陕、甘、宁成为我国民族地区中投资强度最大的地区。工矿企业和科研机构的建立、技术设备的搬迁、技术人员的扩大充实了民族地区工业化力量，我国民族地区无论在工业化规模、速度还是工业内部结构的变化都是巨大的。大多数少数民族地区的县市逐步建立起一定数量的、各具特色的机械化、半机械化的工业企业。通过几个五年计划的大规模经济建设，尤其是大规模工业建设，民族地区已逐步建立起包括煤炭、钢铁、石油、天然气、有色金属、机械、汽车、电子、兵器、电力、化工、建材、纺织、食品、皮毛制品、造纸、森工、医药、服装以及民族特色产品和特需产品等在内的一系列大型材料工业和重型加工工业企业和工业基地。“1949 年全国民族自治地方工业总产值为 5.4 亿元（按 1952 年可比价格计算），到 1978 年发展为 212.1 亿元（按 1970 年可比价格计算），工业总产值占工农业总产值比重也由 1949 年的 14.75% 提高到 1978 年的 57.68%”① “截止 1992 年，民族自治地方工业企业已发展到 88.4 万个，其中乡及乡以上工业 4.9 万个，占全国 50.2 万个的约 9. 04%，约为建国初期民族地区企业总数的 110 倍，其中大中型企业 301 个，占全国大中型企业 17017 个的 7.6%，重工业企业 23265 个，轻工业企业 25673 个，分别占全国的 10.1%和 9.4%。”② “1997 年年底，中西部地区已有各类工业

---

① 黄健英：《中国少数民族经济发展战略》，第 34 页，中央民族大学出版社，2000 年。

② 黄健英、萨茹拉、朱锦峰：《中国少数民族发展战略》第 33 页，中央民族大学出版社，1999 年。

企业452.33万个，实现工业总产值39403.77亿元，占全国工业总产值的34.6%，实现工业增加值12469.68亿元，占中西部国内生产总值的38.5%，人均实现工业总产值达到5477.9元。”① 工业产业的建设，对于推动民族地区的工业化建设，提高少数民族劳动者的生产技能起到了很大的促进作用，尤其是我国内地省份对边疆少数民族地区的一帮一政策，对于民族地区工业技术水平和工人的技术素质的提高产生了很大的作用。

在看到少数民族的工业化建设取得以上不俗成绩的同时，也要认识到，少数民族的工业化仍处于初级阶段，其工业化建设存在着诸方面的不足：

其一，我国少数民族经济的三次产业结构不合理。从各民族的工业化历史中可以看到，工业化的重要标志之一是农业在国民经济中的产值比重大幅度下降，工业比重绝对超过农业成为国民经济的主导部分，服务业比重有较大增长。但是从我国少数民族三次产业的比例关系看，少数民族经济产业结构的整体特点是第一产业比重偏高；第二产业比重虽超过第一产业，但仍相对不足；第三产业相对滞后，传统服务业占主导地位，新兴服务业发展缓慢。

其二，产业技术含量低，以资源型产业为主，处于粗放经营阶段。技术是工业化的核心要素。西方发达民族的工业化及其发展，就是通过三次科技革命启动和实现的。而在我国少数民族地区，产业技术含量低的问题长期困扰着工业化的发展。无论是科技研发能力、生产技术和装备水平，还是产品的技术含量、科技成果向产业领域转化的广度、深度，少数民族地区大多存在水平较低的问题。受此限制，少数民族的经济发展更加倾向于利用自

① 魏绍凯主编：《21世纪中西部工业发展战略研究》，第2页，郑州，河南人民出版社，2000年。

然资源和要素禀赋，发展资源密集型产业。无论是轻工业还是重工业，对资源的依赖程度都很大；同时，由于技术水平低，资源的深加工和综合利用程度低，不仅附加值低，而且浪费极为严重。

其三，重工业比重高，对农牧业经济的带动作用小。部门、行业、产业发展平衡且关联度高、互动性强、规模效益好，是现代工业化的重要特征。但在我国少数民族的经济发展过程中，由于工业化启动于由中央政府主导的“蛙跳嵌入式”的外来扶植型经济建设，受当时重工业化思路和备战战略等的影响，少数民族经济出现重工业比重高且布局分散的特征。改革开放后，我国虽对民族地区的工业布局进行调整，但是上述特征并没有得到根本性的转变。由于通过“嵌入式”进行的大工业经济活动与当时的该地少数民族经济运行系统毫不相关，形成各自分离的运行系统，而且，由于与农牧业密切相关、产业关联度高的主要是轻工业，重工业的联动和带动效应较差，重工业的发展并没有十分明显地促进少数民族农牧业的发展。此外，由于重工业布局的过于分散，生产力的集聚效应和扩散效应较差，也在造成生产力的闲置和浪费的同时，没能有力地促进少数民族经济的整体提高。

其四，农业的机械化、产业化水平依然较低。工业化不仅包括工业本身的发展，还包括以工业生产技术和经营管理对农业、畜牧业的改造，其重点是农业的产业化、机械化。农业产业化，是以市场为导向，以千家万户组成的农产品商品生产基地为基础，以龙头载体为依托，提高农业技术水平，形成农工商或工商有机结合的产业链和利益共同体。农业产业化有多种经营方式，但其基本框架是以农户为基本单位，形成“农户＋各种合作经济组织”的产业化生产体系。农业产业化经营，可以把大量分散的以一家一户为单位的小规模生产联系起来，解决生产规模过小、技术水平低水平徘徊、信息流通不畅、单个农户进入市场的交易成本高的问题。在我国东部地区，农业产业化已经有了较大的发展，但在大多数少数民族地区则刚刚起步，各种合作经济组织发展缓慢，职能单一，农牧民依然以个体家庭为基本生产单位，在低下的技术基础上从事生产。同时，我国少数民族地区的农业，还存在机械化水平低的问题，农业生产过程基本仍由人力畜力完成，农村基础设施薄弱且缺乏有效管理，抵御各种自然灾害的能力弱，延续数千年的各种落后的生产方式仍在许多地方盛行，有的地方甚至还保留有刀耕火种、轮耕游牧的原始耕作方式。

其五，少数民族劳动者的素质技能相对较低。以上四方面的问题，都可以归结到这一个问题上。劳动者，是经济发展的主体，也是工业化的主体。民族经济全面工业化的根据，就在于劳动者素质技能的提高和发挥程度——劳动者的技能水平、就业结构、协作意识和能力，决定着产业的技术含量和机器化水平、产业结构及产业间的联动效应，以及产业的规模经济性。劳动者素质技能提高，则以上四个方面都能得到相应的改善和提高。

因此，工业化，从其根本点而言，是劳动者素质技能提高，带动生产方式从农业生产方式演化为工业生产方式的过程。当前在少数民族经济的工业化进程中出现的种种问题，其实质，在于少数民族劳动者的素质技能存在着与工业生产方式不相适应的方面。

由此，中国少数民族经济的全面工业化，必须从劳动者素质技能提高这个根本点抓起。以少数民族人的现代化，促成少数民族经济的全面工业化。这是社会主义思想所坚持的少数民族工业化的关键所在，也是少数民族经济实现工业化的必然途径。

然而，在少数民族经济的工业化进程中，却也存在着一些忽视劳动者的主体地位、避而不谈少数民族劳动者素质技能提高的所谓工业化观。其中较有代表性的一种思路认为，既然工业化是在西方的资本关系下开始并走向高级阶段的，那么中国经济的工业化，包括中国少数民族经济的工业化也就应该效仿之。这就在于应以少部分“精英”为主导，由他们以私有资本主义方式“带领”大多数人发展。按这种思路，中国的“精英”集中在汉族的少部分人那里，中国的私有资本也主要集中在东部地区，这样，就应该由这少部分人“带领”汉族民众和少数民族民众去实现工业化。抛开这种思路许下的大把诺言，可以看到，所谓的“带领”，无非是雇佣廉价的劳动力，进而利用少数民族地区的资源。少数民族经济只是为“精英”们的发财致富提供廉价劳动力和资源。这样做的结果，不仅不能实现少数民族经济的全面工业化，反而会使少数民族劳动者的社会地位和素质技能日益低下，资源枯竭，环境恶化，进而还会在将少数民族“边缘化”的同时，激发民族矛盾。

少数民族经济的全面工业化，必须在坚持劳动者的社会主体地位的基础上，以少数民族劳动者的自由发展为根据，通过少数民族人的现代化来实现。

少数民族人的现代化，首先在于提高少数民族劳动者对自身社会主体地位的自主意识。我国少数民族劳动者已经通过法律规定具有了社会主体地位，并拥有了相应权利。但是，由于我国少数民族劳动者从前资本主义制度直接过渡到社会主义，其对劳动力所有权认识不清，受此影响，对由劳动力所有权派生的对公有资产的个人所有权和民主权的权利意识也相对较弱。权利意识的淡薄，必然会影响到权利的外在表现——权力的发挥，从而使劳动者利用法定权利维护自身社会主体地位和主体利益的能力受到限制。现代经济发展过程中，前述排挤和侵占劳动者利益的思想和主张的不断出现以及流行，乃至初级阶段下公有制在制度、体制、运行机制等等各个层面出现的各种问题，便是劳动者难以利用法定权利有效地维护自身利益的表现。在今后少数民族经济的工业化过程中，少数民族劳动者必须通过提高对自身社会主体地位的自主意识，主动维护自身的合法权益，并对侵犯劳动者利益的行为和主张坚决予以反击，以法律手段对其进行惩罚。

其次，在充分发挥劳动者自主性的基础上，少数民族人的现代化还要通过提高其素质技能实现。劳动者素质技能的提高，是人的现代化的核心内容，劳动者自主地维护自身的社会主体地位，也是为其素质技能的提高服务的。在现代，通过统计人口的平均预期寿命、社会成员的平均受教育程度、城市化水平、人们的思维方式和习惯的变化以及衣食住行等等，已经为测定人的素质技能水平建立了一套指标体系。这些指标，从各方面对劳动者的身体素质、技能素质和文化精神素质进行衡量及评价。经过几十年的发展，我国少数民族劳动者的素质技能在各方面均有所发展，同时也存在不足。在今后的工业化进程中，需要加快医疗卫生、社会保障，特别是少数民族教育等等的发展，进一步提高少数民族劳动者的素质技能水平。

中国少数民族经济的全面工业化，是以人的现代化为依据，由现代化的人主导的生产方式的变革过程。在这一变革过程中，还需注意协调人和自然的相互关系，实现可持续发展。

当前，在少数民族经济的工业化进程中出现了经济发展环境代价过大、经济发展难以持续的问题。我国少数民族地区所处面积广阔，资源丰富，自然禀赋好，是少数民族发展工业生产方式的巨大优势。各种自然资源虽然属于全国国民所有，由中央政府行使其占有权，但少数民族地区的资源是发展少数民族经济的必要条件。新中国成立后，受少数民族劳动者素质技能的制约，其工业化主要立足于资源禀赋，大力发展资源密集型产业。但在这一过程中，由于开发技术落后、产业链难以延伸、原材料的初级产品与终端产品之间长期存在价格剪刀差等种种原因，少数民族在开发资源过程中所获利益少，弥补大自然的能力相对较差，长期以来很少，或确切地说，在大多数情况下未对大自然做任何补偿。“只取不予”的掠夺式开发，导致自然生态环境严重恶化，出现了水土流失严重、水资源严重短缺、土地荒漠化速度加剧、草原和森林锐减、大气污染严重、部分物种灭绝等等问题。这些问题，严重威胁着少数民族的生存和工业化发展。

大自然是人类活动的物质基础和载体。少数民族的存在和经济发展，离不开资源、环境的支持。在未来进一步发展工业化的进程中，必须坚持人和自然的和谐发展，反思传统工业化的弊端，构建可持续发展的新工业化观。从此出发，应该更加注重对资源的合理开发，兼顾长短期利益、经济效益和生态效益；在利用自然资源时应注意尽量使其在民族地区就地加工升值，使少数民族劳动者成为工业化的最大受益者，并通过延长产业关联链带动相关产业的发展，优化民族地区的产业结构；同时，在资源开发后，还要加大对自然的补偿力度，保证自然与人的长期和谐，维护少数民族经济的可持续发展。

中国少数民族经济，从总体上讲，是少数民族劳动者以自身为主体，在社会主义思想指导下发展主题的过程。这一过程，需要通过改革经济体制，进而调整结构、经营管理、对外关系等来进行。

六、中国少数民族经济体制的改革：一般性和特殊性

经济体制是经济制度的阶段性展开，是一种社会形态中阶段性经济矛盾的集中体现。随着经济矛盾的演化，经济体制会发生阶段性的变化，以此推进同一经济制度从初级向高级阶段的发展。经过几十年的积累，中国少数民族经济已经取得卓越的成就，在此基础上，需要进一步进行经济体制改革，以此完善经济

制度，早日实现少数民族经济的全面工业化。

中国少数民族经济不是孤立存在的，它作为中国经济矛盾的一部分，既受中国总体经济矛盾的制约，又要受本民族独特的历史、现实的影响，因此，在探讨中国少数民族经济体制改革的过程中，必须注意其一般性和特殊性的统一。

中国目前处于社会主义初级阶段。所谓“初级”，一方面是由于中国在总体上是从集权官僚制度直接过渡到社会主义制度的，工业基础较差，社会生产力水平相对较低；另一方面，则是指在由武装革命夺取政权而建立的社会主义制度中，行政集权体制依然存在，并由此导致中国在建国初期即形成了相对初级的统制经济体制。行政集权体制，是以政治的集权控制经济权利从而经济生活的政治体制，它是集权官僚制下的主体体制形式。中国的社会主义革命，本应通过制度变革以民主法制扬弃行政集权体制，但是，由于中国独特的革命进程，行政集权体制却被保留下来。中国革命的主力，是长期处于集权官僚制下的农民，其中坚，则是中国共产党。中国共产党的组织形式和纪律，是相当紧密，并以等级制构成。党领导军队，在整个过程中，党也势必军事化。军队的等级制和集权，是党从事武装革命所必须采取的，在武装革命过程中，逐渐形成了新的集权体制。这样，当夺取政权以后，也就必然将党和军队的组织形式扩展于政权，形成政治上的行政集权体制。行政集权，是中国革命的必然，它保证了中国革命的胜利，但是，受行政集权体制的制约，中国在建国后即形成了统制经济体制。

对中国 20 世纪 50—80 年代通行的经济体制，时下经济学界将其称为“计划经济”，这一称谓并不准确。计划，是具有理性的人在经济活动中的重要特点，从人类开始以其劳动来满足需要时起，计划就已成为经济生活中的因素了。中国小农经济的勤俭持家，是个体经济计划的典型，企业的经营管理也必须通过制定计划展开。在中国建国后建立起的经济体制中，虽然大量使用了计划的手段，但是，计划并不是这个经济体制本质的规定。

我国在建国后建立起的经济体制，是基于行政集权体制的统制经济体制，它的本质内容，就在于高度集权的国家政权以行政方式对经济生活的全面控制，并以行政方式指挥和管理经济生活。这一本质内容，在国家行政调拨人力和各种资源扶助少数民族经济，并沿用党、政、军的方式管理经济方面表现得相当突出。在这一体制中，计划仅仅是其中的一个要素。计划的制定，是以行政集权体制为依据的，计划的下达和执行，也不过是行政集权发挥作用的手段。

统制经济体制，虽在民主法制不健全、资金和生产资料的积累不足，以及各民族劳动者素质技能程度不高的情况下具有其合理性，并且在中国共产党的正确领导下迅速地推动了中国包括少数民族地区的工业化进程，但是，由于这个体制是以弱化劳动者的主体权利、将各项公共权利集中于行政机构为前提的，它的长期推行不仅使劳动者的社会主体意识淡化，劳动力所有权受到漠视，劳动者对公有资产的所有权和民主权不能充分落实，从而其素质技能的提高受到限制；而且存在着掌握公共权利的行政机构中的官员将公共权利个人化、逐利化，从而致使官僚资本复生的危险。随着中国工业化的发展、劳动者素质技能的提高，必须以民主法制改造行政集权体制，并相应地进行经济体制的改革，改革传统的统制经济体制。

对于改革的必要性，我国在统制经济体制的运行过程中逐渐形成了统一认识，并从20世纪70年代末、80年代初走上了改革之路。但是，由于对传统体制的认识不准确，将批判的焦点集中于“计划”而非“行政集权”，我国采取了以市场代替计划，在原有体制中加入一些市场化的成分的方式进行改革，并参照当前私有资本制下的经济体制，将我国经济体制改革的目标定为“社会主义市场经济体制”。然而，“市场经济体制”，是20世纪30年代以来，西方私有资本制度所表现的阶段性的经济体制，它以资本雇佣劳动制度为基础，在保留自由竞争原则的前提下，突出并强化国家对经济的参与和干预，其手段主要为财政政策和货币政策，并以国办企业和国家工程等来扩大就业，拉动需求，由此来调节就业和资本与雇佣劳动的关系。市场经济体制的制度基础，是资本私有制度。市场经济体制就是资本主义私有制的阶段性的经济体制形式，它虽然在强调市场作用方面与我国体制改革目标具有一般性，但其本身是与社会主义公有制的制度基础相矛盾的。

在社会主义制度下所进行的经济体制改革，应该以坚持社会主义公有制为基本原则，以切实落实和强化各民族劳动者的社会主体地位、促进劳动者素质技能的提高为前提条件。在这个原则和前提的指导及制约下，中国各民族经济体制改革的目标，应该是“计划市场经济体制”。

计划市场经济体制，将是公有制摆脱初级阶段的局限，上升到一个新阶段的展开，是对统制经济体制的否定。其基本内容，就是通过完善民主法制，在切实落实和保障全体劳动者的劳动力所有权、对公有资产的个人所有权和民主权的基础上，形成对国家公共权力机构，包括行政机构的有效制约，以此为基础，实现计划对市场的规范。在市场经济体制中，计划和市场作为体制的两个内容，并不是平等的，计划是主导，市场则应是计划作用的对象。但市场也不是被动的，它的规则与机制，对计划是必要的制约，或者说，计划要以市场为基础，要根据市场的矛盾与关系，来制订、执行、修正计划。因此，计划与市场又是内在统一的，二者通过纵横交错的制约关系相互促进。一方面，计划以市场为依据，通过集合全体劳动者的个人权利形成的总体经济控制力进行纵向调节使经济运行趋向合理，另一方面，市场通过横向竞争，保证经济生活的活力，并在计划的指导下形成以人的发展为核心的竞争格局。在计划市场经济体制下的竞争，与私有资本制度下的自由竞争和市场经济体制中的竞争有本质区别，它不是依弱肉强食、优胜劣汰的“丛林法则”展开，也不以打败、吞并对手企业为目标，而是以提高劳动者素质技能和经营管理水平为主要内容，在竞争中相互促进，并在社会主义法制的规范和保证下进行。

然而，由于我国对传统统制经济体制的定位存在误区，对行政集权体制的批判长期以来几乎没有展开，我国的经济体制虽历经不短的改革时期，却没能发生根本性的变化，由此，也滞缓了我国社会主义公有制从初级向高一级阶段的演进。中国经济的总体发展，必须从改革行政集权体制入手，通过变统制经济体制为计划市场体制，完善公有制，推动劳动者素质技能的迅速提升。

中国少数民族经济作为中国经济的重要组成部分，当然也体现着中国经济体制的一般矛盾，这也是中国少数民族经济矛盾的共性。少数民族的传统经济体制是统制经济体制，其发展，则也在于演变为计划市场经济体制，以此促进少数民族劳动者素质技能的提升，从而促进民族经济的发展。

同时，由于少数民族经济当前存在的一些经济特性，在经济体制改革过程中，还需注意其改革的特殊性。

少数民族经济由于建国后的自主发展能力不强，国家为支持少数民族经济发展和保证民族团结、稳定，更加注重用行政力量扶植少数民族经济和进行经济管理，由此导致少数民族经济体制中政治对经济的控制力度更强。而从 20 世纪 80 年代，东部的汉族聚居地区开始在原有体制中增加一些市场化成分的时候，西部少数民族地区则大都依然保持着原有的体制，经济的市场化程度低，政府的行政控制力度强。在这种情况下，一方面，传统体制的惯性作用强大，行政配置资源和管理经济的方式方法已经作为一种意识存在并作用于少数民族的经济发展中，计划市场经济体制所要求的在横向经济层面发挥作用的市场竞争的意识和能力相对较弱，经济体制改革的难度更大；另一方面，在长期的行政控制和管理下，经济体制所制约的各个方面形成的相对稳定的利益传导和分配格局，也导致一些利益集团的出现，改革将会触动既得利益者的利益，形成一股强大的反对计划市场经济体制改革的势力。从既得利益者保持和扩大自身利益的角度考虑，这些利益集团所主张的“改革”更趋向于保持和巩固行政集权体制，并将之进一步转化为为利益集团牟利的工具，这将与以民族劳动者的利益和意志为依据、以行政集权体制为改革切入点的计划市场经济体制改革发生严重冲突，并由此形成改革的巨大阻力。这些，都进一步加大了少数民族经济体制改革的难度。

与此同时，还应看到，我国少数民族的经济体制改革，又具有有利的一面。少数民族的经济体制改革，是以少数民族劳动者的素质技能的提高为出发点和归结点的。在现有体制下，高度的行政控制压抑了少数民族劳动者的生产积极性，劳动者作为计划中的一个成分在行政管理下发挥作用，其主动性和创造性都难以充分发挥作用，劳动者缺乏一个合理有效的宏观环境促进自身的自由发展。在少数民族经济的发展过程中，少数民族劳动者追求自身发展的需求内在地要求改革行政集权体制和原有的统制经济体制，从而形成改革的巨大动力源。同时，少数民族地区固守统制经济体制所引发的乱指挥、瞎计划的问题，进一步形成了对体制进行改革的强烈呼声。统制经济体制下的计划，由于是由不受劳动者控制的公共机构中的个别人做出的，计划者是否参照市场供求、结构等等来制定计划，由计划者自己决定，而且，受计划者自身利益、知识、技能的限制，制定出的计划往往无助于经济发展，反而会有害于形成正常的经济秩序，这样的案例随处可见。这种情况，也使少数民族劳动者在发展民族经济的过程中要求改革以往的统制经济体制，规范行政机构行为，建立起以民主法制为基础的计划市场经济体制。

少数民族的经济体制改革在以上本民族的两种相反的势力和中国经济矛盾共性中的各种势力的作用下，其经济体制改革会更为沉重，改革过程也将更加复杂，历时也会较久，这些，在少数民族推进其经济体制改革的过程中，都是要予以充分重视的。同时，由于各民族的历史和文化、政治条件的差异，以及自然资源等条件的不同，各少数民族的经济体制改革绝不能强求一致，要避免“一刀切”的统制经济作风，要基于少数民族的经济发展现状，在宪法和民族区域自治法等法律的保障下，通过落实少数民族劳动者的社会主体权利，平稳地推进经济体制改革。

七、《民族区域自治法》在少数民族经济体制改革与发展中的规范作用

法与经济的关系是密不可分、相互作用的。经济，是民族存在和发展的基础，法，则是对民族中人的社会关系的界定和规范，它并非在经济之外独立运行的，而是内在于经济、作用于经济、表现于经济的内在要素。在中国少数民族经济体制的改革与发展过程中，需要进一步注重民族区域自治法对其的规范作用，以法制保障其进行。

民族区域自治法，是对民族区域自治制度的法律规定。我国民族区域自治制度的建立受苏联联邦自治的影响，但不是照搬，而是根据中国的实际情况对苏联模式的改造。中国民族区域自治制度的确立经历了长时间的探索和实践。早在 1938 年党的六届六次（扩大）会议上，毛泽东就代表党中央提出，各少数民族“在共同对日原则之下，有自己管理自己事务之权，同时与汉族

联合建立统一国家”。1945年4月毛泽东在《论联合政府》一文中又说：“要求改善国内少数民族的待遇，允许各少数民族有民族自治的权利。”1947年5月中国共产党领导和帮助内蒙古各族人民建立了内蒙古自治区，这是我国最早建立的省级民族自治地方。1949年9月第一届中国人民政治协商会议通过的具有临时宪法性质的《中国人民政治协商会议共同纲领》，将民族区域自治制度确定为国家的一项基本政策和重要政治制度之一。1952年8月颁布《中华人民共和国民族区域自治实施纲要》，对民族区域自治制度的实施做出规定。在1954年第一届全国人民代表大会制定的《中华人民共和国宪法》以及以后修正颁布的历届宪法中，都将民族区域自治政策作为国家的一项重要政治制度加以规定。1984年5月，根据宪法规定，六届全国人民代表大会第二次会议通过《中华人民共和国民族区域自治法》，并于同年10月1日起施行，自此，民族区域自治制度得以系统的法律规定和保证。

所谓民族区域自治，是指在中华人民共和国领土内，在最高国家机关的统一领导下，各少数民族人民依照《中华人民共和国宪法》（以下简称《宪法》）和《中华人民共和国民族区域自治法》(以下简称《民族区域自治法》）的规定，在其聚居的区域内建立民族自治地方，以实行民族自治的成员为主设立自治机关，并按照民主集中制原则由自治机关行使《宪法》和《民族区域自治法》所规定的各项自治权，自主地管理本民族内部事务和本地区的社会事务，行使当家作主权利的一种政治制度①。

民族区域自治制度的法律依据是《宪法》和《民族区域自治法》，以及其他相关的法律规定，它们共同构成民族区域自治法

① 戴小明：《新中国民族法制建设：世纪之交的回顾与前瞻》，载戴小明等著：《民族法制问题探索》，第14页，民族出版社，2002年。

的法律体系。

对于民族自治机关的自治权，我国《宪法》第4条做了原则规定：

> 各少数民族聚居的地方实行区域自治，设立自治机关，行使自治权。各民族自治地方都是中华人民共和国不可分离的部分。

依据《宪法》，《民族区域自治法》做出具体规定，规定自治机关在行使地方国家机关之权的同时，还行使立法权，变通执行或者停止执行权，经济发展权，财政权，少数民族干部培养使用权，发展教育和民族文化权，语言文字使用和发展权，以及科技文化发展权等。

这样，居住在民族自治地方的少数民族的劳动者，按照法律规定，处于两层法律关系中，第一个层次，是同等地调整具有中华人民共和国国籍的任意公民的行为和关系的法律，包括宪法、民法、刑法等，该层法律普适于全体公民，少数民族劳动者与汉族劳动者无差别地享有权利并承担义务；第二个层次，是调整民族区域自治法规定的享有民族区域自治权的公民的行为和关系的法律。指导这一层法律关系的，是包括《宪法》中的有关条款、《民族区域自治法》及其他相关法律规定在内的民族区域自治法法律体系。按照这一层次的法律规定，民族自治区域内的以少数民族劳动者为主体、包括汉族劳动者在内的公民享有自治权，区域外的公民则无权行使。第二层法律与第一层法律并不存在适用对象上的差异，二者都作为全国性法律，要求全国每一个地方的公民都要遵守和执行。

半个多世纪以来，依据自治法的规定，我国共设立155个自治地方，包括5个自治区，30个自治州和120个自治县。民族自治地方所属行政区划面积占全国总面积的63.89%。1.72亿人口，包括8017万少数民族人口，共同享有自治权①。

在少数民族聚居的地方设立自治区，通过法律规定使自治区内的公民通过自治机关享有自治权，源于少数民族经济，以及政治、文化的一般性和特殊性。

首先，自治区内的少数民族处于第一层法律关系中，是由于少数民族劳动者与汉族劳动者在建国后共处于社会主义制度中，具有相同的经济制度和经济体制，享有平等的政治地位和共通的文化内涵。经济是政治和文化的基础。中国历史上的各民族，由于在经济制度、经济发展阶段等各个方面都存在巨大差异，导致其政治生活相差悬殊，文化上千差万别，各民族之间相互独立、彼此不同的权利结构和关系，自然难以形成为各民族所共同遵守的一般的法律规定。新中国成立后，社会主义公有制和民主制的建立，奠定了各民族共同的经济基础和上层建筑，虽然依然处于社会主义初级阶段，但是各民族以此为基础展开了共同的经济活动和文化活动，并结成了一般的社会关系，由此保证了普适于全体公民的第一层法律关系的颁布和实施。我国《宪法》和《民族区域自治法》都规定，在实行民族区域自治时，必须保障民族自治地方根据本地实际情况贯彻执行国家的法律和政策。第一层法律关系的颁布和实施，通过规范少数民族劳动者与汉族劳动者在经济、政治、文化中的一般性，有力地促进了少数民族经济的发展，加强了中华民族的凝聚力和向心力。

其次，少数民族劳动者在经济体制，以及政治、文化上的特殊性，又是其在享有第一层法律关系的同时，与民族自治区内的汉族劳动者排他地享有第二层法律关系的根据。新中国成立后，我国各民族虽然共同步入社会主义，但是少数民族劳动者在经济

---

① 国家民族事务委员会经济发展司、国家统计局国民经济综合统计司编：《中国民族统计年鉴》(2004)，第43页，民族出版社，2004年。

体制、经济质、量和结构上的特殊性，以及历史形成的政治理念、文化观念上的特点，又使其社会生活难以迅速与汉族融为一体，各少数民族的社会经济生活表现出相对的特征。在此情况下，如果不顾少数民族的特殊性，强求各民族的完全一致，必然会制约少数民族的经济发展，不利于民族团结和国家稳定。因此，采取同中存异、在坚持国家法律关系一般性的同时在少数民族聚居区实行以少数民族自治为原则和基本内容的民族区域自治法，就成为适应少数民族劳动者的社会主体地位、发展少数民族经济的必然选择。

民族区域自治法，对于民族自治区域的经济管理自治权，做了多条规定，如

> 民族自治地方的自治机关在国家计划的指导下，自主地安排和管理地方性的经济建设事业；
>
> 民族自治地方的自治机关在坚持社会主义原则的前提下，根据法律规定和本地方经济发展的特点，合理调整生产关系，改革经济管理体制；
>
> 民族自治地方的自治机关依照法律规定，管理和保护本地区的自然资源；
>
> 民族自治地方的自治机关有管理地方财政的自治权。凡是依照国家财政体制属于民族自治地方的财政收入，都应当由民族自治地方的自治机关自主地安排使用。

以上规定，对中国少数民族的经济体制改革起到了重要的推动作用。在今后的体制改革过程中，需要进一步坚持和落实民族区域自治法，以之规范少数民族的经济体制改革和发展。

其一，需改革行政集权体制，理顺民族法律与民族政策之间的关系，以强化民族区域自治法对少数民族经济体制改革和发展

的规范作用。行政集权体制作用的一个表现是以行政的集权绝对扩大行政权的作用，排斥和弱化法制的权威，以政策超越法律，以政策代替法律。但是，法律与政策虽同属国家实施经济职能和管理经济的重要工具，二者之间却存在重大区别：在权利依据上，法律的权利依据在于劳动者个体的民主权所集合形成的立法权，政策的权利依据则在于由立法权派生的行政权；在制定机关上，法律由国家立法机关按照法定的立法程序制定，政策由各级政府及主管部门制定；在保证实施的手段上，法律由国家强制力保证实施，具有普遍的约束力，社会成员必须遵守，政策的执行则主要靠说服教育，使人民理解政策同自身切身利益的关系，从而自觉地去执行；在稳定性上，法律具有较大的稳定性，一旦被制定出来，非经有关法律机关按照法定程序加以修改、补充或废除，任何其他机关、团体或个人都无权擅自修改或废除，政策则是国家根据一定的政治经济形势发展的需要制定、修改和废除的，它可以是成熟的，也可以是探索的，灵活性和变化性较大。从以上几点可以看出，法律与政策具有显著区别。法律及依法律形成的法制，是社会主义民主的具体实现形式，它体现并保障着劳动者的社会主体地位；而政策，不过是政府依据法律所赋予的行政权依法行政的结果，政策不应高于法律，而应该是法律适用的结果。当前少数民族经济生活中出现的民族政策大于民族法律的现象，是行政集权体制下行政权没有得到有效制约的结果，它导致劳动者的社会主体地位受到侵犯，劳动者难以通过发挥自身的主体权利来有力地促进自身素质技能的提高。在少数民族的经济体制改革过程中，必须落实劳动者的社会主体地位，发展民主，改造行政集权体制，以此革除长期形成的“权大于法”、“以言代法”的陋习。处理各项事务时，严格依法办事，改变以往自治地方经济管理自治权由于受到国家职能部门下达的全国统一文件限制而无法真正实施的问题，在保证民族区域自治法的神圣性的基础上，充分发挥自治法在少数民族经济体制改革和发展中的规范作用。

其二，需进一步将原则性规定具体化，制定各种配套法规，以改善民族区域自治法对少数民族经济体制改革和发展的规范作用。少数民族经济体制的改革和发展，需要以具体的法律规定为前提。所谓具体性，是指法律条文在表述上是具体的，具体界定合法与违法之间的界限，不能空泛笼统，不能含糊其辞、模棱两可，以避免执法、司法的随意性，也可杜绝留隙可钻。但现有的民族区域自治法，从内容上看，大都比较原则、抽象，只定性，不定量，可操作性不强。例如，民族区域自治法规定，在民族自治地方开发自然资源，进行经济建设时，应照顾民族自治地方的利益，但怎样照顾，却没有具体规定。再如，自治法规定，属于民族自治地方的财政收入，由自治机关自主安排使用，但由于缺乏具体规定，国家仍要民族自治地方上缴部分财政。这些，极不利于少数民族地方依据自治权发展经济和进行经济体制改革。在未来的自治法建设中，应该对于各项自治权形成明确具体的权能规定，并通过制定一系列的配套法律，例如民族地区自然资源开发利用法、民族经济发展法、民族贸易法等等，将民族自治权落到实处。

其三，需建立和健全法制监督机制，以保证民族区域自治法对少数民族经济体制改革和发展的规范作用。法定权利在实现过程中会发生缺损现象，所以监督法律的贯彻实施与立法同样重要。目前，一些地方和部门有法不依、执法不严、违法不究的现象相当严重。少数民族经济体制改革中的一些思路和举措虽然合法，但却由于部分地方和部门不遵从法律而无法落到实处。发展少数民族经济，推进少数民族的经济体制改革，必须从落实少数民族自治法开始。为此，就要建立健全民族法律法规的监督检查机制，加强对民族法律法规的监督，总结和借鉴以往监督工作的做法和经验，找准民族法律法规实施监督工作的切入点，以法律和舆论力量增强执法主体贯彻执行民族法律法规的自觉性，加大检查监督力度，全面推动民族区域自治法的贯彻执行。

八、以提高劳动者素质技能为中心，调整经济结构，完善经营管理，扩大交往，实现少数民族经济的跨越式发展

中国少数民族经济的发展，是人的发展，是劳动者社会主体地位的确立和素质技能的提高与发挥。经济发展必然要表现于各种经济指标，表现于物质财富的增长，表现于生活水平的提高，但这些都是标，而非本。经济发展的本在于通过制度、体制变革确立劳动者的社会主体地位，以提高劳动者的素质技能，而这些，又都要具体体现于经济结构、经营管理、对外经济关系上。少数民族的经济发展，从具体层面讲，就要以提高劳动者的素质技能为中心，进一步调整经济结构、完善经营管理、扩大交往，实现经济的跨越式发展。

当前，少数民族经济虽然在各民族内部存在经济发展程度的不同，但从总体上说是落后于汉族经济的，如果始终在汉族经济后亦步亦趋地跟随，重复经济发展的各个阶段，那么少数民族经济将永远落后于人。发展少数民族经济，实现少数民族的经济振兴，其关键点，在于提高劳动者的素质技能，通过劳动者素质技能的跨越式发展，实现少数民族经济的跨越式发展。

对于少数民族经济的跨越式发展，有众多学者从资金、技术、人口、体制、管理、竞争等方面分析其后发劣势，并从技术引进、体制创新、结构变动、规模扩张等等角度分析其后发优势，这些，从其根本点上讲，都可以归结为劳动者素质技能的滞

后与跨越式发展的可能上。劳动者是经济发展的主体；通过确立其社会主体地位提高其素质技能，是经济持续发展的源泉和动力。目前，我国的宪法和民族区域自治法都在原则上规定了少数民族劳动者与汉族劳动者平等的经济、政治权利，承认其“主人”地位，为少数民族劳动者素质技能的提高确定了权利依据。但是，由于在具体的法律条文上，对这种经济、政治权利的规定又不明确，更没有切实的机制保证少数民族劳动者（汉族劳动者也同样）的社会主体地位，少数民族劳动者的权益常常受到各种形式和不同程度的侵害，特别是不能以完善的民主法制将自己的权益和意志体现于法律与政策上，不能有效地制约国家政权机构及其负责人的行为，不能得到提高和发挥素质技能的必要的基本社会条件。这样，就导致少数民族劳动者素质技能的相对低下。而素质技能的相对低下，又削弱了少数民族劳动者依据宪法和民族区域自治法的原则，争取具体的切实的经济、政治权利，确立和保证自己社会主体地位的总体力度。少数民族经济因此而相对落后，其发展的进程也就相对缓慢。这种相对落后和缓慢，又制约了少数民族劳动者社会主体地位的确立和保证，阻抑了其素质技能的提高与发挥。

少数民族经济发展，必须从确立和保证少数民族劳动者的社会主体地位入手，使少数民族劳动者在经济活动的各个层面，都切实成为主体。这样，就可以通过民主法制，来为自己素质技能的提高和发挥创造相应条件，特别是加强教育和职业培训，加强并完善就业和社会保障的机制。在提高和发挥少数民族劳动者素质技能的进程中，发展少数民族经济。

少数民族劳动者素质技能的提高，要通过经济结构的调整来实现。如果说争取和保护劳动者社会主体地位，主要体现于制度层面；实现这个主体地位，主要体现于经济体制层面；那么，提高和发挥劳动者素质技能，则是经济结构层面所要解决的主要问题。

经济结构是经济体制在总体经济运动过程的存在形式，是经济制度和体制的展开。受行政集权体制和统制经济体制的影响，当前少数民族经济和全国一样，处于集权开放型经济结构中。集权开放结构是一个二重的结构，它一方面主张对国外和在国内的开放，也即在对外上允许国外私有资本进入中国、在国内容许私有资本的存在和发展；另一方面，则坚持政治权利对经济权利的统制和掌控，以国家的集权作为经济结构的基本性质。集权开放结构的运行，形成一种政治主导型的运行机制，这一点与统治经济体制下的经济运行机制相似，所不同的是，它不再以维护和发展单一的公有制经济为目的，而是以追求利润为目的。将对利润的追求作为政治目的之一，并为此在各层结构中通行二重或多重标准，由此形成非均衡趋利式的运行机制。集权开放型经济结构和非均衡趋利式运行机制对于少数民族的经济发展、减少民族间经济发展差距是非常不利的，它进一步将少数民族地区的资源、资金和人才，吸收到发达地区，而且没有回报，从而加剧了少数民族经济的区域结构矛盾和产业结构矛盾。在今后少数民族经济的发展过程中，必须以体制性变革为先导，调整经济结构，改革行政集权体制在经济结构中的主导地位和作用，以劳动者素质技能结构的调整为主体，通过劳动者素质技能结构的改善来优化资金结构、区域结构、就业结构、产业结构、产品结构，以及流通、分配、消费结构等等，形成内生为主、互促竞争、外向扩展的经济结构，并在法制的轨道上，将之具体化于少数民族经济的经营管理和对外关系等各个层面。

在经营管理层次上，现在少数民族经济比全国的水平还要落后，既有中国经济在这个层次的一般性矛盾，又有其特殊性矛盾。在行政集权体制和统治经济体制下，少数民族经济中的经营管理，包括几个环节，一是公有制企业，其经营管理的基本方式是行政式的，后来补充了承包经营，但行政式的基本框架未变，对职工的“责任制”“合同制”则改变了职工的身份，由原来不很明确的“企业主人”变成雇佣劳动者，但劳动力所有权仍没有充分规定。二是私有制企业，由于起步晚，中国及少数民族经济中的私有制企业在经营管理上处于相当低的水平，大体与西方国家19世纪的情况相似。延长劳动时间、加大劳动强度、压低并拖欠工资、没有真正代表工人利益的工会组织、劳动保护和工作环境差等等，充分表现出劳动力所有权没有法制保证的“野蛮剥削”。对于资源进行掠夺式开采，肆意破坏环境，所造成的损害，几倍、几十倍于私有企业所缴纳的税收。这样的经营管理，虽可短期内获取一些利润，但不能提高劳动者素质技能，更不利于企业的发展，因而私有制企业屡屡破产、倒闭。三是在联产承包名义下的小农（牧）经济的个体生产经营，与旧时的小农经济并无实质区别，虽说对那些建国前还处于封建领主制、奴隶制、原始氏族公社制的民族来说，还是新的生产经营方式，但其从总体上说已不适应从农（牧）业生产方式向工业生产方式的转化。

少数民族经济的经营管理层次的变革，应在以发挥和提高职工及个体生产经营者的素质技能为中心，探索并创造与公有制为主干的中国式经营管理的过程中展开，并根据少数民族经济的特殊性，有所创新。从公有制经济来说，是明确企业的权利体系，尊重职工的劳动力所有权，充分调动职工的主动性和创造性，强化资金和成本管理，以及技术、质量、营销、财务与安全、环境保护等各环节管理的有机统一，创建公有制企业文化，造就一批社会主义的经营者。对于私有资本企业来说，则是在明确并保证雇佣劳动者的劳动力所有权和各种权利的前提下，尽快摆脱初级资本主义经营的野蛮和粗陋，吸收借鉴西方发达资本主义国家的行为管理和人本管理经验，同时由政府出面，以法制保证雇佣劳动者组织工会和由工会代表其利益与资方谈判的权利。对于个体生产经营者来说，一方面是吸收其到公有制和私有资本制企业就业，另一方面是组织合作经济，由此改变其生产方式。由于少数民族地区特殊情况，偏远山区和牧区的个体生产经营短期内还不能消失，为此，应由政府提供新技术，改善其交通、居住、劳动等条件，或者帮助他们移居条件好的地方，提高生产经营效率。

在对外经济关系层次上，少数民族经济涉及民族间的经济关系、少数民族地区与汉族地区的经济关系，以及边疆地区与外国的经济关系。在国内民族经济关系中，少数民族经济由于自身工业化发展程度低，往往只是向外输出资源、初级产品和廉价劳动力，而且在本地区所办工商企业中，少数民族劳动者的就业率也偏低。这里有素质技能的因素，但少数民族经济的自主性未能确立，以及国家总体经济发展造成的重沿海、轻内地的政策导向制约，是相当重要的原因。在对外国的民族经济关系中，边疆少数民族地区主要起着边贸口岸的作用，其自身产品的出口量并不大。为了解决这个层次的矛盾，少数民族经济必须确立自主性，充分运用民族区域自治法赋予的自治权，形成有特色的高新技术产业。在这个前提下，国家及少数民族经济要纠正集权开放型结构的弊端，尊重少数民族经济的自主性，并引导人才和资金向少数民族地区流动，由此创建和谐发展的少数民族经济和民族关系。在边疆地区，特别是有对外贸易口岸的边疆少数民族地区，既要强化其口岸的作用，也要培育发展当地的特色经济，使之成为口岸型的少数民族经济中心点。

中国少数民族经济的发展，不是一个口号，而是一项实实在在的历史性事业。为此，必须坚持治本正本而后治标的原则，以提高少数民族劳动者的素质技能为核心，在明确经济发展的主体、主义、主题的基础上，通过制度变革、体制改革以及结构、经营管理、对外经济关系上的一系列变革和调整，推动少数民族经济的发展。

参 考 文 献

[1] 马克思：《1844年经济学哲学手稿》，人民出版社，1985。
[2] 马克思：《法兰西内战》，载《马克思恩格斯选集》第二卷，人民出版社，1972。
[3] 马克思：《1857—1858年经济学手稿》，载《马克思恩格斯全集》第46卷，人民出版社，1979。
[4] 马克思：《资本论》第一卷，人民出版社，1975。
[5] 列宁：《哲学笔记》，人民出版社，1958。
[6] 斯大林：《马克思主义和民族问题》，载《斯大林选集》上卷，人民出版社，1979。
[7] 《毛泽东读社会主义政治经济学批注和谈话》，中华人民共和国国史学会，1998。
[8] 《毛泽东选集》第五卷，人民出版社，1977。
[9] 《周恩来选集》，人民出版社，1975。
[10] 《邓小平文选》，第三卷，人民出版社，1993。
[11] 《中国共产党关于民族问题的基本观点和政策》，民族出版社，2002。
[12] 中共中央统战部编：《民族问题文献汇编》，中共中央党校出版社，1991。
[13] 国家民族事务委员会经济发展司、国家统计局国民经济综合统计司：《中国民族统计年鉴》(2004)，民族出版社，2004。
[14] 卢卡奇：《关于社会存在本体论》，上下卷，重庆出版社，1993。
[15] 黑格尔：《法哲学原理》，商务印书馆，1995。
[16] A.D. 史密斯：《民族国家》，见戴维·米勒和韦农·波格丹诺编：《布莱克维尔政治学百科全书》，中国政法大学出版社，1992。
[17] 戴维·戈登：《民族统一构设》，见戴维·米勒和韦农·波格丹诺编：

《布莱克维尔政治学百科全书》，中国政法大学出版社，1992。
[18] 威廉·配第：《政治算术》，商务印书馆，1978。
[19] 西蒙·库兹涅茨：《各国的经济增长：总产值与生产结构》，商务印书馆，1985。
[20] 特奥托尼奥·多斯桑托斯：《帝国主义与依附》，社会科学文献出版社，1999。
[21] 保罗·巴兰：《增长的政治经济学》，商务印书馆，2000。
[22] 迈克尔·佩罗曼：《资本主义的诞生——对古典政治经济学的一种诠释》，广西师范大学出版社，2001。
[23] 汤因比：《文明经受着考验》，浙江人民出版社，1998。
[24] 迈克尔·P·托达罗：《经济发展》，中国经济出版社，1999。
[25] 大卫·科兹、弗雷德·威尔：《来自上层的革命——苏联体制的终结》，中国人民大学出版社，2002。
[26] C.E. 布莱克：《现代化的动力》，浙江人民出版社，1989 。
[27] 弗兰克：《白银资本》，中央编译出版社，2001。
[28] 《当代国外社会主义：理论与模式》，中央编译出版社，1998。
[29] 费孝通主编：《中华民族多元一体格局》（修订本），中央民族大学出版社，1999。
[30] 《费孝通学术论著自选集》，北京师范学院出版社，1992。
[31] 白寿彝：《在历史剧与民族关系座谈会上的发言》（1978 年 9 月 6 日），载《民族宗教论集》，河北教育出版社，2001。
[32] 张培刚主编：《新发展经济学》，河南人民出版社，1992。
[33] 施正一：《民族经济学导论》，中央民族大学出版社，1997。
[34] 施正一主编：《民族经济学教程》，中央民族大学出版社，1997。
[35] 施正一：《迎接第七个辉煌时代—中华民族的伟大复兴与民族学科的最新发展》，载《中央民族大学学报》2005 年第 3 期。
[36] 庄万禄：《民族经济学》，四川民族出版社，2003。
[37] 李竹青、那日主编：《中国少数民族经济概论》，中央民族大学出版社，1998。
[38] 刘永佶：《劳动社会主义》，中国经济出版社，2003。
[39] 刘永佶：《政治经济学方法论纲要》，河北人民出版社，2000。

[40] 刘永佶:《中国经济矛盾论——中国政治经济学大纲》，中国经济出版社，2004。
[41] 刘永佶:《民主的权威》，中国经济出版社，2005。
[42] 王文长:《论民族视角的经济研究》,《民族研究》，2005 年第 4 期。
[43] 黄健英:《起飞——西部民族地区大开发的新思维》，民族出版社 2003。
[44] 金炳镐:《民族理论政策导论》，中央民族大学出版社，2002。
[45] 陈庆德、潘盛之、覃雪梅:《中国民族村寨经济转型的特征与动力》,《民族研究》，2004 年第 4 期。
[46] 陈庆德:《民族经济学构建的历史使命》，载《云南社会科学》，1994 年第 3 期。
[47] 陈庆德:《民族经济学》，云南人民出版社，1994。
[48] 陈庆德:《经济人类学》，人民出版社，2001。
[49] 马丽娟:《多型论:民族经济在云南》，民族出版社，2002。
[50] 马戎:《民族与社会发展》，民族出版社，2001。
[51] 杨思远:《中国农民工的政治经济学考察》，中国经济出版社，2005。
[52] 龙远蔚主编:《中国少数民族经济研究导论》，民族出版社，2004。
[53] 龙远蔚:《民族地区农村商品经济发展中的非经济障碍问题》，载《民族研究》，1994 年第 3 期。
[54] 张天路:《中国少数民族人口五十年》，载《民族团结》，1999 年第 10 期。
[55] 韩志强:《战后日本市场经济管理体制》，载《世界经济与政治》1994 年第 4 期。
[56] 马立三:《平等与发展》，民族出版社，1998。
[57] 罗肇鸿、张仁德主编:《世界市场经济模式综合与比较》，兰州大学出版社，1994。
[58] 罗康隆:《关于民族地区职业教育与其社会经济发展接轨的思考》，载滕星、胡鞍钢主编:《西部开发与教育发展博士论坛》，民族出版社，2001。
[59] 钱时惕:《科学技术与世界经济发展》，河北大学出版社，2000。
[60] 何亚平:《科学社会学教程》，浙江大学出版社，1990。

[61] 张长春：《中西部地区亟待改善投资环境》，载《中国经济导报》，2002 年 8 月 1 日。
[62] 蔡昉：《2002 年：中国人口与劳动问题报告——城乡就业与对策》，社会科学文献出版社，2002。
[63] 温军：《民族与发展——新的现代化追赶战略》，清华大学出版社，2004。
[64] 温军：《中国少数民族经济政策的形成、演变与评价》，载《民族研究》，1998 年第 6 期。
[65] 顾海：《高技术产业化论》，河海大学出版社，2000。
[66] 玉苏甫江：《经济文化类型与少数民族经济发展》，载《新疆社会科学》，2005 年第 2 期。
[67] 胡鞍钢、温军：《社会优先发展：西部民族地区新的追赶战略》，载《民族研究》，2002 年第 3 期。
[68] 胡鞍钢主编：《全球化挑战中国》，北京大学出版社，2002。
[69] 翁独健主编：《中国民族关系史纲要》，中国社会科学出版社，2001。
[70] 任崇岳主编：《中原地区历史上的民族融合》，内蒙古人民出版社，2004。
[71] 《陈其人文集——政治科学卷》，复旦大学出版社，2003。
[72] 国际货币基金组织：《世界经济展望》，中国金融出版社，1997。
[73] 管彦波：《中国古代史上的民族融合问题》，载《中国经济史论坛》，2003。
[74] 李剑农：《魏晋南北朝隋唐经济史稿》，中华书局，1963。
[75] 李锡厚：《宋辽金时期中原地区的民族融合》，载《中洲学刊》，2005。
[76] 李植枏主编：《20 世纪世界史》（上卷），湖北教育出版社，1998。
[77] 周毅：《西部发展机制研究》，内蒙古教育出版社，2001。
[78] 杨建新：《中国少数民族通论》，民族出版社，2005。
[79] 杨庭硕、罗康隆、潘盛之：《民族文化与生境》，贵州人民出版社，1992。
[80] 左大培：《混乱的经济学》，石油工业出版社，2002。

[81] 戴小明等:《民族法制问题探索》,民族出版社,2002。
[82] 罗荣渠:《东亚崛起的现代历史意义和21世纪前景》,载《新华文摘》1992年第6期。
[83] 《中国大百科全书·民族卷》,中国大百科全书出版社,1986。
[84] 冯立天主编:《中国人口生活质量研究》,北京经济学院出版社,1992。
[85] John D.Black, *Introduction to Production Economics*, New York, 1926, pp.66—86; Allan G.B.Fisher, The *Clash of Progress and Security*, London, 1935, pp.25 – 32; Colin Clark, *Conditions of Economics Progress*, London, 1940。
[86] Marcuse, H (1931) *On the Philosophical Foundation of the Concept of Labor in Economics* Telos , no.16 , Summer 1976。